Kohlhammer

Denkanstöße
herausgegeben von Rainer Völker

Dominik H. Enste / Lothar Funk / Hans-Peter Klös (Hrsg.)

Wirtschaft und Evolution

Institutionen, liberale Demokratie und
wirtschaftliche Entwicklung

Verlag W. Kohlhammer

Dieses Werk einschließlich aller seiner Teile ist urheberrechtlich geschützt. Jede Verwendung außerhalb der engen Grenzen des Urheberrechts ist ohne Zustimmung des Verlags unzulässig und strafbar. Das gilt insbesondere für Vervielfältigungen, Übersetzungen, Mikroverfilmungen und für die Einspeicherung und Verarbeitung in elektronischen Systemen.

1. Auflage 2025

Alle Rechte vorbehalten
© W. Kohlhammer GmbH, Stuttgart
Gesamtherstellung: W. Kohlhammer GmbH, Heßbrühlstr. 69, 70565 Stuttgart
produktsicherheit@kohlhammer.de

Print:
ISBN 978-3-17-045691-4

E-Book-Formate:
pdf: ISBN 978-3-17-045692-1
epub: ISBN 978-3-17-045693-8

Für den Inhalt abgedruckter oder verlinkter Websites ist ausschließlich der jeweilige Betreiber verantwortlich. Die W. Kohlhammer GmbH hat keinen Einfluss auf die verknüpften Seiten und übernimmt hierfür keinerlei Haftung.

Inhalt

Vorwort der Herausgeber 9

1   Einstimmung auf das Bandthema 13

1.1   Wirtschaft und Evolution – eine institutionenökonomische Einordnung 15
Dominik Enste / Lothar Funk / Hans-Peter Klös
     1.1.1   Evolution: einige interdisziplinäre Zusammenhänge 15
     1.1.2   Institutionen und Entwicklung 19
     1.1.3   Der Washington Consensus als wirtschaftlicher Entwicklungsmotor freiheitlicher Gesellschaften 29

2   Wirtschaftliche Entwicklung aus interdisziplinärer Perspektive   45

2.1   Die Bedeutung der Evolutionspsychologie für das Verständnis wirtschaftlichen Verhaltens 47
Detlef Fetchenhauer / Anne-Sophie Lang
     2.1.1   Einleitung 47
     2.1.2   Evolutionspsychologie in Kürze 47
     2.1.3   Menschliches Verhalten in der Evolutionspsychologie und in der Ökonomie 49
     2.1.4   Anwendungen der Evolutionspsychologie auf wirtschaftlich relevantes Verhalten 51
     2.1.5   Die Wirtschaft verstehen und missverstehen 56
     2.1.6   Ausblick: Warum sich für die menschliche Evolution interessieren? 57

2.2   Evolutionäre und behaviorale Soziologie 63
Nicole Holzhauser
     2.2.1   Einleitung 63
     2.2.2   Evolutionäre Soziologie 64
     2.2.3   Behaviorale Soziologie bzw. Verhaltenswissenschaft 68
     2.2.4   Bridging the Gap: Behavioral Selection Theory 71
     2.2.5   Fazit 74

2.3	Evolutorische Ökonomik: die evolutionäre Perspektive auf wirtschaftliches Handeln	77

Ulrich Witt

	2.3.1	Einleitung	77
	2.3.2	Evolution: Anpassung auf mehreren Ebenen	79
	2.3.3	Innergenerationale wirtschaftliche Anpassungen und ihre Triebkräfte	82
	2.3.4	Anpassungs-Bias und Richtung in der Evolution der Wirtschaft	83
	2.3.5	Das Problem der evolutionären Fehlanpassung	87
	2.3.6	Zusammenfassung	91

3	Institutionelle Gestaltung wirtschaftlicher Entwicklung	95

3.1	Wettbewerb und Eigentumsordnung	97

Justus Haucap

	3.1.1	Wettbewerb als Ordnungsprinzip	97
	3.1.2	Der Schutz des Wettbewerbs durch eine Wettbewerbsordnung	100
	3.1.3	Wettbewerb und Eigentumsordnung	102
	3.1.4	Eigentumsrechte und Verträge	106
	3.1.5	Nichtmarktlicher Wettbewerb	110
	3.1.6	Auswirkungen der Digitalisierung auf Wettbewerb und Verfügungsrechte	112
	3.1.7	Ausblick	115

3.2	Silicon-Valley-Unternehmertum: Betrachtungen eines populären Mythos	118

Ted Baker / Friederike Welter

	3.2.1	Einleitung	118
	3.2.2	»Go West, young man, and grow up with the country« – Variationen des kalifornischen Traums	119
	3.2.3	Zwischen kalifornischen Träumen und futuristischen Raumschiffen	121
	3.2.4	Valleys überall: Der Mythos der Kopierbarkeit	123
	3.2.5	Ausblick: Jeder Ort hat sein eigenes Erfolgsrezept fürs Unternehmertum	124

3.3	Sozialstaatsverfassung und Arbeitsmarktordnung	129

Hans-Peter Klös / Judith Niehues

	3.3.1	Analytischer Ausgangspunkt	129
	3.3.2	Effekte ausgewählter Arbeitsmarkt- und Sozialstaatsinstitutionen auf das Arbeitsvolumen	134
	3.3.3	Ausblick	142

3.4 Nachhaltigkeit als Norm: Zwischen Fortschritt und Frustration ... 147
Theresa Eyerund
- 3.4.1 Einleitung ... 147
- 3.4.2 Öffentliche Aufmerksamkeit im Wandel: von »How dare you?« zu »Who cares?«? ... 148
- 3.4.3 Institutionalisierung: Wahl, Wahrheit oder Pflicht? ... 152
- 3.4.4 Herausforderungen der Formalisierung: vom bürokratischen Vorteil zum bürokratischen Muss? ... 158
- 3.4.5 Institutioneller Wandel: zwischen Frust und Fortschritt ... 162

3.5 Dezentralistisch und langfristig ausgerichtete Soziale Marktwirtschaft 2050 ... 167
Jochen Andritzky / Nils Hesse
- 3.5.1 Einleitung ... 167
- 3.5.2 Dezentralistische vs. zentralistische Politikkonzepte ... 169
- 3.5.3 Langfristige vs. kurzfristige Politik ... 170
- 3.5.4 Für eine prinzipiengeleitete Soziale Marktwirtschaft ... 172
- 3.5.5 Ausblick ... 177

3.6 Deutschland in einer veränderten Welt(wirtschafts)ordnung: strategische Interessen und Handlungspotenziale ... 179
Rainer Hillebrand
- 3.6.1 Einleitung ... 179
- 3.6.2 Veränderung der Welt(wirtschafts)ordnung ... 181
- 3.6.3 Strategische Interessen und Handlungspotenziale Deutschlands ... 184
- 3.6.4 Schlussfolgerungen ... 197

3.7 Sicherheit und liberale Demokratie: eine erneuerte Agenda für Europa ... 203
Luise Quaritsch
- 3.7.1 Einleitung ... 203
- 3.7.2 Die Demokratiepolitik der EU im Überblick ... 204
- 3.7.3 Lücken im derzeitigen Ansatz der EU ... 208
- 3.7.4 Eine neue Agenda für Demokratie jenseits der Sicherheit: was die EU tun sollte ... 210
- 3.7.5 Fazit ... 217

3.8 Betriebliche Resilienz, Führung und Organisationsentwicklung – eine institutionenökonomische Annäherung ... 221
Rahild Neuburger
- 3.8.1 Einführung ... 221
- 3.8.2 Ausgangspunkt ... 221
- 3.8.3 Veränderungsdruck und betriebliche Resilienz ... 223

		3.8.4	Betriebliche Resilienz als Aufgabe der Führung	225
		3.8.5	Betriebliche Resilienz und Organisationsentwicklung	228
		3.8.6	Transformation der Führungsmodelle	233
		3.8.7	Zusammenfassung	235

4 Ausblick 239

4.1 Evolutorische Prinzipien als Grundlage menschlicher Entwicklung 241
Dominik Enste / Lothar Funk / Hans-Peter Klös

    4.1.1 Warum Wirtschaft verstehen heißt, Evolution zu begreifen .. 241
    4.1.2 Erklärungsbeiträge der evolutorischen Ökonomik: eine ordnungsökonomische Perspektive 242
    4.1.3 Verminderte »evolutionäre Fitness«: Erosionstendenzen in der internationalen Handelspolitik 245
    4.1.4 Evolutionäre Weiterentwicklung entwicklungsförderlicher Institutionen: die Beiträge dieses Bandes 248
    4.1.5 »Varieties of Capital« als Befähigung zur Evolution 264

Autorinnen und Autoren des Bandes 271

Vorwort der Herausgeber

Nachdem Nikolaus Kopernikus (1473–1543) und Galileo Galilei (1564–1641) nachgewiesen hatten, dass die Erde nicht der Mittelpunkt des Universums ist, revolutionierte die vor allem auf Charles Darwin (1809-1882) basierende Evolutionstheorie das gesellschaftliche Denken. Sie wurde schon vorher vom deutschen Biologen Albrecht Haller (1708–1777) eingeführt, um die Entwicklung natürlicher Phänomene zu beschreiben. Nach und nach haben dann weitere verschiedene Strömungen des Determinismus sämtliche natürlichen Prozesse durch Naturgesetze zu erklären versucht. Gemeinsam erschütterten die Thesen zum »heliozentrischen Weltbild« und zu Vererbung und natürlicher Auslese das frühere allgemein unterstellte »kreationistische Weltbild«, wonach das Universum, die Natur und der Mensch so entstanden sind, wie es in den Heiligen Schriften der Weltregionen angenommen wird. Alle naturgesetzlichen Erkenntnisse zusammen stellten das über viele Jahrhunderte allgemein verbreitete traditionelle Selbstverständnisse des Menschen grundlegend in Frage, was im Verständnis von Sigmund Freud (1856–1939) eine von mehreren »Kränkungen der Menschheit« darstelle.

Aber nicht nur in den Naturwissenschaften sind evolutorische Erkenntnisse von Bedeutung. Direkt und indirekt erklären evolutorische Prinzipien auch unser Verständnis des Verhaltens und der Entwicklung von Individuen, Gruppen und Gesellschaften von Grund auf neu. Dies gilt besonders, wie gerade eindrücklich zu beobachten, auf der Ebene politischer Machtausübung. Aber auch das Wirtschaftsleben – als ein zentraler Part menschlicher und gesellschaftlicher Aktivitäten – lässt sich auf Basis evolutorischer Erkenntnisse beleuchten. Evolutorische Prinzipien und Faktoren beeinflussen unser Verhalten ganz augenscheinlich, etwa bei Kooperationen und Konflikten, beim Konsum, in Teamprozessen und in der Arbeitswelt. Unsere Vorstellungen einer »gerechten« Verteilung von Einkommen und Vermögen, unsere Vorurteile, unsere Alltags-Heuristiken und andere »mentale« Abkürzungen haben ebenfalls vielfach ihren Ursprung in der Evolution. Menschen und Organisationen treiben zugleich selbst Entwicklungen voran, die zu technischen, wirtschaftlichen, ökologischen, kulturellen und politischen Veränderungen führen. Die evolutorische Ökonomik verfolgt damit ein umfassenderes Erkenntnisinteresse als die traditionelle Ökonomik.

Zugleich darf nicht vergessen werden, dass Darwin bei der Entwicklung seiner Evolutionstheorie auch durch ökonomisches Denken beeinflusst worden ist, denn er hatte Kenntnis etwa der Ideen der natürlichen Selektion von Thomas Robert Malthus (1766 – 1834). Heute nutzen Ökonomen selbst wie auch andere Sozialwissenschaften evolutorische Prinzipien in ihren Theorien und Modellen. Exemplarisch dafür stehen insbesondere die Arbeiten von Joseph Schumpeter (1883–1950) zur »schöpferischen Zerstörung«: Sie stellten dem neoklassischen Preiswettbewerb den disruptiven Innovationswettbewerb zur Seite und ergänzten die Volkswirtschaftslehre um aktives »Entrepreneurship« als einer gleichsam anthropologischen Facette wirtschaftlicher Entwicklung. Weitere Beiträge zu einer modernen evolutorischen Ökonomik gab es seit den 1980er-Jahren in der gesamten Betriebs- und Volkswirtschaftslehre. Der Begriff des »Evolutorischen« wurde dabei zuallererst als eine Abgrenzung zum komparativ-statischen Gleichgewichtsdenken der neoklassischen Ökonomik entwickelt, die teilweise in einer mechanistischen Weise Märkte, Wettbewerb und Konjunktur analysierte. Damit konnten stärker auch alternative Verhaltensannahmen, Prozesse der Wahrnehmung, des Erkennens, des Entscheidens und Lernens, soziale Koordinationsprozesse und nicht zuletzt auch historische Einflüsse berücksichtigt werden.

Insbesondere die Debatten zur Weiterentwicklung des Ordoliberalismus und Überlegungen der »Neuen Institutionenökonomik« haben dazu beigetragen, dass aus heutiger Sicht evolutorische Ökonomik, Ordoliberalismus sowie Neoklassik keine absoluten Gegensätze mehr sind, sondern dass es durchaus wechselseitige Lerneffekte mit komplementären Erkenntnissen gibt. Allerdings existiert bisher in der evolutorischen Ökonomik noch kein vom ökonomischen Mainstream allgemein anerkanntes einheitliches Theoriegebäude. Gemeinsam ist den bisherigen verschiedenen Ansätzen aber die Einsicht, dass verhaltenswirksame Regeln und Institutionen das wirtschaftliche Geschehen direkt und indirekt beeinflussen.

Diese Regeln und Institutionen entspringen dabei aber stets dem Handeln von Menschen. Sie sind einerseits durch gesellschaftliche und/oder kulturelle Evolution entstanden, etwa als temporäre oder dauerhafte Änderungen formaler und informeller Regeln im politischen Willensbildungsprozess. Andererseits können auch exogene »Schocks« wie etwa Pandemien, Revolutionen oder Kriege fundamentale Veränderungsprozesse auslösen, wie wir gerade angesichts einer heraufziehenden neuen Weltordnung beobachten können. Denn angesichts der aktuellen weltweiten Umbrüche und des neuen Wettbewerbs der Großmächte (»Great Power Competition«) kommt es derzeit zu einer erkennbaren Abkehr von einer regelbasierten internationalen Ordnung. Der Systemwettbewerb tritt offenbar in eine neue evolutive Phase ein: Demokratische Institutionen und quasi-konstitutionelle inklusive Systeme werden zunehmend durch autokratische Systeme mit extraktiven Institutionen herausgefordert.

Ziel dieses Bandes ist deshalb eine Rückbesinnung darauf, wie aus evolutionärer Sicht Märkte, Volkswirtschaften und Gesellschaften funktionieren und wie wirtschaftliche und gesellschaftliche Entwicklungen durch gute Institutionen gesteuert werden können. Denn der »Aufstieg und Fall von Nationen« (Mancur Olson) hängen maßgeblich davon ab, in welcher Form die Menschheit, einzelne Staaten oder einzelne Organisationen die wichtigsten Aktionsparameter der wirtschaftlichen und gesellschaftlichen Entwicklung »ausbuchstabieren«. Die zentralen Leitfragen lauten:

Was können wir aus der biologischen, kulturellen und institutionellen Evolution über wirtschaftliches Verhalten, institutionelle Stabilität und gesellschaftlichen Wandel lernen? Welche Schlussfolgerungen können daraus für die Gestaltung von Politik und der Spielregeln des Zusammenlebens in individualisierten Gesellschaften gezogen werden, die sich unter einem starken evolutiven Anpassungsdruck befinden?

Eine solche Analyse erfordert aber nicht nur eine thematische Breite, sondern auch mehr (inter-) disziplinäre Tiefe. Jenseits klassischer Modelle der Neoklassik oder einzelner gesamtwirtschaftlicher Erklärungsansätze werden deshalb auch dynamische, historische und institutionelle Prozesse in den Blick genommen. Die Verbindung von wirtschaftswissenschaftlichen, soziologischen und psychologischen Perspektiven mit der Theorie der Evolution liefert dabei neue Erkenntnisse für die aktuellen Herausforderungen und Machtverschiebungen sowie für die Transformation von Wirtschaft und Gesellschaft. Grundlegend dafür ist die Annahme, dass ökonomische Prozesse nicht in statischen Gleichgewichten stattfinden, sondern in einem stetigen Fluss von Anpassung, Auswahl, Variation und Innovation. Entsprechend stehen nicht nur Märkte und Unternehmen, sondern auch soziale Normen, politische Institutionen und kulturelle Prägungen im Zentrum der Analyse.

Die folgenden Beiträge aus unterschiedlichen Disziplinen zeigen in einer Gesamtschau, wie evolutorische Denkweisen unser Verständnis von Wirtschaft verändern können. Sie bieten keine einheitliche Theorie, sondern ein Spektrum von Zugängen, die sich gegenseitig ergänzen: von der Evolutionspsychologie über die evolutorische Soziologie bis hin zur evolutionären Ökonomik. Nach einer Einleitung durch die Herausgeber werden die theoretischen disziplinären Perspektiven des zweiten Abschnitts im dritten Abschnitt mit aktuellen Fragen zur konkreten Ausprägung von Institutionen verbunden. Dabei geht es um die Gestaltung der Grundlagen der nationalen und internationalen Wirtschaftsordnung, die wettbewerbliche und sozialstaatliche Rahmenordnung für das Handeln von Menschen und Unternehmen, die Bedingungen unternehmerischen Innovationserfolgs, die Bedeutung kultureller Faktoren und auch die Gestaltung institutioneller Resilienz in geopolitisch instabilen Zeiten. Der abschließende Abschnitt fasst die Erkenntnisse des Bandes zusammen und entwickelt einige Eckpunkte für eine mutmachende »evolutive Superkompetenz« für die Bewältigung der zahlreichen wirtschaftlichen und gesellschaftlichen Herausforderungen.

Die Herausgeber danken den Autorinnen und Autoren dieses Bandes sehr herzlich für eine in jeder Hinsicht angenehme Zusammenarbeit. Trotz ihrer allseits angespannten Terminkalender haben sie sich auf das Wagnis eines interdisziplinär angelegten Buchvorhabens eingelassen. Mit ihren Beiträgen haben sie auch die Herausgeber herausgefordert, sich tiefer mit zunächst ungewohnten Perspektiven zu beschäftigen, und haben dadurch für eine (Rück-)Besinnung auf evolutorische Prinzipien der wirtschaftlichen Entwicklung einen wertvollen Beitrag geleistet. Dem Herausgeber der Reihe »Denkanstöße«, Rainer Völker, ist persönlich für das Vertrauen in die drei Herausgeber zu danken, diesen Band in großer Unabhängigkeit gestaltet haben zu können. Schließlich gilt unser Dank auch dem Verlag Kohlhammer, der diese Publikation in sein Verlagsprogramm aufgenommen hat, und seinem Verlagsleiter und Lektor Uwe Fliegauf für die erneut überaus professionelle Zusammenarbeit.

1 Einstimmung auf das Bandthema

1.1 Wirtschaft und Evolution – eine institutionenökonomische Einordnung

Dominik Enste / Lothar Funk / Hans-Peter Klös

1.1.1 Evolution: einige interdisziplinäre Zusammenhänge

Es gibt zwar keinen einfachen linearen Zusammenhang zwischen Wirtschaft und Evolution, wohl aber definierbare Erfolgsbedingungen für eine bestmögliche Symbiose. Die engen »Wahlverwandtschaften« zwischen evolutorischen Perspektiven, der Theorie der Wirtschaftsordnung und der Ordnungsökonomik bieten dabei eine sehr belastbare und mehr denn je aktuelle Hilfestellung für die Erkenntnis, dass gute integrative Institutionen immer noch der wichtigste Erfolgsfaktor für gelingende nachhaltige und wohlfahrtssteigernde Entwicklungsprozesse in demokratischen Gesellschaften sind. Im Mittelpunkt dieses einleitenden Kapitels steht daher die Rolle von Institutionen: als emergente Ergebnisse menschlichen Handelns, als Ausdruck kollektiver Lernprozesse und als Rahmenbedingungen wirtschaftlicher Entwicklung. Institutionen sind, so eine der zentralen Thesen, weder naturgegeben noch unveränderlich – sie entstehen, verändern sich und verschwinden im Laufe der Zeit, getrieben durch Konflikte, Kooperationen, externe Schocks und interne Dynamiken. Sie helfen dabei, unterschiedliche Arten von Kapital (u. a. ökonomisches, soziales, kulturelles oder auch humanes) zu bilden, das für die Entwicklung von Gesellschaften essenziell ist.

Der Blick auf die Zusammenhänge von Wirtschaft und Evolution zeigt, wie sich das Wissen über die Welt im Laufe der Jahrhunderte gewandelt hat und weiter wandelt – und wie begrenzt zugleich auch das heutige Wissen angesichts der Vielfalt von Erkenntnissen und Dimensionen bleiben muss. Schließlich hat beispielsweise die Evolutionstheorie seit der Veröffentlichung von Charles Darwins »Über die Entstehung der Arten« (1859) die Naturwissenschaften revolutioniert. Weit über die Biologie hinausgehend haben sich in der Folge evolutorische Denkansätze in anderen Disziplinen etabliert. Besonders in der Psychologie, Soziologie und Ökonomik wurden Theorien entwickelt, die evolutionäre Prinzipien auf menschliches Verhalten, soziale Strukturen und die Entwicklung von Institutionen anwenden. Die Evolutionspsychologie, die evolutorische Soziologie und die evolutorische Ökonomik versuchen zu erklären, inwieweit evolutionäre Prozesse das menschliche Denken, Handeln und die Gesellschaftsordnung geformt haben und welche Schlussfolgerungen für die Gestaltung von institutionellen Rahmenbedingungen daraus gezogen werden können.

Evolutionspsychologie: die Wurzeln menschlichen Denkens

Die Evolutionspsychologie basiert auf der Annahme, dass das menschliche Gehirn – wie jedes andere Organ im Körper – durch den Prozess der natürlichen Selektion geformt wurde. Sie erklärt die Entwicklung von kognitiven Fähigkeiten und Verhaltensweisen des Menschen als Anpassungen an die Umweltbedingungen. Das zentrale Argument der Evolutionspsychologie ist, dass viele psychologische Mechanismen, die im modernen Menschen zu finden sind, in der sogenannten *Umwelt der evolutionären Angepasstheit* entstanden sind. Diese Umgebung, die sich über hunderttausende von Jahren der Jäger- und Sammlergesellschaft erstreckte, formte Verhaltensweisen, die für das Überleben und die Fortpflanzung vorteilhaft (adaptiv) waren. Das bedeutet, dass viele unserer heutigen Verhaltensweisen tief in unserer evolutionären Vergangenheit verwurzelt und damit noch nicht für die moderne Gesellschaft optimiert sind.

Ein prominentes Beispiel ist die Neigung zu ungesunder Ernährung: In der Vergangenheit waren Kalorien und Nährstoffe knapp, weshalb Menschen eine Vorliebe für energiereiche Nahrungsmittel wie Zucker und Fett entwickelten. In reichen Industriestaaten, wo Nahrung im Überfluss vorhanden ist, führen diese evolutionär bedingten Vorlieben zu Übergewicht und Gesundheitsproblemen – und die Menschen sind nicht mehr den veränderten Umweltbedingungen angepasst. Aufgrund der Langsamkeit, mit der sich das menschliche Wahrnehmen, Denken und Entscheiden verändert, werden aber vielfach irrationale Entscheidungen getroffen. Dies zeigt sich zum Beispiel in der großen Diskrepanz zwischen Ökonomen und deren effizienten und rationalen Empfehlungen im Vergleich zu den Vorstellungen von ökonomischen Laien, die auf Basis ihrer intuitiven Fairnessüberzeugungen Gerechtigkeitsurteile fällen (Enste/Haferkamp/Fetchenhauer, 2009).

Grundlage für diese Analysen sind sogenannte Biases (Verzerrungen) und Heuristiken (Daumenregeln), die früher adaptiv und hilfreich gewesen sind, um schnelle Entscheidungen zu treffen. Insbesondere der *Status-quo-Bias* und die damit verbundene *Verlustaversion* erklären, warum wir das Bestehende so sehr lieben und Veränderungen, wie zum Bespiel Strukturwandel und Prozesse schöpferischer Zerstörung, ablehnen, selbst wenn wir davon insgesamt profitieren. Abweichungen von dem rationalen Ideal der Neoklassik können so erklärt werden und haben sich als sogenannte »Verhaltensökonomik« in den Wirtschaftswissenschaften etabliert. Für die »Prospect Theorie« (Kahneman, 2011) und den Nachweis, dass Menschen Verluste deutlich mehr schmerzen als gleich hohe Gewinne sie glücklicher machen (»Losses loom larger than gains«), wurde Kahneman als Psychologe sogar mit dem Wirtschaftsnobelpreis ausgezeichnet.

Evolutionspsychologen untersuchen auch, wie evolutionäre Mechanismen das Sozialverhalten beeinflussen. Konzepte wie die *Reziprozität* und die *Verwandtenselektion* spielen eine entscheidende Rolle in der Erklärung, warum Menschen kooperieren und altruistisches Verhalten zeigen. Aus evolutionärer Perspektive kann altruistisches Verhalten gegenüber nahen Verwandten durch den Begriff der inklusiven Fitness erklärt werden: Indem man Verwandten hilft, sich fortzupflanzen, fördert man indirekt die Weitergabe der eigenen Gene (Buss, 2015). Ein weiterer Schlüsselbegriff ist die *gegenseitige Reziprozität* (tit-for-tat), die erklären kann, warum Individuen oft in sozialen Gruppen zusammenarbeiten, auch wenn dies kurzfristig Kosten verursacht. Langfristig kann sich kooperatives Verhalten auszahlen, indem es zu zukünftigen Kooperationen führt, die beiden Parteien nützen. Dies hat weitreichende Konsequenzen nicht nur für die Spieltheorie, sondern auch für die Institutionenökonomik. Denn damit kann nicht-eigennütziges Verhalten erklärt werden, das den Verhaltensannahmen des Homo oeconomicus vieler neoklassischer Modelle widerspricht, ohne dass dies als irrational zu bewerten ist. Außerdem kann die Entwicklung von Normen und sozialen Strukturen besser erklärt werden, was die Soziologie untersucht.

Evolutorische Soziologie: Gesellschaften im Lichte der Evolution

Die evolutorische Soziologie erklärt, wie soziale Strukturen und Normen durch evolutionäre Prozesse entstanden sind. Sie geht davon aus, dass menschliche Gesellschaften nicht nur durch kulturelle, sondern auch durch biologische und evolutionäre Faktoren geformt wurden. Viele Merkmale moderner Gesellschaften, wie etwa Hierarchien, soziale Rollen und Normen, haben demnach evolutionäre Wurzeln. Diese Strukturen entwickelten sich in frühen menschlichen Gruppen, um die Zusammenarbeit und das Überleben zu fördern. Beispielsweise wird angenommen, dass soziale Hierarchien dazu beitragen, Konflikte innerhalb von Gruppen zu minimieren und die Entscheidungsfindung effizienter zu gestalten (Frank, 2011). Auch Normen, die Kooperation und Fairness fördern, könnten sich evolutionär durchgesetzt haben, da Gruppen, die solche Normen pflegten, eine höhere Überlebens- und Reproduktionsrate hatten. Soziale Strukturen werden in diesem Modell als adaptiv verstanden, da sie das Überleben der Gruppe sichern.

Die evolutorische Soziologie unterscheidet sich dabei von rein biologischen Ansätzen, indem sie auch kulturelle Evolutionsprozesse anerkennt – und damit eine Brücke zur evolutionären Ökonomik baut. Kulturelle Merkmale können sich ähnlich wie genetische Merkmale durch Selektion ausbreiten und verändern. Das Konzept der Evolution durch »Meme« (Dawkins, 1976) beschreibt, wie Ideen, Überzeugungen und kulturelle Praktiken durch Nachahmung, Lernen und Kommunikation von Individuum zu Individuum und von Generation zu Generation weitergegeben werden und sich in der Gesellschaft verbreiten. Das Mem ist nach Dawkins die Grundeinheit kultureller Systeme, so wie es das Gen in biologischen Systemen ist. Meme unterliegen den gleichen Selektionsbedingungen von Langlebigkeit, Fruchtbarkeit und Wiedergabetreue wie Gene. Meme reproduzieren sich aufgrund von Mimesis, Nachahmung, in menschlichen Gehirnen, Gene reproduzieren sich biochemisch aufgrund von Mitose in den Zellen von Organismen. Die kulturelle Evolution auf der Grundlage von Memen nennt Dawkins deshalb auch in Anlehnung an die Genetik »Memetik«.

Kulturelle und biologische Evolution sind dabei nicht voneinander isoliert, sondern beeinflussen sich gegenseitig: Biologische Anpassungen können kulturelle Entwicklungen fördern und umgekehrt. Ein Beispiel hierfür ist die Sprachentwicklung.

Die Fähigkeit, komplexe Sprache zu nutzen, könnte sich durch natürliche Selektion entwickelt haben, da sie es Individuen ermöglichte, effektiver zu kommunizieren und Informationen weiterzugeben. Dies wiederum führte zur Entwicklung immer komplexerer kultureller Strukturen, die das Überleben und die Fortpflanzung förderten. Damit ist aber nicht gemeint, dass die Evolution allein und deterministisch Kulturen und Gesellschaften erklären kann, denn auch individuelle Entscheidungen (von Herrscherinnen und Herrschern) oder Erfindungen können Gesellschaften (um-)gestalten – man denke nur an die fatalen Auswirkungen von (gut gemeinten) Theorien über die Ausgestaltung der Gesellschaft, seien es Kommunismus, Sozialismus oder auch ungeregelter Kapitalismus in den letzten Jahrhunderten bis hin zur heutigen Zeit.

Evolutorische Ökonomik: Wettbewerb und Selektion in Märkten

Die evolutorische Ökonomik wiederum erklärt wirtschaftliche Prozesse und Strukturen durch Mechanismen der natürlichen Selektion. Frank (2011) betont beispielsweise, dass ökonomischer Wettbewerb oft analog zu biologischen Selektionsprozessen betrachtet werden kann. Unternehmen konkurrieren auf Märkten um knappe Ressourcen. Diejenigen, die sich am besten an die Bedingungen des Marktes anpassen, überleben. Unternehmen, die ineffizient sind oder nicht auf veränderte Marktbedingungen reagieren, werden »ausselektiert«, ähnlich wie in der biologischen Evolution. Dies fördert Innovationen und den technologischen Fortschritt. Darüber hinaus führt der Wettbewerb oft zu unvorhergesehenen Konsequenzen, ähnlich wie in der natürlichen Selektion. Neben positiven Effekten durch Spezialisierung und Innovationen auf Wachstum und Wohlstand kann es auch zu Ineffizienzen und Fehlentwicklungen mit negativen gesamtwirtschaftlichen Folgen kommen, wie beim Wettbewerb um Statusgüter bzw. Positionsgüter: Individuen und Unternehmen wenden viele Ressourcen auf, um sich gegenüber anderen zu profilieren, ohne dass dies den Gesamtnutzen der Gesellschaft steigert. Dies führt zu sozialen Dilemmasituationen, in denen das individuelle Streben nach Vorteilen das Kollektiv schädigt und nicht fördert, wie dies bei vielen anderen Gütern der Fall ist, wo der Wettbewerb als Prozess der schöpferischen Zerstörung für eine nachhaltigere Verwendung knapper Ressourcen sorgt (Schumpeter, 1912).

Tullock und McKenzie (2015) erweitern die Perspektive der evolutorischen Ökonomik, indem sie betonen, dass sich auch Wirtschaftssysteme dynamisch entwickeln. Ähnlich wie in der Biologie gibt es keinen festen Endpunkt oder optimalen Zustand für Märkte. Stattdessen sind Märkte durch eine kontinuierliche Anpassung und Veränderung geprägt, da sich Technologie, Präferenzen und Institutionen ebenfalls weiterentwickeln. Der zentrale Unterschied zur neoklassischen Theorie besteht darin, dass die evolutorische Ökonomik Unsicherheit und begrenzte Rationalität anerkennt. Unternehmen und Individuen treffen Entscheidungen oft auf der Grundlage unvollständiger Informationen. Erfolg ist nicht unbedingt das Ergebnis rationaler Kalkulationen, sondern kann auch durch Zufall oder experimentelles Lernen zustande kommen. Deshalb kann es aus evolutionärer Perspektive auch wünschenswert sein, wenn Menschen sich gegen bestehende Regeln auflehnen und alternative Formen des Wirtschaftens jenseits der offiziellen Regeln ausprobieren können.

Ein solcher Bereich der Wirtschaft kann die Schattenwirtschaft sein, der sich dann ausweitet, wenn die staatliche Regulierung nicht (mehr) den Präferenzen der Bürgerinnen und Bürger entspricht (Enste, 2002). Im Sinne von Hirschman (1970) nutzen Menschen die Möglichkeit des »Exit« (Ausweichen in die Schattenwirtschaft), wenn »Loyalität« sich nicht auszahlt und die Möglichkeit, die Wünsche in Wahlen zu artikulieren (»Voice«), nicht oder unzureichend vorhanden ist. Institutionen ändern sich somit evolutionär, wenn eine glaubwürdige Drohung mit Abwanderung besteht. Diese kann in andere Sozialsysteme oder Wirtschaftssysteme erfolgen, oder eben in den Untergrund. Ausbeuterisches Verhalten ist dabei möglich und kann dazu führen, dass – trotz eigentlich guter Ressourcenausstattung – Systeme scheitern, wenn gute Institutionen und Regeln fehlen. Die Französische Revolution hat auf radikale Weise das politische System und die Art des Wirtschaftens durch Rebellion verändert. Andere (technologische) Innovationen, wie derzeit die künstliche Intelligenz, verändern Wirtschaft und Gesellschaft. Auch hier ist im Vorhinein nicht erkennbar, ob die Folgen positiv sind. Aber dies entspricht der Grundidee der evolutorischen Ökonomik, dass Vorhersagen über Marktverhalten und dessen Ergebnisse kaum möglich sind.

1.1.2 Institutionen und Entwicklung

Wenn man sich dem Zusammenhang zwischen Evolution und Wirtschaft etwas näher zuwendet, lohnt sich ein inzwischen als klassisch zu bezeichnender Aufsatz von Thorstein Veblen aus dem Jahr 1898 als Ausgangspunkt: »It may be taken as the consensus of those men who are doing the serious work of modern anthropology, ethnology, and psychology, as well as of those in the biological sciences proper, that economics is helplessly behind the times, and unable to handle its subject-matter in a way to entitle it to standing as a modern science« (Veblen, 1898, 373). Diese scharfe Attacke des Soziologen Veblen an die Adresse der Neoklassik etwa von Alfred Marshall kann prototypisch für die frühen Bemühungen der evolutorischen Ökonomik stehen, das Verständnis für wirtschaftliche und gesellschaftliche Entwicklungsprozesse auf eine breitere disziplinäre Basis zu stellen. Ein Grundgedanke dieses Bandes ist es daher, verschiedene Debattenstränge mit Blick auf die Frage zusammenzuführen, durch welche konkrete Ausgestaltung einzelner Institutionen (z. B. Märkte, Gesetze, Bürokratien, Verhaltensregeln, gesellschaftliche Normen) wirtschaftliche und gesellschaftliche Anpassungen an Entwicklungen besser oder weniger gut gelingen kann.

Institutionelle Faktoren: Qualität von Spielregeln

Die Institutionenökonomik analysiert die Bedeutung kollektiver Spielregeln als Institutionen im ökonomischen Sinn, ihre Auswirkungen auf das Verhalten von Menschen und die Rückwirkungen des menschlichen Verhaltens auf ihre (Weiter-)Entwicklung. Sie hat in vielfältigen Ausprägungen und Entwicklungsstufen die Bedeutung der politischen Institutionen für die wirtschaftliche Entwicklung herausgearbeitet (z. B. North, 1990; Chang, 2011). Die Verleihung des Nobelpreises für Wirtschaftswissenschaften 2024 an Daron Acemoğlu, Simon Johnson und James Robinson stellt die jüngste größtmögliche Würdigung disziplinär breit angelegter institutionenökonomischer Analysen dar. Die Nobelpreisträger setzen damit die Reihe von anderen preisgekrönten Wirtschaftsforschern fort, die sich um einen eher breiten Blick auf Grundfragen der ökonomischen Entwicklung bemüht haben, wie z. B. Gunnar Myrdal und Friedrich August von Hayek (1974), Theodor Schultz und Arthur Lewis (1979), Ronald Coase (1991), Robert Fogel und Douglass North (1993) sowie Amartya Sen (1998). Das Gesamtwerk der Preisträger des Jahres 2024 gibt wie jenes der früheren Preisträger wichtige Hinweise darauf, welche Faktoren den wirtschaftlichen Wohlstand und die wirtschaftliche Entwicklung von Ländern langfristig beeinflussen.

Einen weiteren Ansatz zu einer Universaltheorie wirtschaftlicher Entwicklung bietet Oded Galor mit seiner breit angelegten »Journey of Humanity« zu den Ursprüngen von Reichtum und Ungleichheit. Als Triebkräfte der Entwicklung und als Gründe für die verbreiteten internationalen Entwicklungsunterschiede identifiziert er ein breites Geflecht ineinander wirkender Faktoren, vor allem Geografie, Kultur, Institutionen, Technologie, gegenseitiges Vertrauen sowie auch eine Gleichberechtigung der Geschlechter. Anhand seiner Entwicklungstheorie rund um die industrielle Revolution vor allem in Großbritannien zeigt Galor, warum es vor allem die »rising returns on human capital« und der technologische Fortschritt sind, welche die Menschheit aus ihrer »malthusianischen Entwicklungsfalle« befreit haben (Galor, 2022, 88ff.). Für Galor ist es folglich vor allem die demografische Transition infolge sinkender Fertilität in entwickelten Gesellschaften, die ausgehend von der geographischen Ursprungsausstattung mit ihrer Bevölkerungsgröße und -zusammensetzung getrieben von institutionellen und kulturellen Faktoren und dem technologischen Fortschritt unsere gegenwärtige Welt prägt (2022, 232).

Breiter angelegte Theorien der wirtschaftlichen Entwicklung und grundsätzliche Analysen des Strukturwandels haben eine lange Tradition in den Sozialwissenschaften. Diese reichen von großen Strukturwandeltheorien von Karl Marx' »Das Kapital. Kritik der politischen Ökonomie« (1867) über Joseph Schumpeters »Theorie der wirtschaftlichen Entwicklung« (1912) und Max Webers »Wirtschaft und Gesellschaft« (1922) bis zur »Großen Transformation« von Karl Polanyi aus dem Jahr 1944. Unter evolutionärer Perspektive ist dabei vor allem die »schöpferische Zerstörung« in der Theorie Schumpeters von Bedeutung, die durch die Einführung neuer Produkte, Produktionsmethoden und Marktorganisationen durch Pionierunternehmer ausgelöst wird und sogenannte »lange Wellen« der wirtschaftlichen Entwicklung auslöst: »Die Eröffnung neuer, fremder oder einheimischer Märkte und die organisatorische Entwicklung [...] illustrieren den gleichen Prozess der industriellen Mutation – wenn ich diesen biologischen Ausdruck verwenden darf –, der unaufhörlich die alte Struktur zerstört und unaufhörlich eine neue schafft. Dieser Prozess der ›schöpferischen Zerstörung‹ ist das für den Kapitalismus wesentliche Faktum« (Schumpeter, 1980, 137f.).

Die »langen Wellen« wirtschaftlicher Entwicklung verlaufen nicht linear und lösen auch Aufstiegs- und Abstiegsprozesse aus. Gerade gegenwärtig drängt deshalb das zeitüberdauernde Thema des »Aufstiegs und Niedergangs von Nationen« wieder stärker denn je auf die Tagesordnung der Politik. Die Bücher – etwa Mancur Olsons »The Rise and Decline of Nations« (1982), Paul Kennedys »The Rise and Fall of the Great Powers« (1989) und eben Daron Acemoğlus und James Robinsons »Why Nations Fail« (2012) – arbeiten heraus, welche Ursachen die längeren Linien der wirtschaftlichen und gesellschaftlichen Entwicklungen bestimmen. Die herausragende Bedeutung von gesellschaftlichen Institutionen wird dabei besonders von Acemoğlu und Robinson verdeutlicht: Sie untersuchten am Beispiel der während der Kolonialisierung entwickelten Institutionen die grundlegende Bedeutung der Art der politischen und wirtschaftlichen Institutionen. Sie entwickelten dabei die für die wirtschaftliche Entwicklung grundlegende Unterscheidung in sogenannte »integrative/inklusive« Institutionen einerseits und »extraktive/exklusive« Institutionen andererseits (▶ Dar. 1.1-1).

Dar. 1.1-1: Qualität von Institutionen (Quelle: Grömling/Klös (2018, 54) in Anlehnung an Acemoğlu/Robinson (2012))

	Integrativ/inklusiv	**Extraktiv/exklusiv**
Ökonomische Institutionen	Sichere Eigentumsrechte Neutrales Rechtssystem Wettbewerb Offene Märkte	Keine Eigentumsrechte Unfairer Wettbewerb Monopole Privilegien
Politische Institutionen	Pluralismus/Demokratie Politische Gleichheit Rechtsstaatlichkeit Parlamentarische Kontrolle	Politische Machtkonzentration/Diktatur Politische Ungleichheit Keine unabhängige Justiz Keine Parlamentarische Kontrolle

Integrativ und inklusiv sind demnach diejenigen Institutionen, die der Mehrheit der Menschen die Teilnahme an wirtschaftlichen Aktivitäten ermöglichen und fördern, die ihre Talente und Fähigkeiten am besten nutzen und die Menschen in die Lage versetzen, die von ihnen gewünschten Entscheidungen zu treffen. Um integrativ zu sein, müssten sicheres Privateigentum, ein unparteiisches Rechtssystem und ein Angebot an öffentlichen Dienstleistungen gewährleistet sein, die gleiche Wettbewerbsbedingungen für einen Austausch und für Vertragsabschlüsse bieten. Wichtig seien auch die Möglichkeit zum Eintritt neuer Unternehmen und die Freiheit, dass Menschen eine Wahl bezüglich ihrer Laufbahn treffen könnten. Zentral seien sichere private Eigentumsrechte, da nur Wirtschaftsakteure mit solchen Rechten bereit sein werden zu investieren und die Produktivität zu steigern.

Die Sicherung der Eigentumsrechte im Besonderen und des Rechts im Allgemeinen, der öffentlichen Dienstleistungen und der Vertrags- und Tauschfreiheit obliege danach dem Staat als einer Institution mit der auch mit Zwang unterlegten Befugnis, Ordnung zu schaffen, Diebstahl und Betrug zu verhindern und Verträge zwischen privaten Parteien durchzusetzen. Um gut zu funktionieren, brauche die Gesellschaft zudem auch Straßen und Verkehrsnetze, damit Güter transportiert werden können, sowie eine öffentliche Infrastruktur, damit die Wirtschaftstätigkeit gedeihen kann. Schließlich bedürfe es einer »Basisregelung«, um Betrug und Fehlverhalten zu verhindern (Acemoğlu/Robinson, 2012, 73ff.) Alles in allem sei der Staat als ein Vollstrecker von Recht und Ordnung, Garant von Privateigentum und Verträgen und oft auch als wichtiger Anbieter öffentlicher Dienstleistungen untrennbar mit den wirtschaftlichen Institutionen verflochten. Kurzum: »Inclusive institutions need and use the state« (ebd., 76).

Dagegen sind *extraktive/exklusive* Institutionen dadurch gekennzeichnet, dass sie Einkommen und Reichtum aus einer Teilgruppe der Gesellschaft extrahieren, um sie einer anderen gesellschaftlichen Teilgruppe zugutekommen zu lassen. Extraktive politische Institutionen konzentrieren die Macht in den Händen einer schmalen Elite und setzen der Ausübung dieser Macht wenig Grenzen. Wirtschaftliche Institutionen würden dann oft von dieser Elite so strukturiert, dass dem Rest der Gesellschaft Ressourcen entzogen würden. Es entstehe ein »Teufelskreis« extraktiver Institutionen (Acemoğlu/Robinson, 2012, 364ff.): Politische extraktive Institutionen schafften wenig Einschränkungen bei der Machtausübung, weil es keine Institutionen gebe, die den Gebrauch und den Missbrauch von Macht durch diejenigen einschränkten, die frühere Diktatoren stürzen und die Kontrolle über den Staat übernehmen. Extraktive Institutionen führten demnach dazu, dass allein durch die Kontrolle der Macht, die Enteignung des Vermögens anderer und die Errichtung von Monopolen große Gewinne und Reichtümer erzielt werden können (»iron law of oligarchy«).

Zudem könnten sich extraktive Institutionen gleichsam reproduzieren: Wenn etwa mineralgewinnende Institutionen enorme Ungleichheiten in der Gesellschaft und großen Reichtum und unkontrollierte Macht für die Herrschenden schaffen, wird es auch in nennenswerter Zahl Player geben, die um die Kontrolle des Staates und der Institutionen kämpfen. Extraktive Institutionen ebnen dann nicht nur den Weg für das nächste Regime, das noch extraktiver sein werde, sondern sie führten auch zu ständigen Machtkämpfen und Bürgerkriegen. Nationen scheiterten dann, weil ihre extraktiven Wirtschaftsinstitutionen nicht genügend Anreize schaffen, damit ausreichend gespart und investiert wird, um innovativ zu sein. Die politischen extraktiven Institutionen unterstützen diese herbeigeführten wirtschaftlichen Institutionen, indem sie noch die Macht derer zementierten, die von der Förderung profitieren (ebd., 372).

Um statt eines »Teufelskreises« von extraktiven Institutionen einen »Tugendkreis« inklusiver Institutionen in Gang zu setzen, kommt es mithin vor allem auf die Definition und Garantie von Eigentums- und Verfügungsrechten einerseits und den Zugang zu ökonomischen Märkten andererseits an. Die Offenheit von Märkten, wie etwa dem Arbeits-, Bildungs- und Kapitalmarkt, bestimmt die Investitionsanreize und die Einkommenserzielungsmöglichkeiten der unterschiedlichen sozioökonomischen Gruppen in einem Land. Unter integrativen/inklusiven ökonomischen Institutionen können sich die Investoren die Erträge der aus den Investitionen in Human- und Sachkapital folgenden Wirtschaftsleistung weitgehend aneignen. Die politische Agenda sollte sich daher darauf richten, dass in einer Gesellschaft eine breite Beteiligung aller Bevölkerungsteile an der politischen Entscheidungsbildung (»public choice«) gewährleistet ist und die politische Macht nicht auf eine bestimmte Gruppe oder Elite konzentriert ist. Wichtig ist auch, dass die politischen Entscheidungen durch ein frei gewähltes und repräsentatives Parlament kontrolliert werden und dass eine unabhängige Justiz vorhanden ist, um Recht und Gesetz neutral durchzusetzen. Deshalb müssen die politischen Institutionen stets dahingehend evaluiert werden, ob eine faktische Gewaltenteilung von Legislative, Exekutive und Judikative herrscht und ob und wie politische Vermachtungsprozesse verhindert werden können.

		Ökonomische Institutionen	
		Integrativ/inklusiv	Extraktiv/exklusiv
Politische Institutionen	Integrativ/inklusiv	Tugendkreis	←
	Extraktiv/exklusiv	↱	Teufelskreis

Dar. 1.1-2: »Tugend-« und »Teufelskreis« wirtschaftlicher Entwicklung (Quelle: Grömling/Klös (2018,56) in Anlehnung an Acemoğlu/Robinson (2012))

Das entwicklungsförderliche Zusammenspiel von ökonomischen und politischen Institutionen ist daher das Kennzeichen einer guten System-Governance. Die Kombination von inklusiven politischen und inklusiven ökonomischen Institutionen führt dann zu einem Tugendkreis mit wirtschaftlichem und gesellschaftlichem Fortschritt (▶ Dar. 1.1-2). Eine starke ökonomische Beteiligung breiter Bevölkerungsgruppen trägt dazu bei, die politischen Institutionen und den Pluralismus zu verbessern und zu stabilisieren. Umgekehrt sichern und stärken inklusive politische Institutionen die Anreize, in Produktionsfaktoren zu investieren und den technischen Fortschritt zu forcieren. Vor allem der technische Fortschritt stellt – über neue Produkte, neue Fertigungsverfahren sowie die Entwertung und das gleichzeitige Entstehen von Humankapital – permanent die individuellen Einkommenspositionen auf den Prüfstand.

Inklusive ökonomische und politische Systeme sind aber offensichtlich besser als extraktive Ordnungen in der Lage, die mit technischem und strukturellem Wandel einhergehenden Anpassungslasten und Ungleichheiten zu verarbeiten und sie auch sozialpolitisch abzufedern. Nur offene Systeme schaffen leistungsfundierte Aufstiegsperspektiven und intergenerationale Einkommensmobilität. Allerdings kann eine zunehmende Ungleichheit dazu führen, dass sich die politische Agenda weg von Umverteilungszielen verschiebt, was sich mit dem zunehmenden politischen Einfluss der ökonomischen Eliten erklären lässt.

Damit ist man unmittelbar bei dem so bedeutsamen Zusammenhang zwischen der Gestaltung von Institutionen und der wirtschaftlichen Entwicklung, der seit geraumer Zeit Gegenstand vielfältiger empirischer Untersuchungen ist. Die bisherige Evidenz für einen positiven Einfluss von inklusiven politischen Institutionen auf das Wirtschaftswachstum ist relativ gut (vgl. z. B. Rodrik et al., 2004; Hemmer/Lorenz, 2004; La Porta et al., 2008; North et al., 2009; Spolaore/Wacziarg, 2013). Länder-Querschnittsvergleiche kommen auf Basis der verfügbaren Daten oftmals zu robusten empirischen Zusammenhängen zwischen der Qualität der Institutionen und dem Lebensstandard oder dem Wirtschaftswachstum. Kritisch zu den zugrunde liegenden Untersuchungsdesigns äußerte sich aber etwa Chang (2011), weil Zusammenhänge oftmals zu einfach konstruiert seien und die tiefergehenden Wirkungsketten von politischen Institutionen und ökonomischen Effekten nicht hinreichend genau genug betrachtet würden. Auch die oben referierte Analyse von Acemoğlu/Robinson wird in einzelnen Studien wegen fehlender empirischer Fundierung und der Auswahl und Interpretation der historischen Beispiele kritisiert (Caspari, 2018; MacLeod, 2013; Sachs, 2012; Schlesewsky/Winter, 2018).

Inzwischen gibt es auch einige empirische Versuche einer Bewertung, welche Charakteristika inklusive politische Institutionen aufweisen sollten. Benner/Pastor (2016) bewerten die politische Inklusion anhand eines »Voice and Accountability Indicator«. Er bringt zum Ausdruck, inwieweit die Bevölkerung Meinungsfreiheit hat und über unabhängige Medien verfügt. Außerdem werden ein »Control of Corruption Indicator«, ein »Regulatory Quality Indicator«, ein Indikator für »Property Rights and Rule-Based Governance Rating«, ein Indikator für »Level of international Conflict«, für »Government Expenditures for Social Security and Welfare« sowie weitere Infrastrukturindikatoren entwickelt. Ein weitverbreiteter Ansatz ist der Freiheitsindex des Fraser-Instituts, bei dem eine Vielzahl von Komponenten berücksichtigt werden, mit denen die ökonomischen und politischen Freiheiten oder deren Einschränkungen gemessen werden können (Erlei et al., 2007, 566; Gwartney et al., 2017). Zu den politischen Institutionen zählen dabei z. B. die Unabhängigkeit der Gerichtsbarkeit, Rechtstaatlichkeit und ein Rechtschutz vor staatlicher Willkür, die Abwesenheit von willkürlichen Militärinterventionen und die Integrität des Rechtsystems. Die Zeitreihen liegen für 159 Länder zum Teil zurückgehend bis 1970 vor. Groll (2024) findet eine positive Korrelation von Eigentumsrechten, der Effektivität der Justiz, der Integrität der Regierung und der unternehmerischen Freiheit mit dem BIP-Wachstum.

Die OECD (2015) nennt sogar Zielgrößen für »effective, accountable and inclusive institutions«. Diese sollen das Vertrauen in den Staat und die Regierungen stärken und damit zu einer effektiven und friedlichen Zusammenarbeit in den Gesellschaften beitragen. Zu diesen Zielen gehören die Reduktion von Korruption und Bestechung, zuverlässige und transparente Institutionen und Verwaltungen, eine partizipative und repräsentative Entscheidungsfindung auf allen staatlichen Ebenen sowie der öffentliche Zugang zu Informationen (z. B. durch unabhängige Medien). Die OECD (2017) bietet zur Messung und Evaluierung der politischen Institutionen zum Beispiel die »Government at a Glance Indicators« an. Ferner gibt es von der Weltbank die »Worldwide Governance Indicators«, die für über 200 Länder sechs Dimensionen der Governance (Control of Corruption, Government Effectiveness, Political Stability and Absence of Violence/Terrorism, Rule of Law, Regulatory Quality, Voice and Accountability) seit dem Jahr 1996 messen (Kaufmann et al., 2010). Diese Daten werden in einer Reihe von Untersuchungen als empirische Grundlage für die statistische Vermessung des Zusammenhangs zwischen der Qualität von Institutionen und der wirtschaftlichen Entwicklung verwendet.

Die bisherigen Ausführungen müssten vermuten lassen, dass für die genannten institutionellen Erfolgsfaktoren einer gedeihlichen Entwicklung eigentlich Demokratien die bestmöglichen Voraussetzungen bieten und deshalb auch eine deutlich bessere Wachstumsbilanz als nichtdemokratische Systeme aufweisen müssten. Doch das Bild ist weniger eindeutig als vermutet. Spätestens seit dem Aufstieg Chinas ist das Vertrauen erschüttert, dass eine wirtschaftliche Liberalisierung auch zu einer politischen Liberalisierung und schließlich auch zu einer Demokratie führen werde. Vielmehr gibt es eine nur schwache Verbindung zwischen wirtschaftlicher Entwicklung und der Existenz liberaler Demokratien mit inklusiven Institutionen. Zugespitzt formulieren de Mesquita/Downs (2005, 84, Ü. d. A.): »Wirtschaftswachstum ist nicht eine Kraft für demokratischen Wandel in tyrannischen Staaten, sondern kann manchmal dazu genutzt werden, unterdrückerische Regime zu stärken. [...] Autoritäre Regime werden immer besser darin, die politischen Folgen des Wirtschaftswachstums zu vermeiden – so gut, dass dieses Wachstum ihre Überlebenschancen jetzt eher erhöht als verringert«.

Es ist daher nicht ganz so klar, wie die Frankfurter Allgemeine Zeitung nach der Bekanntgabe des Nobelpreises für Wirtschaft 2024 titelte: »Nobelpreis: Demokratie stützt das Wirtschaftswachstum«. Sunde (2006) kommt in einer Auswertung der empirischen Studien, ob Demokratie ein Wohlstandsmotor oder ein Wohlstandsprodukt ist, zu folgendem Ergebnis: »Die Evidenz lässt Zweifel an einem direkten kausalen Effekt in irgendeiner Richtung aufkommen«. Galor (2022, 151) zweifelt ebenfalls an eindeutigen Belegen für die Kausalität der Beziehung zwischen Demokratie und Wachstum: »Yet, although democracies have experienced faster economic growth that does not necessarily mean that democracy causes growth. [...] inclusive institutions might be the result, not the cause, of growth« (H. i. O.). Sowohl Galor als auch Sunde deuten aber auf die hohe Wahrscheinlichkeit indirekter Effekte hin, vor allem hinsichtlich der besseren Rahmenbedingungen zur Humankapitalbildung in demokratischen Systemen, weil rechtsstaatliche Prinzipien den Zugang zu Bildung erleichterten. Der nächste Abschnitt richtet daher einen Blick darauf, ob es hinter und neben der demokratischen Verfasstheit von Gesellschaften auch noch in tieferen Gesellschaftsschichten eingeschriebene, wachstumsförderliche kulturelle »traits« gibt.

Kulturelle Faktoren: Normen und Regeln

Hinter den jeweils vorfindbaren geltenden Institutionen stehen in der Regel historisch gewachsene kulturelle Besonderheiten von Gesellschaften, von denen im Folgenden drei ein wenig vertieft werden sollen. Zum Ersten geht es um den Einfluss der *Religion* auf wirtschaftliche Prozesse. Hier drängen sich vor allem Bezüge zur »protestantischen Ethik« im Sinne von Max Weber auf. In seinem zweiten Hauptwerk nach »Wirtschaft und Gesellschaft« versuchte Weber, »der Bedingtheit der Entstehung einer ›Wirtschaftsgesinnung‹: des ›Ethos‹ einer Wirtschaftsform, durch bestimmte religiöse Glaubensinhalte, und zwar an dem Beispiel der Zusammenhänge des modernen Wirtschaftsethos mit der rationalen Ethik des asketischen Protestantismus« näherzukommen (Weber, 1904). »Ein Blick in die Berufsstatistik eines konfessionell gemischten Landes pflegt mit auffallender Häufigkeit eine Erscheinung zu zeigen, welche mehrfach in der katholischen Presse und Literatur und auf den Katholikentagen Deutschlands lebhaft erörtert worden ist: den ganz vorwiegend protestantischen Charakter des Kapitalbesitzes und Unternehmertums [...]« (ebd., 11). Nach Webers These nehmen Länder mit einer dominanten protestantischen Gesellschaft, z. B. England und die Niederlande, im historischen Ablauf in der Entwicklung des Kapitalismus eine Vorreiterrolle ein, katholische Länder hingegen blieben eher Nachzügler. Für Deutschland stellte Weber fest, dass protestantische Gebiete vermögender waren als katholische, und schließt somit auf einen Zusammenhang von Religion und Wirtschaftsentwicklung. Insbesondere der Bedeutung unternehmerischer Strukturen und der Bedeutung von Werten, Charisma und Führerschaft misst er dabei eine ausschlaggebende Bedeutung zu (Kuhnert, 2000, 102ff.).

Ein zweiter, mit der Religion eng verbundener kultureller Faktor ist das sogenannte *Sozialkapital* einer Gesellschaft. Am Beispiel Italiens verdeutlichten Robert Putnam et al. (1993) den Mehrwert sozialer Netzwerke. Die Beobachtung für Italien, wonach sich insbesondere in Süditalien (zu) starke familiale Bande als wirtschaftliches Entwicklungshemmnis zeigten, wurde schon in einer Vorläuferstudie von Edward Banfield (1958) gefunden: Er beobachtete eine eigennützige, familienzentrierte Gesellschaft, die das Gemeinwohl zugunsten der Vetternwirtschaft und der unmittelbaren Familie opferte. Diese Betonung der Kernfamilie gegenüber den Interessen der Bürger nannte er das Ethos des »amoralischen Familismus«. Verallgemeinernd fasst Galor zusammen: »[M]ore intense family ties diminished trust outside of one's kinship group, weakened cooperation in pursuit of a common public goal, and thereby reduced the level of economic prosperity in a region« (2022, 172). Auch Arrow (1972) konnte zeigen, dass geschäftliche Erfolge stark auf Vertrauen beruhten, während fehlendes Vertrauen nachteilig für Handel und ein geringeres Vertrauen außerhalb von Familien ursächlich für die schlechtere wirtschaftliche Entwicklung Süditaliens gegenüber Norditalien sei.

In einer weiteren Arbeit (2000) unterscheidet Putnam einerseits gemeinschaftsbildendes (bonding) und andererseits ein brückenschlagendes (bridging) Sozialkapital. Das Erste entspricht den starken Beziehungen zwischen Personen gleicher Netzwerke, bei denen der emotionale Gewinn im Vordergrund steht, das Zweite den schwachen Beziehungen zwischen Personen unterschiedlicher Netzwerke, die den informationellen Gewinn im Fokus haben. Dem gemeinschaftsbildenden und brückenschlagenden Sozialkapital misst Putnam (2000, 22) großen Wert bei: »Of all dimensions along which forms of social capital vary, perhaps the most important is the distinction between bridging (or inclusive) and bonding (or exclusive).« Social Capital ist nach Putnam ein systemrelevanter Nährstoff für die Demokratie, aber auch für die wirtschaftliche Entwicklung, wie er am Beispiel der unterschiedlichen wirtschaftlichen Entwicklung Nord- und Süditaliens zeigt. Zudem kann ein breites Sozialkapital auch die Formulierung eines impliziten Gesellschaftsvertrages erleichtern. Dies umfasst auch soziale Normen, die nicht in Gesetzen abgebildet werden und auch nicht rechtlich bindend sind, aber – dennoch oder gerade deswegen – ein Gemeinschaftsgefühl erzeugen können (Brunnermeier, 2021). Die meisten Entscheidungen werden jedoch von sozialen Normen und Konventionen beeinflusst, die als Verhaltensheuristiken tief verankert sein können und die oft auch die mit einer Verrechtlichung verbundenen Transaktionskosten sparen können.

Damit ist Vertrauen zudem zentral für die wirtschaftliche Entwicklung. Vertrauen in Institutionen als formelle und informelle Regeln und Normen sowie konkret in Justiz, Regierung und Kirche korreliert positiv mit Wirtschaftswachstum, BIP und Lebenszufriedenheit (Fukuyama, 1995; Zak/Knack, 2001; Enste/Möller, 2015; Enste/Suling, 2020). Für das Wirtschaftswachstum spielen konkret u. a. Eigentumsrechte, Korruptionshäufigkeit im öffentlichen Raum und die Rechte von ausländischen Investoren eine nachweisbare Rolle. Die Wirkungsrichtung ist allerdings nicht eindeutig. Eine mögliche Erklärung für den positiven Zusammenhang zwischen Wirtschaftswachstum und Vertrauen ist, dass das Vertrauen der Bürger wächst, wenn die Qualität der Institutionen hoch und die gesamtwirtschaftliche Entwicklung erfolgreich ist. Umgekehrt ist das Vertrauen, welches Menschen unbekannten anderen Menschen entgegenbringen (generalisiertes Vertrauen), der zentrale Treiber des Wirtschaftswachstums. Regionen, in denen das engste soziale Umfeld (bonding) besonders wichtig ist, wachsen hingegen weniger stark und schnell (Beugelsdijk/Smulders, 2009). Die ökonomische Begründung der positiven Wirkung von Vertrauen lässt sich gut mit der Einsparung von Transaktionskosten und der Verringerung von Unsicherheit erklären. Der positive Effekt von Vertrauen auf individueller Ebene für Einkommen und Lebenszufriedenheit lässt sich kausal in Längsschnittstudien nachweisen (Enste/Suling/Schwarz, 2020).

Ein dritter kultureller Strang ist die *Leistungsmotivation* in einer Gesellschaft. Hier führt ein direkter Link von Webers »protestantischer Ethik« zu David McClellands »Achieving Society«: Darin erläutert er, warum »methods of the behavioral sciences [...] explain the rise and fall of civilizations« (Untertitel des Buches). Dazu wird die Variable »n-Achievement« (Need for Achievement) in verhaltensökonomisch fundierten Experimenten gebildet, die als zentraler Faktor für den Wachstumseffekt bestimmend ist. Für McClelland wird der Weber'sche protestantische Geist zwar nicht in naiver Weise als Bestimmungsgrund für ein höheres »n-Achievement« ausgedeutet. Aber mit der Reformation sei eine deutliche Bedeutungszunahme des »achievement motives« verbunden gewesen (McClelland, 1961, 391). Er entwickelte so eine den konkreten Prozessen des menschlichen Interagierens vorgelagerte, auf einer höheren Abstraktionsebene angesiedelte psychologische Begründung für Prosperität, Aufstieg und Fall (»wax or wane«) von Gesellschaften.

Diese unterscheidet sich von anderen Treibern wirtschaftlicher Entwicklung wie Handel, Technologie, Rohstoffen, Bevölkerung oder Klima: »Interestingly enough, the economic theorists themselves seem to have always felt that sources of change in the economic system lay outside the system itself« (1961, 12). Konstitutiv für seinen Ansatz ist: »The hypothesis that gave rise to the present study is that achievement motivation is in part responsible for economic growth« (S. 36). Er folgert: »So I remain as convinced as ever that the ideas of men shape external events more than these events shape their ideas. Men are not passive products of history. They make history. And what has become more and more striking to me is the parallelism between the way collectivities and individuals function (sic!)« (s. G. der neuen Einleitung zur Neuauflage, 1976). Dazu passt auch seine dogmengeschichtlich interessante Kritik an der Marxschen Entwicklungstheorie: »The only firm conclusion I can draw from these and similar studies is that Marx, as a psychologist, was wrong when he said, ›It is not the consciousness of men that determines their existence, but, on the contrary, their social existence that determines their consciousness‹«.

Die vorstehende breitere Würdigung unterschiedlicher Disziplinen mit Erklärungskraft für institutionelle und kulturelle Bestimmungsgründe wirtschaftlicher und gesellschaftlicher Entwicklungen macht die außerordentliche Komplexität der Zusammenhänge deutlich. Dennoch tritt die herausragende Bedeutung der konkreten Gestaltung von Institutionen hervor, mit denen die Spielregeln für das Zusammenwirken von Menschen, Familienverbünden, privatwirtschaftlichen Unternehmen, zivilgesellschaftlichen Organisationen und staatlichen Bürokratien definiert werden. Diese Spielregeln unterliegen einem laufenden Veränderungsdruck, aber deren Anpassung selbst löst noch einen zusätzlichen Veränderungsdruck aus. Dieser schlägt sich erkennbar auch in einem veränderten Wahlverhalten hierzulande, neuen kriegerischen Bedrohungen in Europa und in tektonischen Disruptionen in den transatlantischen Beziehungen nieder. Die bestehende institutionelle Ordnung unseres Gemeinwesens steht daher unter massivem Druck. Dies gilt zum einen national, wie an den Mühen der Regierungsführung zwischen Union und SPD abzulesen ist. Zum anderen ist die nationale Politik stärker denn je auch geopolitisch und geoökonomisch überlagert und gefordert, weil sich auch bei den internationalen Regelwerken disruptive Veränderungen ergeben, wie der nächste Abschnitt zeigt.

1.1.3 Der Washington Consensus als wirtschaftlicher Entwicklungsmotor freiheitlicher Gesellschaften

Eine markante Ausprägung der Gestaltung von global weitgehend akzeptierten Institutionen, Regeln und Normen für das wirtschaftliche Zusammenleben in der Nachkriegswelt stellt der sogenannte »Washington Consensus« dar. Er ist ein Fallbeispiel dafür, wie einerseits eine konkrete Ausgestaltung von entwicklungs- und wachstumsfördernden Institutionen aussehen kann. Zum anderen kann daran gezeigt werden, wie die Evolution und Devolution dieses Regelwerks den institutionellen Wandel infolge veränderter geopolitischer und geoökonomischer Kraftfelder widerspiegeln. Nach einer kurzen Darstellung zur besonderen Situation und spezifischen Ausgestaltung der Wirtschaftsordnungen vor dem Hintergrund des Ost-West-Konflikts nach dem Zweiten Weltkrieg wird auf die zentrale Rolle des sogenannten »Konsenses von Washington« für die Erfolge marktwirtschaftlicher Reformen nach 1990 eingegangen, für die er oft wie ein Katalysator wirkte. Danach werden wichtige Zusammenhänge zwischen dem Washington Consensus, dem Ansatz extraktiver/inklusiver Institutionen und dem Ordoliberalismus vertieft, um daraus einige Anhaltspunkte für die Gestaltung von entwicklungsförderlichen Institutionen zu gewinnen.

Ökonomische Nachkriegsordnung und zunehmende »Ökonomisierung« nach Ölpreiskrisen

Nach dem Zweiten Weltkrieg herrschte im Wesentlichen Konsens über die Notwendigkeit einer politischen Abstimmung der westlichen Marktwirtschaften. Durch politische Regulierung wurden nach und nach ausreichende Spielräume geschaffen, um gesellschaftliche Stabilität herzustellen. Kennzeichnend dafür waren u. a. wachsende staatliche Sozialleistungen und ein ausgebauter öffentlicher Sektor sowie eine auf Vollbeschäftigung abzielende Wirtschaftspolitik (vgl. Brusis/Zweynert, 2018, 101ff.). Dies änderte sich generell und auch in Westdeutschland seit den Ölpreiskrisen der 1970er Jahre und dem damit einhergehenden Strukturwandel. Einen weiteren Schub in diese Richtung gab es infolge des Endes des Ost-West-Konflikts mit dem Fall des Eisernen Vorhangs ab 1989/90. Dies ging mit Deregulierungen, Privatisierungen und dem Ausbau des weltweiten Handels sowie einer Ausweitung von Direktinvestitionen begünstigenden technischen Innovationen einher, vor allem in den hochindustrialisierten reichen Staaten der Welt (vgl. etwa Rödder, 2023, 60ff.).

Mit diesen Tendenzen und forciert durch die Zeitenwende ab 1989 änderte sich auch die Ausrichtung der Zusammenarbeit mit den Ländern des Globalen Südens und wirtschaftlich weniger entwickelten Ländern, welche zuvor stark sicherheitspolitisch motiviert war. »Mit dem Ende der bipolaren Weltordnung [...] kam es zu einer Entideologisierung der Nord-Süd-Beziehungen. [...] Entwicklungshilfe war nicht länger notwendig zur Absicherung geostrategischer Einflusszonen« (Fuster, 2024). Ein wesentlicher gemeinsamer Nenner von Entwicklungshilfe und Entwicklungszusammenarbeit war bis dahin auch angesichts der hohen Bedeutung der Sicherung von

Verbündeten aus geopolitischen Gründen eine unzureichende marktwirtschaftliche Ausrichtung: »Bis in die 1960er Jahre waren [...] Hilfszahlungen weitestgehend auf Nahrungsmittelhilfe einerseits und Produktivitätssteigerung durch Infrastrukturinvestitionen andererseits gekennzeichnet. Marktwirtschaftliche Mechanismen spielten dabei keine große Rolle, zumeist wurden die Investitionen von Staatsbetrieben bewirtschaftet« (Peters, 2015, 51; vgl. als Überblick Funk, 2023, 1074f.). Erst seitdem auch angesichts krisenhafter Entwicklungen die Haushaltsspielräume der Staaten enger wurden, kam es zu stärker marktwirtschaftlich ausgerichteten Strukturanpassungsprogrammen über die internationalen Institutionen der Weltbank und des Internationalen Währungsfonds (IWF). Diese Organisationen fanden hierin ein neues Aufgabenfeld, da frühere Arbeitsbereiche im Laufe der Zeit entfielen.

Parallel dazu fand im Rahmen der forcierten Globalisierung und damit einhergehender Tendenzen zu einer »Vermarktlichung« (vgl. Rödder, 2023, 131/390) der frühere erhebliche Ausbau des Sozial- bzw. Wohlfahrtstaates insbesondere in westeuropäischen Ländern zunehmend eine Begrenzung, da er sich zu einer wesentlichen Ursache einer später dauerhaft höheren Arbeitslosigkeit entwickelte. Allerdings bleibt ein mentaler Einfluss dieser Zeit bis heute in den Gedächtnissen in der westlichen Welt haften: »Die Idealisierung jener Ära eines ›soliden‹ und eigentlich recht gemütlichen Kapitalismus ist die normative Grundlage gegenwärtiger Kritik« (Bogner, 2023, 204). So behaupten Kritiker etwa, dass Marktwirtschaften mit vorrangig privaten Eigentumsstrukturen, welche üblicherweise als Kapitalismus bezeichnet werden, heute erhebliche negative Effekte auf die Institutionendynamik hätten. »Das Problem ist die Bedrohung, die er in seiner deregulierten Form für die Demokratie darstellt, und insbesondere die Unfähigkeit des politischen Liberalismus, diese Bedrohung einzudämmen« (Jackson, 2025, 47). Kritiker sehen als eine zentrale Ursache hierfür die aus ihrer Sicht entstandene »umfassende Ökonomisierung aller Lebensbereiche« an (Bogner, 2023, 211), welche nicht zuletzt auf die »Ideologie des Marktliberalismus« (Jackson, 2025, 47) zurückzuführen sei. Dafür dient häufig der so genannte »Washington Consensus« gleichsam als »Whipping Boy« (Prügelknabe) (Williamson, 2014, 177).

Der Washington Consensus: Renaissance trotz weiterhin verbreiteter Kritik am Ansatz

Der Begriff »Washington-Konsens« beschreibt eine ordnungspolitische Strategie, welche die (Wieder-)Herstellung oder Verbesserung der Kreditwürdigkeit und internationalen Wettbewerbsfähigkeit sowie die marktwirtschaftliche Stabilisierung vor allem von wirtschaftlich weniger entwickelten Ländern und recht schnell auch von Transformationsländern (vgl. Leschke/Schlieszus, 2021, 283) zum Ziel hat. Seine zentralen Prinzipien beinhalteten die Herstellung fiskalpolitischer Disziplin, die Umstrukturierung der öffentlichen Ausgaben, Steuerreformen und finanzielle Liberalisierung, einen Wechselkurs, der nicht überbewertet ist, eine Handelsliberalisierung, den Abbau von Barrieren gegenüber Direktinvestitionen, die Privatisierung staatlicher Unternehmen, eine Deregulierung und den Schutz von Eigentumsrechten (vgl. genauer

Donges/Menzel/Paulus, 2003, 14f.; vgl. zur Kritik daran Funk, 2023, 1076; vgl. Kasten unten). Diese Prinzipien fasste der Ökonom John Williamson (1937–2021) erstmals 1989 als Vorbereitung einer Konferenz zur Lösung der Schuldenkrise in Lateinamerika zusammen (vgl. Williamson, 2018). Letztlich umfassten diese Leitlinien damals »einen niedrigsten allgemeinen Nenner zuvor bewährter wirtschaftspolitischer Strategien [...], nach denen sich die US-Wirtschaftspolitik, die Weltbank und der IWF in ihrer momentanen Praxis allgemein orientieren« (Donges/Menzel/Paulus, 2003, 13).

Diese Prinzipien fanden trotz erheblicher Misserfolge bei der Umsetzung schnell weltweit Einfluss und Verbreitung. Später dienten sie modifiziert auch zur Vorbereitung der gemeinsamen Währung in Ländern der Europäischen Union sowie als Blaupause für Strukturreformen in Industrieländern mit einer dauerhaften Wachstums- und Beschäftigungsschwäche, etwa in Japan und Deutschland (Belke, 2020, 754; Baumol/Litan/Schramm, 2007, 188ff.). »Rund um den Globus, und ganz besonders in den sich rasant industrialisierenden Ländern Ostasiens, brachten nach der Finanzkrise von 1997 politische Maßnahmen zur ›Strukturanpassung‹, die der IWF zur Voraussetzung für Rettungspakete machte, ebenfalls Liberalisierung, Privatisierung und Haushaltsdisziplin. [...] Heute finden sich in allen Bereichen des menschlichen Lebens weitaus mehr Märkte als jemals zuvor« (Jackson, 2025, 39). Als gemeinsame Basis dafür verortet Trevor Jackson den Washington Consensus. Phillip Ther geht sogar von einer weltweiten wirtschaftsliberalen »Hegemonie« aus und betont: »Das Schlüsseldokument dieser globalen Zeitenwende ist der Washington Consensus« (Ther, 2019, 21).

Wesentliche Inhalte des »Washington Consensus« (Quelle: in Anlehnung an Williamson, 2018, 14504f. und Donges/Menzel/Paulus, 2003, 14f.)

1. Fiskalische Disziplin herstellen bzw. erhöhen.
2. Öffentliche Ausgaben zugunsten von lohnenderen Aufgaben (Infrastruktur, Grundbildung und medizinische Grundversorgung) umschichten und eine grundsätzliche Umverteilung gewährleisten.
3. Steuern durch Verbreiterung der Steuerbasis und Senkung der Grenzsteuerbelastung bzw. Progression reformieren.
4. Einen freien Geldmarkt und eine freie Zinsbildung gewährleisten.
5. Einen wettbewerbsfähigen Wechselkurs ermöglichen, der keine Außenhandelsdefizite induziert.
6. Eine Liberalisierung des Handels und Öffnung der Märkte vorantreiben.
7. Märkte für ausländische Direktinvestitionen öffnen.
8. Nicht für Kernaufgaben des Staates gebrauchte öffentlichen Einrichtungen privatisieren.
9. Deregulierende Maßnahmen umsetzen.
10. Private Eigentumsrechte garantieren.

Allerdings verlor die hierdurch per Saldo ermöglichte »positive Sicht auf marktorientierte Reformen« (Berthold/Quitzau, 2023) infolge der globalen Finanzkrise

2008/2009 erneut an Einfluss, da »viele Kritiker sich [...] in ihren Vorbehalten, [...] Märkte neigten zu irrationalen Übertreibungen«, (ebd.) bestätigt fühlten, auch wenn tatsächlich die Ursachen dieser Finanzkrise gar nicht durch die Leitlinien des Konsenses erklärt werden können, sondern vielmehr in hohem Maße als Folge von Staatsversagen einzustufen sind. In jüngerer Zeit kam es allerdings zu einem erneuten Interesse am Washington Consensus (vgl. Irwin, 2020; Irwin/Ward, 2020). Er wird aus wirtschaftsliberaler Sicht – inklusive auch der späteren Ergänzungen des Ansatzes (»second generation reforms«) durch seinen Begründer (vgl. Williamson, 2003, 11ff.) – auch heute noch »in seinen Grundzügen [...] zur Orthodoxie« (Kurer, 2017, 7) gezählt und selbst aus einer politikwissenschaftlichen Sicht in Teilen der Wissenschaft als »theoretisch überzeugend« (Varwick, 2019, 184) eingeschätzt.

Tatsächlich verdeutlicht die jüngere Entwicklung, dass eine Renaissance der Konzeption gerechtfertigt ist, weil die wissenschaftliche Evidenz eine klare Sprache zugunsten des Ansatzes spricht. Allerdings ist die Existenz bestimmter, den Markt ergänzender Institutionen und Organisationen, wie sie in den Erweiterungen des Ansatzes auch aufgenommen worden sind, eine notwendige Voraussetzung für erfolgreiche marktwirtschaftliche Liberalisierungsmaßnahmen, welche zunächst allzu sehr vernachlässigt worden sind (vgl. Hemmer/Marienburg, 2000, 7). Viele sich derzeit als stabil erweisende Länder im wirtschaftlichen Aufholprozess haben »die vom IWF in den letzten zwei Jahrzehnten propagierten, weitaus umsichtigeren Strategien übernommen, die auf eine durchdachte Optimierung des Washington-Konsenses hinauslaufen« (vgl. Rogoff, 2023). Die frühere extreme Kritik am Ansatz war vor diesem Hintergrund per Saldo wenig überzeugend (vgl. Donges/Menzel/Paulus, 2003, 206). Sie ist es auch heute noch nicht, wie die Evaluation zeigt: So wurde der Washington Consensus etwa in Lateinamerika bei weitem »nicht so umgesetzt, wie man es erwarten würde. Reformen konzentrierten sich vor allem auf Änderungen der Geld- und Fiskalpolitik und waren dort auch einigermaßen erfolgreich« (Hefeker, 2019, 5), etwa weil »im Vergleich zu den 1980er Jahren die Inflationsraten, Zinsen und Defizite deutlich zurückgegangen sind, ebenso wie die Schwarzmarktprämien für Währungen und ihre Überbewertung« (ebd.).

Allerdings kam es nicht selten nur zu einer teilweisen Implementation des Reformkatalogs: Unterlassen wurden unter anderem »weitergehende mikroökonomische und institutionelle Reformen. Noch heute bestehen in vielen Ländern der Region staatliche und private Monopole, zudem ist die Steuerbelastung hoch und ungleich bei mangelhaften Leistungen des Staates. Dies führt zu geringer Produktivität, fördert die Korruption und verschlechtert das Investitionsklima« (ebd.). Erhebliche Mängel, z. B. bei der Bildungspolitik und den Arbeitsmarktreformen oder auch bei der Umsetzung von Maßnahmen zum Abbau sozialer Ungleichheit, verdeutlichen, dass trotz der vorhandenen Erfolge noch erhebliche Umsetzungsdefizite bestehen. Diese beruhen häufig auf nationalen Governance-Problemen, wenn etwa »die Länder in Lateinamerika in den meisten Fällen ähnlich viel Geld für Bildung« ausgeben »wie die meisten OECD-Staaten, aber die Erfolge [...] deutlich schlechter« (ebd.) sind. »Vergleichstests über die Fähigkeiten der Schüler, wie sie die OECD in ihren Pisa-Studien durchführt, zeigen die Region deutlich unter dem Durchschnitt der betrachteten Länder, während viele asiatische Länder deutlich darüber liegen« (Hefeker, 2019, 5f.).

Wesentlich auf dem Washington Consensus basierende Reformen der Staaten Osteuropas, welche später Mitglieder der Europäischen Union (EU) wurden, erwiesen sich ebenfalls und auch weitgehend bis heute (trotz der Probleme während der Finanzkrise) als wachstumspolitische Erfolgsmodelle. Kennzeichnend war in diesen Staaten weitgehend ein »liberaler Minimalkonsens der Eliten« (Varga, 2025, 245). Eine »moralökonomische Legitimierung liberaler Reformen hatte den wichtigen Effekt, dass diejenigen, welche sich ihnen widersetzen wollten, isoliert und ihre Gegenstimmen unterdrückt wurden« (ebd.). Hinzu kam aber, dass hier das wirtschaftsliberale Projekt durch weitere Faktoren stabilisiert wurde, »wie etwa durch eine Erhöhung der Sozialausgaben in Ostmitteleuropa [...], durch eine nationalstaatliche Einhegung sozialer Ausgaben in den baltischen Staaten [...] oder generell durch die Erweiterung der Europäischen Union [...] und einer damit verbundenen Ost-West-Migration« (Varga, 2025, 245).

Ebenfalls ist zu würdigen, dass letztlich auch die Überschuldung von Krisenländern während der Krise in der Eurozone durch dem Washington Consensus verwandte Methoden überwunden wurde: Ähnliche Maßnahmen wie während der Asienkrise Ende der 1990er Jahre »wurden nach 2009 in der europäischen Peripherie, in Portugal, Irland, Italien, Griechenland und Spanien, erneut durchgedrückt, entweder als Bedingung für Rettungspakete oder durch fiskalische Restriktionen der EU oder eine restriktive Politik der Europäischen Zentralbank (Jackson, 2025, 39; vgl. auch Brunnermeier/James/Landau, 2016). Dass vormalige Krisenländer infolge der Strukturreformen und temporärer finanzieller Unterstützungen durch die Geberländer in der EU danach wirtschaftlich recht schnell wieder aufholen konnten, sei hier nur kurz erwähnt. Auch die »Agenda 2010«-Strukturreformen in Deutschland, welche ebenfalls mit den Prinzipien des Washington Consensus kompatibel sind, waren die Grundlage für ein Jahrzehnt stabilen Wachstums in Deutschland, weil dadurch die zentralen Merkmale des sozialen Ausgleichs im Rahmen einer flexibilisierten sozialen Marktwirtschaft aufrechterhalten werden konnten (Rödder, 2023, 67).

Vor diesem Hintergrund erwies sich alles in allem die Essenz des Washington Consensus tatsächlich als eine Zeitenwende in Richtung von mehr Wachstum und Wohlstand für viele. Dies gilt auch für die asiatische Erfahrung, obwohl »many critics of the Washington Consensus argued that the success of the East Asian countries was due to their governments having implemented industrial policies« (Williamson, 2018, 14506). Dem hielt Williamson jedoch entgegen, dass wesentliche gemeinsame Bestimmungsgründe der asiatischen Erfolgsstaaten gerade aus Aspekten bestehen, welche im Washington Consensus als entwicklungs- und wachstumsförderlich herausgestellt wurden: »for example, macro stability, high savings, export orientation, good education« (ebd.). Auch für die erheblichen chinesischen Erfolge lassen sich marktliberalisierende und somit auch inklusive Elemente im Sinne von Acemoğlu/Robinson im Washington Consensus als wichtige Determinanten des wirtschaftlichen Erfolgs ausmachen (vgl. Acemoğlu/Robinson, 2012, 483f.).

Allerdings spiegelte das Programm des ursprüngliche Washington Consensus in erster Linie »die auf die Eigenlogik des Wirtschaftssystems orientierte neoklassische Ökonomik insofern [wider], als es weitgehend vom politisch-institutionellem Umfeld abstrahierte, in dem die Wirtschaftsreformen stattfinden sollten« (Brusis/Zweynert, 2018, 100). Die Vernachlässigung des konkreten politisch-institutionellen Umfelds kann ohne entsprechende Leitplanken, die gerade bei der Schocktherapie etwa in Russland fehlten, auch erhebliche negative Auswirkungen haben, etwa eine Spaltung zwischen der verarmten Bevölkerung und einer kleinen Elite von wirtschaftlich dominierenden »Oligarchen« (vgl. Ther, 2016, 1665ff.). Tatsächlich waren die auf Basis des Washington Consensus basierenden »Strukturanpassungsmaßnahmen, die von internationalen Geldgebern, wie dem IWF oder der Weltbank, den Nehmerländern zur Auflage gemacht wurden, zwar meist ökonomisch vernünftig, konnten aber in dem jeweiligen politischen und sozio-ökonomischen Umfeld durchaus kontraproduktiv wirken. Dies gilt vor allem dann, wenn die für einen erfolgreichen Einsatz notwendigen institutionellen Voraussetzungen fehlen« (Koch, 2023, 120). Im Extremfall kam es etwa im postsowjetischen Raum ohne Beitrittsperspektive zur EU sowohl zur Blockade einer ökonomischen Transformation zu einer funktionierenden Marktwirtschaft als auch zur Etablierung und Verfestigung hybrider politischer Ordnungen. Dies nährte Zweifel an dieser Reformstratege, wenn sie mit einer »Stabilisierung politischer Regime in der Grauzone zwischen Autokratie und Demokratie« (Brusis/Zweynert, 2018, 100) einhergingen.

Bedeutsam ist daher der zusammenfassende Befund: »Auf mittlere Sicht begünstigten [...] institutionelle Beschränkungen von Regierungsautorität die Nachhaltigkeit von Reformen, weil sie dazu nötigten, breitere gesellschaftliche Reformkoalitionen zu bilden« (Brusis/Zweynert, 2018, 100f.). Für die Begründung von Strukturreformen auf Basis der Empfehlungen des Washington Consensus unter Berücksichtigung dieser politischen Nebenbedingung sollte daher auch erkenntnisleitend sein, dass Staaten, welche sich explizit diesen Überlegungen verweigert haben, seit längerer Zeit eine besonders nachteilig wirtschaftliche und soziale Leistungsfähigkeit aufweisen: »Argentinien und Venezuela bspw. haben die makroökonomischen Leitlinien des IWF zurückgewiesen. Das brachte ihnen zwar viel Lob von amerikanischen und europäischen Progressiven ein, doch die Folgen waren vorhersehbar katastrophal. Argentinien ist Wachstumsverlierer und hat mit einer galoppierenden Inflation von über 100 % zu kämpfen. Venezuela erlebt nach zwei Jahrzehnten korrupter autokratischer Herrschaft den schwersten Produktionseinbruch in Friedenszeiten der jüngeren Geschichte« (Rogoff, 2023; vgl. auch Brookings Institution, 2023). Argentinien vollzog inzwischen mit dem libertären Präsidenten Javier Milei eine deutlich über die Leitlinien des ursprünglichen Washington Consensus hinausgehende wirtschaftspolitische Wende. Deren endgültiger Erfolg mit dem wünschenswerten Ergebnis einer Verstetigung einer guten Performance und dauerhafter Akzeptanz in der Bevölkerung ist noch abzuwarten, auch wenn Weltbank und IWF ein beträchtliches die Strukturreformen flankierendes Hilfspaket für das Land bewilligt haben (World Bank, 2025).

Washington Consensus, Ordoliberalismus und Interdependenz von Ordnungen

Abschließend sei noch kurz dem dogmengeschichtlichen Zusammenhang zwischen der Logik des Washington Consensus und dem deutschen Denken in Ordnungen nachgegangen. Seit dem Ende des Ost-West-Konflikts und dem fast völligen Verschwinden von Zentralverwaltungswirtschaften hat sich eine Analyse verschiedener Ausprägungen von Marktwirtschaften etabliert, welche unterschiedliche Klassifikationen je nach dem Fokus der Analyseschwerpunkte hervorbrachte. Für die 1990er Jahre, in denen der Washington Consensus besonders Verbreitung fand, bot es sich in diesem Sinne an, vier Formen von Marktwirtschaften zu unterscheiden (vgl. dazu ursprünglich Starbatty, 2005, 120ff.; vgl. aktualisiert und modifiziert dazu Funk, 2014, 4ff.):

1. »Freie Marktwirtschaften« (fast) ohne diskretionäre Staatsinterventionen;
2. »Soziale Marktwirtschaften« mit beschränkten und (vorrangig) regelgebundenen staatlichen Interventionen;
3. stark staatlich gelenkte Marktwirtschaften mit einer Verquickung von staatlicher und privater Einflusssphäre;
4. Transformationsländer auf dem Weg zur Marktwirtschaft, die zuvor sozialistisch waren.

Jede dieser Varianten lässt sich in Bezug zur Debatte um den Washington Consensus bringen. Dessen Ausgangspunkt war der Versuch, die Verschuldungskrise in Lateinamerika zu lösen. Diese Länder entsprachen in weiten Teilen dem Typ 3 der stark gelenkten Marktwirtschaften, welche zur Verbesserung der Wachstumsperformance und Schuldenrückzahlung wesentliche Merkmale der erfolgreicheren freien Marktwirtschaften von Typ 1 implementieren sollten. Angesichts der zeitgleich auftretenden Transformationsproblematik wurde trotz des ursprünglichen Zuschnitts auf die spezifischen Probleme von Ende der 1980er Jahre in Lateinamerika die Reformagenda des Washington Consensus schnell auch eine Blaupause für diese Region und diente zudem etwas später auch als einer der Maßstäbe für die Vorbereitung der Beitrittsstaaten zur Währungsunion in der Europäischen Union (EU).

Es hatte immer auch Überlegungen gegeben, in den Transformationsländern eher eine Ordnung vom Typus »Soziale Marktwirtschaft« auf Basis insbesondere des von Walter Eucken entwickelten Prinzipienkatalogs anstatt liberaler Marktwirtschaften auf Basis der von Williamson zusammengestellten Konsensprinzipen einzuführen. Insgesamt fällt dabei eine »große Ähnlichkeit zwischen den Eucken'schen Prinzipien und denen der Strukturanpassungsprogramme der Weltbank, der Stabilisierungsmaßnahmen des [...] IWF oder den Kriterien des Washington Consensus« auf (vgl. zu den Prinzipien von Eucken Brusis/Zweynert, 2018, 95f.). Ein wesentlicher Unterschied verbleibt dabei jedoch: Eucken erkannte an, dass die Umsetzung von Strukturreformen glaubwürdig und mit Nachdruck durch den Staat selbst umzusetzen und dann auch institutionell abgesichert zu bewahren ist. Das gilt auch für die Agenda des

Washington Consensus: »Ihre Umsetzung setzt einen starken und handlungsfähigen Staat voraus« (Herrmann-Pillath/Zweynert, 2014, 105).

Diese Erkenntnis, die im Washington Consensus ursprünglich von Williamson nicht thematisiert worden ist, geht auf die rund vierzig Jahre zuvor von Walter Eucken als Mitbegründer des Ordoliberalismus entwickelten staatspolitischen Grundsätzen der Wirtschaftspolitik zurück (vgl. Eucken, 2004, 336). Denn für Eucken läuft der sogenannte »Nachwächterstaat« in einer freien Marktwirtschaft Gefahr, faktisch »ein Interventionsstaat« [zu sein], der die Partikularinteressen der Mächtigen schützt. Letztlich war dies auch der Grund dafür, dass eine Rezeption einer eher ordoliberalen Konzeption von Marktwirtschaft international gesehen eine Ausnahme darstellt. Ein zweiter wesentlicher Grund hierfür besteht darin, dass beim Vergleich der 10 Punkte des Washington Consensus »mit der Realität erkennbar [ist], dass der Erhaltung des Wettbewerbs weniger Aufmerksamkeit geschenkt wurde, als dies wünschenswert wäre« (Donges/Menzel/Paulus, 2003, 216).

Eine dadurch mögliche politische Machtkonzentration resultiert mithin auch »aus dem Laissez Faire des marktwirtschaftlichen Systems selbst« (Dopfer, 1997, 296). Diese Position lehnt folglich die vor allem von Friedrich August von Hayek vertretene These einer Normenselektion ab, welche über die Zeit zu superioren Ordnungs- und Wohlfahrtskonsequenzen führen würde. Denn hieraus wäre ja zu folgern, »dass eine Intervention in Marktprozesse ordnungs- und wohlfahrtsmäßig prinzipiell nachteilig ist, weil das selektionierte Ordnungsprinzip im Zuge seiner Aktualisierung notwendigerweise die ›beste aller Welten‹ produziert« (Dopfer 1997, 294). Aus dieser Perspektive ist neben der Funktion des Rechtsstaats, durch dessen Funktionieren Erwartungssicherheit geschaffen wird (vgl. Loeschke/Schlieszus, 2021, 137), auch eine funktionsfähige aktive Ordnungspolitik durch den Staat erforderlich. »Aufgabe eines so definierten ›Ordnungsstaates‹ ist, die im marktwirtschaftlichen Rechtsstaat in der Verfassung und Rechtsordnung niedergelegten Normen auf ihre Ordnungskonsequenzen hin zu evaluieren und gegebenenfalls den Aktualisierungsprozess so zu steuern, dass die gewünschten Konsequenzen erzielt werden« (Dopfer, 1997, 294).

Während die seit den 1960er Jahren entstandene Neue Institutionenökonomik heute eher mikroökonomische Fragestellungen behandelt, »hat sich ab der zweiten Hälfte der 1990er Jahre eine ökonomische Denkrichtung etabliert, die sich aus einer Makroperspektive mit Institutionen als Determinanten von Wachstum und Entwicklung beschäftigt« (Brusis/Zweynert, 2018, 108). Hierbei erwiesen sich die vorstehend dargelegten Arbeiten von Acemoğlu/Robinson als wegweisend, indem sie Ergebnisse früherer Forschungsarbeiten unter anderem auch des Ordoliberalismus unter dem Blickwinkel der Interdependenz von politischer und wirtschaftlicher Ordnung neu formulierten (Brusis/Zweynert, 2018, 108). Entscheidend ist folgende Erkenntnis aus dieser Forschung, welche auch eher informelle Determinanten von Wandlungsprozessen berücksichtigt: »Dort, wo politische Herrschaft monopolisiert ist, liegt es regelmäßig im Interesse der Herrscher, Innovationen gezielt zu unterdrücken, weil die damit verbundene ›kreative Zerstörung‹ (Schumpeter) nicht nur wirtschaftliche Pfründe, sondern auch die Herrschaft der politischen Elite destabilisieren könnte« (ebd., 108).

Berücksichtig man dies, so verwundert es nicht, dass der Washington Consensus in Zeiten einer »offenkundig ungeordneter und chaotischer« gewordenen Welt »in der schmutzigen Praxis internationaler Politik an Strahlkraft verloren« (Varwick, 2019, 184) hat. Dabei ging bereits bei der ersten US-Präsidentschaft von Donald Trump das Problem von Washington, D.C. selbst aus: »Überprüft man die Agenda Trumps mit den Prinzipien Euckens, so ergibt sich ein pessimistisches Bild für die anstehenden Jahre. Das Prinzip der offenen Märkte wird bei Trump vollständig aufgegeben« (Wentzel, 2017). Diametral zum Ordoliberalismus ist auch Präsident Trumps transaktionale Neigung, »Deals als Mittel der Wirtschaftspolitik« (Wentzel, 2017) einzusetzen. »In seinen Grundsätzen der Wirtschaftspolitik, die als Fundament der Freiburger Schule gelten, sprach er sich vehement für eine Konstanz der Wirtschaftspolitik aus, um die Erwartungen der Marktteilnehmer zu stabilisieren« (ebd., 8). Man konnte folglich nicht ignorieren: »Mit seiner ›Vodoo-Ökonomie‹ attackierte Trump den ›Washington Consensus‹ (Berthold, 2023, 43) bereits in seiner ersten Amtszeit. Dies setzte sich aber auch in der Biden-Administration fort, wie Berthold formulierte: »Bidenomics: Auf Trumps Spuren« (Berthold, 2023, 43). Statt z.B. die von seinem Vorgänger Trump erfolgten einseitigen Zollerhöhungen wieder zurückzunehmen, wurden sie von der Regierung Biden beibehalten. Zudem wurde der Interventionismus durch eine mit den Grundsätzen des Washington Consensus inkompatible Industriepolitik der USA weiter ausgebaut.

Diese Entwicklungen, welche sich in den vergangenen acht Jahren vor allem in Praktiken protektionistischer US-Handels- und Industriepolitik niederschlugen, sieht im Gegensatz zu den zuvor als Leitbild der Außenwirtschaftspolitik geltenden offenen Märkten während der Biden-Präsidentschaft »auch eine alternative Handelspolitik als mögliche Lösung an [...], in der die Idee einer ›Außenpolitik für die Mittelklasse‹ und eines ›neuen Washingtoner Konsenses‹ (im Gegensatz zum ursprünglichen marktwirtschaftlichen Konsens [...]) befürwortet« wurde (Rashish, 2024, 26). Wenngleich die Biden-Administration dafür eintrat, »eine ›gerechtere, dauerhaftere Weltwirtschaftsordnung‹ zu schaffen, in der die Anhebung von Arbeits- und Umweltstandards im In- und Ausland im Vordergrund stehen sollte« (ebd.), war der gemeinsame Nenner zur vorherigen Trump-Regierung, »dass die US-Handelspolitik die Auslagerung der Produktion in Länder mit billigeren Arbeitskräften und niedrigeren Umweltstandards ermöglicht hat, was die US-Konzerne bereichert hat, aber für die Arbeiter der Mittelschicht im eigenen Land nachteilig war« (ebd.).

Die seit Anfang 2025 im Amt befindliche Regierung Trump geht noch deutlich weiter als »Bidenomics« und im Hinblick auf faktische Widersprüche zu einer ökonomisch sachgerechten (rationalen) Wirtschaftspolitik über die erste Amtszeit von Präsident Trump hinaus: Sie testet auch die Grenzen des US-Rechtsstaates aus, um das Ziel einer wiedererstarkten Industrienation mit einer deutlichen Zunahme der heimischen Produktion im verarbeitenden Gewerbe zu realisieren. Ökonomische Mittel dazu sind höhere Zollmauern, die Drohung mit weiteren Zöllen als Verhandlungstaktik, eine deutlich zurückgenommene internationale Einbindung in die Erstellung von Kollektivgütern, die Missachtung der Regeln der Institutionen der internationalen Nachkriegsordnung (UN, WTO etc.) sowie ein hartes – und wohl rechtsstaatlichen Vorgaben immens zuwiderlaufendes – Vorgehen gegen (illegale) Einwanderung (Weidensteiner/Balz, 2025, 1ff; Leuchtmann, 2025). »Anarchische, regelfreie internationale Beziehungen werden als vorteilhaft erachtet, weil die USA nach Meinung der Neorealismus-Apologeten in der US-Regierung nur so ungehindert ihre volle Stärke ausspielen können« (Leuchtmann, 2025).

Zentral hierfür ist auch die Herstellung wichtiger strategischer Güter in heimischen Produktionsstätten, um die Abhängigkeit von internationalen Lieferketten erheblich abzubauen (vgl. Weeber, 2025, 91). Diese Politik widerspricht eindeutig den volkswirtschaftlichen Erkenntnissen, eine gemeinwohlorientierte Politik für das eigene Land zu betreiben. Zugleich sind die Kollateralschäden für den Rest der Welt hoch. Gemeinwohlpolitik, wie sie der Washington Consensus anstrebte und bei adäquater Umsetzung auch erzielen konnte und kann, ist bei diesem Mix aus dem merkantilistischen Giftschrank nicht möglich. Teilweise lässt sich der Maßnahmenkatalog zwar als Versuch deuten, das bisherige Trittbrettfahren anderer Staaten – also über lange Phasen zu geringe Verteidigungsausgaben im Vergleich zu den eingegangenen Verpflichtungen gegenüber der NATO – zu sanktionieren. Aber die ersten 100 Tage der Trump-Administration sprechen eher für ein erhebliches Maß an Willkür zu Lasten Dritter, um vermeintlich das Ziel »Make America great again« zu erreichen.

Es verwundert vor diesem Hintergrund nicht, dass andere Staaten weiterhin für eine institutionenökonomisch gut begründbare »Politik der Regelsetzung zum Wohle aller« (vgl. Leschke, 2008, 202) eintreten. Denn selbst der Konsens zwischen den beiden großen US-Parteien bei der Neubewertung – erheblich mehr Protektionismus als Instrument der Wirtschaftspolitik; Eindämmung von China als Systemrivalen mit fast allen Mitteln – wird dort keineswegs »umfassend geteilt«. Der »Wert der Globalisierung aus der Ära nach dem Kalten Krieg [wird] nicht in gleichem Maße in Frage« gestellt (Rashish, 2024, 26). Geht man von einer neueren, recht einflussreich gewordenen Klassifikation von Marktwirtschaften aus (Baumol/Litan/Schramm, 2007), deren Begründer sie auch mehrfach in den Zusammenhang zum Washington Consensus stellen und auf dieser Basis Reformvorschläge für hochentwickelte Industriestaaten wie Deutschland (und auch Japan) entwickelt haben, so ist eine Abkehr der USA von ihrer früheren Klassifizierung deutlich erkennbar.

Baumol et al. schlagen daher vor, anhand besonders vorteilhafter und besonders nachteiliger Merkmale vier Typen von Marktwirtschaften voneinander zu unterscheiden. Die identifizierten idealtypischen Kategorien von hochentwickelten Marktwirtschaften unterscheiden sich (1) vorrangig nach dem institutionellen Rahmen, in dem neue Ideen umgesetzt werden, um das Wirtschaftswachstum anzukurbeln (vgl. als Überblick Jahan/Saber Mahmud, 2015, 44f.). Besonders bedeutsam sind dabei (2) vor allem die Rolle des Unternehmertums, (3) der Prozess der Unternehmensgründung und (4) die Förderung von Innovation. Dieser Ansatz ist sehr gut mit einer evolutorischen Perspektive vereinbar, da diese Sicht die »Überzeugung der Evolutionsökonomen« teilt, »dass permanenter durch Innovationen angestoßener Wandel das Wesensmerkmal kapitalistisch organisierter Wirtschaftssysteme darstellt« (Pyka, 2021, 84). Damit schließt sich auch der Kreis zur Entwicklungstheorie von Schumpeter, mit dem weiter oben der evolutorische Zusammenhang zwischen Institutionen und wirtschaftlicher Entwicklung dargelegt wurde.

Ein durch weitgehende unternehmerische Freiheiten geprägter Kapitalismus brachte bahnbrechende Erfindungen hervor, die in der Regel das Produkt der Kreativität und der Risikobereitschaft von Einzelpersonen und neuen Unternehmen sind. Zentral dafür ist die Verfügbarkeit großer weltweit agierender Unternehmen, um neue Produkte in großer Skalierung zu produzieren und zu vermarkten. Dies ist die Art von *kapitalistischer Marktwirtschaft*, die die Vereinigten Staaten mehr als jedes andere Land gekennzeichnet hat. Die *Marktwirtschaft europäischer Prägung* mit einer Dominanz von Großunternehmen nutzt auch Größenvorteile, hat aber aufgrund von zahlreichen Großunternehmen inhärenten Innovationshemmnissen Probleme, sich an der Spitze des Fortschritts im internationalen Vergleich zu bewegen, weil etwa Wagniskapital fehlt. In einem *staatlich gelenkten Kapitalismus* entscheidet die Regierung, welche Branchen wachsen sollen, um das Wachstum zu fördern. Nachteilig hier sind jedoch oft wenig produktive und unrentable Investitionen und Schwierigkeiten, eine einmal begonnene staatliche Unterstützung durch Subventionen oder protektionistische Instrumente zu beenden, auch wenn diese sich als Fehlinvestition erwiesen haben. *Oligarchisch organisierte Marktwirtschaften* schließlich zielen auf den Schutz und die Bereicherung eines kleinen Teils der privilegierten Bevölkerung ab. Wirtschaftliches Wachstum ist in solchen oft von autokratischen Eliten dominierten und von Korruption und hoher Ungleichheiten geprägten Staaten kein zentrales Ziel.

Diese idealtypische Klassifikation von Systemtypen steht nun möglicherweise vor einer grundlegenden Revision. Bis Anfang Januar 2025 konnte man noch schreiben: »Noch haben die USA ein transparentes politisches System mit klarer Gewaltenteilung und einer ausgereiften Verfassung, das als Leuchtturm der Demokratie gilt und über bewährte ›Checks and Balances‹ verfügt« (Geller, 2025). Vor dem Hintergrund dessen, dass wesentliche Institutionen der US-Demokratie in kürzester Zeit ausgehebelt oder faktisch stillgestellt wurden und auch die Erfolgsfaktoren des US-amerikanischen Wirtschaftssystems durch die zweite Trump-Regierung in bisher nie dagewesener Weise in ihr Gegenteil verkehrt zu werden scheinen, sind sowohl der konstitutionelle Charakter der Demokratie als auch die wirtschaftliche Dynamik der USA mittelfristig erheblich gefährdet. Die Folgen auch für die Entwicklung anderer liberaler Demokratien und den Rest der Welt sind derzeit völlig unabsehbar. Zusammen mit anderen geopolitischen Verwerfungen steht daher die regelbasierte Weltwirtschaftsordnung vor neuen strukturellen Herausforderungen. Ein neues Kapitel in der evolutorischen »Journey of Humanity« scheint daher derzeit geschrieben zu werden.

1.1.4 Literatur

Acemoğlu, Daron / Robinson, James, 2012: Why Nations Fail. The Origins of Power, Prosperity, and Poverty, New York.

Baumol, William J. / Litan, Robert E. / Schramm, Carl J., 2007: Good Capitalism, Bad Capitalism and the Economics of Growth and Prosperity, New Haven.

Belke, Ansgar, 2020: Die Europäische Wirtschafts- und Währungsunion und ihre Governance, in: Becker, Peter / Lippert Barbara (Hrsg.): Handbuch Europäische Union, Wiesbaden, 751–789.

Arrow, Kenneth J., 1972: Gifts and Exchanges, in: Philosophy and Public Affairs, Vol. 1(4), 343–362.

Banfield, Edward, 1958: The Moral Basis of a Backward Society, Glencoe, Illinois.

Benner, Chris / Pastor, Manuel, 2016: Inclusive Economy Indicators. Framework & Indicator Recommendations, New York.

Berthold, Norbert, 2023: Bidenomics: Auf Trumps Spuren, in: Wirtschaftswissenschaftliches Studium, Vol. 52(11), 43–46.

Berthold, Norbert / Quitzau, Jörn, 2023: Die (Wirtschafts-)Welt steht Kopf – Vorwort, in: Dies. (Hrsg.): Die Wirtschafts-Welt steht Kopf, München, 7–13.

Beugelsdijk, Sjoerd / Smulders, Jacobus, 2009: Bonding and Bridging Social Capital and Economic Growth, CentER Discussion Paper Series No. 2009-27, Tilburg.

Bogner, Alexander, 2023: Soziologische Theorien, Ditzingen.

Brunnermeier, Markus, 2021: Die Resiliente Gesellschaft, Berlin.

Brunnermeier, Markus / James, Harold / Landau, Jean-Pierre, 2018: Euro. Der Kampf der Wirtschaftskulturen, München.

Brusis, Martin / Zweynert, Joachim, 2018: Wirtschafts- und Gesellschaftsordnungen, in: Mause, Karsten / Müller, Christian / Schubert, Klaus (Hrsg.): Politik und Wirtschaft, Wiesbaden, 89–113.

Bueno de Mesquita, Bruce / Downs, George, 2005: Development and Democracy, in: Foreign Affairs, Vol. 84(5), 77–86.

Buss, David, 2015: Evolutionary Psychology: The New Science of the Mind, New York/London.

Caspari, Volker, 2018: Warum Nationen scheitern – Acemoğlus Anwendungen der Institutionenökonomik auf die Wachstums- und Entwicklungsforschung, in: Caspari, Volker (Hrsg.), Studien zur Entwicklung der ökonomischen Theorie, Schriften des Vereins für Socialpolitik, Bd. 115/XXXIII, 89–114

Chang, Ha-Joon, 2011: Institutions and economic development: theory, policy and history, in: Journal of Institutional Economics, Vol. 7(4), 473–498.

Dawkins, Richard, 1976/2007: Das egoistische Gen, München.

Donges, Juergen B. / Menzel, Kai / Paulus, Philipp, 2003: Globalisierungskritik auf dem Prüfstand. Ein Almanach aus ökonomischer Sicht, Stuttgart.

Dopfer, Kurt, 1997: Die Systemtransformation im Osten als Anwendungsfall der Interdependenz zwischen Wirtschaft und Recht, in: Schmid, Hans / Slembek, Tilman (Hrsg.): Finanz- und Wirtschaftspolitik in Theorie und Praxis, Bern, 271–312.

Enste, Dominik, 2002: Schattenwirtschaft und institutioneller Wandel: eine soziologische, sozialpsychologische und ökonomische Analyse, Tübingen.

Enste, Dominik H. / Haferkamp, Alexandra / Fetchenhauer, Detlef, 2009: Unterschiede im Denken zwischen Ökonomen und Laien – Erklärungsansätze zur Verbesserung der wirtschaftspolitischen Beratung, in: Perspektiven der Wirtschaftspolitik, Vol. 10(1), 60–78.

Enste, Dominik/ Möller, Marie, 2015: IW-Vertrauensindex 2015: Vertrauen in Deutschland und Europa, IW-Policy-Paper, Nr. 20, Köln.

Enste, Dominik / Suling, Lena, 2020: Vertrauen in Wirtschaft, Staat, Gesellschaft, IW-Policy Paper, Nr. 5, Köln.

Enste, Dominik / Suling, Lena / Schwarz, Inga, 2020: Vertrauen in Mitmenschen lohnt sich. Ursachen und Konsequenzen von Vertrauen auf der Individualebene, IW-Report 51, Köln.

Erlei, Mathias / Leschke, Martin / Sauerland, Dirk, 2007: Neue Institutionenökonomik, Stuttgart.

Eucken, Walter, 2004: Grundsätze der Wirtschaftspolitik, 7. Aufl., Tübingen.

Frank, Robert H., 2011: The Darwin Economy: Liberty, Competition, and the Common Good, Princeton University Press.

Fukuyama, Francis, 1995: Trust. The social virtues and the creation of prosperity, New York.

Funk, Lothar, 2014: Varianten von Marktwirtschaften: Lehren für Russland, Düsseldorf Working Papers in Applied Management and Economics, No. 24, online unter: https://nbn-resolving.de/urn:nbn:de:hbz:due62-opus-8565 (Abgerufen am 24.5.2025).

Funk, Lothar, 2023: Die Themen im Herbst 2023 – Entwicklungspolitik und Entwicklung / Ist der Washington-Konsens heute völlig passé?, in: Das Wirtschaftsstudium (WISU), Vol. 52(11), 1074–1076.

Fuster, Thomas, 2024: Die Geburtsstunde der amerikanischen Entwicklungshilfe, in: Neue Zürcher Zeitung, 20. Januar, 20.

Galor, Oded, 2022: The Journey of Humanity, New York.

Grömling, Michael / Klös, Hans-Peter, 2019: Inklusives Wachstum – Potenziale und Grenzen eines Konzepts, Köln.

Groll, Dominik, 2024: Institutions as a Fundamental Cause of Long-Term Economic Growth, online unter: https://africamonitor.ifw-kiel.de/datastories/institutions_and_growth.html (Abgerufen am 24.5.2025).

Gwartney, James et al., 2017: Economic Freedom of the World, Annual Report, Fraser Institute, Vancouver.

Hefeker, Carsten, 2019: Lateinamerika zwischen Populismus und Washington Consensus, in: ifo Schnelldienst, Vol. 72(24), 3–6.

Hemmer, Hans-Rimbert / Lorenz, Andreas, 2004: Grundlagen der Wachstumsempirie, München.

Hemmer, Hans-Rimbert / Marienburg, Holger, 2000: Ökonomische Strukturanpassungspolitik in Entwicklungsländern. Entwicklungsökonomische Diskussionsbeiträge Nr. 29 der Universität Gießen, online unter: https://www.econstor.eu/bitstream/10419/45833/1/662156641.pdf (Abgerufen am 24.5.2025).

Herrmann-Pillath, Carsten / Zweynert, Joachim, 2014: Institutionentransfer durch kulturelles Unternehmertum, in: Apolte, Thomas (Hrsg.): Transfer von Institutionen, Berlin, 85–110.

Hirschman, Albert, 1970: Exit, Voice and Loyalty. Responses to Decline in Firms, Organizations and States, Cambridge MA.

Irwin, Douglass A. / Ward, Oliver, 2021: What is the »Washington Consensus?«, Realtime Economic Issue, 8. September, Peterson Institute for International Economics, online unter: https://www.piie.com/blogs/realtime-economic-issues-watch/what-washington-consensus (Abgerufen am 24.5.2025).

Jackson, Trevor, 2025: Nie zu viel, in: Merkur, Vol. 79, April, 39–51.

Kahneman, Daniel, 2011: Thinking Fast and Slow, New York.

Kaufmann, Daniel et al., 2010: The Worldwide Governance Indicators. Methodology and Methodical Issues, World Bank, Policy Research Working Paper, No. 5430, Washington.

Knack, Stephen / Keefer, Philip, 1997: Does Social Capital Have An Economic Payoff? A Cross-County Investigation; in: The Quarterly Journal of Economics, Vol. 112(4), 1251–1288.

Koch, Roland, 2025: Wohlstand für alle bleibt der richtige Maßstab, in: Frankfurter Allgemeine Zeitung, 3. April, 6.

Külp, Bernhard / Berthold, Norbert, 1992: Grundlagen der Wirtschaftspolitik, München.

Kuhnert, Stephan, 2000: Gesellschaftliche Innovation als unternehmerischer Prozess: ein Beitrag zur Theorie des kollektiven Handelns, Berlin.

Kurer, Oskar, 2017: Entwicklungspolitik heute. Lassen sich Wohlstand und Wachstum planen?, Wiesbaden.

La Porta, Rafael / Lopez-de-Silanes, Florencio / Shleifer, Andrei, 2008: the Economic Consequences of Legal Origin, in: Journal of Economic Literature, Vol. 46(2), 285–332.

Leschke, Martin / Schlieszus, Felix, 2021: Ökonomik der Entwicklung, 3. Aufl., Bayreuth.

Leuchtmann, Ulrich, 2025: Die Rolle des US-$ nach dem »Ende des Westens«, in: Ideas Magazin, No. 276, April, Commerzbank, Frankfurt/Main.

MacLeod, Bentley, 2013: On Economics. A Review of Why Nations Fail by D. Acemoğlu and J. Robinson and Pillars of Prosperity by T. Besley and T. Persson, in: Journal of Economic Literature, Vol. 51(1), 116–143.
McClelland, David, 1961: The Achieving Society, New York.
Mesquita, Bruce Bueno / Downs, George, 2005: Development and Democracy, in: Foreign Affairs, Vol. 84(5), 77–86.
North, Douglass, 1990: Institutions, Institutional Change and Economic Performance, Cambridge MA.
North, Douglass / Wallis, John / Weingast, Barry, 2009: Violence and Social Orders, Cambridge MA.
McKenzie, Richard / Tullock, Gordon, 2012: The New World of Economics: A Remake of a Classic for New Generations, Berlin-Heidelberg.
OECD, 2015: Building more effective, accountable, and inclusive institutions for all, Paris.
OECD, 2017: Time to Act. Making Inclusive Growth Happen, Paris.
Pyka, Andreas, 2021: Evolutorische Innovationsökonomik, in: Blättel-Mink, Birgit / Schulz-Schaeffer, Ingo / Windeler, Arno (Hrsg.): Handbuch Innovationsforschung, Wiesbaden, 83–101.
Putnam, Robert, 2000: Bowling alone. The Collapse and Revival of American Community, New York.
Putnam, Robert / Leonardi, Robert / Nonetti, Raffaela, 1993: Making Democracy Work: Civic Traditions in Modern Italy, Princeton.
Richerson, Peter J. / Boyd, Robert, 2005: Not By Genes Alone: How Culture Transformed Human Evolution, Chicago.
Rashish, Peter S., 2024: Auswirkungen auf die geoökonomische Landschaft, in: American-German Institute / Bergos: US-Wahlen 2024, online unter: https://www.bergos.ch/wp-content/uploads/2024/10/US-Wahlen-2024-Spezialausgabe.pdf (Abgerufen am 24.5.2025), 24–35.
Rodrik, Dani / Subramanian, Arvind / Trebbi, Francesco, 2004: Institutions Rule. The Primacy of Institutions Over Geography and Integration in Economic Development, in: Journal of Economic Growth, Vol. 9(?), 131–165.
Rödder, Andreas, 2023: 21.1. Eine kurze Geschichte der Gegenwart, München 2023.
Rogoff, Kenneth, 2023: Die erstaunliche Widerstandskraft der Schwellenmärkte, in: Finanz und Wirtschaft, 8. November, 2.
Sarwat, Jahan / Saber Mahmud, Ahmed: What is Capitalism?, in: Finance & Development, Vol. 52(2), 44–45.
Schlesewsky, Lisa / Winter, Simon, 2018: Warum Nationen scheitern. Anmerkungen zum gleichnamigen Buch von Daron Acemoğlu und James Robinson, in: ORDO, Bd. 68, 387–395.
Schumpeter, Joseph, 1912: Theorie der wirtschaftlichen Entwicklung, Berlin.
Scrivens, Katherine / Smith, Conal, 2013: Four Interpretations of Social Capital. An Agenda for Measurement, OECD Statistics Working Paper, No. 6, Paris.
Spolaore, Enrico / Wacziarg, Romain, 2013: How Deep are the roots of Economic Development? in: Journal of Economic Literature, Vol. 51(2), 325–369.
Starbatty, Joachim, 2005.: Ausprägungen von Marktwirtschaften, in: Hasse, Rolf H. / Schneider, Hermann / Weigelt, Klaus (Hrsg.): Lexikon Soziale Marktwirtschaft, Paderborn u. a., 2. Aufl. 2005, 119–122.
Ther, Philipp, 2016: Die neue Ordnung auf dem alten Kontinent. Eine Geschichte des neoliberalen Europa, Berlin.
Ther, Philipp, 2019: Das andere Ende der Geschichte. Über die große Transformation, Frankfurt/Main.
Varga, Mihai, 2025: Eine rechte Aneignung der »sozialen Frage«?, in: Baur, Nina / Beyer, Jürgen (Hrsg.): Wirtschaft und soziale Ungleichheit, Wiesbaden, 245–265.
Varwick, Johannes, 2019: Wie umgehen mit den USA?, in: Geppert, Dominik / Hennecke, Hans Jörg (Hrsg.): Interessen, Werte, Verantwortung, Bielefeld/Paderborn, 181–190.

Veblen, Thorstein, 1898: Why is Economics Not an Evolutionary Science?, in: Quarterly Journal of Economics, Vol. 12(4), 373–397.

Weber, Max, 1904/1905: Die protestantische Ethik und der Geist des Kapitalismus, in: Archiv für Sozialwissenschaften, 20. Jg., Heft 1, 1–54 und Archiv für Sozialwissenschaften, 21. Jg., Heft 1, 1–110.

Weidensteiner, Bernd / Balz, Christoph, 2025: Fliegender Start von Trump II, Commerzbank Economic Research – Economic Briefing, 21. Januar, Frankfurt/Main.

Wentzel, Dirk, 2016: Donald Trump hätte Walter Eucken lesen sollen, Börsen-Zeitung, 28. Januar, 8.

Williamson, John, 2003: An Agenda for Restarting Growth and Reform, in: Kuczynski, Pedro-Pablo / Williamson, John (Hrsg.): After the Washington Consensus. Restarting Growth and Reform in Latin America, Washington, D.C., 1–19.

Williamson, John, 2014: Beijing Consensus versus Washington Consensus, in: Looney, Robert (Hrsg.): Handbook of Emerging Economies, Abingdon, 177–184.

Williamson, John, 2018: Washington Consensus, in: The New Palgrave Dictionary of Economics. Palgrave Macmillan, London, 14504 –14506.

World Bank, 2025: World Bank Group Announces US$12 Billion Support Package for Argentina's Economic Reform Program, Statement, 11. April, online unter: https://www.worldbank.org/en/news/statement/2025/04/11/world-bank-group-announces-us-12-billion-support-package-for-argentina-economic-reform-program (Abgerufen am 24.5.2025).

Zak, Paul J. / Knack, Stephen, 2001: Trust and Growth, in: The Economic Journal, Vol. 111(470), 295–32.

2 Wirtschaftliche Entwicklung aus interdisziplinärer Perspektive

2.1 Die Bedeutung der Evolutionspsychologie für das Verständnis wirtschaftlichen Verhaltens

Detlef Fetchenhauer / Anne-Sophie Lang

2.1.1 Einleitung

Menschen verhalten sich oft so, dass es ihnen selbst schadet – in ganz verschiedenen Bereichen ihres Lebens, auch bei wirtschaftlichen Entscheidungen. Sie geben Geld für Dinge aus, die sie nicht brauchen, selbst wenn sie dieses Geld nicht haben. Sie investieren ihr Vermögen in fragwürdige Geschäfte, obwohl sie es besser wissen könnten – oder sie horten es in bar, selbst wenn es so an Wert verliert. Im Gegensatz dazu gehen Theorien der rationalen Entscheidung davon aus, dass Menschen stets die Option wählen, die für sie vorteilhafter ist (Kirchgässner, 2013). Diese Theorien liegen der modernen ökonomischen Forschung zugrunde und ermöglichen ihr Modellierungen mit klaren Vorhersagen. Allerdings passt es regelmäßig nicht zu echtem menschlichen Verhalten, Rationalität anzunehmen (z. B. Tversky/Kahneman, 1981). Das haben Psychologinnen[1], Soziologinnen und auch Ökonominnen in den vergangenen Jahrzehnten vielfach kritisiert (z. B. North, 2005; Thaler, 2015). Ein Schwachpunkt solcher Kritik ist allerdings, dass ihr ein Rahmen fehlt, der als Alternative zu Theorien der rationalen Entscheidung dienen könnte (Brocas/Carrillo, 2003; Levitt/List, 2008).

Die Evolutionspsychologie kann eine solche Alternative bieten, weil sie menschliches Verhalten umfassend erklären kann. In diesem Kapitel skizzieren wir zunächst ihre Grundannahmen. Anschließend zeigen wir anhand verschiedener Forschungsbereiche, wie die evolutionäre Vergangenheit des Homo sapiens heutiges wirtschaftlich relevantes Verhalten beeinflusst.

2.1.2 Evolutionspsychologie in Kürze

Die Evolutionspsychologie ist der Versuch, Charles Darwins (1859) Theorien der natürlichen und der sexuellen Selektion systematisch auf das Verständnis der menschlichen Kognition, Motivation und des Verhaltens anzuwenden (Tooby et al., 1995).

---

[1] In diesem Kapitel nutzen wir für Berufsbezeichnungen das generische Femininum und sonst das generische Maskulinum. Gemeint sind immer alle Geschlechter.

Darwins Theorie der natürlichen Selektion beruht dabei auf drei grundlegenden Beobachtungen:

1. Organismen einer bestimmten Art unterscheiden sich voneinander.
2. Diese Unterschiede sind zumindest teilweise genetisch bedingt.
3. Innerhalb einer bestimmten Art überleben nur einige Nachkommen bis zum Erwachsenenalter und haben somit die Chance, ihre Gene an zukünftige Generationen weiterzugeben.

Wenn die Überlebenschance zumindest teilweise auf die vererbten Unterschiede zwischen Organismen zurückzuführen ist, so werden einige Eigenschaften häufiger weitergegeben als andere (z. B. Bergstrom/Dugatkin, 2012). Können etwa schnelle Antilopen besser Löwen entkommen als langsame Antilopen, so haben die schnellen Antilopen eine höhere Überlebenschance und damit auch eine höhere Chance, Nachkommen zu zeugen, die ebenfalls schnell laufen können.

Darwins Theorie der natürlichen Selektion akzeptieren Biologinnen fast einhellig. Dennoch wandten bis vor etwa dreißig Jahren nur wenige Wissenschaftlerinnen diese Theorie auf menschliches Verhalten an. Seitdem hat sich die Evolutionspsychologie stark entwickelt und ist mittlerweile Teil der Mainstream-Psychologie (Buss, 2015). Ihre zentrale Annahme ist, dass der menschliche Körper und die menschliche Psyche an unsere evolutionäre Vergangenheit angepasst sind. Das heißt: Wie wir aussehen und wie wir denken, fühlen und uns verhalten, wird nicht nur von unserer gegenwärtigen Umwelt geprägt – sondern auch von den Herausforderungen, denen sich der Homo sapiens seit dem Beginn seiner Evolution vor etwa 200 000 Jahren stellen musste, um zu überleben (McDermott et al., 2008). Unser Körper und unsere Psyche sind nicht an unsere moderne Umgebung mit ihren Langstreckenflügen, Millionenstädten und sozialen Medien angepasst (Cziko, 2000), sondern an die so genannte »Umwelt der evolutionären Anpassung« (environment of evolutionary adaptedness, EEA; Bowlby, 1969). In der EEA lebten unsere Vorfahren Millionen von Jahren lang als Jäger und Sammler, bis vor etwa 10 000 Jahren die ersten Menschen sesshaft wurden. Wir sind also an ein Leben in kleinen Gesellschaften angepasst, die miteinander um knappe Ressourcen konkurrieren.

Weil die moderne Welt anders aussieht, sind einige unserer Verhaltensweisen heute maladaptiv, das heißt, sie wirken sich negativ auf Gesundheit und Lebenserwartung aus. Ein wichtiges Beispiel ist unsere Ernährung. In den Industrieländern ist nach Definition der Weltgesundheitsorganisation die Mehrheit der Erwachsenen übergewichtig (in den Vereinigten Staaten beispielsweise mehr als 70 Prozent) und ein großer Teil fettleibig (in den Vereinigten Staaten beispielsweise 40 Prozent; vgl. Centers for Disease Control and Prevention, 2024). Für die meisten Gewichtsprobleme ist eine Ernährung ursächlich, die zu viel Zucker und zu viel Fett enthält. Um solch maladaptives Essverhalten zu verstehen, muss man bedenken, dass der Homo sapiens in der EEA oft unter widrigen Bedingungen mit knappem Nahrungsangebot lebte. In diesem Umfeld war es adaptiv, eine Vorliebe für Hochkalorisches zu haben (Cziko, 2000).

Ein weiteres Beispiel dafür, wie unsere Vergangenheit unsere modernen Vorlieben prägt, ist die Tatsache, dass große Menschen beruflich erfolgreicher sind als kleine Menschen (Judge/Cable, 2004; Murray/Schmitz, 2011; Stulp et al., 2013). In der EEA war dies sinnvoll, da Körperkraft wichtig war im Kampf gegen Fressfeinde oder verfeindete Stämme. Obwohl Entscheidungsträger in den heutigen Industrieländern selten mit Fäusten um die Verteilung knapper Ressourcen kämpfen, machen sie immer noch eher Karriere, wenn sie groß sind.

Bei solchen Phänomenen ist es wichtig, zwischen proximaten und ultimaten Erklärungen zu unterscheiden (Scott-Phillips et al., 2011). Ein Beispiel: Tendenziell bevorzugen Männer junge Frauen als Sexualpartnerinnen (Cziko, 2000, Kap. 8). Auf einer proximaten (unmittelbaren) Ebene ist der Grund, dass sie jüngere Frauen im Vergleich zu älteren Frauen als attraktiver wahrnehmen. Auf einer ultimaten (letztendlichen, übergeordneten) Ebene ist der Grund, dass diese Präferenz evolutionär adaptiv ist, weil die Wahrscheinlichkeit, dass eine Frau beim Sex schwanger wird, negativ mit ihrem Alter korreliert.

Darüber hinaus ist es wichtig zu beachten, dass die Evolutionspsychologie streng zwischen einer erklärenden und einer normativen Analyseebene unterscheidet. Ein bestimmtes Verhalten (z. B. Egoismus) mit seinen möglichen evolutionären Ursprüngen zu erklären, impliziert keine ethische Bewertung und legitimiert das Verhalten auch nicht (siehe Hume, 1739, zur Unterscheidung zwischen Sein und Sollen).

2.1.3 Menschliches Verhalten in der Evolutionspsychologie und in der Ökonomie

Zwischen Erklärungen wirtschaftlichen Verhaltens aus einer ökonomischen und einer evolutionären Perspektive gibt es wesentliche Unterschiede – beide Ansätze haben aber auch Gemeinsamkeiten. So betonen beide Disziplinen, dass Menschen ihre begrenzten Mittel adaptiv einsetzen müssen, um möglichst viele ihrer Ziele zu erreichen. Der Wettbewerb ist dabei sowohl für Ökonominnen als auch für Evolutionspsychologinnen von entscheidender Bedeutung: Menschen konkurrieren um knappe Ressourcen. So beschreiben Evolutionspsychologinnen etwa die menschliche Paarung oft als eingebettet in komplexe Paarungsmärkte, in denen Männer und Frauen bestimmte Eigenschaften bei ihren potenziellen Partnerinnen und Partnern bevorzugen – und solche Eigenschaften umso eher verlangen können, je mehr sie die Eigenschaften aufweisen, die ihre potenziellen Partnerinnen und Partner bevorzugen (Geary, 2010).

Weiterhin sind sich die Disziplinen darin ähnlich, dass sie Komplexität auf Makroebene als Ergebnis strategischer Entscheidungen einzelner Individuen betrachten. Darwin (1859) erklärte die Existenz abertausender verschiedener Arten, die je an ihre Lebensräume angepasst sind, nicht mit der Planung eines allwissenden Schöpfers, sondern mit Evolution durch natürliche Selektion. Dieser Gedanke ähnelt stark der Idee Adam Smiths (1776), dass keine zentrale Behörde, sondern die »unsichtbare

Hand« freier Märkte ein System komplexer und gut funktionierender wirtschaftlicher Transaktionen gestaltet.

Eine weitere Ähnlichkeit beider Disziplinen liegt darin, wie sie sich dem Thema des menschlichen Altruismus nähern (Simon, 1992). Beide sind skeptisch, ob so etwas wie echter Altruismus überhaupt existiert. Denn eine Neigung, eigene Ressourcen für andere aufzugeben, sollte einen evolutionären Nachteil darstellen (mehr dazu weiter unten).

Es gibt jedoch auch zahlreiche Unterschiede zwischen Evolutionspsychologie und Ökonomie. So befassen sich Ökonominnen fast ausschließlich mit menschlichem Verhalten. Im Gegensatz dazu argumentiert die Evolutionspsychologie, dass es keinen grundlegenden Unterschied zwischen Menschen und anderen Arten gibt. Denn Organismen aller Arten müssen die gleichen Probleme lösen, wie etwa das Überleben und die Fortpflanzung. Entsprechend sollte das Verhalten von Tieren auf allgemeiner Ebene dem gleichen Ziel folgen wie das von Menschen, nämlich der Maximierung der Gesamtfitness, also der Anzahl und dem Fortpflanzungserfolg eigener Nachkommen (Daly/Wilson, 1999). Das Konzept des Nutzens menschlichen Verhaltens in der Ökonomie bleibt im Vergleich dazu eher abstrakt.

Aber wie bereits beschrieben sind Menschen nicht an ihre aktuelle Umgebung angepasst, weshalb ein Teil ihres Verhaltens maladaptiv erscheint (z. B. Cziko, 2000). Beispielsweise verbringen Menschen viel Zeit damit, sich Pornografie anzusehen, da die grafische Darstellung von Nacktheit ausreicht, um im Körper sexuelle Reaktionen auszulösen (Struthers, 2009). Von einer echten nackten Frau erregt zu werden, ist für einen Mann aus evolutionärer Perspektive sehr funktional – von Filmmaterial erregt zu werden, hingegen nicht.

Weiter geht die Evolutionspsychologie von mehr kognitiven Einschränkungen beim handelnden Menschen aus als die Ökonomie. Die kognitive Architektur des Menschen – wie die aller anderen Arten auch – hat sich im Laufe der natürlichen Selektion entwickelt, so dass ihre Fähigkeit zur Rationalität beschränkt ist. Statt alle verfügbaren Informationen zu verarbeiten, was praktisch unmöglich wäre, verwenden Menschen bei Entscheidungen häufig so genannte Heuristiken. Das sind Faustregeln, die schnell angewandt werden können, wenige Informationen benötigen und in den meisten Fällen zu guten Entscheidungen führen (Gigerenzer/Todd, 1999; Tversky/Kahneman, 1974). Führen sie stattdessen zu irrationalen Entscheidungen, betrachten Evolutionspsychologinnen das nicht als Anomalie, sondern als Folge funktionaler Anpassungen. So können etwa Verlustaversion und die Tendenz zum Status quo als Anpassungen an eine Umgebung mit knappen Ressourcen betrachtet werden, in der es wichtig war, keine Ressourcen zu verlieren (Rubin/Capra, 2012).

2.1.4 Anwendungen der Evolutionspsychologie auf wirtschaftlich relevantes Verhalten

Wie kann die Evolutionspsychologie unsere Perspektive auf wirtschaftlich relevantes Verhalten erweitern? Das erläutern wir am Beispiel von vier Anwendungsbereichen.

Selbstkontrolle

Selbstkontrollprobleme sind seit langem sowohl für Ökonominnen als auch für Psychologinnen von Interesse (siehe z. B. Ainslie, 1992, 2001; Herrnstein, 1997; Loewenstein, 1996; Logue, 1995; Mischel, 2015; Sutter, 2014). Sie treten auf, wenn ein Organismus eine von (mindestens) zwei Alternativen wählen muss, die die folgende Struktur aufweisen: Kurzfristig führt Alternative A zu positiveren Ergebnissen als Alternative B – langfristig sind aber die Ergebnisse von Alternative B positiver. Alltagswissen und unzählige empirische Studien zeigen, dass Menschen (und Tiere) in solchen Situationen oft daran scheitern, ihren langfristigen Gewinn zu maximieren (z. B. Ainslie, 1992, 2001; Mischel et al., 1972; Mischel, 2015): Menschen essen zu viel, rauchen, trinken zu viel Kaffee und Alkohol, treiben keinen Sport, versäumen medizinische Untersuchungen und bereiten sich nicht ausreichend auf wichtige Prüfungen vor. Sie haben Kreditkartenschulden, kaufen aber trotzdem neue Dinge, schützen sich nicht vor ungewollten Schwangerschaften und sexuell übertragbaren Krankheiten, sparen nicht genug für ihren Ruhestand. Diese Liste ließe sich endlos fortsetzen.

Wie soll man solch selbstschädigendes Verhalten einordnen? Ökonominnen versuchen manchmal, diese Frage zu umgehen, indem sie beispielsweise Süchte als »rational« definieren (Becker/Murphy, 1988; Becker et al., 1991; 1994). Aber oft neigen sowohl Ökonominnen als auch Psychologinnen dazu, eine eher normative Perspektive einzunehmen: Selbstkontrollprobleme nicht lösen zu können, wird als Mangel gesehen. In einer berühmten Langzeitstudie zeigten Mischel und Kollegen (1989), dass kleine Kinder, die fünfzehn Minuten auf ein zweites Marshmallow warten können, statt direkt das erste zu essen, in späteren Lebensphasen erfolgreicher sind (in der Grundschule, weiterführenden Schule und Hochschule, im Beruf und sogar in der Ehe). Ebenso sehen manche Forschende kriminelles Verhalten als Zeichen für einen Mangel an Selbstkontrolle, da es zu einer kleinen unmittelbaren Befriedigung führen könne, aber zu schweren langfristigen Verlusten (z. B. Gefängnisstrafen; vgl. Gottfredson/Hirschi, 1990).

Die Evolutionspsychologie würde all dies aus einem anderen Blickwinkel interpretieren: Sie würde Selbstkontrolle nicht als kontextunabhängige Fähigkeit eines Organismus betrachten, langfristige Gewinne zu maximieren, indem er auf kurzfristige Befriedigung verzichtet. Vielmehr wäre Selbstkontrolle eine kontextspezifische Lösung für Herausforderungen, die es erschweren, Überlebenschance und Fortpflanzungserfolg zu maximieren (Logue, 1995). Aus dieser Perspektive wäre zu erwarten, dass Selbstkontrolle beim Menschen über verschiedene Lebensbereiche hinweg schwankt: Sie sollte in den Bereichen am schwächsten sein, in denen sich aus unserer modernen Umgebung Herausforderungen für unser Wohlbefinden ergeben, die es in der EEA nicht gab. Die Bereiche, in denen wir am häufigsten Selbstkontrollprobleme beobachten, wie übermäßiges Essen und jede Art von Sucht, passen zu dieser Argumentation.

In anderen Bereichen, in denen Selektionsdruck gewirkt hat, beobachten wir viele Verhaltensweisen, die den langfristigen Interessen von Organismen dienen, obwohl sie kurzfristig mit massiven Kosten verbunden sind. Ein Beispiel ist jede Frau, die ein Kind austrägt und sich damit enormen Strapazen aussetzt (Cziko, 2000; Geary, 2015). Ein anderes Beispiel ist ein Zugvogel, der jedes Jahr weite Strecken zurücklegt, um dem Winter zu entkommen – und diesen Flug nicht wegen Selbstkontrollproblemen verschiebt. Solche Probeme beobachten wir also vor allem, wenn neue Umgebungen Herausforderungen schaffen, an die sich unsere Psyche noch nicht evolutionär angepasst hat.

Altruismus

Ist menschliches Verhalten letztlich egoistisch oder zumindest teilweise von altruistischen Motiven bestimmt? Diese Frage ist wichtig, um menschliches Verhalten zu verstehen – etwa, wenn es darum geht, ob Menschen Steuern zahlen, ob sie spenden oder in Organisationen zusammenarbeiten. Die neoklassische Ökonomie ist hier sehr eindeutig: Nach ihren Annahmen bestimmen egoistische Motive jedes menschliche Verhalten; wahren Altruismus gibt es nicht. Ähnlich argumentieren Evolutionsbiologinnen: »Scratch an ›altruist‹, and watch a ›hypocrite‹ bleed« (Ghiselin, 1974, 247). Denn Altruismus kann definiert werden als freiwilliges Aufgeben eigener Ressourcen, um die Ressourcen einer anderen Person zu erhöhen, ohne eine Belohnung zu erwarten. Dieser Definition nach sollte sich Altruismus weder beim Menschen noch bei einer anderen Spezies entwickelt haben. Organismen ohne diese Eigenschaft sollten am Ende mehr Ressourcen besitzen als altruistische Organismen, also würde der Selektionsdruck Altruismus schnell verschwinden lassen (Bergstrom/Dugatkin, 2012; Boehm, 2012; Darwin, 1859, Kap. 6; Hamilton, 1996; Pievani, 2011).

Andererseits konnten (und können) Menschen ihre Ziele nur erreichen, indem sie mit anderen zusammenarbeiteten (siehe z. B. Bowles/Gintis, 2003): Kinder erziehen, Nahrung sammeln, Wild jagen, Krankheiten überleben, sich gegen feindliche Stämme verteidigen – Einzelne konnten nur erfolgreich sein, wenn sie mit anderen auskamen, also auch deren Interessen berücksichtigten. Somit ist menschliches Verhalten von Anfang an auf andere Gruppenmitglieder ausgerichtet.

Vor diesem Hintergrund entwickelten Menschen die Fähigkeit, sich in andere hineinzuversetzen (z. B. Bowles/Gintis, 2003, 2011): Kinder erkennen ab dem Vorschulalter, dass andere Menschen ihre soziale und physische Umwelt aus ihrer eigenen subjektiven Sicht wahrnehmen und dass diese Perspektive von der eigenen abweichen kann (Baron-Cohen, 1999; Leslie, 1987; Premack/Woodruff, 1978). Diese Fähigkeit führt allerdings nicht unbedingt zu altruistischem Verhalten, sondern kann auch dazu genutzt werden, andere zu manipulieren (manchmal auch als »Machiavellische

2.1 Die Bedeutung der Evolutionspsychologie für das Verständnis wirtschaftlichen Verhaltens

Intelligenz« bezeichnet; z. B. Byrne/Whiten, 1988; Cachel, 2006). Weil es für Homo sapiens aber vorteilhaft war, zu kooperieren, gelang es menschlichen Gesellschaften, moralische Regeln zu definieren und durchzusetzen. Dazu bestraften sie diejenigen, die sich nicht an solche Normen halten wollen (siehe z. B. Fehr/Fischbacher, 2003; Sober/Wilson, 1998).

Angesichts der evolutionären Wurzeln des Altruismus ist allerdings klar, dass Menschen bei moralischen Entscheidungen keiner mathematisch-philosophischen Logik (wie dem Utilitarismus) folgen. Stattdessen hängt menschlicher Altruismus stark von situativen Hinweisen und von dem Ausmaß ab, in dem eine Person Mitgefühl für eine andere Person in Not empfindet. So neigen Menschen dazu, mehr Geld zu spenden, wenn sie Bilder einzelner Opfer gezeigt bekommen statt nur statistischer Informationen – der sogenannte »identifiable victim effect« (Jenni/Loewenstein, 1997; Kogut/Ritov, 2005; Schelling, 1968; Small/Loewenstein, 2003). Bilder kleiner Kinder generieren mehr Spenden als Bilder junger Männer. Und Menschen sind eher interessiert, Tierarten zu erhalten, die niedlich aussehen (wie Robben), als solche, die sie als hässlich empfinden, z. B. Geier (Small, 2011; Watt, 2015; für einen allgemeinen Überblick über die Determinanten von Spendenverhalten siehe Bekkers/Wiepking, 2011).

Darüber hinaus unterscheiden Menschen zwischen Mitgliedern ihrer »In-Group« und Mitgliedern von »Out-Groups«. Altruistisches Verhalten findet vor allem innerhalb der In-Group statt – ein auch als »parochialer Altruismus« bezeichnetes Phänomen (Bernhard et al., 2006). Es lässt sich durch die Annahme erklären, dass sich Altruismus als Motivationsgrundlage für das Funktionieren kleiner Gruppen und Stämme entwickelt hat.

Manchmal argumentieren Ökonominnen, dass scheinbar altruistisches Verhalten (z. B. Geldspenden für Opfer einer Naturkatastrophe) zum Gefühl eines »warm glow« führt, das als Belohnung dient (Andreoni, 1989). Aus evolutionärer Sicht kann dieses Argument jedoch nur eine proximate Erklärung für altruistisches Verhalten sein. Die entscheidende Frage wäre, warum Menschen ein warmes Gefühl bekommen, wenn sie anderen helfen – wenn dies doch dazu führt, dass sie ihre eigenen Ressourcen aufgeben.

Jede ultimate Erklärung muss aufzeigen, warum ein solches Verhalten die eigene Gesamtfitness erhöht. Hier ist die Theorie des Verwandtenaltruismus von William Hamilton (1964) ein wichtiger Ansatz. Hamilton argumentiert, dass Menschen dazu beitragen könnten, ihre eigenen Gene zu verbreiten, wenn sie genetisch mit jenen verwandt sind, denen sie helfen. Diese Theorie hat Schwierigkeiten, Altruismus zwischen Menschen zu erklären, die nicht genetisch verwandt sind. Dennoch gibt es für sie viele empirische Belege (siehe z. B. Krebs, 2011, Kap. 9; Kurzban et al., 2015; Waibel et al., 2011; Hames, 2015), selbst in den heutigen postfamiliären Gesellschaften. Darüber hinaus kann die Theorie überzeugend erklären, warum Modiglianis (1966) Lebenszyklushypothese des Sparens so oft widerlegt wird (Banks et al., 1998; Bernheim et al., 2001), warum also Menschen nicht im Rentenalter ihre Ersparnisse aufbrauchen: Menschen kümmern sich auch nach ihrem eigenen Tod um ihre Kinder und Enkelkinder, was aus der Perspektive der Gesamtfitness sinnvoll ist.

Aber warum existiert Altruismus gegenüber Nichtverwandten? Dafür gibt es verschiedene Erklärungsansätze: Erstens besagt die Theorie des »reziproken Altruismus«, dass altruistisches Verhalten rational ist, wenn ich erwarten kann, dass die andere Person mir später im Gegenzug hilft. Zweitens gehen Theorien der »indirekten Reziprozität« davon aus, dass Menschen in dem Maße geholfen wird, in dem sie bekanntermaßen in der Vergangenheit anderen geholfen haben. Drittens sind nach dem Konzept der »altruistischen Bestrafung« Menschen bereit, andere zu bestrafen, die sich nicht an die sozialen Normen einer bestimmten Gemeinschaft halten (De Quervain et al., 2004; Fehr/Gächter, 2002). Eine Schwäche dieser Ansätze besteht aber darin, dass sie kaum erklären können, warum zumindest einige Menschen dazu neigen, selbst dann altruistisch zu handeln, wenn niemand zusieht, also unter Bedingungen völliger Anonymität – und selbst dann, wenn die Interaktion einmalig stattfindet und somit keine Reziprozität möglich ist.

Eine Theorie, die solch scheinbar irrationales Verhalten erklären kann, ist das Commitment-Modell des Ökonomen Robert H. Frank (1988). Er argumentiert, dass echter Altruismus evolvieren kann, wenn Menschen andere Altruisten intuitiv erkennen können und als Interaktionspartner bevorzugen. Dann hätten Altruisten einen Selektionsvorteil gegenüber Egoisten, weil sie die Vorteile wechselseitiger Kooperation nutzen könnten. Tatsächlich konnten Versuchspersonen in einer Studie auf der Basis von zwanzigsekündigen Videos fremder Personen besser als zufällig vorhersagen, ob diese Personen sich in einem ökonomischen Spiel altruistisch verhalten würden (Fetchenhauer/Groothuis/Pradel, 2010).

Allerdings ist menschlicher Altruismus immer fragil. Wie schon Blaise Pascal 1669 feststellte: »Man is neither angel nor brute« (1910, 122).

Menschen als Herdentiere

Menschen sind wie alle Primaten Herdentiere. Einige Biologinnen glauben, dass sich viele unserer kognitiven Fähigkeiten hauptsächlich entwickelt haben, damit unser Zusammenleben in sozialen Gruppen gut funktioniert. So hilft etwa die Fähigkeit zur Sprache, das Miteinander von Gruppenmitgliedern zu regulieren. Entsprechend besteht ein Großteil der menschlichen Kommunikation darin, über andere zu »tratschen« (Dunbar, 1998). Auch viele unserer Motivationen und sozialen Emotionen sind evolutionäre Anpassungen, die uns helfen, in Gruppen zu funktionieren: das Bedürfnis nach stabilen und erfüllenden zwischenmenschlichen Beziehungen (Baumeister/Leary, 1995), die Angst, ausgegrenzt zu werden (Abrams et al., 2005), der Drang, sich mit anderen zu identifizieren, die Fähigkeit, stolz auf die Leistungen anderer Mitglieder der eigenen Gruppe zu sein, das Gefühl der Einsamkeit, wenn man von seinen Mitmenschen isoliert ist (Cacioppo et al., 2014), die Freude daran, Zeit mit Freunden und Familie zu verbringen, und das Gefühl der Scham, wenn man sich nicht an Gruppennormen hält (z. B. Opp/Hechter, 2001).

Allerdings ist unsere Gruppenzugehörigkeit immer ambivalent. Bilden Menschen soziale Gruppen (seien es Familien, Nationen, Unternehmen oder Sportvereine), gibt es zwar ein gemeinsames Interesse aller Mitglieder, aber auch Interessenkonflikte in der Form von Kollektivgutproblemen: Für jedes einzelne Mitglied ist es oft rational, seine eigenen Ressourcen zurückzuhalten und die anderen Mitglieder in die Produktion gemeinsamer Güter investieren zu lassen (Olson, 1965). Folglich haben Menschen eine Reihe von Anpassungen entwickelt, um mit solchen Problemen umzugehen. Sie sind gut darin, betrügerische Artgenossen zu erkennen, und sie sind bereit, Gruppenmitglieder zu bestrafen, die sich nicht an soziale Normen halten (siehe z. B. Fehr/Fischbacher, 2003; Sober/Wilson, 1998).

Dabei beobachten wir in vielen Situationen eine Abneigung gegen Ungleichheit: Menschen bevorzugen es, Ressourcen gleichmäßig zu verteilen (Bolton/Ockenfels, 2000; Fehr/Schmidt, 1999). Ein evolutionärer Grund könnte sein, dass es in der EEA keine formellen Anführer und Hierarchien gab, denn »Jäger-und-Sammler-Gesellschaften« haben eine sehr egalitäre Struktur. Obwohl Menschen negativ auf (ungerechtfertigte) Ungleichheit reagieren, möchten sie dennoch ihre eigene relative Stellung innerhalb einer Gruppe verbessern. Selbst in Gruppen ohne formellen Anführer und ohne Hierarchien unterscheiden sich die Mitglieder in ihrem informellen sozialen Status (Boehm, 1993; Lee, 1979). Einige Mitglieder haben viel Einfluss auf die Entscheidungen der Gruppe und werden oft um Rat gefragt, andere folgen dagegen nur. Dabei hängt der soziale Status bei Männern statistisch mit ihrer sexuellen Attraktivität und ihrem Fortpflanzungserfolg zusammen (Hopcroft, 2006; Pérusse, 1993). So korrelierte etwa in einer Studie mit ehemaligen Studenten der US-amerikanischen Militärakademie in West Point der 40 Jahre nach dem Abschluss erreichte militärische Rang positiv mit der Anzahl der gezeugten Kinder (Mueller/Mazur, 1997).

Weil der soziale Status so wichtig ist, haben Menschen die Fähigkeit entwickelt, ihren eigenen und den Status anderer schnell zu erkennen. Darüber hinaus sind sie hoch motiviert, ihren Status zu verbessern. Dies könnte der eigentliche Grund für den Wunsch sein, reich zu werden, denn in modernen Gesellschaften ist finanzieller Reichtum ein wichtiges Statusmerkmal. Entsprechend ist relativer Wohlstand ein stabiler Prädiktor für Lebenszufriedenheit (Diener/Fujita, 1997). Der absolute Wohlstand eines Landes hat hingegen – zumindest über einen bestimmten Schwellenwert hinaus – keinen Einfluss auf die Lebenszufriedenheit der in diesem Land lebenden Menschen (Easterlin, 1974). Das überrascht aus evolutionärer Sicht nicht: Da sich Menschen in kleinen Gruppen entwickelt haben, neigen sie dazu, sich mit ihren Mitmenschen zu vergleichen und nicht mit Menschen in anderen Ländern oder gar Kontinenten. Folglich hilft es Arbeitslosen in westlichen Ländern nicht, dass ihr Lebensstandard im weltweiten Vergleich höher sein mag als der der meisten anderen Menschen. Arbeitslosigkeit ist der robusteste wirtschaftliche Prädiktor für eine geringe Lebenszufriedenheit, selbst wenn man die finanzielle Situation berücksichtigt (Frey/Stutzer, 2002; Winkelmann/Winkelmann, 1998).

Ein Großteil menschlichen Konsums kann als Versuch betrachtet werden, anderen den eigenen sozialen Status zu signalisieren (Miller, 2009). Das ist ein Grund, warum viele Menschen Probleme haben, ihre Schulden in den Griff zu kriegen: Sie wollen den Anschein vermeiden, sich weniger leisten zu können als ihr Umfeld.

2.1.5 Die Wirtschaft verstehen und missverstehen

Wie nehmen Laien die Wirtschaft wahr und wie bewerten sie bestimmte wirtschaftliche Maßnahmen? Diese Fragen sind wichtig, da in demokratischen Ländern die einfachen Leute ihre Regierenden wählen und wirtschaftliche Fragen Wahlentscheidungen stark beeinflussen.

Die Wirtschaft ist nicht die einzige Einheit, die Laien bewerten müssen, ohne ihre Komplexität zu verstehen. Auf andere Beispiele verweisen Fragen wie »Was sollten wir gegen die Klimakrise tun?« oder »Sollte ich mich einer Chemotherapie unterziehen?«. Menschen versuchen, solche komplexen Fragen intuitiv mit einer Art Laienbiologie oder -physik zu beantworten (Geary, 2010). Untersuchungen haben gezeigt, dass Menschen zwar einige grundlegende Konzepte der Physik und Biologie tatsächlich intuitiv verstehen, aber komplizierte Mechanismen und Zusammenhänge systematisch missverstehen. So erwarten etwa selbst kleine Kinder, dass Dinge auf die Erde fallen, wenn jemand sie in die Luft hält und dann loslässt. Ähnlich intuitiv wissen wir, dass die Mutter und der Vater eines Elefanten auch Elefanten waren. Laien irren jedoch systematisch, wenn sie versuchen, sehr kleine Einheiten (z. B. Atome und Gene) oder sehr große Einheiten (z. B. Galaxien) zu begreifen. Sie haben auch Probleme, sehr langsame Prozesse (z. B. die Veränderung von Kontinenten und die Entwicklung des Universums) und sehr schnelle Prozesse (z. B. die Lichtgeschwindigkeit) zu verstehen. Unsere evolutionäre Vergangenheit kann erklären, was wir verstehen und was nicht: Wir nehmen diejenigen Aspekte unserer physischen Umwelt wahr, die für unser eigenes Verhalten und unsere Entscheidungen unmittelbar bedeutend sind.

Eine ähnliche Logik lässt sich auf die Wirtschaft anwenden. Menschen folgen auch hier einer Laienökonomie: Sie verstehen intuitiv einige grundlegende wirtschaftliche Konzepte, missverstehen aber systematisch komplexe Prozesse. Zum Beispiel können Menschen instinktiv Handel betreiben, indem sie spontan Güter mit anderen tauschen. Aber Laien haben Schwierigkeiten, die Logik makroökonomischer Zyklen und die Funktionsweise des Aktienmarktes zu verstehen. Daher unterscheiden sich Durchschnittswähler und Ökonominnen sehr stark in der Art und Weise, wie sie wirtschaftliche Maßnahmen bewerten (z. B. Baron/Kemp, 2004; Enste et al., 2009; Fetchenhauer, Enste et al., 2010; Haferkamp et al., 2009). Einige Beispiele mögen verdeutlichen, wie die Entwicklung in der EEA unser Verständnis von Wirtschaft geprägt hat.

Erstens kam es in der EEA selten zu einem raschen Wachstum der verfügbaren Ressourcen. Waren Ressourcenmengen unbeständig, dann eher in die falsche Richtung (z. B. als Folge von Erdbeben, Vulkanausbrüchen, Hurrikans oder Überschwemmungen). Folglich können Menschen sich exponentielles Wachstum schwer vorstellen und neigen dazu, Zinseszinseffekte zu vernachlässigen, wenn sie über ihre finanzielle Zukunft nachdenken oder die Folgen unterschiedlicher Wirtschaftspolitiken bewerten. Ein Beispiel: Wer 100 Euro mit einem Zinssatz von 5 Prozent anlegt, verfügt nach einem Zeitraum von 25 Jahren über insgesamt etwa 340 Euro. In einer Studie mit fortgeschrittenen VWL- und BWL-Studierenden glaubten die Befragten jedoch im Durchschnitt, dass es weniger als 190 Euro sein würden (Christandl/Fetchenhauer, 2009).

Zweitens hing die Wohlfahrt hauptsächlich davon ab, Kollektivgutprobleme wie etwa die Großwildjagd zu lösen. Die anschließende Verteilung des Kollektivgutes stellte meist ein Nullsummenspiel dar. Daher haben Menschen eine Reihe von Anpassungen entwickelt, die ihnen helfen, Ressourcen gleichmäßig unter den Mitgliedern einer Gruppe aufzuteilen: die bereits erwähnte Fähigkeit, betrügerische Menschen zu erkennen, die Abneigung gegen Ungleichheit und die Bereitschaft, sich an altruistischer Bestrafung zu beteiligen. Als Nachteil solcher Anpassungen haben Menschen Schwierigkeiten zu verstehen, dass Märkte eine andere und oft effizientere Möglichkeit sind, knappe Ressourcen zu produzieren und zu verteilen. Folglich sehen viele Laien in den heutigen komplexen Volkswirtschaften das Ziel der Wirtschaftspolitik noch immer darin, eine feste Summe gerecht zu verteilen (Bazerman et al., 1999; Bazerman/Neale, 1983, 1994; Thompson/Hastie, 1990). So sind etwa viele Laien für den Mindestlohn und die Begrenzung von Spitzengehältern, während viele Ökonominnen gegen solche Maßnahmen sind, weil sie befürchten, dass sie die Arbeitslosenquote erhöhen (Haferkamp et al., 2009).

Drittens führt unsere evolutionäre Entwicklung in Gruppen dazu, dass viele Menschen den internationalen Handel als Interessenkonflikt zwischen verschiedenen Ländern betrachten. Daher befürworten viele Bürger Einfuhrzölle zum Schutz von Arbeitsplätzen und Unternehmen. Sie möchten, dass ihre Regierung Unternehmen subventioniert, die nur in ihrem Heimatland produzieren, und sie wollen die Grenzen ihres Landes sogar für hochqualifizierte Migranten schließen (Jacob et al., 2011). Ökonominnen hingegen befürworten den freien internationalen Handel, was vielen Laien schwer zu vermitteln ist (Baron/Kemp, 2004).

Zusammengefasst: Die meisten Menschen verfügen nicht über die kognitiven Ressourcen, um komplexe wirtschaftliche Prozesse und Zusammenhänge ohne weitere Erklärungen intuitiv zu verstehen. Bei der Beurteilung wirtschaftlicher Maßnahmen aktivieren Laien stattdessen kognitive Module, die an ein Leben als Jäger und Sammler angepasst sind, und verlassen sich oft auf intuitive Urteile über Fairness und Gerechtigkeit. Ironischerweise könnte dies dazu führen, dass sie eine ungünstigere Wirtschaftspolitik bevorzugen.

2.1.6 Ausblick: Warum sich für die menschliche Evolution interessieren?

In diesem Kapitel haben wir einige der vielfältigen Einflüsse aufgezeigt, die unsere evolutionäre Vergangenheit auf unser wirtschaftliches Verhalten haben kann. Ihr Umfang lässt es überraschend scheinen, wie wenig Einfluss die Evolutionspsychologie bisher auf die Wirtschaftswissenschaften hatte. Der Evolutionsbiologe David Sloan Wilson (2016) beschrieb einmal, wie begeistert er war, als Richard Thaler und Cass Sunstein in ihrem Buch »Nudge« eine Ökonomik forderten, die auf dem Homo sapiens und nicht auf dem Homo oeconomicus basiert. »Dann suchte ich in meiner Kindle-Ausgabe nach dem Wort ›Evolution‹ und wurde nicht fündig. Wie kann die

Wirtschaft auf dem Homo sapiens basieren, ohne dass der Homo sapiens als Produkt der genetischen und kulturellen Evolution überhaupt diskutiert wird?«.

Die Evolutionspsychologie kann uns helfen, menschliches Verhalten besser zu verstehen. Das gilt nicht nur für die gängigen Anwendungen dieses Ansatzes (z. B. Paarungsverhalten), sondern auch für menschliches Verhalten in der Wirtschaft. Sie bietet eine integrative und umfassende Alternative zu ökonomischen Modellen, die auf der Annahme rationalen Verhaltens gründen. Die Sozialpsychologie zeigt seit langem, dass die Vorhersagen dieser Modelle häufig nicht zutreffen. Die Evolutionspsychologie kann darüber hinaus erklären, *warum* dies so ist.

2.1.7 Literatur

Abrams, Dominic / Hogg, Michael / Marques, Jose, 2005: The Social Psychology of Inclusion and Exclusion, New York.

Ainslie, George, 1992: Picoeconomics: The Strategic Interaction of Successive Motivational States Within the Person, Cambridge, MA.

Ainslie, George, 2001: Breakdown of Will, Cambridge, MA.

Andreoni, James, 1989: Giving with Impure Altruism: Applications to Charity and Ricardian Equivalence, in: Journal of Political Economy, Vol. 97, 1447–1458.

Banks, James / Blundell, Richard / Tanner, Sarah, 1998: Is There a Retirement Savings-Puzzle?, in: American Economic Review, Vol. 88, 769–788.

Baron, Jonathan / Kemp, Simon, 2004: Support for Trade Restrictions, Attitudes, and Understanding of Comparative Advantage, in: Journal of Economic Psychology, Vol. 25, 565–580.

Baron-Cohen, Simon, 1999: Evolution of a Theory of Mind?, in: Corballis, Michael C. / Lea, Stephen E. (Eds.), The Descent of Mind: Psychological Perspective on Hominid Evolution, Oxford, 261–277.

Baumeister, Roy F. / Leary, Mark R., 1995: The Need to Belong: Desire for Interpersonal Attachments as a Fundamental Human Motivation, in: Psychological Bulletin, Vol. 117, 497–529.

Bazerman, Max H. / Moore, Don A. / Gillespie, James J., 1999: The Human Mind as a Barrier to Wiser Environmental Agreements, in: American Behavioral Scientist, Vol. 42, 1277–1300.

Bazerman, Max H. / Neale, Margaret A., 1983: Heuristics in Negotiation: Limitations to Effective Dispute Resolution, in: Bazerman, Max H. / Lewicki, Roy J. (Eds.), Negotiating in Organizations, Beverley Hills, 51–67.

Bazerman, Max H. / Neale, Margaret A., 1994: Negotiating Rationally, New York.

Becker, Gary S. / Grossman, Michael / Murphy, Kevin M., 1991: Rational Addiction and the Effect of Price on Consumption, in: American Economic Review, Vol. 81, 237–241.

Becker, Gary S. / Grossman, Michael / Murphy, Kevin M., 1994: An Empirical Analysis of Cigarette Addiction, in: American Economic Review, Vol. 84, 396–418.

Becker, Gary S. / Murphy, Kevin M., 1988: A Theory of Rational Addiction, in: Journal of Political Economy, Vol. 96, 675–700.

Bekkers, René / Wiepking, Pamala, 2011: A Literature Review of Empirical Studies of Philanthropy: Eight Mechanisms that Drive Charitable Giving, in: Nonprofit and Voluntary Sector Quarterly, Vol. 40, 924–973.

Bergstrom, Carl T. / Dugatkin, Lee A., 2012: Evolution, New York.

Bernhard, Helen / Fischbacher, Urs / Fehr, Ernst, 2006: Parochial Altruism in Humans, in: Nature, Vol. 442, 912–915.

2.1 Die Bedeutung der Evolutionspsychologie für das Verständnis wirtschaftlichen Verhaltens

Bernheim, Douglas B. / Skinner, Jonathan / Weinberg, Steven, 2001: What Accounts for the Variation in Retirement Wealth Among US Households?, in: American Economic Review, Vol. 91, 832–857.

Boehm, Christopher, 1993: Egalitarian Society and Reverse Dominance Hierarchy, in: Current Anthropology, Vol. 34, 227–254.

Boehm, Christopher, 2012: Moral Origins. The Evolution of Virtue, Altruism, and Shame, New York.

Bolton, Gary E. / Ockenfels, Axel, 2000: ERC: A Theory of Equity, Reciprocity, and Competition, in: American Economic Review, Vol. 90, 166–93.

Bowlby, John, 1969: Attachment and Loss, Volume 1: Attachment, New York.

Bowles, Samuel / Gintis, Herbert, 2003: Origins of Human Cooperation, in: Hammerstein, Peter (Ed.), Genetic and Cultural Evolution of Cooperation, Cambridge, MA, 429–443.

Bowles, Samuel / Gintis, Herbert, 2011: A Cooperative Species, Princeton, NJ.

Brocas, Isabelle / Carrillo, Juan D., 2003: Introduction, in: Brocas, Isabelle / Carrillo, Juan D. (Eds.), The Psychology of Economic Decisions, Volume 1: Rationality and Well-Being, Oxford, xiii–xxxii.

Hames, Raymond, 2015: Altruism and Genetic Relatedness, in: Buss, David M. (Ed.), The Handbook of Evolutionary Psychology, Volume 1: Foundation, Hoboken, 505–523.

Buss, David M., 2015: Introduction: The Emergence and Maturation of Evolutionary Psychology, in: Buss, David M. (Ed.), The Handbook of Evolutionary Psychology, Volume 1: Foundation (2nd ed.) Hoboken, xxiii–xxv.

Byrne, Richard W. / Whiten, Andrew, 1988: Machiavellian Intelligence: Social Expertise and the Evolution of Intellect in Monkeys, Apes, and Humans, Oxford.

Cachel, Susan, 2006: Primate and Human Evolution, Cambridge, MA.

Cacioppo, John T. / Cacioppo, Stephanie / Boomsma, Dorret I., 2014: Evolutionary Mechanisms for Loneliness, in: Cognition and Emotion, Vol. 28, 10.

Centers for Disease Control and Prevention, 2024: Obesity and Overweight. Online: https://www.cdc.gov/nchs/fastats/obesity-overweight.htm (Retrieved May 7, 2025).

Christandl, Fabian / Fetchenhauer, Detlef, 2009: How Laypeople and Experts Misperceive the Effect of Economic Growth, in: Journal of Economic Psychology, Vol. 30, 381–392.

Cziko, Gary, 2000: The Things We Do: Using the Lessons of Bernard and Darwin to Understand the What, How, and Why of Our Behavior, Cambridge, MA.

Daly, Martin / Wilson, Margo I., 1999: Human Evolutionary Psychology and Animal Behaviour, in: Animal Behaviour, Vol. 57, 509–519.

Darwin, Charles, 1859: On the Origin of Species by Means of Natural Selection, or the Preservation of Favoured Races in the Struggle for Life, London.

De Quervain, Dominique J.-F. et al., 2004: The Neural Basis of Altruistic Punishment, in: Science, Vol. 305, 1254–1258.

Diener, Ed / Fujita, Frank, 1997: Social Comparisons and Subjective Wellbeing, in: Buunk, Bram P. / Gibbons, Frederick X. (Eds.), Health, Coping, and Well-Being: Perspectives from Social Comparison Theory), Mahwah, 329–357.

Dunbar, Robin, 1998: Grooming, Gossip, and the Evolution of Language, Boston.

Easterlin, Richard A., 1974: Does Economic Growth Improve the Human Lot? Some Empirical Evidence, in: David, Paul A. / Reder, Melvin W. (Eds.), Nations and Households in Economic Growth: Essays in Honor of Moses Abramovitz, New York, 89–125.

Enste, Dominik H. / Haferkamp, Alexandra / Fetchenhauer, Detlef, 2009: Unterschiede im Denken zwischen Ökonomen und Laien – Erklärungsansätze zur Verbesserung der wirtschaftspolitischen Beratung, in: Perspektiven der Wirtschaftspolitik, Vol. 10, 60–78.

Fehr, Ernst / Fischbacher, Urs, 2003: The Nature of Human Altruism, in: Nature, Vol. 425, 785–791.

Fehr, Ernst / Gächter, Simon, 2002: Altruistic Punishment in Humans, in: Nature, Vol. 415, 137–140.

Fehr, Ernst / Schmidt, Klaus, 1999: A Theory of Fairness, Competition, and Cooperation, in: Quarterly Journal of Economics, Vol. 3, 817–868.

Fetchenhauer, Detlef / Enste, Dominik H. / Köneke, Vanessa, 2010: Effizienz oder Moral? Wirtschaft und Gerechtigkeit aus Sicht ökonomischer Laien, in: Zeitschrift für Wirtschaftspolitik, Vol. 59, 48–61.

Fetchenhauer, Detlef / Groothuis, Ton / Pradel, Julia, 2010: Not Only States but Traits – Humans Can Identify Permanent Altruistic Dispositions in 20s, in: Evolution and Human Behavior, Vol. 31, 80–86.

Frank, Robert H., 1988: Passions Within Reason: The Strategic Role of the Emotions, New York.

Frey, Bruno / Stutzer, Alois, 2002: Happiness and Economics. How the Economy and Institutions Affect Well-Being, Princeton.

Geary, David C., 2010: Male, Female: The Evolution of Human Sex Differences (2nd ed.), Washington, DC.

Geary, David C., 2015: Evolution of Paternal Investment, in: Buss, David M. (Ed.), The Handbook of Evolutionary Psychology, Volume 1: Foundation (2nd ed.), Hoboken, 483–505.

Ghiselin, Michael T., 1974: The Economy of Nature and Evolution of Sex, Berkeley.

Gigerenzer, Gerd / Todd, Peter M., 1999: Simple Heuristics That Make Us Smart, New York.

Gottfredson, Michael R. / Hirschi, Travis, 1990: A General Theory of Crime, Stanford, CA.

Haferkamp, Alexandra / Belschak, Frank / Enste, Dominik / Fetchenhauer, Detlef, 2009: Efficiency Versus Fairness: The Evaluation of Labor Market Policies by Economists and Laypeople, in: Journal of Economic Psychology, Vol. 30, 527–539.

Hamilton, William D., 1964: The Genetical Evolution of Social Behaviour, in: Journal of Theoretical Biology, Vol. 7, 17–52.

Hamilton, William D., 1996: Narrow Roads of Gene Land. Evolution of Social Behavior, New York.

Herrnstein, Richard J., 1997: Self-Control, in: Rachlin, Howard / Laibson, David I. (Eds.), The Matching Law: Papers in Psychology and Economics, Cambridge, MA, 101–188.

Hopcroft, Rosemary L., 2006: Sex, Status, and Reproductive Success in the Contemporary United States, in: Evolution and Human Behavior, Vol. 27, 104–120.

Hume, David, 1739: A Treatise of Human Nature, London.

Huxley, Thomas H., 1888: The Struggle for Existence: A Programme, in: Nineteenth Century, Vol. 23, 163–165.

Jacob, Robert / Christandl, Fabian / Fetchenhauer, Detlef, 2011: Economic Experts or Laypeople? How Teachers and Journalists Judge Trade and Immigration Policies, in: Journal of Economic Psychology, Vol. 32, 662–671.

Jenni, Karen E. / Loewenstein, George, 1997: Explaining the »Identifiable Victim Effect«, in: Journal of Risk and Uncertainty, Vol. 12, 235–257.

Judge, Timothy A. / Cable, Daniel M., 2004: The Effect of Physical Height on Workplace Success and Income: Preliminary Test of a Theoretical Model, in: Journal of Applied Psychology, Vol. 89, 428–441.

Kirchgässner, Gebhard, 2013: Homo oeconomicus, 4. Aufl., Tübingen.

Kogut, Tehila / Ritov, Ilana, 2005: The »Identified Victim« Effect: An Identified Group, or Just a Single Individual?, in: Journal of Behavioral Decision Making, Vol. 18, 157–167.

Krebs, Dennis L., 2011: The Origins of Morality, Oxford.

Kurzban, Robert / Burton-Chellew, Maxwell N. / West, Stuart A., 2015: The Evolution of Altruism in Humans, in: Annual Review of Psychology, Vol. 66, 575–599.

Lee, Richard B., 1979: The !Kung San: Men, Women and Work in a Foraging Society, Cambridge, MA.

Leslie, Alan M., 1987: Pretense and Representation: The Origins of »Theory of Mind«, in: Psychological Review, Vol. 94, 412–426.

Levitt, Steven D. / List, John A., 2008: Homo Economicus Evolves, in: Science, Vol. 319, 909–910.

Loewenstein, George, 1996: Out of Control: Visceral Influences on Behavior, in: Organizational Behavior and Human Decision Processes, Vol. 65, 272–292.

Logue, Alexandra, 1995: Self-Control: Waiting Until Tomorrow for What You Want Today, London.

McDermott, Rose / Fowler, James H. / Smirnov, Oleg, 2008: On the Evolutionary Origin of Prospect Theory Preferences, in: Journal of Politics, Vol. 70, 335–350.

Miller, Geoffrey, 2009: Spent: Sex, Evolution, and Consumer Behavior, New York.

Mischel, Walter, 2015: The Marshmallow Test: Understanding Self-Control and How to Master It, London.

Mischel, Walter / Ebbesen, Ebbe B. / Raskoff Zeiss, Antonette, 1972: Cognitive and Attentional Mechanisms in Delay of Gratification, in: Journal of Personality and Social Psychology, Vol. 21, 204–218.

Mischel, Walter / Shoda, Yuichi / Rodriguez, Monica L., 1989: Delay of Gratification in Children, in: Science, Vol. 244, 933–938.

Modigliani, Franco, 1966: The Life Cycle Hypothesis of Saving, the Demand for Wealth and the Supply of Capital, in: Social Research, Vol. 33, 160–217.

Mueller, Ulrich / Mazur, Allan, 1997: Facial Dominance in Homo sapiens as Honest Signaling of Male Quality, in: Behavioral Ecology, Vol. 8, 569–579.

Murray, Gregg R. / Schmitz, David J., 2011: Caveman Politics: Evolutionary Leadership Preferences and Physical Stature, in: Social Science Quarterly, Vol. 92, 1215–1235.

North, Douglass, 2005: Understanding the Process of Economic Change, Princeton.

Olson, Mancur, 1965: The Logic of Collective Action: Public Goods and the Theory of Groups, Cambridge, MA.

Opp, Karl-Dieter / Hechter, Michael, 2001: Social Norms, New York.

Pascal, Blaise, 1910: Thoughts (W. F. Trotter, Transl.), New York (Original work published 1660).

Pérusse, Daniel, 1993: Cultural and Reproductive Success in Industrialized Societies: Testing the Relationship at the Proximate and Ultimate Levels, in: Behavioral and Brain Sciences, Vol. 16, 267–322.

Pievani, Telmo, 2011: Born to Cooperate? Altruism as Exaptation and the Evolution of Human Sociality, in: Sussman, Robert W. / Cloninger, Robert, C. (Eds.), Origins of Altruism and Cooperation, New York, 41–61.

Premack, David / Woodruff, Guy, 1978: Does the Chimpanzee Have a Theory of Mind?, in: Behavioral and Brain Sciences, Vol. 1, 515–526.

Rubin, Paul H. / Capra, Monica C., 2012: The Evolutionary Psychology of Economics, in: Roberts, Craig S. (Ed.), Applied Evolutionary Psychology, Oxford, 7–15.

Schelling, Thomas C., 1968: The Life You Save May Be Your Own, in: Chase, Samuel (Ed.), Problems in Public Expenditure Analysis, Washington DC, 127–162.

Scott-Phillips, Thomas C. / Dickins, Thomas E. / West, Stuart A., 2011: Evolutionary Theory and the Ultimate–Proximate Distinction in the Human Behavioral Sciences, in: Perspectives on Psychological Science, Vol. 6, 38–47.

Simon, Herbert A., 1992: Altruism and Economics, in: Eastern Economic Journal, Vol. 18, 73–83.

Small, Deborah A. / Loewenstein, George, 2003: Helping a Victim or Helping the Victim: Altruism and Identifiability, in: Journal of Risk and Uncertainty, Vol. 26, 5–16.

Small, Ernest, 2011: The New Noah's Ark: Beautiful and Useful Species Only. Part 1. Biodiversity Conservation Issues and Priorities, in: Biodiversity, Vol. 12, 232–247.

Smith, Adam, 1776: The Wealth of Nations, London.

Sober, Elliot / Wilson, David S., 1998: Unto Others: The Evolution and Psychology of Unselfish Behavior, Cambridge, MA.

Struthers, William M., 2009: Wired for Intimacy: How Pornography Hijacks the Male Brain, Downers Grove, IL.

Stulp, Gert / Buunk, Abraham P. / Verhulst, Simon / Pollet, Thomas V., 2013: Tall Claims? Sense and Nonsense About the Importance of Height of US Presidents, in: Leadership Quarterly, Vol. 24, 159–171.

Sutter, Matthias, 2014: Die Entdeckung der Geduld – Ausdauer schlägt Talent, Salzburg.

Sutter, Matthias / Oberauer, Manuela / Yilmaz, Levent, 2015: Delay of Gratification and the Role of Defaults—An Experiment with Kindergarten Children, in: Economics Letters, Vol. 137, 21–24.

Thaler, Richard H., 2015: Misbehaving. The Making of Behavioral Economics, London.

Thompson, Leigh / Hastie, Reid, 1990: Social Perception in Negotiation, in: Organizational Behavior and Human Decision Processes, Vol. 47, 98–123.

Tooby, John / Cosmides, Leda / Barkow, Jerome H., 1995: Introduction: Evolutionary Psychology and Conceptual Integration, in: Barkow, Jerome H. / Cosmides, Leda / Tooby, John (Eds.), The Adapted Mind: Evolutionary Psychology and the Generation of Culture, New York, 3–15.

Tversky, Amos / Kahneman, Daniel, 1974: Judgment Under Uncertainty: Heuristics and Biases, in: Science, Vol. 185, 1124–1131.

Tversky, Amos / Kahneman, Daniel, 1981: The Framing Of Decisions And The Psychology Of Choice, in: Science, Vol. 211, 453–458.

Waibel, Markus / Floreano, Dario / Keller, Laurent, 2011: A Quantitative Test of Hamilton's Rule for the Evolution of Altruism, in: PLoS Biology, Vol. 9, e1000615.

Watt, Simon, 2015: The Ugly Animals: We Can't All Be Pandas, Stroud.

Wilson, David S., 2016 (January 12): Economic Theory Is Dead. Here's What Will Replace It. [Blog post]. Online: https://evonomics.com/economic-theory-is-dead-heres-what-will-replace-it (Retrieved May 7, 2025).

Winkelman, Liliana / Winkelman, Rainer, 1998: Why Are the Unemployed So Unhappy? Evidence from Panel Data, in: Economica, Vol. 65, 1–15.

2.2   Evolutionäre und behaviorale Soziologie

Nicole Holzhauser

2.2.1   Einleitung

Ziel dieses Beitrags ist es, einen Überblick über die evolutionäre und die behaviorale Soziologie zu geben sowie deren Bezüge zu einer allgemeinen Verhaltenswissenschaft zu diskutieren. Es soll veranschaulicht werden, wie eine evolutionstheoretisch fundierte Soziologie (und Psychologie) in Kombination mit einer allgemeinen verhaltenswissenschaftlichen Perspektive Erklärungsmodelle hervorbringt, die neue Einsichten in die Dynamik menschlichen Verhaltens und damit in soziale und wirtschaftliche Prozesse eröffnen können.

Ein tiefgehendes Verständnis der evolutionären und behavioralen Prinzipien menschlichen sozialen Verhaltens ist nicht nur für die Sozial-, sondern auch für die Wirtschaftswissenschaften von grundsätzlicher Bedeutung, da wirtschaftliche Prozesse in hohem Maße von kurzfristigen wie auch langfristigen individuellen und kollektiven sozialen Anpassungsprozessen geprägt sind. So lässt sich beispielsweise das Verhalten von Marktteilnehmer:innen aus einer evolutionären Perspektive als Ergebnis eines langfristigen Selektionsprozesses beschreiben, bei dem immer wieder Innovationen getestet, erfolgreiche wirtschaftliche Strategien über die Zeit beibehalten und ineffiziente Strategien aussortiert werden (Ebner, 2025; Nelson/Winter, 1982). Gleichzeitig können kurzfristige Verstärkungsmechanismen – etwa durch monetäre Anreize, soziale Normen oder institutionelle Regelwerke –, wie sie in einer behavioralen Perspektive in den Blick genommen werden, einen entscheidenden Einfluss auf wirtschaftliche Entscheidungen haben, indem z. B. das Verhalten durch *Nudging* in ganz bestimmte Richtungen gelenkt wird (Thaler/Sunstein, 2008).

Die zentrale Frage des Aufsatzes ist, wie sich evolutionäre (sowie biosoziale) und behaviorale (bzw. verhaltenswissenschaftliche) soziologische (und psychologische) Ansätze theoretisch miteinander verbinden lassen. Eine solche Verbindung wird über die *Behavioral Selection Theory* (BST) hergestellt (Borgstede, 2020, 2024; Borgstede/Eggert, 2021), die als ein Multilevel Model sowohl langfristige evolutionäre Mechanismen als auch kurzfristige Lern- und Anpassungsprozesse einbezieht (Borgstede et al., in Begutachtung) und damit eine detaillierte Analyse sozialer und wirtschaftlicher Prozesse ermöglicht.

Der Beitrag ist wie folgt aufgebaut: In Abschnitt 2.2.2 wird ein knapper Überblick über die zentralen Konzepte der evolutionären Soziologie gegeben. Diese Forschungsrichtung untersucht vor allem langfristige strukturelle Entwicklungen über Generationen hinweg, bezieht aber zum Teil auch Meso- und Mikroprozesse, kulturelle Transmission und Tradierung, soziale Selektion und institutionelle Stabilisierung in ihre Analysen ein. Abschnitt 2.2.3 ist einem Überblick über die verhaltenswissenschaftliche Soziologie gewidmet, die stärker auf die Mikro- und Mesoebene fokussiert. Hier stehen individuelle und soziale Lernmechanismen und unmittelbare Interaktionen im Vordergrund, über die sich Verhaltensmuster sowohl kurzfristig als auch über die Lebensspanne hinweg anpassen können. Zwar behalten auch in diesem Ansatz Makrostrukturen (z. B. gesellschaftliche Normen und Institutionen) ihre Bedeutung als Verhaltenskontexte, der Fokus liegt jedoch auf den flexiblen und oft sprunghaften Anpassungen individuellen Handelns.

Zwischen diesen beiden Perspektiven – der langfristigen Makrobetrachtung der biologischen bzw. kulturellen Evolution auf der Populationsebene und der kurz- bis mittelfristigen Verhaltensanpassung auf individueller Ebene – besteht ein theoretisches Spannungsverhältnis, insbesondere in Hinblick auf das Konzept der Selektion. Um diese beiden Sichtweisen produktiv zusammenzuführen, wird auf die BST (Borgstede/Eggert, 2021; Borgstede et al., in Begutachtung) zurückgegriffen. Diese Theorie definiert (Verhaltens-)Selektion als ein allgemeines Prinzip, das auf verschiedenen Ebenen wirkt und die Verbindung von evolutionären und verhaltenswissenschaftlichen Konzepten ermöglicht. Das in diesem Kontext entwickelte *Multilevel Model of Behavioral Selection (MLBS)* (Borgstede/Eggert, 2021) beschreibt evolutionäre Selektionsmechanismen nicht nur für Populationen über Generationen hinweg, sondern auch in Bezug auf dynamisch sich ändernde Verhaltensoptionen innerhalb eines Individuums.

Im abschließenden Fazit werden die Potenziale (und möglichen Grenzen) dieser integrierten Perspektive und ihre Bedeutung für die Sozial- und Wirtschaftswissenschaften diskutiert.

2.2.2 Evolutionäre Soziologie

Ganz allgemein analysiert die Soziologie menschliches Verhalten als soziales Handeln und dessen Einbettung in soziale Strukturen sowie deren Wandel. Dazu gehören (a) die Makro-Analyse sozialer Strukturen und kultureller Muster sowie deren Dynamiken (Reproduktion bzw. Wandel von Ungleichheit, Hierarchien, Macht), (b) die Mikro-Analyse individuellen Handelns und sozialer Interaktionen und (c) die Meso-Analyse von Netzwerken, Organisationen und Institutionen als kollektive Formen des Handelns, welche die beiden vorherigen miteinander verbindet. Aus soziologischer Sicht sind das Wirtschaftsgeschehen, Konkurrenz und das Verhalten von Wirtschaftsakteur:innen Spezialfälle sozialer Strukturen und sozialen Handelns und als solche sozial eingebettet (Geiger, 2012; Granovetter, 1985). Entsprechend scheint es sinnvoll, ökonomische Phänomene mit soziologischen Fragestellungen, Theorien und Methoden zu verbinden, um z. B. die langfristige Dynamik und Anpassungsprozesse im

Handeln besser zu verstehen. Ein Ansatz, der hier eine langfristige prozesshafte und anpassungsorientierte Perspektive liefert, ist die evolutionäre Soziologie.

In den zurückliegenden Jahren rückte ein breites Spektrum an biologisch-evolutionären Ansätzen in den Fokus der Sozialwissenschaften (Hopcroft, 2018, 2019; Maryanski, 1994; Maryanski et al., 2015). Im Zentrum steht dabei die interdisziplinäre Übertragung des evolutionstheoretischen Paradigmas von Variation, Selektion und Reproduktion/Retention auf soziale Phänomene (Holzhauser/Eggert, 2021; Hopcroft/Schnettler, 2024; Schnettler, 2016). Evolutionäre Soziologie bewegt sich dabei zwischen dem theoretischen Anspruch, ein allgemeines Paradigma für die Soziologie und Sozialwissenschaften insgesamt bieten zu können, und der bislang realistischeren, noch immer eher randständigen Positionierung als spezifische Teil- bzw. Subdisziplin innerhalb des multiparadigmatischen Spektrums der Soziologie (Holzhauser/Eggert, 2021), Crippen (1994b) hat darauf hingewiesen, dass ein Teil der Zurückhaltung in der Soziologie gegenüber evolutionären Ansätzen auf unbegründeten Ängsten, z. B. vor einer Rückkehr zum historischen Sozialdarwinismus, fehlgeleiteten Bedenken (Determinismus- oder Reduktionismusvorwürfe, Teleologie- und Tautologie-Vorwürfe), die auf ein verkürztes Verständnis der Evolutionstheorie zurückzuführen seien, und generell auf zahlreichen Missverständnissen über die Grundprinzipien neo-darwinistischer Theorie basiere (z. B. Fehlinterpretationen der von Hamilton (1964) beschriebenen inklusiven Fitness). Crippen (1994a) plädiert daher für eine stärkere Integration neo-darwinistischer Prinzipien und für eine nomologische Herangehensweise, die universelle biologische und evolutionäre Prinzipien in die Sozialwissenschaften integriert.

Als »evolutionäre Soziologie« wird hier im Anschluss an Schnettler und Hopcroft jene »soziologische Forschung [verstanden], die sich dem Zusammenhang evolvierter Eigenschaften und Prädispositionen mit der sozialen und materiellen Umwelt widmet« (2024, 60). Wenngleich die evolutionäre Soziologie noch nicht vollständig im Mainstream der Soziologie angekommen ist (Holzhauser/Eggert, 2021; Willführ et al., 2024), zeichnet sich an eben diesen Rändern des Faches eine Vielfalt an Entwicklungen von und Interaktionen mit interdisziplinären Forschungsfeldern ab, wie z. B. mit der evolutionären Psychologie, der Verhaltensökologie, der Neurosoziologie, der Soziogenomik, der Verhaltensgenetik, der Epigenetik oder den Kulturevolutionsansätzen (Schnettler, 2016; Schnettler/Huinink, 2024). Von der evolutionären Soziologie grenzen Schnettler und Hopcroft (2024, 67) die Biosoziologie und andere Ansätze ab, die sich nicht mit ultimaten, also evolutionär adaptiven Fragestellungen, sondern mit proximaten, also jenen Fragen beschäftigten, welche die biologischen und sozialen Mechanismen innerhalb eines Individuums bzw. innerhalb von dessen Lebensspanne fokussieren. Hierzu zählen sie z. B. Verhaltensneurowissenschaften, Endokrinologie und Verhaltensgenetik bzw. Epigenetik (siehe auch Schnettler, 2016).

Der evolutionäre Ansatz kann in der Tat helfen, universelle soziale Verhaltensmuster zu erklären, die durch natürliche Selektion geformt wurden (z. B. Kooperation, Altruismus, Konkurrenz). Allerdings, darauf weist schon Crippen (1994a) hin, kann das reale Verhalten von Menschen in modernen Gesellschaften in Bezug auf eine Reihe von Phänomenen (z. B. Verhütung, Teile des Konsumverhaltens, Karriereentscheidungen) von evolutionären Mechanismen entkoppelt erscheinen bzw. können evolutionäre Prinzipien die beobachtbare Flexibilität von konkretem individuellen Verhalten nicht immer erklären. Eine der zentralen Herausforderungen für die Entwicklung der evolutionären Soziologie besteht nach wie vor darin, zentrale Begriffe wie »Evolution«, »Selektion« oder »natürliche Selektion«, aber auch weiter gefasste Konzepte wie »kulturelle Evolution« und »gesellschaftliche Evolution« für soziologische Fragestellungen noch stärker zu präzisieren und konsistent zu verwenden (Holzhauser/Eggert, 2021; Hopcroft/Schnettler, 2024). In der evolutionären Soziologie verweist der Begriff »Evolution« meist auf langfristige Wandlungsprozesse in sozialen Systemen, die durch vielfältige Selektionsfaktoren (z. B. Ressourcenknappheit, soziale Aushandlungsprozesse und kulturelle Transmission) beeinflusst werden. Er wird jedoch nicht immer gemäß seiner Bedeutung in einem evolutionstheoretisch bestimmten Zusammenhang definiert, sondern durchaus auch metaphorisch verwendet (Holzhauser/Eggert, 2021; Hopcroft/Schnettler, 2024). Prinzipiell geht es dabei sowohl um die Kontinuität als auch um den Wandel sozialer Ordnungen, um soziale und kulturelle Phänomene, um die Stabilisierung von Regularitäten genauso wie um die Aufrechterhaltung von Variabilität im Verhalten.

Traditionell lassen sich innerhalb der evolutionären Soziologie zwei Strömungen unterscheiden, die in der aktuellen Diskussion zunehmend miteinander verknüpft werden und signifikante Beiträge zur Erklärung langfristiger Entwicklungen sozialer Strukturen liefern. Auf der einen Seite findet sich ein streng *biologisch informierter*, eng an die Prinzipien der neo-darwinschen Evolutionstheorie (»Moderne Synthese«) angelehnter Zweig (Laland et al., 2015). Darin wird untersucht, wie natürliche und sexuelle Selektion, (populations-)genetische Vererbung (samt Mutationen und Rekombinationen, Gendrift) sowie die Konkurrenz um überlebenswichtige Ressourcen im Laufe vieler Generationen soziales Verhalten prägen. Die Vertreter:innen dieser Strömung betrachten soziale Ordnungen vor allem als Folge langfristiger Selektionsprozesse, bei denen bestimmte evolutionsbiologisch vorteilhafte Verhaltensmuster weitergegeben und stabilisiert werden (Hopcroft, 2009, 2018; Maryanski et al., 2015; Turner/Machalek, 2018). Dazu gehören Konzepte wie »Inclusive Fitness« (Hamilton, 1964) und »Kin Selection« (Smith, 1964) (für einen modernen Überblick über Theorien der sozialen Evolution mit Schwerpunkt auf Inclusive Fitness und Social Group siehe z. B. Bourke, 2011). Darüber hinaus finden hier auch evolutionäre Perspektiven Anwendung, die auf stammesgeschichtlich entstandene Mechanismen verweisen (Maryanski, 1994; Turner/Machalek, 2018). Dabei wird angenommen, dass soziale und kulturelle Phänomene – darunter Normen, Institutionen und sogar Hierarchien – letztlich auf genetische Mechanismen zurückzuführen sind und sich mindestens mittelbar durch biologische Mechanismen der Variation, Selektion und Reproduktion entwickeln (Turner/Machalek, 2018).

Demgegenüber steht eine *kulturell-evolutionäre* Strömung, die neben der genetischen Weitergabe vor allem kulturelle und symbolische Mechanismen berücksichtigt (Boyd/Richerson, 1985). In dieser Perspektive kann Kultur eigene Evolutionsdynamiken entwickeln, sodass soziale oder kulturelle Vererbungsmechanismen in den Vordergrund rücken. Kulturelle »Informationseinheiten« (z. B. Meme, soziale Normen,

Ideen) unterliegen dabei theoretisch analogen Prozessen von Variation, Selektion und Transmission (Dawkins, 1976, 1982; Laland, 2017; Richerson/Boyd, 2005). Das Meme-Konzept (Blackmore, 2000; Dawkins, 1976, 1982) veranschaulicht die Analogie zum Gen und betont zugleich soziale Übertragungsprozesse, Imitation und Institutionalisierung. Indem Ideen, Praktiken und Normen übernommen und weitergegeben werden, entsteht eine dynamische kulturelle Transmission, die zwar an biologische Prinzipien angelehnt, aber meist schneller und direkter ist. Soziale Innovationen und etablierte Verhaltensweisen können dieser Position folgend als Ergebnis einer (Meta-)Selektion verstanden werden, in deren Verlauf sich besonders erfolgreiche kulturelle Praktiken durchsetzen.

Ein theoretischer Ansatz, auf den hier vor dem Hintergrund des ausgegebenen Ziels, evolutionäre und behaviorale (Psychologie und) Soziologie miteinander zu verknüpfen, etwas detaillierter eingegangen werden soll, ist das Konzept des »Evolved Actor« (Hopcroft, 2009). Hopcroft vereint in ihrem Konzept, das sie an familiensoziologischen und sozialstrukturellen Beispielen (verwandtenbasierter Altruismus und Geschlechterungleichheiten in elterlichen Investitionen) veranschaulicht, Erkenntnisse aus der evolutionären Biologie und der evolutionären Psychologie und verbindet diese mit einer soziologischen Handlungstheorie. Sie versteht Menschen als biologisch verankert, d. h. als Produkte der natürlichen Evolution (Hopcroft, 2009, 391), die zugleich auch sozial geprägte Akteur:innen sind. »Given this, there is selection for those traits and association gene constellations that work to improve the survival prospects of the individual carrier in a particular environment« (Hopcroft, 2009, 391). Die evolvierte Akteur:in ist zudem an die materielle Welt (Ressourcen) und deren Kontexte (Ressourcenstruktur) gekoppelt bzw. wird von diesen beeinflusst (Hopcroft, 2009, 394). Hopcroft argumentiert, dass sich soziologische Erklärungen für das Verhalten von Akteur:innen (wie Normen oder individuelle Präferenzstrukturen und Vorstellungen) letztlich auf materielle Gegebenheiten und von diesen abhängige, menschheitsgeschichtlich evolvierte Präferenzstrukturen zurückführen lassen.

Diese Perspektive steht zunächst einmal nicht im Widerspruch zu klassischen soziologischen Theorien, sondern verfeinert vielmehr das Verständnis dafür, auf welche Weise evolutionäre Prozesse menschliches Verhalten und soziale Muster formen können. Das Konzept des evolvierten Akteurs stellt somit einen interdisziplinären Anschluss zu den übrigen Natur- und Verhaltenswissenschaften sicher und erlaubt zugleich eine erweiterte, biologisch informierte Betrachtung traditioneller soziologischer Befunde (z. B. zu Geschlechterrollen, Familienstrukturen, Generationensolidarität). Die gegenseitige Ergänzung von Soziologie und Biologie ermöglicht die Entwicklung neuer Hypothesen, beispielsweise zur Frage, warum sich bestimmte Kooperations- und Familienformen evolutionär bewährt haben und dennoch kulturell flexibel bleiben. Allerdings räumt Hopcroft ein, dass das individuelle Verhalten des »›average‹ actors« (Hopcroft, 2009, 390) damit vor allem aus der evolutionären Vergangenheit heraus erklärt wird, sprich nicht aus der jetzigen sozialen Situation, sondern aus den Gegebenheiten früherer Generationen. Das verweist auf ein ganz grundsätzliches Problem bzw. eine Herausforderung: Die evolutionäre Soziologie bleibt eine Antwort auf die Frage schuldig, wie sich konkrete individuelle Unterschiede in kurzfristigem, flexiblem Verhalten und dessen Adaptivität erklären lassen und wie sich dieses individuelle Verhalten mit kollektiven sozialen Phänomenen verbinden lässt. Auch darüber, was die als evolutionsähnlich betrachteten kulturellen und sozialen Prozesse bzw. die damit verbundenen Mechanismen genau erklären kann, gibt es bislang keinen Konsens (Holzhauser/Eggert, 2021).

In seiner Kritik an der evolutionären Soziologie, insbesondere aber an dem Multilevel-Ansatz der *New Evolutionary Sociology* von Turner und Machalek (2018), bemängelt Ho (2023) entsprechend drei grundsätzliche theoretische Defizite. Erstens werde die Wechselwirkung zwischen genetischer Selektion und kultureller Evolution bisher weiterhin meist nur unzureichend berücksichtigt. Zweitens neige die evolutionäre Soziologie dazu, Fitness als festgelegten Wert (z. B. als Überlebens- und Reproduktionsrate) zu betrachten, statt wie in der Evolutionsbiologie üblich als probabilistisches Konzept. Eine solche probabilistische Sichtweise vermeide teleologische und tautologische Argumente in evolutionären Erklärungen. Drittens werde häufig von kausalen Mechanismen gesprochen, ohne diese klar zu definieren. Nach Ho (2023) sollten diese nicht als deterministische Gesetzmäßigkeiten, sondern als rekonstruktive Kausalerklärungen und probabilistisch konzipiert werden. Ho fordert zudem eine stärkere Brückenbildung zwischen biologischen und kulturellen Ansätzen in einem wirklich interdisziplinären Ansatz.

An dieser Stelle setzen verhaltenswissenschaftliche bzw. behaviorale Soziologieansätze an, die im nächsten Kapitel vertieft werden und die bisher selbst in der evolutionären Soziologie kaum eine Rolle spielen, vermutlich weil sie bisher als vermeintlich nicht zu evolutionären Prinzipien gehörend ausgeschlossen wurden. Diese Ansätze rücken insbesondere kurzfristige dynamische Lern- und Anpassungsprozesse in den Vordergrund, die sich innerhalb eines Menschenlebens in unmittelbaren sozialen Interaktionen vollziehen.

2.2.3 Behaviorale Soziologie bzw. Verhaltenswissenschaft

Die Verhaltenswissenschaft in diesem engeren Sinne fokussiert sich im Gegensatz zur evolutionären Soziologie auf die Analyse kurzfristiger Selektionsprozesse innerhalb eines Menschenlebens. Sie ergänzt also evolutionäre Modelle um eine prozessuale Sicht auf kurzfristige Verhaltensanpassungen. Während die biologische Evolution auf genetischer Selektion basiert, zeigt die behaviorale Perspektive, dass soziale und individuelle Erfahrungen nicht zuletzt auch und gerade durch kurzfristiges Umweltfeedback geformt werden und nicht zu genetischen Veränderungen in Populationen, sondern zu neuronalen Veränderungen im Individuum führen.

Die behaviorale Soziologie verbindet klassische soziologische Theorien mit psychologischen Verhaltensmodellen und experimentellen Methoden. Sie steht – früher explizit, heute eher implizit – in der Tradition des Neobehaviorismus (Skinner, 1981) sowie austauschtheoretischer Ansätze (Blau, 1964; Emerson, 1976; Homans, 1961). Zentral ist in diesen Ansätzen, dass soziale Interaktionen als Verstärkungsprozesse verstanden werden, in denen Verhalten durch Belohnungen und Sanktionen geformt wird (Michaels/Green, 1978; Molm et al., 1981). »Behavioral sociologists are interested in how the social behavior of individuals and collectives is influenced by social and nonsocial environments« (Michaels und Green, 1978, 23). Im Zentrum dieses Ansatzes stehen Fragen nach der Variabilität von Verstärkungssystemen in Bezug auf Verhaltensmuster: Wie werden Verstärkungen in konkreten sozialen Strukturen bzw. Systemen geformt? Welche Belohnungs- und Sanktionsmechanismen gelten in welchen Kontexten als wirksam? Wie unterscheiden sich Verstärkungsmechanismen in verschiedenen Kulturen, Organisationen und sozialen Gruppen? Wie beeinflussen soziale Normen, Machtstrukturen und institutionellen Regeln das Verhalten von Akteur:innen?

Innerhalb der behavioralen Soziologie lassen sich zwei zentrale Strömungen unterscheiden. Erstens ist die klassische behaviorale Soziologie zu nennen, die vor allem externe Verstärkungssysteme als Erklärungen heranzieht. Damit weist sie große Schnittstellen zur verhaltenswissenschaftlichen Psychologie auf, deren Ziel die Entwicklung eines allgemeinen Modells des Verhaltens ist. »Selection by consequences is a causal mode found only in living things, or in machines made by living things. It was first recognized in natural selection, but it also accounts for the shaping and maintenance of the behavior of the individual und the evolution of cultures« (Skinner, 1981, 501). Die behaviorale Soziologie überträgt diesen Ansatz auf konkrete soziale Prozesse und Strukturen, indem sie Verstärkungssysteme in spezifischen, historisch und kulturell eingebetteten Gesellschaften, Institutionen und Organisationen analysiert (Michaels/Green, 1978). Während Homans (1961) grundlegende Austauschprinzipien zunächst auf dyadische Interaktionen – d. h. Interaktionen zwischen zwei Individuen, die durch unmittelbare Reziprozität, direkte Gegenseitigkeit und beobachtbares Verhalten gekennzeichnet sind und als elementare Bestandteile sozialer Austauschprozesse angesehen werden – anwandte, erweiterte Blau (1964) diese Perspektive um makrosoziologische Strukturen, indem er untersuchte, wie soziale Hierarchien und Netzwerke durch ungleichen Zugang zu Ressourcen geformt werden. Emerson (1976) systematisierte Macht- und Abhängigkeitsverhältnisse als zentrale Mechanismen sozialer Interaktion und formulierte innerhalb dieses Paradigmas eine frühe netzwerkbasierte Austauschtheorie. Trotz dieser Beiträge blieb die verhaltensorientierte Soziologie, ähnlich der evolutionären Soziologie im 20. Jahrhundert, eine relativ marginale Strömung, insbesondere im Vergleich zu stärker strukturalistischen oder interpretativen Ansätzen und angesichts einer zunehmenden Hegemonie kognitiver, mentalistischer und subjektbasierter Erklärungen sowohl in der Psychologie als auch in der Soziologie (Eggert/Holzhauser, 2024).

Als zweite Strömung ist eine im Zuge dieser sogenannten kognitiven Wende erweiterte bzw. abweichende Perspektive dieses ersten Ansatzes anzuführen, die kognitive Prozesse stärker in den Fokus rückt und Verhalten auf Informationsverarbeitungsprozesse zurückführt. Dual Process Models oder Dual Process Frameworks etwa gehen davon aus, dass menschliches Verhalten durch zwei verschiedene kognitive Systeme beeinflusst wird: erstens durch ein assoziatives, intuitives und schnell abrufbares System (Typ I) und zweitens durch ein reflektiertes, regelbasiertes und deliberatives System (Typ II) (Evans/Stanovich, 2013; Kahneman, 2011). Vila-Henninger

(2021) betont folgerichtig die Notwendigkeit einer stärkeren Integration verschiedenster kognitiver Prozesse in soziologische Theorien und kritisiert, dass viele bestehende Modelle entweder ausschließlich auf »rational choice«-basierten oder rein habitualisierten Erklärungen beruhen. Er betont die Relevanz der systematischen Berücksichtigung von Dual-Process-Modellen, welche sowohl intuitive als auch reflektierte Prozesse in sozialen Interaktionen und Entscheidungsfindungen erfassen können.

Für unsere Zwecke ist bedeutsam, dass in dieser erweiterten Perspektive verschiedene Mechanismen bzw. Prinzipien zur Erklärung von Verhalten herangezogen werden, während in der klassischen behavioralen (Psychologie und) Soziologie lediglich ein zentrales Prinzip – »selection by consequences« (Skinner, 1981) – als ausschlaggebend für das Verhalten angenommen wird. Evans und Stanovich (2013) argumentieren, dass die Unterscheidung zwischen Typ I und Typ II nicht immer dichotom ist, sondern vielmehr als Kontinuum verstanden werden kann. Sie weisen darauf hin, dass verschiedene Dual-Process-Theorien oft konzeptionelle Unklarheiten aufweisen und dass empirische Belege für eine klare Trennung beider Systeme häufig unzureichend sind. Dies wirft zentrale Fragen auf, etwa wie sich Typ I und Typ II empirisch trennen lassen, ob es sich um strikt getrennte oder auf einem Spektrum verbundene Systeme handelt und wie genau der Wechsel zwischen den beiden Systemen funktioniert.

Die behaviorale Soziologie bietet hier eine pragmatische Alternative, indem sie die Prinzipien des Verhaltens nicht dichotom in verschiedene Domänen aufteilt, sondern Verhaltensänderungen als kontinuierliche Anpassungen durch Umweltfeedback betrachtet. Dies markiert einen entscheidenden Unterschied zu klassisch kognitiven Ansätzen. Statt einer Trennung von Verhalten bzw. Verhaltenskontrolle in zwei separate Systeme, fokussiert sich die behaviorale Soziologie auf die Betrachtung kognitiver Prozesse als integraler Bestandteil eines umfassenderen Verstärkungsmodells. Gedanken, Überzeugungen und bewusste Entscheidungen werden nicht als isolierte Entitäten mit je eigenen Prinzipien betrachtet, sondern als Elemente, die wie offenes Verhalten durch Lern- und Umweltprozesse geformt werden und eine bestimmbare funktionale Bedeutung für die Verhaltensregulation aufweisen (Skinner, 1957, 1969). Dadurch wird eine Dichotomie zwischen quasi-reflexivem und intentional kontrolliertem Verhalten vermieden, die in vielen Dual-Process-Modellen impliziert wird.

Obwohl die klassische behaviorale Soziologie gegenwärtig selten explizit als eigenständige Richtung erwähnt wird, sind ihre zentralen Prinzipien in angrenzenden Forschungsfeldern nach wie vor präsent. Insbesondere im Bereich der computationalen Soziologie, wie etwa dem Agent-Based Modeling (ABM), findet die Idee Anwendung, dass das individuelle Verhalten durch Umweltfeedback geformt wird. ABM-Modelle simulieren soziale Phänomene als emergente Resultate individueller Entscheidungsregeln, die häufig auf Lern- und Verstärkungsmechanismen basieren (Macy/Flache, 2002). In diesen Modellen werden Akteur:innen als adaptive, auf Umweltreize reagierende Einheiten betrachtet, wodurch ABM zentrale Prinzipien des operanten Lernens in eine systemdynamische Perspektive integriert. Dadurch ist es möglich, abstrakte Theorien zu testen und konkrete Vorhersagen über kollektive Verhaltensmuster zu treffen, was ein zentrales Anliegen der behavioralen und analytischen Soziologie ist (Hedström/Ylikoski, 2010). Besonders in der Forschung zu sozialer Diffusion, Netzwerkeffekten und kollektiven Verhaltensdynamiken finden ABM-Ansätze breite Anwendung (Centola/Macy, 2007).

Ein weiteres eindrucksvolles Beispiel für die anhaltende Relevanz des Prinzips der Selektion durch Konsequenzen liefert die moderne künstliche Intelligenz (KI). Insbesondere in der Entwicklung von Reinforcement-Learning-(RL)-Algorithmen zeigt sich, dass lernfähige Systeme ihr Verhalten nicht durch angeborene Regeln oder rationale Optimierung, sondern durch Versuch-und-Irrtum-Prozesse mit gezielter Verstärkung und Selektion erfolgreicher Muster adaptieren können (Silver et al., 2021). Diese Prinzipien haben sich als fundamentale Mechanismen der Anpassung und Verhaltensmodifikation erwiesen – sowohl bei Maschinen als auch bei Menschen. »Accordingly, reward is enough to drive behaviour that exhibits abilities studied in natural and artificial intelligence, including knowledge, learning, perception, social intelligence, language, generalization und imitation« (Silver et al., 2021, 1). Das, was wir Lernen nennen, kann demnach als Anpassungsprozess im Verhalten verstanden werden. Damit wird deutlich, dass Verstärkung nicht nur eine spezifische Methode der Verhaltensmodifikation ist, sondern ein allgemeines Selektionsprinzip, das sich auf biologische Organismen ebenso wie auf algorithmische Systeme anwenden lässt.

Diese kurzen Darstellungen mögen verdeutlichen, dass aus einer evolutionär-behavioralen Perspektive individuelles und kollektives Verhalten nicht auf rationale Kalküle oder feste kognitive Prozesse zurückgeführt wird, sondern diese selbst wieder erklärt werden können durch lokale und dynamische Selektion durch aktuelles Umweltfeedback. Genau hier setzt die *Behavioral Selection Theory* an, die diese Verstärkungsmechanismen als einen Spezialfall des allgemeinen Prinzips von Selektion konzeptualisiert – im Zusammenspiel von biologischer Evolution, kulturellem Transfer oder individuellem Lernen. Vielmehr noch: Mit der Formalisierung im Multilevel Model of Behavioral Selection (MLBS) lässt sich auch formal-theoretisch eine Verbindung zwischen der Ebene des individuell operant selektierten Verhaltens von Individuen oder in sozialen Gruppen und der natürlichen Selektion von Verhaltensmustern über Generationen hinweg herstellen (Borgstede/Eggert, 2021).

2.2.4 Bridging the Gap: Behavioral Selection Theory

Die bisherigen theoretischen Ansätze untersuchen Verhaltensmuster aus unterschiedlichen Perspektiven: Während die evolutionäre Soziologie langfristige Selektionsprozesse über Generationen hinweg betrachtet, fokussiert sich die behaviorale Soziologie auf kurzfristige Lern- und Anpassungsmechanismen. Die Herausforderung besteht darin, beide Zeithorizonte miteinander zu verbinden – also genetisch verankerte Prädispositionen mit flexiblen Verhaltensmustern zu integrieren. Die *Behavioral Selection Theory* (BST) bietet hierfür eine Lösung, indem sie Selektion durch Konsequenzen als universelles Prinzip betrachtet, das auf verschiedenen Ebenen operiert (Baum, 2017; Borgstede, 2020, 2024; Borgstede/Eggert, 2021; Borgstede et al., in Begutachtung). Es werden drei Ebenen unterschieden: erstens genetische Selektion (biologische bzw. natürliche Selektion), zweitens kulturelle Selektion (soziales Lernen) und drittens operante Selektion (individuelles Lernen). Die BST unterstellt, dass diese drei Ebenen miteinander verbunden sind: So erlernt z. B. ein Individuum eine neue Verhaltensweise (operante Selektion), weil die Konsequenzen dieser Verhaltensweise marginale Fitnessgewinne vorhersagen lassen und damit das Lernen dieser Verhaltensweise (nicht aber die Verhaltensweise selbst) genetische Vorteile erlaubt (biologische Selektion). Soziales Verhalten, das diesem Prinzip folgt und soziale Konsequenzen nach sich zieht, die mit marginalen Fitnessgewinnen kovariieren, wird sich entsprechend sozial stabilisieren (kulturelle Selektion).

Im Gegensatz zu klassischen evolutionären Ansätzen, die Verhalten als direkte Adaptation an stabile Umweltbedingungen betrachten (Buss, 2019), integriert die BST sowohl erlernte als auch biologisch verankerte Regularitäten des Verhaltens in einem Modell. Diese Integration ist insbesondere für die Sozialwissenschaften von Relevanz, da soziales Verhalten nicht nur durch natürliche, sondern auch durch soziale und kulturelle Selektion in dem eben geschilderten Sinne geformt wird (Boyd/Richerson, 1985; Richerson/Boyd, 2005).

Ein zentrales Konzept einer in dieser Weise vereinheitlichten Verhaltenstheorie sind die sogenannten Kontingenzstrukturen, die beschreiben, welches Verhalten in bestimmten Kontexten mit welchen Konsequenzen verbunden ist und wie damit bestimmte Kontexte spezifische Verhaltensweisen selektieren (Skinner, 1969; Borgstede, 2020). Individuen lernen aber nicht nur durch direkte Verstärkung, sondern auch durch die antizipierte Wahrnehmung von Konsequenzen in verschiedenen sozialen und materiellen Kontexten. Diese antizipatorische Regulierung ermöglicht eine flexible Verhaltenssteuerung, die in der Lage ist, sich an schnell wechselnde Kontexte effektiv anzupassen, ohne Selektionsprozesse wiederholen zu müssen. Dadurch, dass Kontingenzen das Verhalten nicht nur dadurch selektieren können, dass Konsequenzen erfahren werden, sondern auch durch soziale und kommunikative Prozesse vermittelt werden können, werden sehr schnelle und flexible soziale Mechanismen der Verhaltensanpassung (aber auch der Manipulation) möglich (Skinner, 1957, 1981). Diese Mechanismen der Kontingenzvermittlung ermöglichen mitunter eine Erklärung sozialer und kultureller Dynamiken durch den Mechanismus der operanten Selektion. Auf diese Weise lassen sich viele soziologische Konzepte, wie etwa Normen, Rollen und Institutionen, als durch langfristige Verstärkungsmechanismen stabilisierte Muster verstehen. Beispielsweise entstehen institutionelle Regeln und Normen durch langfristige positive Verstärkung von sozial akzeptiertem Verhalten, insbesondere dem Verhalten, sein Verhalten durch Regeln selektieren zu lassen, während abweichendes Verhalten in der Regel mit negativen Konsequenzen belegt wird. Dies wird besonders in der kultur-evolutionären Theorie der kulturellen Transmission veranschaulicht, in der beschrieben wird, wie Praktiken und Werte durch Mechanismen wie Imitation, Instruktion oder soziale Sanktion weitergegeben werden (Boyd/Richerson, 1985; Richerson/Boyd, 2005).

Während die angeführten sozialen Prozesse häufig in metaphorischer Analogie zur genetischen Selektion konzeptualisiert werden, argumentiert die BST, dass es sich tatsächlich um eine Form der Selektion, nämlich um operante Selektion, handelt – also um ein Prinzip, das über individuelle Lernprozesse wirkt, aber kollektive Auswirkungen haben kann. Dies bedeutet, dass soziale Strukturen nicht unabhängig von individuellem Verhalten existieren, sondern dass sie emergente Produkte individueller Verhaltensselektionen sind – ein Gedanke, der auch in der analytischen Soziologie und in Agent-Based-Modeling-Ansätzen aufgegriffen wird (Hedström/Ylikoski, 2010; Macy/Flache, 2002).

Die BST bietet demnach ein Rahmenmodell, das evolutionäre und behaviorale (Psychologie und) Soziologie verbindet. Sie erlaubt es, die Verbindung zwischen biologischen Selektionsprozessen, individueller Verhaltensanpassung und sozialen Strukturen konsistent auch formal zu modellieren. Dadurch eröffnet sie neue Perspektiven für die empirische Forschung, insbesondere in Bereichen wie ökonomisches Verhalten, soziale Institutionen und kulturelle Evolution. Zudem zeigt sich, dass Prinzipien der operanten Selektion nicht nur für menschliches Verhalten gelten, sondern auch in der künstlichen Intelligenz Anwendung finden – das so genannte Reinforcement Learning im Rahmen von KI-Anwendungen und in der Robotik folgt genau diesen Prinzipien (Silver et al., 2021). Diese kurzen Seitenverweise mögen die universelle Anwendbarkeit der BST und ihre Bedeutung für verschiedene Disziplinen – nicht nur die Psychologie, die Soziologie und die Wirtschaftswissenschaften – unterstreichen.

Vor dem skizzierten theoretischen Hintergrund können ökonomische Verhaltensweisen wie Risikoentscheidungen bei Investitionen oder Innovationsverhalten von Unternehmen nicht nur als individuelle Optimierungsentscheidungen oder rein strukturell bedingte Ergebnisse interpretiert werden. Zudem kann der Beitrag dieser individuellen Prozesse zur Bildung stabiler kollektiver Muster und institutioneller Strukturen untersucht werden. Ein Beispiel bietet die Analyse nachhaltigen Konsumverhaltens: Anstatt Nachhaltigkeit lediglich auf bewusste Entscheidungen oder fixe Präferenzen zurückzuführen, ermöglicht es die BST, systematisch zu analysieren, wie bestimmte Verhaltensweisen sich langfristig in einer Population durchsetzen. Durch die Untersuchung konkreter sozialer Kontingenzen – wie soziale Anerkennung, symbolische Belohnungen oder finanzielle Anreize einerseits und soziale Missbilligung oder zusätzliche Kosten andererseits – lässt sich formal operationalisieren und empirisch nachvollziehen, welche Verhaltensmuster selektiert und verstärkt werden. So kann mithilfe der BST erklärt werden, warum bestimmte nachhaltige Verhaltensweisen (z. B. Recycling, Nutzung umweltfreundlicher Technologien oder energiesparendes Verhalten) in einigen sozialen Kontexten stabil etabliert werden können, während diese in anderen scheitern, und warum bestimmte gesellschaftliche und soziale Interventionen erfolgreich sind und andere nicht. Dies ermöglicht es, sowohl kurzfristige individuelle Entscheidungen als auch langfristige gesellschaftliche Verhaltensänderungen methodisch systematisch zu untersuchen und gezielt zu beeinflussen.

2.2.5 Fazit

Ein zentrales methodisches Problem der Integration evolutionärer und behavioraler Ansätze liegt in der unterschiedlichen Zeitskala, auf denen Selektionsprozesse untersucht werden. Während evolutionäre Modelle – durch den Mechanismus der natürlichen Selektion bedingt – Zeithorizonte über Generationen betrachten, fokussiert die behaviorale Perspektive auf kurzfristige Anpassungen über wiederholte Kontexte hinweg. Eine weitere Herausforderung betrifft die analytische Unterscheidung zwischen verschiedenen Selektionsmechanismen (biologisch, sozial, kulturell).

Die *Behavioral Selection Theory* (BST) bietet eine theoretisch fundierte und formalisierbare Möglichkeit, evolutionäre und behaviorale Ansätze für die Sozial- und Wirtschaftswissenschaften entlang eines gemeinsamen Selektionsmodells zu vereinen. BST ermöglicht eine differenzierte Analyse von Verhalten, indem sie langfristige evolutionäre Anpassungen (etwa genetisch oder kulturell weitergegebene Prädispositionen) mit kurzfristigen individuellen Lern- und Selektionsprozessen integriert. Sie postuliert, dass Selektion auf verschiedenen Ebenen wirkt – von der biologischen Evolution über die Evolution operanter Selektionsmechanismen, die individuelle Lernprozesse ermöglichen, bis hin zu aus diesen ableitbaren kulturellen und institutionellen Dynamiken.

Durch die Integration der Konzepte der operanten Selektion, der Kontingenzstrukturen und der antizipatorischen Verhaltenssteuerung in eine evolutionäre Erklärung des Verhaltens ermöglicht die BST ein Verständnis sowohl der Flexibilität als auch der Regularität menschlichen Handelns innerhalb sozialer und wirtschaftlicher Kontexte. Dadurch trägt sie wesentlich zur Weiterentwicklung von interdisziplinären, evolutionsbasierten Sozial- und Wirtschaftswissenschaften und zur Bildung einer integrierten, evolutionstheoretisch informierten Verhaltenswissenschaft bei.

2.2.6 Literatur

Baum, William M., 2017: Selection by consequences, behavioral evolution, and the price equation, in: Journal of the Experimental Analysis of Behavior, Vol. 107, 321–342.

Blackmore, Susan, 2000: The Meme Machine, Oxford.

Blau, Peter M., 1964: Exchange and Power in Social Life, New York.

Borgstede, Mathias / Eggert, Frank, 2021: The formal foundation of an evolutionary theory of reinforcement, in: Behavioral Processes, Vol. 186, ID 104370.

Borgstede, Mathias / Holzhauser, Nicole / Simon, Carsta, (zur Veröffentlichung angenommen): Foundations of Behavioral Selection, in: Mendez, David R. / Medina, Raul N. R. (eds.), Novel approaches to the experimental analysis of behavior: rethinking contemporary problems, Universidad Nacional Autónoma de México.

Borgstede, Matthias, 2020: An evolutionary model of reinforcer value, in: Behavioural Processes, Vol. 175, ID 104109.

Borgstede, Matthias, 2024: Behavioral selection in structured populations, in: Theory in Biosciences, Vol. 143, 97–105.

Bourke, Andrew F. G., 2011: Principles of Social Evolution, Oxford.

Boyd, Robert / Richerson, Peter J., 1985: Culture and the evolutionary process, Chicago.

Buss, David. M., 2019: Evolutionary psychology: The new science of the mind, New York.

Centola, Damon / Macy, Michael, 2007: Complex Contagions and the Weakness of Long Ties, in: American Journal of Sociology, Vol. 113, 702–734.

Crippen, Timothy, 1994a: Toward a Neo-Darwinian Sociology: Its Nomological Principles and Some Illustrative Applications, in: Sociological Perspectives, Vol. 37, 309–335.

Crippen, Timothy, 1994b: Neo-Darwinian Approaches in the Social Sciences: Unwarranted Concerns and Misconceptions, in: Sociological Perspectives, Vol. 37, 391–401.

Dawkins, Richard, 1976: The Selfish Gene, Oxford.

Dawkins, Richard, 1982: The extended phenotype: The long reach of the gene, Oxford.

Ebner, Alexander, 2025: Innovation in economic evolution: Reintroducing Schumpeterian thought to current advances in economic sociology, in: Current Sociology, Vol. 73, 262–280.

Eggert, Frank / Holzhauser, Nicole, 2024: Evolutionäre Psychologie: Auf Umwegen zu einem evolutionären Paradigma für die Psychologie?, in: Hammerl, Manfred / Schwarz, Sascha / Willführ, Kai (Hrsg.), Evolutionäre Sozialwissenschaften: Ein Rundgang, Wiesbaden, 211–233.

Emerson, Richard M., 1976: Social Exchange Theory, in: Annual Review of Sociology, Vol. 2, 335–362.

Evans, Jonathan St. B. T. / Stanovich, Keith E., 2013: Dual-Process Theories of Higher Cognition: Advancing the Debate, in: Perspectives on Psychological Science, Vol. 8, 223–241.

Geiger, Theodor, 2012: Konkurrenz. Eine soziologische Analyse. Aus dem Dänischen von Gert. J. Fode, herausgegeben und erläutert von Klaus Rodax, Frankfurt am Main u. a.

Granovetter, Mark, 1985: Economic Action and Social Structure: The Problem of Embeddedness, in: American Journal of Sociology, Vol. 91, 481–510.

Hamilton, William D., 1964. The Genetical Evolution of Social Behaviour, in: Journal of Theoretical Biology, Vol. 7, 1–16.

Hedström, Peter / Ylikoski, Petri, 2010: Causal Mechanisms in the Social Sciences, in: Annual Review of Sociology, Vol. 36, 49–67.

Ho, Wing Chung, 2023: Returning Biology to Evolutionary Sociology: Reflections on the Conceptual Hiatuses of «New Evolutionary Sociology" as a Vantage Point, in: Sociological Perspectives, Vol. 66, 123–144.

Holzhauser, Nicole / Eggert, Frank, 2021: Evolutionary sociology – New paradigm, developing subfield, or on the brink of extinction?, in: Soziologische Revue, Vol. 44, 532–549.

Homans, George. C., 1961: Social behavior: its elementary forms, New York.

Hopcroft, Rosemary / Schnettler, Sebastian, 2024: Herausforderungen und Errungenschaften evolutionärer und biosozialer Ansätze in der Soziologie, in: Hammerl, Manfred / Schwarz, Sascha / Willführ, Kai (Hrsg.), Evolutionäre Sozialwissenschaften: Ein Rundgang, Wiesbaden, 59–82.

Hopcroft, Rosemary L., 2009: The Evolved Actor in Sociology, in: Sociological Theory, Vol. 27, 390–406.

Hopcroft, Rosemary L. (ed.), 2018: The Oxford Handbook of Evolution, Biology, and Society, Oxford.

Hopcroft, Rosemary L., 2019: The New Evolutionary Sociology: Recent and Revitalized Theoretical and Methodological Approaches, in: Contemporary Sociology, Vol. 48, 702–704.

Kahneman, Daniel T., 2011: Thinking, fast and slow, New York.

Laland, Kevin N., 2017: Darwin's Unfinsihed Symphony: How Culture Made the Human Mind, Princeton.

Laland, Kevin N. / Uller, Tobias / Feldman, Marcus W. / Sterelny, Kim / Müller, Gerd B. / Moczek, Armin / Jablonka, Eva / Odling-Smee, John, 2015: The extended evolutionary synthesis: its structure, assumptions and predictions, in: Proceedings Royal Society B, Vol. 282, ID 20151019.

Macy, Michael W. / Flache, Andreas, 2002: Learning dynamics in social dilemmas, in: Proceedings of the National Academy of Sciences, Vol. 99, 7229–7236.

Maryanski, Alexandra, 1994: The Pursuit of Human Nature in Sociobiology and Evolutionary Sociology, in: Sociological Perspectives, Vol. 37, 375-389.

Maryanski, Alexandra / Machalek, Richard / Turner, Jonathan H. (ed.), 2015: Handbook on Evolution and Society. Toward an Evolutionary Social Science, New York/Abingdon.

Michaels, James W. / Green, Dan S., 1978: Behavioral Sociology: Emergent Forms and Issues, in: The American Sociologist, Vol. 13, 23-29.

Molm, Linda D., / Perinbanayagam, Robert / Blau, Peter M. / McPhail, Clark / Walker, Andrew / Akers, Ronald L., 1981: The Legitimacy of Behavioral Theory as a Sociological Perspective [with Comments and Rejoinder], in: The American Sociologist, Vol. 16, 153-184.

Nelson, Richard R. / Winter, Sidney G., 1982: An Evolutionary Theory of Economic Change, Cambridge, MA.

Richerson, Peter J. / Boyd, Robert, 2005: Not by genes alone: How culture transformed human evolution, Chicago.

Schnettler, Sebastian, 2016: Evolutionäre Soziologie, in: Soziologische Revue, Vol. 39, 507-536.

Schnettler, Sebastian / Huinink, Johannes, 2024: Showcasing the Variety of Biosocial and Evolutionary Approaches in Sociology: Introduction to the Special Issue, in: Kölner Zeitschrift für Soziologie und Sozialpsychologie, Vol. 76, 237-289.

Silver, David / Singh, Satinder / Precup, Doina / Sutton, Richard S., 2021: Reward is enough, in: Artificial Intelligence, Vol. 299, ID 103535.

Skinner, Burrhus F., 1957: Verbal behavior, New York.

Skinner, Burrhus F., 1969: Contingencies of reinforcement, East Norwalk.

Skinner, Burrhus F., 1981: Selection by consequences, in: Science, Vol. 213, 501-504.

Smith, J. Maynard, 1964: Group Selection and Kin Selection, in: Nature, Vol. 201, 1145-1147.

Thaler, Richard H. / Sunstein, Cass R., 2008: Nudge. Improving Decisions About Health, Wealth, and Happiness, New Haven and London.

Turner, Jonathan H. / Machalek, Richard S., 2018: The new evolutionary sociology, New York.

Vila-Henninger, Luis Antonio, 2021: A Dual-Process Model of Economic Behavior: Using Culture and Cognition, Economic Sociology, Behavioral Economics, and Neuroscience to Reconcile Moral and Self-Interested Economic Action, in: Sociological Forum, Vol. 36, 1271-1296.

Willführ, Kai / Schwarz, Sascha / Hammerl, Manfred (Hrsg.), 2024: Evolutionäre Sozialwissenschaften. Evolutionäre Sozialwissenschaften: Ein Rundgang, Wiesbaden.

2.3 Evolutorische Ökonomik: die evolutionäre Perspektive auf wirtschaftliches Handeln[2]

Ulrich Witt

2.3.1 Einleitung

Das Thema Evolution wird im wissenschaftlichen Kontext i. d. R. mit der modernen Darwinistischen Evolutionstheorie (siehe z. B. van den Bergh, 2018) verknüpft. Auch in sozialwissenschaftlichen Forschungsansätzen etwa in der evolutionären Psychologie (Buss, 2003) oder der evolutionären Anthropologie (Henrich, 2016) bildet diese Theorie den Rahmen. In der Literatur zur evolutorischen Ökonomik (*evolutionary economics*) ist das dagegen kaum der Fall. Einen einheitlichen theoretischen Ansatz gibt es nicht. Die Arbeiten beschäftigen sich auf eklektischer theoretischer Grundlage mit den verschiedenen Erscheinungsformen wirtschaftlichen Wandels, insbesondere mit innovativen industriellen Transformationsprozessen und deren Einfluss auf Wohlstand und das wirtschaftliche Wachstum. Einigkeit besteht nur darüber, dass der interpretatorische Rahmen des wirtschaftswissenschaftlichen Mainstreams – die Synthese aus Optimierungsansatz und allgemeiner Gleichgewichtstheorie – für eine Wirtschaft im Wandel nicht geeignet ist. Ein Bezug zur Darwinschen Theorie (den man angesichts des Terms *evolutorische* Ökonomik erwarten könnte) wird selten und wenn, dann nur auf metaphorischer Ebene oder mittels loser Analogiekonstruktionen hergestellt.

Ein Beispiel ist die paradigmatische Analogiekonstruktion einer »wirtschaftlichen natürlichen Auslese« von Nelson und Winter (1982). Sie zielt darauf ab, die Analyse der wirtschaftlichen Entwicklung von Joseph A. Schumpeter (1912; 1942) – einem prominenten Kritiker der Gleichgewichtsökonomik – m. H. des Evolutionsgedanken zu formalisieren. Nelson and Winter (1982, 39) schreiben: »[W]e are evolutionary theorists for the sake of being neo-Schumpeterians – that is, because evolutionary theories provide a workable approach to the problem of elaborating and formalizing the Schumpeterian view of capitalism as an engine of progressive change«. Und weiter: »Our use of the term ›evolutionary theory‹ [...] is above all a signal that we have bor-

---

[2] Das vorliegende Kapitel ist eine überarbeitete Fassung meines Aufsatzes »Agency and Bias in the Evolution of the Economy«, in: K. Dopfer (ed.), The Future of Evolutionary Economics, Cheltenham, 2025.

rowed basic ideas from biology [...] One borrowed idea that is central in our scheme [...] [is] the idea of economic ›natural selection‹« (ebd., 9).

Nelson und Winter folgend ist ein produktiver Forschungsstrang entstanden, der in der englischsprachigen Literatur mit dem Etikett »neo-Schumpeterian« versehen wird. Von einigen Modellierungen abgesehen, die zumeist auf der aus der mathematischen Biologie entlehnten Replikatordynamik aufbauen (z. B. Metcalfe, 1994 und 2008, Andersen, 2004, Steedman und Metcalfe, 2013), ist diese Forschung empirisch ausgerichtet. Der Fokus wird auf den Schumpeterschen Themenkreis von Innovationen, industrieller Dynamik, Strukturwandel und Wirtschaftswachstum gelegt (siehe das Kompendium von Hanusch und Pyka, 2007 sowie Dopfer und Nelson, 2018). Die theoretische Fundierung durch das Konzept der wirtschaftlichen natürlichen Auslese steht allerdings inzwischen weniger oder gar nicht mehr im Mittelpunkt. Mitunter unterscheiden sich die neo-schumpeterianischen Arbeiten in der evolutorischen Ökonomik mehr durch die Rhetorik als durch die Inhalte von denen der innovationsökonomischen Mainstream-Forschung, die sich seit Aghion und Howitt (1992) ebenfalls auf Schumpeter bezieht.

Unter diesen Bedingungen ist fraglich, was Metaphern und lose Analogien, die der biologischen Evolutionstheorie entlehnt werden, als theoretische Fundierung der evolutorischen Ökonomik leisten können. Dass die Analogiekonstruktion einer wirtschaftlichen natürlichen Auslese an Einfluss verliert, ist kein Zufall. Sie ist auf die Erklärung der industriellen Wettbewerbs- und Wachstumsdynamik zugeschnitten, für die sie gute Dienste leisten kann (z. B. in der schönen Darstellung von Metcalfe, 1998). Auf andere Fragen und Themenbereiche der Ökonomik ist sie schwer übertragbar. Hinzu kommt, dass der Kern der Analogie, der Selektionsprozess, als anonyme Kraft auf der Populationsebene wirkt. Es bleibt damit im Unklaren, welche Rolle menschliches Handeln in dieser Theorie über wirtschaftliche Evolution spielt – obwohl davon auszugehen ist, dass dieses Handeln großen Einfluss hat, selbst wenn es dabei oft um seine nicht intendierten Folgen geht.

Alternativ zu losen Analogiekonstruktionen kann sich ein evolutorischer oder evolutionärer Ansatz in der Ökonomik wie in der evolutionären Psychologie oder der evolutionären Anthropologie direkt auf die moderne darwinistische Evolutionslehre als Metatheorie stützen. Wie in diesem Kapitel erläutert werden soll, bietet sich dadurch eine breite Basis an Einsichten und Hypothesen, welche die vielfältigen Aspekte der wirtschaftlichen Entwicklung in einem größeren Zusammenhang erklären können. Die Rolle menschlichen Handelns ist zwar auch in den evolutionären Sozialwissenschaften nicht geklärt (Ariew und Panchanathan, 2023; Witt, 2023). Sie lässt sich jedoch in eine darwinistische Interpretation einfügen. Dazu muss man in Betracht ziehen, dass wirtschaftliches Verhalten – wie alles andere Verhalten auch – von der Ausstattung des Menschen beeinflusst wird, die in der Stammesgeschichte aus genetischen und kulturellen Anpassungen hervorgegangen ist. Im Vordergrund stehen dabei die evolvierten motivationalen Dispositionen, die menschliches Handeln geleitet haben und noch leiten.

Wo und wie trägt die evolutorische Ökonomik mit einem solchen Rekurs auf den evolutionstheoretischen Hintergrund zum Verständnis moderner Volkswirtschaften bei? Diese Frage kann hier aus Platzgründen nur selektiv anhand von wichtigen theoretischen Konzepten und Implikaten erläutert werden. So wird im nachfolgenden Abschnitt das Konzept der Anpassung aus der Perspektive der Ökonomik, einer Handlungswissenschaft, diskutiert. Für die darwinistische Erklärung genetischer und kultureller Evolution über die Folge von Generationen hinweg (transgenerational) ist das Konzept zentral. Im ökonomischen Kontext müssen aber auch Anpassungen einbezogen werden, die sich infolge menschlichen Handelns während der Lebenszeit einer Generation (innergenerational) vollziehen.

Dazu passend muss, wie im dritten Abschnitt dargelegt werden wird, die gängige ökonomischen Handlungstheorie inhaltlich angereichert werden. Dabei geht es um die Integration von Hypothesen über die evolvierten motivationalen Dispositionen, welche die innergenerationalen Anpassungen leiten. Im vierten und fünften Kapitel können dann ausführlich einige Implikate diskutiert werden. Im Mittelpunkt steht die Frage, wie evolvierte Dispositionen die innergenerationalen Anpassungen beeinflussen. Die Antwort legt auch Schlüsse über die Richtung nahe, in der sich die Evolution der Wirtschaft bewegt – eine Richtung die, wie sich zeigen wird, auf eine problematische evolutionäre Fehlanpassung der Dispositionen für die heutigen wirtschaftlichen Bedingungen hindeutet. Das sechste Kapitel bietet eine kurze Zusammenfassung.

2.3.2 Evolution: Anpassung auf mehreren Ebenen

Ein zentrales Konzept der modernen Evolutionstheorie ist das der Anpassung. Es beschreibt in der Essenz, wie sich die Zusammensetzung vererblicher Eigenschaften einer Spezies unter dem Einfluss der natürlichen Auslese verändert. Das Kriterium, das den Anpassungsprozess leitet, ist der Einfluss unterschiedlicher Eigenschaftsvarianten auf den transgenerationalen Reproduktionserfolg. Varianten, die besser an ihre Umgebung angepasst sind, ermöglichen ihren Trägern bessere Überlebens- und Fortpflanzungschancen. Der Anteil dieser Varianten kann deshalb in der nächsten Generation größer ausfallen, während der Anteil der weniger gut angepassten Varianten abnimmt. Durch natürliche Auslese tendieren also über die Generationen hinweg die physischen Eigenschaften ebenso wie die erblichen Verhaltensdispositionen einer Spezies auf das Niveau der am besten angepassten Varianten hin.

Eine der großen Makroanpassungen der menschlichen Spezies waren die Fähigkeiten, durch Beobachtung zu lernen und sprachlich zu kommunizieren. Sie ermöglichten eine eigenständige kulturelle Evolution. Dabei handelt es sich um eine selektive, transgenerationale Übertragung von kulturellen Eigenschaften, indem diese von jeder neuen Generation einer Reproduktionsgemeinschaft (mit höchstens geringfügigen Veränderungen) im Sozialisationsprozess erworben/übernommen werden. Solche Eigenschaften können *mind sets* und verinnerlichte Verhaltensnormen sein, die in Interaktionen innerhalb von kulturellen Gruppen zur Stabilisierung sozialer Praktiken (Rituale, Brauchtum etc.) beitragen.[3]

Im Ergebnis haben die Anpassungen der stammesgeschichtlichen Vergangenheit dem Menschen zu einmaligen kognitiven und mentalen Fähigkeiten verholfen – der evolvierten Grundlage menschlichen Handelns. Die Fähigkeiten erlauben es, bewusste und manchmal auch kreative Entscheidungen zu treffen. Diese wiederum ermöglichen eine neue Qualität der Anpassung. Sie findet über viel kürzere Zeiträume statt, nämlich innerhalb der Lebenszeit einer Generation. Und die Kriterien, die diese Art der Anpassung leiten, sind jene, die die Handelnden ihren Entscheidungen zugrunde legen, also die Motivation der Handelnden. Was lässt sich über diese im hier zu betrachtenden ökonomischen Kontext sagen?

Auch wenn die Terme »Motivation« und »Anpassung« in der Wirtschaftstheorie selten vorkommen, macht diese sehr wohl Aussagen darüber, denn das Handeln der Wirtschaftssubjekte zu erklären, ist eine Hauptaufgabe der Mikroökonomik. Anpassung wird beschrieben als Reaktion auf Datenänderungen (z. B. Preis- oder Kostenänderungen) und externe Schocks, denen die ökonomischen Akteure ausgesetzt sind. Sie erfolgt – so die Hypothese – als Ergebnis einer Nutzenmaximierung (im Kontext unternehmerischen Handelns auch als Ergebnis einer Gewinnmaximierung): das bekannte »*rational actor*«-Modell. Was die wirtschaftlichen Akteure zu ihren Handlungen motiviert, ist nach diesem Modell also eine in Aussicht stehende Nutzenverbesserung. Nutzen ist allerdings nur als eine abstrakte, ordinale Indexzahl repräsentiert. Materielle Hypothesen darüber, was Nutzen stiftet und damit eigentlich die Anpassungshandlung motiviert, werden seit Samuelsons Verdikt (Samuelson, 1947) in der mikroökonomischen Theorie vermieden.[4]

Ein evolutorischer Ansatz kann einen anderen Weg einschlagen. Materielle Hypothesen über konkrete, generische Motivation für wirtschaftliches Handeln lassen sich durch Rekurs auf Erkenntnisse über menschliche Universalien gewinnen, die aus der Evolution hervorgegangen sind.[5] Der Gedanke, eine generische motivationale Disposition evolutionstheoretisch zu begründen, inspiriert auch eine neu aufgelegte »evolutorische« Diskussion in der Ökonomik. In dieser geht es allerdings um einen

---

[3] Der kulturelle Evolutionsprozess hat in der Stammesgeschichte des Menschen vermutlich mit den genetischen Anpassungsprozessen zusammengewirkt. Auch die kulturelle Evolution war damit vom Kriterium des Reproduktionserfolgs abhängig (»duale Vererbungshypothese«, Richerson/Boyd, 2005).

[4] Sie umgeht damit das Problem, aus der Vielzahl konkreter individueller, idiosynkratischer Motive solche herauszudestillieren, die generischen Charakter haben, also in einer betrachteten Population häufig gleichartig und damit für diese charakteristisch sind. In der Erklärung empirisch oder historisch beobachteter Anpassungen muss die »rational actor«-Heuristik dann aber die eigentliche, konkrete Motivation der Handelnden (das, was in ihren Nutzenfunktionen steht) ad hoc mittels »Situationslogik« (Popper, 1060, Kap. 31) konkretisieren.

[5] Siehe die Diskussion in Brown and Richerson, 2014. Eine Aufstellung menschlicher Universalien, zu denen auch konkrete motivationale Dispositionen zählen, findet sich bei Brown, 2000.

2.3 Evolutorische Ökonomik: die evolutionäre Perspektive auf wirtschaftliches Handeln

speziellen Aspekt menschlicher Handlungsmotivation sowie um die Lösung eines Widerspruchs zwischen den Annahmen der rationalen Spieltheorie und dem tatsächlich beobachtbaren Verhalten.[6]

Beobachtungen in der experimentellen Ökonomik (z. B. Henrich et al., 2004) ebenso wie anthropologischen Feldstudien (z. B. Eibl-Eibesfeld, 1997; Henrich, 2004) zeigen, dass menschliches Handeln nicht durchweg eigennützig und opportunistisch ist. Vielmehr findet man oft ein Verhalten, das situationsabhängig auch das Wohl anderer Menschen berücksichtigt, kooperativ gesonnen und sogar altruistisch sein kann. Wie kann ein solches Verhalten bestehen, wo es doch durch eigennützige Akteure (wie etwa rationale Spieler) leicht zu deren eigenem Vorteil ausbeutbar scheint? Falls die Uneigennützigkeit eine genetisch oder kulturell bedingte motivationale Disposition ist, taucht die Frage auf, warum sie in der Population überleben können sollte, wo doch eigennütziges Verhalten einen Selektionsvorteil gegenüber Varianten mit ausbeutbaren, uneigennützigen Dispositionen hat.

Der Befund scheint also sowohl den Annahmen der rationale Spieltheorie wie auch der Theorie der natürlichen Auslese zu widersprechen. Für letztere ist der scheinbare Widerspruch jedoch schon länger durch die Soziobiologie aufgelöst worden (siehe etwa die Zusammenfassung in Wilson, 2004). Es ließ sich zeigen, dass die kooperative, nicht nur eigennützige Verhaltensdisposition unter Verwandten (die gemeinsame Gene teilen) einen Selektionsvorteil bedeuten kann. Aber unter bestimmten Voraussetzungen kann eine solche Disposition auch jenseits von Verwandtschaftsbeziehungen überleben und sich fortpflanzen. Bedingung dafür war und ist, Gruppen von Individuen bilden zu können, die untereinander kommunizieren, so dass es möglich ist, gegen Defektoren zu diskriminieren. Voraussetzung dieser Fähigkeit scheint wiederum eine andere, möglicherweise simultane Anpassung in der Stammesgeschichte zu sein, nämlich die Evolution einer Kapazität für sprachliche Kommunikation.

In der neu aufgelegten »evolutorischen« Diskussion in der Ökonomik wird diese Erklärung der Soziobiologie nun angewendet, um die Grundprämisse der rationalen Spieltheorie gegenüber dem scheinbar widersprechenden Befund von Experimenten und Feldstudien zu rechtfertigen (siehe dazu auch Robson, 2001): Das Rationalkalkül ist vereinbar mit beobachtetem kooperativem, uneigennützigem Verhalten, wenn in die Nutzenfunktion der Spieler ein konditionaler Term eingefügt wird. Dieser Term berücksichtigt das Wohl anderer Spieler zunächst nur im Falle von Interaktionen mit identifizierbaren Gruppenmitgliedern. Er kann jedoch auch generalisierend in anonymen Interaktionen in Populationen wirksam werden und die Wahrscheinlichkeit dafür erhöhen, dass zumindest im ersten Zug Kooperation angeboten wird.

Uneigennützig zu handeln ist freilich eine recht spezielle motivationale Disposition und die Rechtfertigung der »*rational actor*«-Heuristik in der Spieltheorie ein Thema

---

[6] Gintis et al., 2005; Binmore, 2006; Gintis, 2007; Bowles/Gintis, 2011. Trotz ihrer evolutionstheoretisch basierten Argumentation nutzen diese Autoren das Etikett »evolutorische Ökonomik« nicht und grenzen sich damit von den Analogie-Ansätzen der Neo-Schumpeterianer ab.

für sich. Die allgemeine Einsicht, die man für eine evolutorische Theorie wirtschaftlichen Handelns aus der Diskussion ziehen kann, ist diese: Aus der Analyse der genetischen und kulturellen Anpassungen der Vergangenheit lassen sich materielle Hypothesen über generische motivationale Dispositionen ableiten. Sie sind die Treiber der Anpassungen, die während der Lebzeiten einer Generation (als Folge menschlicher Entscheidungen) resultieren. Der nachfolgende Abschnitt beschäftigt sich mit einigen dieser motivationalen Dispositionen.

2.3.3 Innergenerationale wirtschaftliche Anpassungen und ihre Triebkräfte

Umfang und Zusammensetzung von Produktion, Handel, und Konsum in einer Volkswirtschaft sind zu jedem Zeitpunkt eine Momentaufnahme eines fortlaufenden, innergenerationalen Anpassungsprozesses, seiner Bedingungen und Restriktionen. Gleiches gilt für den jeweiligen Zustand der wirtschaftlichen und politischen Institutionen. Vorangetrieben werden die jeweiligen Anpassungsbemühungen durch die Entscheidungen der Akteure. Neben den vielen individuellen, idiosynkratischen Gründen für die Entscheidungen lassen sich – so die hier vertretene These – einige generische (also weithin geteilte) genetische und kulturelle Verhaltensdispositionen identifizieren.[7] Es sind diese motivationalen Dispositionen, die einige Schlussfolgerungen über Eigenschaften des innergenerationalen Anpassungsprozesses ermöglichen.

Zum einen ist die Motivation zu handeln Ausdruck von erblichen Dispositionen. Beispiele sind die angeborenen Bedürfnisse und Triebe. Ihre Genese unter dem Druck der natürlichen Auslese in der menschlichen Stammesgeschichte lässt erwarten, dass sie eine genetische Anpassung an die kargen Lebensbedingungen jener Zeit darstellen. Da sie sich wohl nicht substanziell verändert haben,[8] existieren sie trotz des massiven Wandels der Lebensbedingungen mit der allfälligen genetischen Varianz im heutigen Menschen fort. Ein charakteristisches Muster bei den angeborenen Bedürfnissen ist, dass ihre Deprivation (sei sie erfahren oder erwartet) Handlungen motivieren kann, die auf die Befriedigung der Bedürfnisse gerichtet sind. Diese Motivation schwindet, wenn das Bedürfnis befriedigt wird. Im ökonomischen Kontext geschieht dies i. d. R. durch den Konsum von Ressourcen, der zur Sättigung führt.

Zum anderen wird wirtschaftliches Handeln von motivationalen Kräften geleitet, die in der Sozialisationsphase und auch dem weiteren Leben neu entstehen. Dafür verantwortlich ist auf der einen Seite das Konditionierungslernen durch belohnende oder aversive Erfahrungen, das sekundäre Bedürfnisse entstehen lassen kann (siehe z. B. Leslie, 1996, Kap. 2). Auf der anderen Seite spielen kognitive motivationale Kräfte

---

7   Eine gute einschlägige Systematik findet sich bei Lea et al., 1987, Kap. 18.
8   Vgl. Buss, 2003, Kap. 2. Sinnfälliges Beispiel ist der ererbte Fortpflanzungstrieb in seinen mehr oder weniger sublimen Formen (siehe Burnham/Phelan, 2000).

eine Rolle, die durch sozial-kognitives Lernen und kognitives Zielsetzen und -streben begründet werden (siehe Bargh et al., 2010). Die beiden Formen des Lernens folgen der individuellen Lebenserfahrung und sind dadurch für einen Gutteil der tatsächlich beobachtbaren individuellen Vielfalt von Motiven und Zielen verantwortlich (neben der Varianz der genetisch angelegten Verhaltensdispositionen). Gleichwohl gibt es in kulturell homogenen Gruppen, deren Mitglieder ähnliche Lernbedingungen haben, auch hinsichtlich der gelernten Motivation zu handeln einige verbreitet geteilte Gemeinsamkeiten.[9]

Auf der Ebene der generischen Motivationen gibt es also eine Reihe von Zwecken und Zielen, die die Entscheidungen im innergenerationalen Anpassungsprozess leiten. Einige davon werden weiter unten noch detaillierter zu erläutern sein. Für alle, die ökonomisch relevant sind, gilt, dass die Verfügung über Ressourcen – auch in abstrakter Form – instrumentellen Wert hat. Deshalb gilt auch die alte ökonomische Einsicht, dass bei Ressourcenknappheit trade-offs in der Verfolgung der Zwecke und Ziele entstehen. Die instrumentelle Bedeutung von Ressourcen und ihre Knappheit motivieren jedoch auch Anstrengungen, die eigene Verfügung über Ressourcen zu erhöhen und trade-offs zu mindern. Diese Anstrengungen können zulasten anderer Akteure gehen oder, in ihren kooperativen Formen, Zuwächse (wirtschaftliches Wachstum) für alle bewirken. Tatsächlich ist auf lange Sicht eine Tendenz zu solchen Anpassungen zu beobachten, die Wirtschaftswachstum ermöglichen – trotz der stets existierenden individuellen Versuchung, sich an umverteilenden Aktivitäten zu beteiligen, die auf Nullsummen-Spiele hinauslaufen.[10] Darin kann man einen Hinweis auf eine Richtung sehen, welche die Evolution der Wirtschaft einschlägt.

2.3.4 Anpassungs-Bias und Richtung in der Evolution der Wirtschaft

Evolution hat man sich lange Zeit als eine gerichtete Entwicklung, als Fortschritt auf einen Endzustand hin vorgestellt, insbesondere was die Evolution der Menschheit angeht (Bowler, 1989). Der Endzustand in dieser teleologischen Sicht auf die menschliche Gesellschaft war je nach Interpretation einer der ethischen Vollkommenheit (Johann Gottfried Herder), der vollendeten politischen Emanzipation, größtmöglichen Freiheit und Selbstbestimmung (Auguste Comte und Karl Marx) oder der per-

---

9   Im Falle des Konditionierungslernens werden diese Gemeinsamkeiten durch kulturell homogene Verstärkungsstrukturen (Belohnung und Strafe) bewirkt, denen die Gruppenmitglieder in ähnlicher Weise ausgesetzt sind. Gemeinsamkeiten im kognitiven Zielsetzen und -streben resultieren einerseits aus der gemeinsamen Kommunikation mit Agenda-Setting-Effekt. Andererseits sind sie Folge des Beobachtungslernens und der Imitation von erfolgreichen Akteuren in der Gruppe, die als gemeinsames Verhaltensmodell dienen.
10 Für die vielschichtige Diskussion dazu siehe etwa Galor/Moav, 2002; Sartorius, 2003 und Foster, 2011.

fekten gesellschaftlichen Herrschaftsform (Herbert Spencer). Die Triebkraft auf dem Weg zum Endzustand wurde meist in einem Kampf ums Überleben gesehen, je nach Interpretation ausgetragen zwischen gesellschaftlichen Klassen, zwischen Nationen oder zwischen »den Rassen« (wie manche sie damals identifiziert haben wollten).

Eine Ablösung des Evolutionsgedankens von solchen teleologischen Auffassungen setzte sich erst mit der Rezeption der Darwinschen Evolutionstheorie in den Wissenschaften durch. Wenn hier nun diskutiert werden soll, ob die Evolution der Wirtschaft einer Richtung unterworfen ist und gegebenenfalls welcher, ist damit keineswegs eine Wiederbelebung teleologischer Spekulationen beabsichtigt oder verbunden. Eine Richtung kann sich ja ergeben, wenn die innergenerationalen Anpassungen über eine Folge von Generationen hinweg einen Bias, eine spezifische Tendenz haben. Ein Endzustand, auf den die Entwicklung zustrebt, folgt daraus nicht. Wie ein Anpassungs-Bias zustande kommt und in welche Richtung die Entwicklung infolgedessen geht, kann durch eine nähere Betrachtung einzelner motivationaler Dispositionen einerseits und des übergreifenden Interesses an einer größeren Ressourcenverfügung andererseits geklärt werden.

Bezüglich der Verfügung über Ressourcen für wirtschaftliche Zwecke ist es sinnvoll, grob zwischen zwei Arten zu unterscheiden: menschliche Ressourcen (Arbeitskraft) einerseits und nicht-anthropogene Ressourcen der Natur andererseits. Beide können in unterschiedlichen Proportionen für die Produktion von Gütern und Dienstleistungen eingesetzt werden, die den erwähnten Zwecken und Zielen der wirtschaftlichen Akteure dienen. Die Verfügbarkeit menschlicher Arbeitskraft ist in jeder Generation allerdings durch die Bevölkerungsgröße beschränkt. Ist diese Beschränkung erreicht, geht eine größere Verfügung über die Ressource Arbeitskraft durch einen Akteur zulasten der konkurrierenden Ansprüche anderer Akteure.

Die Verfügbarkeit natürlicher Ressourcenbestände und -ströme für eine anthropogene Nutzung ist dagegen in der Lebenszeit einer Generation flexibler. Sie hängt von der Entwicklung der Technik und den dadurch bestimmten Nutzungskosten ab. Beides kann in einer Generation verbessert und die Verfügbarkeit entsprechend (im Prinzip für alle) erhöht werden. Es verwundert daher nicht, dass die innergenerationalen Anpassungsbestrebungen in der menschlichen Geschichte immer wieder genau darauf gerichtet waren und sind. Mit Erfolg: Die technologischen und institutionellen Errungenschaften haben es ermöglicht, den anthropogen genutzten Anteil an den Ressourcen der Natur nachhaltig zu vergrößern, so dass die menschliche Population zugleich mit der durchschnittlichen Arbeitsproduktivität und wirtschaftlichen Prosperität wachsen konnte.[11] In historischer Perspektive wird damit eine Richtung

---

11 Die Arbeitsproduktivität lässt sich in Grenzen auch durch eine Vertiefung der Arbeitsteilung erhöhen, wie schon Adam Smith beobachtete. Dies war jedoch nicht der alleinige und nicht der wichtigste Faktor, der das enorme Produktivitätswachstum seit der industriellen Revolution ermöglicht hat. Der entscheidende Faktor waren die innovativen, kapitalintensiven Produktionsmittel, die akkumuliert wurden und riesige Skaleneffekte durch Massenproduktion ermöglichten. Sie basierten wiederum auf einer rapide wachsenden Verfügung über fossile Energiequellen und einem nie dagewesenen Materialdurchsatz in mechani-

der wirtschaftlichen Evolution deutlich, die durch einen Bias in den innergenerationalen Anpassungen bestimmt wird: die Tendenz zu einer immer weiter wachsenden anthropogenen Inanspruchnahme der (endlichen) Ressourcen der Natur.

Für den Pfad, auf dem sich die Evolution der Wirtschaft wegen dieser spezifischen Tendenz in Zukunft bewegt, bedeutet das Folgendes: Auf der einen Seite wird eine Fortsetzung des Wachstumsprozesses weiterhin von einem erfolgreichen Hinausschieben technologischer Grenzen und einer korrespondierenden institutionellen Ko-Evolution abhängen (Witt, 2022). Wie im nächsten Abschnitt dargelegt wird, tauchen dabei allerdings zunehmend Schwierigkeiten auf, die gerade durch die immer weiterwachsende Inanspruchnahme der natürlichen Ressourcen hervorgerufen werden. Auf der anderen Seite wird sich der Expansionspfad nur fortsetzen, wenn der wachsende wirtschaftliche Wohlstand nicht durch Sättigungseffekte die motivationalen Triebkräfte der innergenerationalen Anpassungen erlahmen lässt. Wie es um diese wichtige zusätzliche Voraussetzung steht, lässt sich nur durch eine nähere Untersuchung der Sättigungsdynamik der unterschiedlichen motivationalen Dispositionen beurteilen.

Für die im vorigen Abschnitt diskutierten angeborenen motivationalen Dispositionen wie Bedürfnisse und Triebe gilt in dieser Hinsicht, dass die Handlungsmotivation an den Deprivationsgrad gebunden ist. Wenn also für ein Bedürfnis ein Sättigungsniveau existiert, dann besteht eine Motivation zwecks Befriedung des Bedürfnisses zu handeln nur so lange fort, bis dieses Niveau erreicht ist (i. d. R. durch entsprechenden Ressourcenkonsum je Zeiteinheit). Für einige physiologische Bedürfnisse kann ein stabiles und damit nachhaltig erreichbares Sättigungsniveau beobachtet werden, für andere Bedürfnisse nicht. So kann in manchen Fällen eine Sättigung zwar erreicht werden, aber nur auf einem relativen und damit instabilen Niveau. Bespiele dafür sind die angeborenen Bedürfnisse für soziale Anerkennung und Status, für ein positives Selbstbild oder für kognitive und sensorische Stimulierung.

Im Fall des Bedürfnisses für soziale Anerkennung und Status ist dessen Befriedigung daran gebunden, einen bestimmten sozialen Status zu erreichen oder zu sichern, der mit entsprechender sozialer Anerkennung verbunden ist. Einen solchen Status anzustreben oder einzunehmen ist Ausdruck einer Präferenz, die auf eine relative Position im gesellschaftlichen Statusgefüge zielt. In modernen, nichtständischen Gesellschaften wird der eigene Status in starkem Maße durch Lebensstil und materiellen Konsum ausgedrückt. Beides ist anfällig für Aufhol- und (umgekehrt) Distanzierungswettläufe innerhalb und zwischen gesellschaftlichen Bezugsgruppen (Hirsch, 1978; Frank, 2011). Dadurch bleibt der angestrebte oder erreichte relative Status (und damit die Bedürfnisbefriedigung) im Zeitablauf nicht stabil.

Die Mittel, die in Statuswettläufen dazu dienen, einen gewünschten Status zu signalisieren, unterliegen mehr oder weniger spontanen sozialen Konventionen (Witt, 2010). Sie müssen jedoch die Bedingung erfüllen, für die Bezugsgruppen gut erkenn-

---

schen, thermischen und chemischen Transformationsprozessen, kurz: einem massiv anwachsenden Verbrauch natürlicher Ressourcen.

bar zu sein (Charles et al., 2009; Heffetz, 2011). Ein zuverlässiger und häufig beobachtbarer materieller Weg, diese Bedingung zu erfüllen, setzt darauf, Statussymbole zu verwenden, die einen hohen Ressourcenverbrauch erfordern. Ein immerwährender Strom von innovativen Gütern und Dienstleistungen, die auf den Markt kommen und in dieser Weise geeignet sind, Status und Statusverbesserung zu signalisieren, halten so nicht nur den Statuswettbewerb am Laufen. Es werden tendenziell auch immer mehr Ressourcen, speziell auch die der Natur, dafür eingesetzt.

Auch im Falle des Bedürfnisses für kognitive und sensorische Stimulierung ist das Niveau, auf dem Bedürfnisbefriedigung herrscht, über die Zeit nicht stabil. Der Grund ist hier jedoch die Tatsache, dass es i. d. R. zu einer hedonischen Anpassung der Erregungswahrnehmung kommt (zu Letzterer siehe Frederick/Loewenstein, 1999). Das bedeutet, dass Aktivitäten, die eine kognitive oder sensorische Stimulierung bewirken, zwar temporär zur Sättigung führen können, die wahrgenommene Wirkung jedoch durch Gewöhnungs- oder Abstumpfungseffekt im Zeitablauf abnimmt. Kommt es infolgedessen wieder zur Bedürfnisdeprivation, braucht es neue und/oder stärkere Stimuli, um erneut das Sättigungsniveau zu erreichen. Solche Stimuli werden häufig mit Hilfe von Konsumaktivitäten erreicht, die mit einem höheren Ressourcenaufwand verbunden sind. Ein Gutteil des heutigen Konsums dient tatsächlich der Aufwärtsspirale in der Befriedigung des Bedürfnisses, wie Scitovsky (1976 und 1981) schon vor längerer Zeit für die Vereinigten Staaten gezeigt hat.

Auch hier spielt das innovative Angebot der Konsumgüterindustrie, die von der Aufwärtsspirale profitiert, eine zentrale Rolle. Sie kann ihren Umsatz durch neue oder variierte Güter und Dienstleistungen steigern und damit oft einer Marktsättigung entgehen, wenn diese eine neue/stärkere Stimulierungserfahrung ermöglichen, und sei es nur als Nebeneffekt. Im Fall der Freizeit-, Unterhaltungs- und Tourismusindustrie ist der unmittelbare Zweck des Angebots, die Aufwärtsspirale in der kognitiven und sensorischen Stimulierung durch Gelegenheiten für neue/stärkere Erlebnisse zu befriedigen. Die nie auf Dauer gesättigte Nachfrage wächst mit dem Angebot, wie die stetig steigenden nationalen und globalen Wertschöpfungsanteile dieser Industrien zeigen – mit ihnen aber auch der Verzehr an natürlichen Ressourcen.

Eine andere Sättigungsdynamik zeigt die Handlungsmotivation, die durch Konditionierungslernen und kognitives Zielsetzen und -streben entsteht. Im Prinzip kann jedes sekundäre, durch Konditionierungslernen erworbene Bedürfnis befriedigt und jedes neu gesetzt Ziel erreicht werden, wenn dafür genügend Ressourcen mobilisiert werden. Da aber stets neue sekundäre Bedürfnisse erworben und neue kognitive Ziele gesetzt werden können, existiert für diese Klasse von motivationalen Kräften kein genuines Sättigungsniveau. Der sozialen Natur von Konditionierungs- und kognitiven Zielformungsprozessen entsprechend ist die Dynamik, mit der neue Handlungsmotivation und ein entsprechender Ressourcenverbrauch entstehen, vom kulturellen und sozialen Umfeld abhängig. Es kann einen inhibierenden oder einen animierenden Einfluss ausüben. Außer in wenigen verbliebenen, konservierend ausgerichteten Kulturen und Zirkeln haben Fortschrittsgläubigkeit, Experimentierfreude und nicht zuletzt intensive kommerzielle Werbung und soziale Medien offensichtlich einen animierenden Einfluss.

In Bezug auf die Richtung der wirtschaftlichen Evolution lässt ein zunehmender Wohlstand also wohl keine nachhaltigen Sättigungseffekte erwarten. Die anthropogene Inanspruchnahme der natürlichen Ressourcen wird weiter wachsen, wenn die weiteren technologischen Anpassungsbemühungen die entsprechenden Ressourcen erschließen. Neben unterschiedlichen Entwicklungen der Produktivität und der durchschnittlichen sektoralen Ressourcenkosten werden sich die Unterschiede in der Sättigungsdynamik der verschiedenen motivationalen Kräfte, die die Nachfrage treiben, in einem Wandel der Struktur von Branchen und Sektoren in der Wirtschaft niederschlagen (siehe die Diskussion in Witt, 2017).

2.3.5 Das Problem der evolutionären Fehlanpassung

Die innovativen, innergenerationalen Anpassungen der letzten Jahrhunderte und vor allem nach der industriellen Revolution haben Arbeitsproduktivität und Reallöhne in weiten Teilen der Welt auf historisch einzigartige Höhen angehoben. Die Innovationstätigkeit wird deshalb heute weithin begrüßt als »engine of economic growth« (Mokyr, 2005), als »Prometheus unbound« (Landes, 1969), oder als Ursache des steigenden Lebensstandards der Massen (Schumpeter, 1942; Rosenberg/Birdzell, 1986; Mokyr, 1990; Fagerberg et al., 2007). Aber die innovative Entwicklung bedeutete auch, dass je Stunde eingesetzter menschlicher Arbeit die Menge an natürlichen Ressourcen, die für anthropogene Zwecke verbraucht wird, massiv anwuchs.[12]

Die steigende pro Kopf verfügbare Menge an natürlichen Ressourcen war entscheidend dafür, dass in den meisten Ländern Armut zurückgedrängt und die Deprivation elementarer Bedürfnisse gelindert werden konnten. Unterernährung und Kindersterblichkeit sanken und die Lebenserwartung stieg. Aus der Perspektive der Konkurrenz der Arten auf diesem Planeten ist das exponentielle Wachstum der Weltbevölkerung ein eindrucksvoller Beweis für den Erfolg, den die innergenerationalen Anpassungen und ihr Bias über die Generationen hinweg gehabt haben. In den hoch entwickelten Volkswirtschaften erlaubt das Pro-Kopf-Einkommen der Mehrheit der Bevölkerung sogar, durch ihren Konsum auf das Sättigungsniveau vieler angeborener Bedürfnisse zu kommen. Wie zu erwarten, wird der weiter wachsende Reichtum für die Befriedigung nicht dauerhaft sättigbarer Bedürfnisse, für immer wieder neu erworbene Sekundärbedürfnisse und neue kognitive Zielsetzungen ausgegeben. Ihre Nicht-Sättigbarkeit hält die Motivation, noch mehr Einkommen zu erzielen und aus-

---

12 So betrachtet sind steigende Reallöhne ein Ausdruck der Tatsache, dass im Durchschnitt der Preis natürlicher Ressourcen relativ zum Preis menschlicher Arbeit billiger wird. In einem normalen Substitutionsvorgang ist daher der Einsatz von Arbeitsleistungen in realen Termen weniger gewachsen als der Verbrauch von natürlichen Ressourcen. Der in den letzten Jahrzehnten gestiegene Wertschöpfungsanteil des arbeitsintensiven Dienstleistungssektors, der das Gegenteil auszudrücken scheint, ist ein statistisches Artefakt, das durch die übliche Deflationsmethode bedingt ist (siehe Henriques/Kander, 2010; Witt/Gross, 2020).

zugeben, aufrecht und nährt den allgegenwärtigen Ruf nach weiterem wirtschaftlichem Wachstum.

Die innovative Massenproduktion, die das Produktivitäts- und Einkommenswachstum trägt, hat jedoch ihren Preis. Sie stellt einen gigantischen »industriellen Metabolismus« (Ayres/Simmons, 1964) dar, der Materialien und Energie verzehrt. Die Folge des immer größeren Verzehrs ist, dass sich der vom Menschen nutzbare Anteil an den Ressourcen auf diesem Planeten seinen Grenzen nähert oder diese schon erreicht (Rockström et al., 2008; Steffen et al., 2015). Die Hinterlassenschaften des ausufernden industriellen Metabolismus belasten oder zerstören die Böden und globalen Süßwasserreserven und verursachen massives Artensterben. Sie erschöpfen die Absorptionskapazitäten des Planeten durch immer mehr Abfall und Emissionen. In der Öffentlichkeit werden die bedrohlichen Auswirkungen des wachsenden industriellen Metabolismus inzwischen weltweit erkannt, allerdings hauptsächlich hinsichtlich der CO_2-Emissionen in die Atmosphäre. Dies ist jedoch nur eine von mehreren Entwicklungen, die die Resilienz der natürlichen Ressourcen und ökologischen Kapazitäten in Gefahr bringen und einen Schatten auf die Zukunft der Menschheit werfen.

Wo in der Vergangenheit der Bias in den innergenerationalen Anpassungen die Evolution der Wirtschaft in eine Richtung vorantrieb, die für die menschliche Spezies von Vorteil war, ändert sich dies nun. Der Bias führt jetzt in eine Richtung, die das Erreichte, nicht zuletzt auch die erreichte globale Populationsgröße, aufs Spiel setzt. Ursprünglich haben die für den Bias verantwortlichen ererbten motivationalen Dispositionen den Aufstieg der menschlichen Spezies begünstigt. Unter den nunmehr herrschenden Bedingungen werden sie zu einer evolutionären Fehlanpassung (evolutionary mismatch), die für die Zukunft des Habitats und der globalen Population des Menschen bedrohlich wird.[13]

In Politik und Öffentlichkeit finden die ökologischen Risiken des wachsenden industriellen Metabolismus zunehmend Beachtung. Die problematische Rolle der unangepassten motivationalen Strukturen, welche die Entwicklung vorantreiben, wird dagegen kaum thematisiert. Die Diskussion von Politikzielen und Politikmaßnahmen richtet sich vor allem darauf, den Ressourcenverbrauch und die Abfalllast des industriellen Metabolismus in ihrem Wachstum zu bremsen. Selbst dies ist eine schwierige Aufgabe, wie sich etwa am Widerstand gut organisierter Interessengruppen zeigt. Sogar marktkonforme Maßnahmen wie eine Bepreisung natürlicher Ressourcen, die die gesellschaftlichen Kosten ihrer Nutzung widerspiegelt, werden verzögert und verwässert. Da braucht die breite gesellschaftliche Ablehnung – ein Ausdruck der motivationalen Fehlanpassung – nicht zu überraschen, wenn durch eine umweltschonende Politik eine Senkung oder gar ein Ausbleiben wirtschaftlichen Wachstums droht.

---

13   Eine evolutionäre Fehlanpassung tritt auf, wenn durch anhaltend veränderte Umweltbedingungen genetische Dispositionen zu einem Reproduktionshandicap werden, die zuvor über Generationen hinweg einen Anpassungsvorteil ermöglichten (siehe Lloyd et al., 2011). Je nachdem, wie schnell sich ein Zustand von relativem Ressourcenüberfluss verändert, kann eine evolutionäre Fehlanpassung über viele Generationen bestehen bleiben, bevor sie durch den Selektionsprozess ausgemerzt wird.

Den Präferenzen der Mehrheit folgend bevorzugt die Politik in demokratischen Systemen deshalb Optionen, die keinen offenkundig negativen Einfluss auf das Wirtschaftswachstum erwarten lassen. Dazu gehören steuerliche Anreize und Subventionen für Anstrengungen, die die Ressourceneffizienz in der Wirtschaft erhöhen – über das hinaus, was die Industrien aus eigenem Interesse umsetzen. Wo es so tatsächlich zu einer deutlichen Verringerung des Ressourceneinsatzes je Ausbringungseinheit kommt, ist der Erfolg dieser Politikstrategie jedoch allzu oft nur vorübergehend. Die Entlastung wird durch einen Rebound-Effekt ganz oder teilweise kompensiert: Der geringere Ressourceneinsatz reduziert die Kosten je Ausbringungseinheit, was sich unter Wettbewerbsbedingungen in Preissenkungen niederschlägt. Diese stimulieren die Nachfrage. Der angestoßene Mehrabsatz erfordert wiederum eine Anhebung des Ressourceneinsatzes (Miklos/van den Bergh, 2014; Santarius/Soland, 2018).

Solange die fehlangepassten motivationalen Strukturen die politischen Präferenzen der wirtschaftlichen Akteure bestimmen, ist es in demokratischen Systemen also schwierig, auf der politischen Ebene etwas gegen den Bias in den innergenerationalen Anpassungen auszurichten. Eine spontane Korrektur der Fehlanpassung ist nicht in Sicht. Die Bereitschaft, die Konsequenzen der eigenen Handlungsimpulse kritisch zu reflektieren, ist nicht weit verbreitet. Und noch geringer ist die Bereitschaft, sich dort Selbstbeschränkung aufzuerlegen, wo Bedürfnisse keine inhärenten Sättigungsgrenzen haben oder immer neue sekundäre Bedürfnisse und kognitive Ziele gebildet werden. Solange dies so ist, werden auch politischen Maßnahmen nicht mehrheitsfähig sein, die eine Korrektur oktroyieren würden.

Um etwas gegen die fehlangepassten motivationalen Strukturen selbst zu tun, bleiben so nur »weiche« Politikoptionen, also solche, die niemanden nötigen. Dazu gehört etwa die Finanzierung von Kampagnen, die über ressourcenschonende Lebensstile informieren und diese mit moralischen Apellen propagieren (siehe Buenstorf/Cordes 2008; Dietz et al., 2009). Zu nennen sind auch informelle Maßnahmen und Regulierungen, die die Aufmerksamkeitsprozesse der wirtschaftlichen Akteure zuvörderst auf solche Handlungsoptionen lenken sollen, mit denen ihre Ziele auf ressourcenschonendste Weise zu erreichen sind.[14] Schließlich kann der Versuch unternommen werden, durch Informationskampagnen die sozialen Vergleichsprozesse zu beeinflussen, die bei der Befriedigung des Bedürfnisses nach sozialer Anerkennung und Status eine zentrale Rolle spielen. In solchen Kampagnen können ressourcenschonende Statussymbole oder das Ressourcensparen an sich als Statussymbol propagiert werden (siehe z. B. Coad et al., 2009; Allcott/Rogers, 2014; Farrow et al., 2017).

Die politische Akzeptanz solcher weichen, informationsbasierten Politikoptionen beruht darauf, dass sie keinen Zwang ausüben. Genau deshalb ist ihre Wirksamkeit

---

14 In der angelsächsischen Literatur ist dies eine politische Strategie, die als »Nudging« bezeichnet wird (siehe Schubert, 2017 und zum theoretischen Hintergrund auch Binder/Lades, 2015). Im hiesigen Zusammenhang stellt Nudging die Ziele – hier die fehlangepassten motivationalen Strukturen – selbst nicht in Frage, sondern sucht ihre Verfolgung auf Alternativen zu lenken, die erwünschte bzw. weniger unerwünschte Auswirkungen haben.

aber auch begrenzt. Im günstigsten Fall kann über das Echo in der Öffentlichkeit und den sozialen Medien die Notwendigkeit eines ressourcenschonenden Verhaltens ein Thema auf der sozialen Agenda werden. Selbst in diesem Fall ist aber fraglich, ob daraus dann mehr als ein abstraktes Desideratum wird, das einen Impuls auslöst, sich eine Selbstbeschränkung aufzuerlegen. Tatsächlich konkurrieren politische Informationskampagnen mit diesem Ziel um Aufmerksamkeit mit einem massiven Informationsfluss, der eine entgegengesetzte Wirkung entfaltet und den Anpassungs-Bias verstärkt.

Dieser Informationsfluss kommt von der Werbeindustrie und in subtilerer Form auch von der Unterhaltungsindustrie. Viele der Inhalte, die sie aus kommerziellem Interesse verbreiten, präsentieren Güter und Dienstleistungen als Attribute eines affluenten Lebensstils. Damit wird bewusst oder unbewusst und oft in glorifizierender Form ein gesteigerter Ressourcenkonsum positiv dargestellt und offen oder latent zur Nachahmung empfohlen. Die Must-have-Impulse, die die Werbung auslösen soll und die die Vorbilder in den Unterhaltungsinhalten auslösen können, assistieren bei der Bildung neuer sekundärer Verstärker und kognitiver Ziele. Nicht zuletzt bieten die Angebote und Vorbilder auch neue Nahrung für den Statuswettbewerb, für die Unterstützung des eigenen Selbstbildes und die Suche nach neuer kognitiver und mentaler Stimulation.

In solche Werbung und Unterhaltungsinhalte werden kommerzielle Budgets investiert, mit deren Größenordnung öffentlich finanzierte Informationskampagnen niemals mithalten könnten. Auch deshalb ist die Präsenz der einander widersprechenden Botschaften in der Öffentlichkeit und den sozialen Medien sehr ungleich. Das hat Folgen für die Ideale, die sich in einem kulturellen Umfeld bilden und die Verhaltensnormen beeinflussen. Letztere können das Streben nach einem affluenten Lebensstil animieren oder inhibieren. Nach Lage der Dinge – und ganz auf der Linie der motivationalen Fehlanpassung – sind es selten die Ideale von Selbstbeschränkung und Askese, die tatsächlich Aufmerksamkeit anziehen oder gar zur Verhaltensnorm werden.

Auf der politischen Ebene wäre es im Prinzip möglich, dadurch gegenzusteuern, dass der Werbung für Güter und Dienstleistungen Auflagen gemacht werden.[15] Sie können darin bestehen, zusätzlich zur Werbebotschaft auch über den Umwelt- und Ressourcenverzehr (den »ökologischen Fußabdruck«) zu informieren, der nicht nur beim Konsum oder Gebrauch, sondern auch der Herstellung der beworbenen Güter und Dienstleistungen entsteht. Der mit der Ermittlung dieser Informationen verbundene erhebliche Aufwand für die Werbetreibenden wirkt wie eine Steuer tendenziell dämpfend auf die Werbeaktivitäten – ein nicht notwendig unwillkommener Nebeneffekt. Ein Schritt in diese Richtung ist bereits in vielen Ländern getan worden, in-

---

15 Theoretisch wäre auch eine Regulierung der kommerziellen Werbeindustrie denkbar, die solche Werbeinhalte unterbindet, die zu gesteigertem Ressourcenkonsum animieren. Praktisch dürfte eine solche Regulierung jedoch aussichtslos sein, schon weil sie schwer von Einschränkungen der Meinungsfreiheit abzugrenzen ist.

dem in der Werbung für bestimmte Konsumgüter (Autos, Haushaltsgeräte, Konsumelektronik) die Deklaration von Verbrauchswerten vorgeschrieben wird, die bei der Nutzung dieser Güter entstehen. Hier geht es allerdings hauptsächlich um CO_2-Emissionen und die Energieeffizienz; die Produktionsseite wird dabei i. d. R. nicht erfasst.

Auch wenn aus der Bereitstellung solcher Informationen über den ökologischen Fußabdruck keine unmittelbare Beeinflussung des Verhaltens möglich ist, kann damit zumindest auf Nebenwirkungen der eigenen Handlungsmotivation aufmerksam gemacht werden. Es wäre vielleicht eine Chance, auf längere Sicht ein Umdenken von Produzenten und Konsumenten anzustoßen – hoffentlich bevor eine Korrektur der motivationalen Fehlanpassung durch die natürliche Auslese erfolgt.

2.3.6 Zusammenfassung

Die evolutorische Ökonomik ist ein recht heterogenes Forschungsfeld ohne einheitlichen theoretischen Rahmen. Die Arbeiten beschäftigen sich überwiegend mit den verschiedenen Erscheinungsformen wirtschaftlichen Wandels, insbesondere innovativen industriellen Transformationsprozessen und deren Einfluss auf Wohlstand und das wirtschaftliche Wachstum. Ein Bezug zur Darwinschen Theorie, wie er für andere evolutionäre Sozialwissenschaften charakteristisch ist, findet sich meist nur auf metaphorischer Ebene oder mittels loser Analogiekonstruktionen. Erst neuerdings wird in einigen Beiträgen, die irritierenderweise das Etikett »evolutionary economics« nicht verwenden, die moderne darwinistische Evolutionstheorie als Metatheorie herangezogen, um die Wirkung genetisch angelegter Verhaltensdispositionen im Kontext der Altruismus-Debatte in der Ökonomik zu analysieren.

Im vorliegenden Beitrag wurde erläutert, wie durch den Bezug auf die moderne Evolutionslehre als Metatheorie eine breitere Fundierung der evolutorischen Ökonomik erreicht werden kann. Wirtschaftliches Verhalten – wie alles andere Verhalten auch – ist von der Ausstattung des Menschen beeinflusst, die in der Stammesgeschichte aus genetischen und kulturellen Anpassungen hervorgegangen ist. Besonders relevant für die Ökonomik, einer Handlungswissenschaft, sind dabei die evolvierten motivationalen Dispositionen, die das Wirtschaften leiten. Ausgehend von deren Analyse wurde diskutiert, welche Einsichten sich durch einen solchen Rekurs auf evolutionstheoretische Grundlagen für das Verständnis moderner Volkswirtschaften ergeben. Aus Platzgründen konnte die Diskussion nur für ein – gesellschaftlich allerdings besonders wichtiges – Thema vertieft werden, nämlich die Tatsache, dass sich die Evolution der Wirtschaft in eine überaus problematische Richtung bewegt. Als Grund dafür deutet sich eine zunehmende evolutionäre Fehlanpassung der evolvierten motivationalen Strukturen an. Sie werden den heutigen wirtschaftlichen Bedingungen nicht mehr gerecht. Durch ihre tiefe Verwurzelung im menschlichen Verhalten ist es schwierig, sie durch Maßnahmen der Politik zu beeinflussen und ihre problematische Wirkung abzustellen.

2.3.7 Literatur

Aghion, Philippe / Howitt, Peter, 1992: A Model of Growth Through Creative Destruction, in: Econometrica, Vol. 60, 323–351.

Allcott, Hunt / Rogers, Todd, 2014: The Short-Run and Long-Run Effects of Behavioral Interventions: Experimental Evidence from Energy Conservation, in: American Economic Review, Vol. 104, 3003–3037.

Andersen, Esben, 2004: Population Thinking, Price's Equation and the Analysis of Economic Evolution, in: Evolutionary and Institutional Economics Review, Vol. 1, 127–148.

Ariew, André / Panchanathan, Karthik, 2023: Adding Agency to Tinbergen's Four Questions, in: Agathe du Crest et al. (eds.), Evolutionary Thinking Across Disciplines, Cham, 477–499.

Ayres, Robert / Simonis, Udo Ernst, 1994: Industrial Metabolism: Theory and Policy. In: Ayres, Robert / Simonis, Udo Ernst (eds.), Industrial Metabolism: Restructuring for Sustainable Development, New York, 3–20.

Bargh, John / Gollwitzer, Peter / Oettingen, Gabriele, 2010: Motivation. In: Fiske, Susan / Gilbert, Daniel / Lindzey, Gardner (eds.), Handbook of Social Psychology, New York, 268–316.

Binder, Martin / Lades, Leonard, 2015: Autonomy-enhancing Paternalism, in: Kyklos, Vol. 68, 3–27.

Binmore, Ken, 2006: The Origins of Fair Play, Papers on Economics and Evolution, Nr. 614, Jena.

Bowler, Peter, 1989: Evolution – the History of an Idea, Berkeley.

Bowles, Samuel / Gintis, Herbert, 2011: A Cooperative Species: Human Reciprocity and Its Evolution, Princeton.

Brown, Donald, 2000: Human Universals and Their Implications, in: Roughley, Neil (ed.), Being Humans: Anthropological Universality and Particularity in Transdisciplinary Perspective, New York, 156–174.

Brown, Gillian, / Richerson, Peter, 2014: Applying Evolutionary Theory to Human Behavior: Past Differences and Current Debates, in: Journal of Bioeconomics, Vol. 16, 105–128.

Buenstorf, Guido / Cordes, Christian, 2008: Can Sustainable Consumption Be Learned? A Model of Cultural Evolution, in: Ecological Economics, Vol. 67, 646–657.

Burnham, Terrence / Phelan, Jay, 2000: Mean Genes: From Food to Sex to Money, Taming Our Primal Instincts, Cambridge, MA.

Buss, David, 2003: Evolutionary Psychology: The New Science of the Mind, Boston.

Charles, Kerwin / Hurst, Eric / Roussanov, Nicolai, 2009: Conspicuous Consumption and Race, in: Quarterly Journal of Economics, Vol. 124, 42–67.

Coad, Alex, / de Haan, Peter / Woersdorfer, Sophie, 2009: Consumer Support for Environmental Policies: An Application to Purchases of Green Cars, in: Ecological Economics, Vol. 68, 2078–2086.

Dietz, Thomas / Gardner, Gerald / Gilligan, Jonathan / Stern, Paul / Vandenbergh, Michael, 2009: Household Actions Can Provide a Behavioral Wedge to Rapidly Reduce US Carbon Emissions, Proceedings of the National Academy of Sciences, Vol. 106, 18452–18456.

Dopfer, Kurt / Nelson, Richard, 2018: The Evolution of Evolutionary Economics, in: Nelson, Richard et al. (eds.), Modern Evolutionary Economics – An Overview, Cambridge, MA, 208–229.

Eibl-Eibesfeldt, Irenäus, 1997: Die Biologie des menschlichen Verhaltens, 3. Aufl., Weyarn.

Fagerberg, Jan / Srholec, Martin / Knell, Marc, 2007: The Competitiveness of Nations: Why Some Countries Prosper While Others Fall Behind, in: World Development, Vol. 35, 1595–1620.

Farrow, Katherine / Grolleau, Gisèle / Ibanez, Lisette, 2017: Social Norms and Pro-Environmental Behavior: A Review of Evidence, in: Ecological Economics, Vol. 140, 1–13.

Foster, John, 2011: Energy, Aesthetics and Knowledge in Complex Economic Systems, in: Journal of Economic Behavior, Vol. 80, 88–100.

Frank, Robert, 2011: The Darwin Economy: Liberty, Competition, and the Common Good, Princeton.
Frederik, Shane / Loewenstein, George, 1999: Hedonic Adaptation, in: Kahneman, Daniel / Diener, Ed / Schwartz, Norbert (eds.), Well-Being: The Foundations of Hedonic Psychology, New York, 302–329.
Galor, Oded / Moav, Omer, 2002: Natural Selection and the Origin of Economic Growth, in: Quarterly Journal of Economics, Vol. 117, 1133–1191.
Gintis, Herbert, 2007: A Framework for the Unification of the Behavioral Sciences, in: Behavioral and Brain Sciences, Vol. 30, 1–61.
Gintis, Herbert / Bowles, Samuel / Boyd, Richard / Fehr, Ernst (eds.), 2005: Moral Sentiments and Material Interests: The Foundations of Cooperation in Economic Life, Cambridge, MA.
Hanusch, Horst / Pyka, Andreas (eds.), 2007: Elgar Companion to Neo-Schumpeterian Economics, Cheltenham.
Heffetz, Ori, 2011: A Test of Conspicuous Consumption: Visibility and Income Elasticities, in: Review of Economics and Statistics, Vol. 93, 1101–1117.
Henrich, Joseph, 2004: Cultural Group Selection, Coevolutionary Processes and Large-scale Co-operation, in: Journal of Economic Behavior and Organization, Vol. 53, 3–35.
Henrich, Joseph, 2016: The Secret of Our Success – How Culture is Driving Human Evolution, Domesticating Our Species, and Making Us Smarter, Princeton.
Henrich Joseph / Boyd, Robert / Bowles, Samuel / Camerer, Colin / Fehr, Ernst / Gintis, Herbert (eds.), 2004: Foundations of Human Sociality: Economic Experiments and Ethnographic Evidence from Fifteen Small-scale Societies, Oxford.
Henriques, Sophia / Kander, Astrid, 2010: The Modest Environmental Relief Resulting from the Transition to a Service Economy, in: Ecological Economics, Vol. 70, 271–282.
Hirsch, Frank, 1978: Social Limits to Growth, Cambridge, MA.
Landes, David, 1969: The Unbound Prometheus: Technological Change and Industrial Development in Western Europe from 1750 to the Present, Cambridge, MA.
Lea, Stephen / Tarpy, Roger / Webley, Paul, 1987: The Individual in the Economy – A Survey of Economic Psychology, Cambridge, MA.
Leslie, Julian, 1996: Principles of Behavioral Analysis, Amsterdam.
Lloyd, Elisabeth / Wilson, David Sloan / Sober, Eliot, 2011: Evolutionary Mismatch and What To Do About It: A Basic Tutorial, in: Evolutionary Applications, 2–4.
Metcalfe, Stanley, 1994: Competition, Fisher's Principle and Increasing Returns in the Selection Process, in: Journal of Evolutionary Economics, Vol. 4, 327–346.
Metcalfe, Stanley, 1998: Evolutionary Economics and Creative Destruction, London.
Metcalfe, Stanley, 2008: Accounting for Economic Evolution: Fitness and the Population Method, in: Journal of Bioeconomics, Vol. 10, 23–50.
Miklós, Antal / van den Bergh, Jeroen, 2014: Re-spending Rebound: A Macro-level Assessment for OECD Countries and Emerging Economies, in: Energy Policy, Vol. 68, 585–590.
Mokyr, Joel, 1990: The Lever of Riches – Technological Creativity and Economic Progress, Oxford.
Mokyr, Joel, 2005: Long-Term Economic Growth and the History of Technology, in: Aghion, Philipe / Durlauf, Stephen (eds.), Handbook of Economic Growth 1, Part B, New York, 1113–1180.
Nelson, Richard / Winter, Sidney 1982: An Evolutionary Theory of Economic Change, Cambridge, MA.
Popper, Karl, 1960: The Poverty of Historicism, 2nd ed., London.
Richerson, Peter / Boyd, Robert, 2005: Not by the Genes Alone: How Culture Transformed Human Evolution, Chicago.
Robson, Arthur, 2001: Why Would Nature Give Individuals Utility Functions?, in: Journal of Political Economy, Vol. 109, 900–914.
Rockström, Johan et al., 2009: Planetary Boundaries: Exploring the Safe Operating Space for Humanity, in: Ecology and Society, Vol. 14, 32.

Rosenberg, Nathan / Birdzell, L. E. jr., 1986: How the West Grew Rich – The Economic Transformation of the Industrial World, New York.

Samuelson, Paul, 1947: Foundations of Economic Analysis, Cambridge, MA.

Santarius, Tilman / Soland, Martin, 2018: How Technological Efficiency Improvements Change Consumer Preferences: Towards a Psychological Theory of Rebound Effects, in: Ecological Economics, Vol. 146, 408–413.

Sartorius, Christian, 2003: An Evolutionary Approach to Social Welfare, London.

Schubert, Christian, 2017: Green Nudges: Do They Work? Are They Ethical?, in: Ecological Economics, Vol. 132, 329–342.

Schumpeter, Joseph Alois, 1912: Theorie der Wirtschaftlichen Entwicklung, Berlin.

Schumpeter, Joseph Alois, 1942: Capitalism, Socialism and Democracy, New York.

Scitovsky, Tibor, 1976: The Joyless Economy, Oxford.

Scitovsky, Tibor, 1981: The Desire for Excitement, in: Kyklos, Vol. 34, 3–13.

Steedman, Ian / Metcalfe, Stanley, 2013: Exploring Schumpeterian Dynamics: Innovation, Adaptation and Growth, in: Evolutionary and Institutional Economic Review, Vol. 10, 149–178.

Steffen, Will et al., 2015: Planetary Boundaries: Guiding Human Development on a Changing Planet, in: Science, Vol. 347, 1259855.

van den Bergh, Jeroen, 2018: Human Evolution – Beyond Biology and Culture, Cambridge MA.

Wilson, David Sloan, 2004: The New Fable of the Bees: Multilevel Selection, Adaptive Societies, and the Concept of Self-interest, in: Evolutionary Psychology and Economic Theory, Vol. 7, 201–220.

Witt, Ulrich, 2010: Symbolic Consumption and the Social Construction of Product Characteristics, in: Structural Change and Economic Dynamics, Vol. 21, 17–25.

Witt, Ulrich, 2017: The Evolution of Consumption and Its Welfare Effects, in: Journal of Evolutionary Economics, Vol. 27, 273–293.

Witt, Ulrich, 2022: Innovative Capitalism Needs Institutional Co-evolution, in: Journal of Open Innovation, Technology, Market and Complexity, Vol. 8, 31.

Witt, Ulrich, 2023: Evolutionary Economics and the Theory of Cultural Evolution, in: du Crest, Agathe, et al. (eds.), Evolutionary Thinking Across Disciplines, Cham, 43–59.

Witt, Ulrich / Gross, Christian, 2020: The Rise of the »Service Economy« in the Second Half of the Twentieth Century and its Energetic Contingencies, in: Journal of Evolutionary Economics, Vol. 30, 231–246.

3 Institutionelle Gestaltung wirtschaftlicher Entwicklung

3.1 Wettbewerb und Eigentumsordnung

Justus Haucap

3.1.1 Wettbewerb als Ordnungsprinzip

»Wir wollen Wettbewerb, aber keine Konkurrenz«, lautet ein Bonmot, das unterschiedlichen Urhebern zugeschrieben wird. So absurd die Aussage offensichtlich ist, zeigt sie doch eines: Das Verhältnis vieler Bürgerinnen und Bürger zum Wettbewerb ist zwiespältig. Zum einen wird Wettbewerb als etwas Kaltes und Hartes empfunden, insbesondere im Vergleich zu einem kooperativen Miteinander. Denn Wettbewerb ist in seiner Natur nicht kooperativ. Verschiedene Individuen oder Organisationen versuchen ein Ziel zu erreichen, das nicht alle gleichzeitig erreichen können. Anders ausgedrückt, wird unter Wettbewerb regelmäßig das Streben von zwei oder mehr Individuen oder Organisationen nach einem Ziel verstanden, wobei ein höherer Zielerreichungsgrad der einen Partei einen geringeren Zielerreichungsgrad der anderen Partei(en) bedingt (Schmidt/Haucap, 2013, 3). Ganz plastisch kann den Auftrag eines Kunden in der Regel nur einer erhalten, nur einer kann Erster im Wettrennen werden, und nicht alle können die nächste Wahl gewinnen. Wettbewerbe bringen daher nicht nur Sieger hervor, sondern auch Verlierer und somit Enttäuschungen. So ist es nicht verwunderlich, dass Wettbewerb nicht allerseits gleichermaßen geschätzt wird.

Zum anderen wird mit Wettbewerb aber auch die Möglichkeit verbunden, aus verschiedenen Angeboten auswählen zu können und nicht von einem Anbieter abhängig zu sein. Wettbewerb eröffnet Optionen, er macht damit unabhängig. So ist die ambivalente Einstellung zum Wettbewerb vielleicht auch nur Ausdruck eines ganz einfachen Kalküls: Wer selbst als Anbieter oder Nachfrager von Leistungen auftritt, schätzt es, wenn zum einen an diesen Leistungen ein möglichst reges Interesse auf der Marktgegenseite besteht, zum anderen aber auch möglichst wenige auf derselben Marktseite dieses Interesse bedienen können, man im Idealfall sogar der einzige Anbieter oder Nachfrager ist, also ein Monopol besitzt. Als Arbeitnehmerin oder Arbeitnehmer genießt man es, wenn möglichst viele Arbeitgeber an einem interessiert sind, der Wettbewerb unter Arbeitgebern also intensiv und die Auswahlmöglichkeiten groß sind. Zugleich profitiert man als Bewerber davon, wenn möglichst wenige Bewerberinnen und Bewerber um eine Position konkurrieren, an welcher man interessiert ist, der Wettbewerb auf dieser Marktseite also schwach ausgeprägt ist.

Während die ambivalente Haltung zum Wettbewerb aus Sicht des Einzelnen – je nach Interessenlage – leicht nachvollziehbar ist, bietet Wettbewerb als generelles Ordnungsprinzip aus gesamtgesellschaftlicher Sicht klare Vorteile. Wettbewerb treibt die Anbieter an, darüber nachzudenken, wie durch attraktive Angebote weitere Kunden gewonnen bzw. bestehende Kunden gehalten werden können. Dies kann durch günstige Preise geschehen, durch innovative Produkte, durch einen guten Service, lange Öffnungszeiten, attraktive Standorte oder durch andere Dinge, die Kunden schätzen. Die Anzahl der potenziellen Wettbewerbsparameter ist groß. Die manchmal geäußerte Auffassung, Wettbewerb resultiere stets in einem »Unterbietungswettbewerb«, ist falsch – es kommt auf das Preis-Leistungs-Verhältnis an und darauf, was potenziellen Kunden wichtig ist. Dies kann ein günstiger Preis sein, aber ebenso eine hohe Qualität, ein guter Service, ein innovatives Produkt, eine umweltschonende Produktionsweise oder weitere Merkmale von Angeboten.

Ein Monopolist hingegen muss sich nicht in demselben Maße um Kunden bemühen wie Anbieter auf Wettbewerbsmärkten, die Kunden sind vielmehr abhängig von der Gunst des Monopolisten, sie haben keine Ausweichmöglichkeiten. »Der beste Gewinn am Monopol ist das ruhige Leben« – so hat der britische Ökonom und Nobelpreisträger Sir John Hicks (1935) diese Situation aus Anbietersicht zusammengefasst. Ein Monopolist muss weder besonders kundenfreundlich noch besonders effizient oder innovativ sein, um seine Gewinne zu erwirtschaften. Er muss nicht mit attraktiven Angeboten um Kunden werben. Aus Sicht des einzelnen Anbieters ist ein solches Monopol daher sehr erstrebenswert.

Die Aussicht auf ein Monopol, die damit verbundenen Gewinne und womöglich das erhoffte ruhige Leben haben damit selbst einen Anreizeffekt. Wird ein Monopol durch überragende Produkte oder eine besonders hohe Effizienz erreicht, so entfaltet die Aussicht auf das Monopol positive Anreize. Der deutsch-amerikanische Internet-Unternehmer Peter Thiel hat diese Idee des Schumpeterschen Wettbewerbs in seinem Buch »Zero to One: Wie Innovation unsere Gesellschaft rettet« (2014) propagiert. Wettbewerb ist etwas für Loser, sagt Thiel überspitzt. »Du bist noch nicht innovativ oder gut genug«, könnte man auch sagen.

Beruht ein Monopol hingegen auf staatlichen Wettbewerbsbarrieren, die Unternehmen künstlich vor Wettbewerb schützen, oder auf wettbewerbswidrigen Strategien dominanter Unternehmen (wie etwa Verdrängungspreisen), so sind die Auswirkungen für die Gesellschaft ebenso wenig positiv wie eine Kartellbildung mit dem Ziel, den Wettbewerb auszuschalten. Gleichwohl bestehen auf individueller Ebene bei Unternehmen Anreize, durch wettbewerbswidrige Strategien den Markt zu monopolisieren oder zumindest den Wettbewerb in Hoffnung auf höhere Gewinne durch Kartellbildung auszuschalten.

Die Sicherung funktionsfähigen Wettbewerbs auf Märkten durch eine Wettbewerbsordnung, die künstliche Beschränkungen des Wettbewerbs möglichst unterbindet, ist daher ein konstituierendes Element jeder Marktwirtschaft. Eine solche Wettbewerbsordnung geht dabei über das Kartellrecht – in Deutschland: das Gesetz gegen Wettbewerbsbeschränkungen (GWB) – hinaus und beinhaltet auch die Öffnung von Märkten durch den Abbau von künstlichen Handelsbarrieren oder anderen Marktzutrittsschranken.

Aus gesellschaftlicher Sicht ist Wettbewerb nicht nur deshalb wünschenswert, weil er Effizienz und Innovationen befördert, sondern auch, weil er die Marktgegenseite stärkt, indem er als Kontrollinstrument funktioniert und sicherstellt, dass einzelne Unternehmen nicht zu mächtig werden. Wenn sich Verbraucherinnen und Verbraucher an bestimmten Praktiken eines Unternehmens stören, können sie dies durch Abwanderung sanktionieren. Wettbewerb fungiert damit auch als Kontrollinstrument und ermöglicht eine Disziplinierung unliebsamen Verhaltens durch die Marktgegenseite. Während Macht – und zwar auch Marktmacht – schnell korrumpiert, da starke Abhängigkeiten entstehen, belohnt Wettbewerb tendenziell die Ehrlichkeit. Wer mogelt und betrügt, muss zumindest bei einer Entdeckung mit dem Verlust seiner Kundschaft rechnen – eine Befürchtung, die ein Monopolist aufgrund seiner Alternativlosigkeit nicht in demselben Ausmaß zu haben braucht.

Und schließlich ist Wettbewerb auch ein Entdeckungsverfahren. Schon Friedrich August von Hayek (1945) hat im Kontext der Debatte über die Nachkriegsordnung in Europa dargelegt, wie Wettbewerbsmärkte es ermöglichen, Ressourcen dorthin zu steuern, wo sie der Gesellschaft am meisten nutzen, ohne dass es vieler Informationen an zentralen Stellen bedarf. Steigen die Preise für ein Gut oder eine Leistung, dehnen Anbieter ihre Produktion gern noch weiter aus, und weitere Unternehmen werden angezogen, in den Markt einzutreten, ohne dass diese Informationen zentral gesammelt, verarbeitet oder verbreitet werden müssten. Es ist keine zentrale Anweisung zur Ausdehnung der Produktion notwendig, zumindest einige Anbieter werden dies bei steigenden Preisen aus eigenem Interesse tun.

Vor allem aber ermöglicht Wettbewerb ein Experimentieren: Was eine gute Idee ist und was nicht, welche Produkte gut bei den Kunden ankommen und welche nicht, welche Organisationsformen effizient sind und welche nicht, welche Vermarktungs- und welche Beschaffungsstrategien erfolgreich sind und welche nicht – das zeigt am besten der Wettbewerb. So wie in der Biologie sich im Wettbewerb um Nahrung letztlich die Spezies und in der Evolution die Mutationen durchsetzen, die am besten an die jeweilige Umwelt angepasst sind, mit den Bedingungen eines Lebensraums am besten klarkommen und den Konkurrenten daher überlegen sind, so setzen sich auf Wettbewerbsmärkten letztlich die Anbieter durch, die Kundenwünsche am besten erfüllen und am besten auf veränderte Wünsche reagieren. Ähnlich wie in der Biologie kann dies durch Anpassung geschehen oder indem neue Anbieter in Märkte eintreten und die alten Anbieter verdrängen. Wettbewerb sorgt daher nicht nur statisch dafür, dass Wünsche bestmöglich befriedigt werden, sondern auch dynamisch, dass auf veränderte Wünsche bestmöglich reagiert wird, entweder durch die Anpassung der etablierten Anbieter oder durch den Markteintritt neuer Konkurrenten.

3.1.2 Der Schutz des Wettbewerbs durch eine Wettbewerbsordnung

Die Sicherung wirksamen Wettbewerbs auf Märkten durch eine Wettbewerbsordnung, welche künstliche Beschränkungen des Wettbewerbs möglichst unterbindet, ist wie schon erwähnt aufgrund der Vorteile des Wettbewerbs als Ordnungsprinzip ein konstituierendes Element jeder Marktwirtschaft. Unter Wettbewerbspolitik im weiteren Sinne wird dabei nicht nur das Kartellrecht verstanden, also in Deutschland das Gesetz gegen Wettbewerbsbeschränkungen (GWB) und in der Europäischen Union die Artikel 101 und 102 AEUV sowie die Fusionskontrollverordnung (Wettbewerbspolitik im engeren Sinne). Vielmehr umfasst Wettbewerbspolitik im weiteren Sinne auch spezialgesetzliche Vorschriften, die den Wettbewerb auf Märkten sichern, wie etwa das Telekommunikationsgesetz (TKG), das Energiewirtschaftsgesetz (EnWG), das Postgesetz (PostG) oder das Eisenbahnregulierungsgesetz (ERegG), welche allesamt sektorspezifische Regeln zur Öffnung von Märkten und zur Sicherung oder Förderung des Wettbewerbs durch den Abbau von Marktzutrittsschranken beinhalten.

Leitbild der Wettbewerbspolitik ist heute das Konzept des wirksamen Wettbewerbs, welches durch Merkmale der Marktstruktur, des Marktverhaltens der Marktteilnehmer und des Marktergebnisses beschrieben wird. Diese Gruppierung entspricht dem unterstellten Kausalzusammenhang: Die Marktstruktur induziert ein bestimmtes Marktverhalten der Unternehmen, welches wiederum ein Marktergebnis zur Folge hat. Allerdings besteht im dynamischen Prozess eine zirkulare Verknüpfung der drei Merkmale: Zumindest langfristig gibt es eine Interdependenz von Marktstruktur, Marktverhalten und Marktergebnis, d. h. die Marktstruktur beeinflusst nicht nur das Marktverhalten und dieses wiederum das Marktergebnis, sondern die Marktergebnisse wie etwa die Höhe der Preise und Gewinne beeinflussen auch das Verhalten der Unternehmen – etwa ihre Innovationsanreize – und auch die Marktstruktur, etwa indem Markteintritt angereizt oder abgeschreckt wird. Die einfache Kausalkette von Marktstruktur hin zu Marktverhalten und Marktergebnis gilt damit heute bestenfalls als kurzfristig valide.

Unter Merkmalen der Marktstruktur werden nicht nur die Zahl der Unternehmen und ihre jeweiligen Marktanteile verstanden, sondern alle Charakteristika, die sich nur mittel- bis langfristig ändern und den Wettbewerb auf einem Markt merklich beeinflussen (Schmidt/Haucap, 2013). Die Marktstrukturmerkmale umfassen insbesondere folgende Faktoren:

- die Zahl der Anbieter und Nachfrager sowie ihre Marktanteile, die im Rahmen der Abgrenzung des relevanten Marktes ermittelt werden,
- personelle und finanzielle Verflechtungen zwischen Marktteilnehmern,
- die Höhe von Marktzutrittsschranken,
- der Grad der Produktdifferenzierung,
- die Markttransparenz zwischen den Marktteilnehmern,
- die Innovationsdynamik der Branche.

Unter Marktverhalten ist die Wahl der Wettbewerbsparameter durch Anbieter und ggf. Nachfrager zu verstehen. Das Marktverhalten umfasst also diejenigen Faktoren, die Resultat unternehmerischer Entscheidungen sind und die damit – im Gegensatz zur Marktstruktur – relativ kurzfristig veränderbar sind. Dabei handelt es sich allerdings nicht um eine glasklare Unterscheidung; die Grenzen zwischen Marktstruktur und Marktverhalten, also zwischen kurz- und langfristig beeinflussbaren Faktoren, sind oft nicht einfach zu ziehen. Beim Marktverhalten wird insbesondere untersucht, wie häufig und zu welchen Zeitpunkten verschiedene Wettbewerbsparameter wie Preise, Rabatte und Konditionen, Mengen, Qualität, Service und andere Parameter beim Werben um Kundschaft eingesetzt werden. Dabei wird auch untersucht, ob die einzelnen Aktionsparameter zu verschiedenen Zeitpunkten oder kollektiv aufgrund von Gruppendisziplin oder Preis- bzw. Marktführerschaft eingesetzt werden und welche Reaktionsmuster bestehen.

Die Marktergebnisse können im Hinblick auf verschiedene Dimensionen betrachtet und analysiert werden, z. B. die absolute und relative Höhe von Preisen und Gewinnen und ihre Veränderungen im Zeitverlauf, das Ausmaß der Preisdifferenzierung, die Marktkonzentration, Qualitätsausprägungen, die Produktvielfalt, Mengenentwicklungen und Marktabdeckung, Produktions- und Vertriebskosten, die Innovationsdynamik und anderes.

Die Intensität des Wettbewerbs und damit die Marktergebnisse hängen kurzfristig stark von der Anzahl und den Eigenschaften der aktiven Anbieter und Nachfrager ab. Zumindest mittelfristig spielt jedoch auch der potenzielle Wettbewerb eine bedeutende Rolle für die Marktergebnisse. Das wettbewerbliche Verhalten der Marktteilnehmer wird nämlich auch durch einen möglichen Markteintritt potenzieller Konkurrenten beeinflusst, die aktuell auf einem Markt zwar (noch) nicht aktiv sind, diesen Markt aber betreten könnten. Ein solcher Markteintritt kann erfolgen durch:

- eine räumliche Erweiterung des Angebots (wie z. B. durch Export),
- eine produktmäßige Erweiterung des Angebots durch etablierte Unternehmen, sofern das Angebot hinreichend flexibel umgestellt oder erweitert werden kann, oder
- die vollständige Neugründung von Unternehmen.

Von Neugründungen geht dabei oftmals der geringste Wettbewerbsdruck auf etablierte Unternehmen aus. Wahrscheinlicher ist oft der Markteintritt durch Unternehmen, die bereits auf benachbarten geographischen oder sachlichen Märkten aktiv sind. Der Markteintritt potenzieller Konkurrenten hängt von deren Erwartungen über Preise, Kosten, Nachfrageentwicklungen und letztlich erzielbaren Gewinn nach einem etwaigen Marktzutritt ab. Diese möglichen Gewinne werden stark durch die Höhe der vorhandenen Marktzutrittsschranken oder Wettbewerbsbeschränkungen bestimmt.

Marktzutrittsschranken sind aus der Sicht der bereits etablierten Unternehmen alle Faktoren, die es diesen Unternehmen erlauben, sich dem Wettbewerbsdruck von neuen Anbietern zu entziehen, und aus der Sicht der potenziellen Konkurrenten alle

Kosten, die von neuen Anbietern noch aufgebracht werden müssen, während die bereits etablierten Anbieter diese nicht mehr zu tragen haben (von Weizsäcker, 1980). Entscheidend ist also, dass zwischen etablierten und neuen Anbietern eine Kostenasymmetrie besteht, sodass der neue Anbieter höhere Kosten zu tragen hat als der etablierte Anbieter.

Um den Wettbewerb auf Märkten zu schützen, stützt sich das Kartellrecht weltweit auf drei Säulen: (1) das Kartellverbot, (2) die Kontrolle des Verhaltens von mächtigen Marktteilnehmern sowie (3) die Fusionskontrolle. Das Kartellverbot umfasst dabei nicht nur das Verbot von Absprachen unter Wettbewerbern im Horizontalverhältnis, sondern auch das Verbot von Absprachen zwischen Unternehmen in sogenannten Vertikalbeziehungen entlang einer Wertschöpfungskette, wenn diese Absprachen den Wettbewerb auf einem Markt erheblich behindern, wie etwa Preisbindungen. Die Kontrolle des Verhaltens von mächtigen Marktteilnehmern erfolgt entweder ex post durch das Kartellrecht oder in einigen regulierten Bereichen, wie etwa einigen Versorgungsbranchen, auch ex ante durch sektorspezifische Regulierung. Ob etwa bestimmte Preise eine Verdrängungswirkung entfalten und somit ein sogenannter Behinderungsmissbrauch besteht, wird in aller Regel erst untersucht, wenn es diesbezüglich Vorwürfe gibt. In einigen regulierten Branchen jedoch müssen die Unternehmen ihre Preise vorab von Regulierungsbehörden genehmigen lassen. Die Fusionskontrolle schließlich dient der Gefahrenabwehr, damit es durch Konzentrationsprozesse gar nicht erst zu einer erheblichen Behinderung wirksamen Wettbewerbs kommt (Schmidt/Haucap, 2013).

Das Kartellrecht schränkt somit durch Kartellverbot, Missbrauchsaufsicht und Fusionskontrolle prinzipiell die Vertragsfreiheit der Unternehmen ein. Diese Einschränkung erfolgt, um die Wettbewerbsfreiheit anderer Marktteilnehmer oder auch die Wahlfreiheit der Marktgegenseite, etwa die Verbraucherinnen und Verbraucher, zu schützen. Anders ausgedrückt, findet die Vertragsfreiheit durch die Einschränkungen des Kartellrechts dort ihre Grenzen, wo die Verträge, etwa eine Kartellvereinbarung, zu Lasten Dritter gehen würden.

3.1.3 Wettbewerb und Eigentumsordnung

Bisher haben wir implizit unterstellt, dass Wettbewerb auf Märkten zwar geschützt werden muss, sich aber – sofern ein solcher Wettbewerbsschutz besteht – im Grunde fast von allein ergibt. Diese Perspektive ist jedoch im Grunde falsch. Ganz im Gegenteil: Preisgesteuerter Tausch und die Existenz von funktionsfähigen Märkten sind keine Selbstverständlichkeit. Historisch betrachtet haben sich preisgesteuerte Märkte ohnehin nur sehr zögerlich entwickelt, und anonyme Märkte, auf denen einfach Ware gegen Geld getauscht wird, sind eigentlich ein relativ neues Phänomen (Polanyi, 1944; Salisbury, 1968).

Damit Märkte entstehen, bedarf es institutioneller Rahmenbedingungen, die einen preisgesteuerten Tausch ermöglichen. Die Analyse dieser Institutionen ist Gegenstand der Neuen Institutionenökonomik. Während die neoklassische Wirtschaftstheorie die Existenz von kostenlos funktionierenden Märkten einfach unterstellt und so Fragen der Ressourcenallokation in sehr abstrakter Weise untersuchen kann, fragt die Neue Institutionenökonomik nach den institutionellen Bedingungen, die die Existenz von Märkten und anderen Formen des Tauschs ermöglichen. Allgemeiner ausgedrückt, untersucht die Neue Institutionenökonomik, wie Tausch unter welchen Bedingungen organisiert wird. Dabei wird in der Neuen Institutionenökonomik berücksichtigt, dass die Entstehung und Erhaltung von Institutionen selbst mit Kosten verbunden sind, und dass Institutionen einen nicht zu unterschätzenden Einfluss auf die Ressourcenallokation und deren Effizienz haben.

Der Begriff der Institution und der Organisation

Die Neue Institutionenökonomik versteht unter einer Institution »ein auf ein bestimmtes Zielbündel abgestelltes System von Normen einschließlich deren Garantieinstrumenten, mit dem Zweck, das individuelle Verhalten in eine bestimmte Richtung zu steuern. Institutionen können formal sein und informell« (Richter, 1994, 2). Ähnlich versteht North (1994, 360) Institutionen als von Menschen erdachte Beschränkungen, die die menschlichen Beziehungen zueinander strukturieren. Anders ausgedrückt, sind Institutionen geschriebene und ungeschriebene Regeln, die das Verhalten von Individuen lenken. Dabei kann es sich sowohl um explizite Gesetze oder Verträge (formelle Institutionen) als auch um ungeschriebene Verhaltensrichtlinien, wie Sitten und Normen, handeln.

Ausgehend von diesem Institutionenbegriff wird unter einer Organisation eine Institution samt ihren Benutzern verstanden. Eine Organisation beinhaltet also, über die zugrundeliegende Institution hinaus, auch eine personelle Dimension. Das heißt, ein Unternehmen ist eine Organisation, bestehend aus einer Vielzahl von Verträgen wie Arbeits- und Gesellschafterverträgen (formelle Institutionen), informellen Regeln, die z. B. durch die jeweilige Unternehmenskultur bestimmt werden (informelle Institutionen), sowie den Mitarbeitern des Unternehmens. Ähnlich kann auch ein Markt, wie z. B. die Börse, als eine Organisation verstanden werden, die aus bestimmten Marktregeln (formelle Institutionen) und Geschäftsusancen (informelle Institutionen) sowie den Benutzern der Börse besteht.

Zur Organisation von Tauschvorgängen gibt es ganz prinzipiell zwei polare Möglichkeiten: einerseits über Märkte oder andererseits innerhalb von hierarchischen Strukturen, wie z. B. Unternehmen (Coase, 1937; Williamson, 1985). Auf einem Markt spielt der Preis für die Allokation von Ressourcen eine wichtige Rolle: Regelmäßig erhält derjenige ein Gut oder eine Dienstleistung, der am meisten dafür zu zahlen bereit ist. Hingegen wird in hierarchischen Organisationsformen, wie z. B. einem Unternehmen, in der Regel nicht der Preismechanismus benutzt, sondern per Anordnung bestimmt, welche Ressourcen wo eingesetzt werden.

Unternehmen und Märkte können daher als alternative Organisationsformen betrachtet werden, die beide dasselbe Problem lösen – nämlich Transaktionen zwischen Individuen möglichst effizient abzuwickeln. Die Neue Institutionenökonomik versucht nun zu erklären, unter welchen Bedingungen Tausch über den Markt erfolgt und wann Transaktionen innerhalb von Unternehmen abgewickelt werden. Aus Sicht der Neuen Institutionenökonomik ist der Markt somit mehr als ein reiner Preismechanismus, ebenso wie Unternehmen mehr sind als reine Produktionsfunktionen. Vielmehr werden Markt und Unternehmen als Institutionen (und zum Teil auch als Organisationen) begriffen, die aus einer Vielzahl von Regeln bestehen und deren Existenz und Entwicklung die Neue Institutionenökonomik zu erklären versucht.

Institutionelles Umfeld und institutionelle Arrangements

Unterschieden wird ferner zwischen dem institutionellen Umfeld, in dem wirtschaftliches Handeln ganz allgemein stattfindet, und den institutionellen Arrangements, die das Handeln im Einzelfall regeln (North, 1991; Williamson, 1998). Unter dem institutionellen Umfeld werden die Rahmenbedingungen oder die Ordnung einer Gesellschaft verstanden, während die institutionellen Arrangements die Vertragsformen sind, die Wirtschaftssubjekte bei gegebenen Rahmenbedingungen wählen. Die Verfassung, die Gesetze, Sitten und Normen sowie kulturelle Werte bilden also das institutionelle Umfeld bzw. die gesellschaftlichen Rahmenbedingungen, während institutionelle Arrangements Vertragsformen sind, wie z. B. Franchiseverträge, Kaufverträge oder Mietverträge, die die Wirtschaftssubjekte vor dem Hintergrund des institutionellen Umfelds wählen.

Die Neue Institutionenökonomik operiert gemäß dieser Unterscheidung zwischen institutionellem Umfeld und institutionellen Arrangements auf zwei Analyseebenen: einer makroskopischen und einer mikroskopischen Ebene. Auf der makroskopischen Analyseebene werden das institutionelle Umfeld und dessen Effizienz, Stabilität und Wandel untersucht. Dazu gehört auch die Eigentumsordnung einer Gesellschaft. Hingegen untersucht der mikroskopische Teil der Neuen Institutionenökonomik, wie er durch die von Oliver Williamson (1975; 1985; 1996) entwickelte Transaktionskostenökonomik repräsentiert wird, nicht die Rahmenbedingungen selbst, sondern vielmehr die Wahl der Vertragsform bei gegebenen Rahmenbedingungen. Zwischen beiden Ebenen gibt es offensichtlich eine Interdependenz.

Im Gegensatz zur traditionellen Ökonomik geht die Neue Institutionenökonomik nicht davon aus, dass Individuen stets vollkommen rational handeln und immer vollständig über alles informiert sind. Ausgangspunkt der Neuen Institutionenökonomik ist vielmehr die Annahme, dass sich Individuen (a) eingeschränkt rational und zugleich (b) opportunistisch verhalten (Williamson, 1985). Eingeschränkt rationales Verhalten bedeutet, dass Individuen nur in begrenztem Maße in der Lage sind, Informationen aufzunehmen, zu verarbeiten und zu speichern. Das bedeutet jedoch nicht, dass Individuen sich irrational verhalten. Laut Simon (1957) verhalten sich Individuen ihrer Intention nach schon rational, sie sind jedoch in ihren geistigen Kapazitäten beschränkt.[16]

Das Konzept der eingeschränkten Rationalität bedeutet, dass Individuen in den meisten Fällen nicht in der Lage sind, vollständige Verträge zu spezifizieren, die zugleich mehr oder weniger kostenlos durchsetzbar sind. Dies wiederum bringt uns zu neuen Problemen, da die Neue Institutionenökonomik nicht nur davon ausgeht, dass Individuen nur einschränkt rational sind. Ebenfalls unterstellt sie, dass sie sich opportunistisch verhalten. Mit der Verhaltensannahme des Opportunismus ist gemeint, dass Individuen – zwar nicht alle Individuen immer und überall, aber zumindest doch einige gelegentlich – ihr Eigeninteresse mit List und Tücke verfolgen, sich also strategisch verhalten (Williamson, 1985, 64ff.). Dies wiederum bedeutet zum Beispiel, dass Marktteilnehmer unter Umständen ein Interesse daran haben, bewusst Fehlinformationen zu verbreiten. Verhalten sich die Marktteilnehmer opportunistisch und ist es nicht möglich, vollständig und einfach durchsetzbare Verträge zu schließen, so kann die mangelnde Glaubwürdigkeit der Marktteilnehmer z. B. dazu führen, dass beiderseits vorteilhafter Tausch unterbleibt.

Eine zentrale These der Neuen Institutionenökonomik ist nun, dass sich in einem evolutionären Prozess von Versuch und Irrtum die Institutionen herausbilden, welche die geschilderten Probleme am besten lösen und die Komplexität des menschlichen Handelns reduzieren. Bei Wettbewerb werden sich die Vertragsformen durchsetzen, die unter den gegebenen Rahmenbedingungen effizient sind. Anders ausgedrückt, trennt der Wettbewerb effiziente von ineffizienten Vertragsformen; man spricht hier auch vom sogenannten Wettbewerbsfilter.

Allerdings ist durchaus umstritten, ob zwangsläufig auch die Rahmenbedingungen, unter denen die Verträge geschlossen werden, selbst eine Tendenz zur Effizienz haben. So vermutet der Nobelpreisträger Douglas North (1994, 360), dass Institutionen oft nicht errichtet werden, um zum gesellschaftlich optimalen Ergebnis zu gelangen, sondern dass – zumindest die formalen Institutionen wie das geschriebene Recht – vielmehr den Interessen derjenigen dienen, die die stärkste Verhandlungsmacht

---

16 Zu der Frage, was denn nun unter eingeschränkt rationalem Verhalten genauer zu verstehen ist, gibt es mindestens zwei konfligierende Ansichten, wenn nicht mehr (Conlisk, 1996): Während einige Ökonomen eingeschränkte Rationalität einfach als eine weitere Nebenbedingung eines Maximierungsproblems betrachten (so z. B. Dow, 1991; Meyer, 1991 oder Rubinstein, 1993), verstehen andere unter eingeschränkt rationalem Verhalten nicht »einfach irgendeine andere Form der Nutzenmaximierung oder etwas Ähnliches« (Selten, 1990, 657). Noch plastischer drückt dies Coase (1988, 4) aus: »Es gibt keinen Grund anzunehmen, dass die meisten Menschen irgendetwas maximieren außer vielleicht das Unglücklichsein – aber selbst dies nur mit beschränktem Erfolg«. Selten (1990) argumentiert nun, dass sich das menschliche Verhalten nicht durch ein paar abstrakte Prinzipien beschreiben lässt, sondern stattdessen fallweise Entscheidungen getroffen werden. Das bedeutet, dass eine begrenzte Anzahl einfacher Entscheidungsregeln verwendet wird, deren Auswahl sich auf der Grundlage einfacher Kriterien vollzieht (siehe auch Gilboa/Schmeidler, 1995; Kahneman, 1994). Eine wiederum andere Sicht vertritt North (1978), der von unvollständigen und sich ändernden Präferenzen ausgeht.

besitzen. Diese These deckt sich mit Theorien aus der sogenannten Neuen Politischen Ökonomie (Olson, 1965), während neue institutionenökonomische Forschung wirtschaftshistorischer Art durchaus Grund zum Optimismus in dem Sinne bietet, dass effiziente Institutionen in der Tat zu wirtschaftlicher Prosperität führen und sich somit zumindest langfristig durchsetzen sollten (Acemoğlu/Robinson, 2012).

Gegenstand der Ordnungspolitik sind ebenfalls die institutionellen Rahmenbedingungen, die Ordnung der Wirtschaft also. Um jedoch die Effizienz von Ordnungen und deren Stabilität analysieren zu können, ist es unabdingbar, auch die Effizienz von institutionellen Arrangements zu verstehen, die sich bei gegebenen Rahmenbedingungen entwickeln. Die Rahmenbedingungen geben gewissermaßen die Spielregeln vor, innerhalb derer Verträge geschlossen werden können. So gehört das Wettbewerbsrecht und seine Durchsetzung zu den institutionellen Rahmenbedingungen, die vorgeben, welche Vertragsformen zulässig sind und welche nicht. Während manche institutionellen Arrangements wie z. B. Kartellverträge in den meisten Staaten durch die institutionellen Rahmenbedingungen verboten sind, sind andere Arrangements, wie z. B. Franchiseverträge, in den meisten Staaten erlaubt. Die Effizienz einer Ordnung kann daher nur beurteilt werden, wenn man auch weiß, welchen Einfluss eine Ordnung auf die Wahl von Vertragsformen hat und wie es sich mit der Effizienz dieser Vertragsformen verhält.

3.1.4 Eigentumsrechte und Verträge

Die ökonomische Theorie der Verfügungsrechte: Ansatz und Grundbegriffe

Die grundlegende Untersuchungseinheit der Neuen Institutionenökonomik ist die Transaktion. Betrachtet werden weniger die Positionen einzelner Individuen im Wirtschaftssystem als vielmehr die Transaktionen zwischen diesen Individuen und die Dimensionen dieser Transaktionen. Die Transaktion ist das Grundelement jeder institutionenökonomischen Analyse.

Transaktionen finden nicht im luftleeren Raum statt, sondern vor dem Hintergrund institutioneller Rahmenbedingungen. Elementarer Bestandteil dieser institutionellen Rahmenbedingungen ist die Eigentumsrechtsordnung einer Gesellschaft. Die Eigentumsrechtsordnung regelt, wer in einer Gesellschaft wie in welchem Umfang über vorhandene Ressourcen verfügen kann (Richter, 1994, 11). Wie diese Verfügungsrechte definiert und durchgesetzt werden, ist entscheidend für die Art und Weise, wie Transaktionen organisiert werden. Denn auf einem Markt werden genau betrachtet nicht Güter und Dienstleistungen getauscht, sondern vielmehr die Verfügungsrechte über diese Ressourcen. So werden an der Aktienbörse keine physischen Unternehmensanteile gehandelt, sondern Eigentumsrechte an diesen Unternehmen, ohne dass sich physisch irgendein Tausch vollzieht. Selbst beim morgendlichen Brötchenkauf erwerbe ich im Grunde von meinem Bäcker nichts Anderes als das Recht, über die erworbenen Brötchen wie auch immer zu verfügen. Gegenstand jeder Transaktion sind also Verfügungsrechte.

Eine Kernfrage einer jeder Wirtschaftsordnung ist nun die Frage, ob Verfügungsrechte privat (Privateigentum) oder sozial (Kollektiveigentum) geordnet sein sollen. In einer Welt ohne Transaktionskosten wäre dies gleichgültig, da es ja keinerlei Kontroll- oder Informationsprobleme bzw. -kosten gäbe. Dies war bereits vor über 100 Jahren Kern der Kontroverse zwischen Ludwig von Mises und Oskar Lange. Während Oskar Lange argumentierte, dass ein zentraler Planer einfach das gesellschaftliche Optimum implementieren könne, wies Ludwig von Mises auf die Schwierigkeiten hin, die dafür notwendigen Informationen zu erhalten (vgl. etwa Persky, 1991).

Die reale Welt ist offensichtlich von allerlei Informationsproblemen und daher Transaktionskosten geprägt. Die ökonomische Theorie der Verfügungsrechte (»Property Rights«-Analyse) betrachtet daher die Anreizwirkungen, die von einer Verfügungsrechtsordnung ausgehen, und ihre Auswirkungen auf das wirtschaftliche Resultat und die gesamtwirtschaftliche Effizienz. Anreizwirkungen spielen genau deswegen eine Rolle, weil die Welt eben durch Unsicherheit und Informationsdefizite geprägt ist. Wie eine gesellschaftlich ideale Allokation von Ressourcen konkret aussieht, unterliegt einem permanenten Wandel und ist im Grunde nicht bekannt.

Die gesellschaftliche Ordnung bestimmt nun, welche Individuen in welchem Umfang über Ressourcen verfügungsberechtigt sind. Gegenstand der Ordnungspolitik ist auch die Frage, wie diese Ordnung optimalerweise beschaffen sein sollte, um zu einem gesamtwirtschaftlich guten Ergebnis zu gelangen. Dabei gilt zu beachten, dass letztlich immer Individuen über die vorhandenen Ressourcen verfügen. Auch wenn die Ressourcen sich im Staatseigentum befinden, sind es letzten Endes doch immer konkrete Individuen, die allein oder im Kollektiv über ihre Nutzung und Allokation entscheiden, und es sind somit letztendlich Individuen oder Gruppen von Individuen, die de facto die Verfügungsrechte innehaben.

Was aber genau ist unter Verfügungsrechten zu verstehen? In der ökonomischen Theorie haben Verfügungsrechte eine viel umfangreichere Bedeutung als der juristische Begriff des Eigentums. Verfügungsrechte werden als Regelungen für das Verhalten und die Ansprüche der Individuen untereinander interpretiert. Ein Individuum muss entweder die Verfügungsrechte anderer beachten oder die Kosten der Nicht-Beachtung (z. B. Schadensersatz, Strafe) tragen (Pejovich, 1990, 27). Zudem beinhaltet der Begriff Verfügungsrecht in der verwendeten Bedeutung auch die Durchsetzbarkeit dieser Rechte. Der globale Begriff Verfügungsrecht wird in der Literatur häufig in die folgenden vier konkreten Rechte eingeteilt:

1. Das Nutzungsrecht an einem Gut (usus);
2. Das Recht auf Veränderung von Form und Substanz des Gutes (abusus);
3. Das Recht auf Aneignung des Erfolges (usus fructus);
4. Das Recht zur Veräußerung des Gutes.

Unter diesen vier Rechten kann man sich konkret z. B. folgende Sachverhalte vorstellen:

Dar. 3.1-1: Beispiele zu den vier Rechten der Verfügungsrechts

Recht	Beispiel
usus	Wohnen im eigenen Haus, Vermieten des Hauses; die eigene Wiese von einer Viehherde abweiden lassen; die Wiese abmähen, um Heu zu gewinnen
abusus	Das Haus umbauen; die Wiese als Park gestalten
usus fructus	Kassieren des Mietzinses des Hauses; Nutzung oder Verkauf des Heus von der Wiese
Veräußerungsrecht	Verkauf des Hauses; Verkauf der Wiese

Zudem kann zwischen drei Arten von Verfügungsrechten unterschieden werden:

1. absolute Verfügungsrechte, die von jedem Mitglied einer Gesellschaft zu beachten sind, wie z. B. das Privateigentum an Sachen, immaterielle Rechte wie Patente oder Copyrights, und die individuellen Freiheitsrechte/Menschenrechte;
2. relative Verfügungsrechte, die auf Vertragsverhältnissen basieren, wie z. B. Kauf- oder Arbeitsverträgen;
3. andere Verfügungsrechte, die nicht durch das Gesetz geschützt werden und sich aus persönlichen Beziehungen (Verhältnissen) ergeben (z. B. »eine Hand wäscht die andere«).

Während absolute Verfügungsrechte ein Recht gegenüber jedem anderen Individuum einer Gesellschaft darstellen, handelt es sich bei den relativen Verfügungsrechten um Ansprüche gegenüber bestimmten Personen. Nur gegen diese Personen ist das Recht durchsetzbar. So sind z. B. die in einem Arbeitsvertrag verbrieften Rechte nur gegen den jeweiligen Vertragspartner durchsetzbar, es handelt sich daher um relative Verfügungsrechte. Hingegen gelten z. B. Eigentumsrechte an Grund und Boden gegenüber jedem Mitglied einer Gesellschaft.

Verfügungsrechte können uneingeschränkt oder auch beschränkt sein. Ein uneingeschränktes Verfügungsrecht bedeutet, dass der Inhaber mit einer Ressource beliebig verfahren kann, solange Dritten kein Schaden daraus erwächst. Beschränkte Verfügungsrechte hingegen limitieren den Inhaber in der Ausübung seiner Rechte. Das deutsche Bürgerliche Recht, auch Privatrecht oder Zivilrecht genannt, kennt drei Arten von beschränkten dinglichen Rechten:

1. beschränkte Nutzungsrechte, wie z. B. Wohnrechte, die ein Nutzungsrecht beinhalten, aber nur sehr beschränkte Rechte zur Änderung der Wohnung und keine Veräußerungs- oder Gewinnrechte;
2. Sicherungs- und Verwertungsrechte, wie z. B. Hypotheken oder Sicherungsübereignungen;
3. Erwerbsrechte, wie z. B. Vorkaufsrechte.

Zur Anreizwirkung von Verfügungsrechten

Die zentrale These der ökonomischen Theorie der Verfügungsrechte ist, dass die Verfügungsrechtsordnung die Allokation und Nutzung der Ressourcen einer Gesellschaft auf spezifische und vorhersehbare Weise beeinflusst (Furubotn/Pejovich, 1972, 1139). Grundannahme ist, dass Individuen primär ihre eigenen Interessen verfolgen und versuchen, sich individuell rational zu verhalten, auch wenn dies nicht immer gelingen mag.

Wie oben schon erwähnt, bedeutet individuell rationales Verhalten nicht, dass Individuen versuchen, das für die Gesellschaft beste Ergebnis zu erzielen. Vielmehr ist mit rationalem Verhalten gemeint, dass Individuen Informationen effizient nutzen und verwerten und ihre Entscheidungen konsistent mit ihren eigenen persönlichen Zielen sind. Die Annahme, dass Individuen ihr eigenes Interesse verfolgen, bedeutet, dass Individuen in ihren Entscheidungen konsequent die zu erwartenden Vor- und Nachteile einer Handlung für sich selbst abwägen. Unter diesen Annahmen werden die Mitglieder einer Gesellschaft versuchen, aus einer Ressource das meiste für sich selbst herauszuholen und daher die Ressource so einsetzen, dass die daraus erzielbaren Erträge maximal werden. Damit aber jedes Individuum auch die Anstrengung auf sich nimmt, die bestmögliche Verwendungsweise für eine Ressource zu finden, ist es notwendig, dass der- oder diejenige auch die Rechte zum Ressourceneinsatz sowie einen Anspruch auf den Gewinn hat. Nur wenn jemand den Gewinn vereinnahmen kann, wird er auch Anstrengungen unternehmen, diesen zu maximieren.

Verdeutlichen wir dies an folgendem Beispiel (Richter/Furubotn, 2010, 105ff): Angenommen ein Landwirt bekommt das Recht, ein Stück Land zu bewirtschaften, darf aber das Land nicht verkaufen, vererben oder sonst wie übertragen. Wird der Landwirt starke Anreize haben, besonders pfleglich und sorgsam mit dem Land umzugehen? Wohl kaum, denn er kann ja die zukünftigen Ergebnisse seines Umgangs mit dem Boden nicht kapitalisieren. Der Zustand des Bodens wird ihn weniger interessieren als in einem Fall, in dem er Eigentumsrechte am Boden hat und ihn ggf. verkaufen oder vererben kann. Ähnlich verhält es sich auch mit anderen Ressourcen: Gibt es keine eindeutige Zuordnung der Eigentumsrechte, so sind die Anreize, pfleglich mit einer Ressource umzugehen, denkbar geringer, als wenn sich die Ressource im Eigentum des jeweiligen Benutzers befindet. Besonders deutlich wird dies am Beispiel der Umwelt. Da es an vielen Umweltressourcen keine Eigentumsrechte gibt, haben die Nutzer auch nur denkbar geringe Anreize, pfleglich mit den Ressourcen umzugehen.

Bedeutet dies nun, dass Privateigentum immer und überall die beste Lösung ist? Sicherlich nicht. Entscheidend ist, zwei Arten von Transaktionskosten gegeneinander abzuwägen. Zum einen gibt es Kontroll- und Überwachungskosten, eben weil Individuen nur eingeschränkt rational sind, aber doch gleichzeitig oft eigennützig handeln. Wäre es problemlos möglich, den optimalen Zustand einer Ressource immer und überall im Sinne des Gemeinwohls vertraglich festzulegen, so wäre es egal, wer über was verfügen darf. Es würde für den Zustand einer Wohnung z. B. keine Rolle spielen, ob sie von ihrem Eigentümer oder einem Mieter bewohnt würde, und es wäre auch irrelevant, ob ein Gebrauchtwagen zuvor als Firmenwagen, Mietwagen oder als

Privatwagen gefahren worden wäre. Kontroll- und Informationskosten führen jedoch dazu, dass dies offensichtlich nicht so ist. Verfügungsrechte lassen sich in einer Welt mit Transaktionskosten eben nicht vollständig und schon gar nicht kostenlos durchsetzen.

Zum anderen spielen neben den Kontroll- und Überwachungskosten vor allem auch die sogenannten Spezifikationskosten eine bedeutende Rolle bei der Gestaltung der optimalen Verfügungsrechtsordnung. Mit Spezifikationskosten ist gemeint, dass Verfügungsrechte aufgrund der begrenzten Rationalität des Menschen oft eben nicht perfekt oder auch gar nicht spezifiziert sind und damit nicht zugewiesen werden können. So ist z. B. der Versuch, Verfügungsrechte an natürlichen Ressourcen wie den Weltmeeren oder der Atmosphäre zu definieren, mit erheblichen Kosten verbunden.

Wie wichtig Transaktionskosten für den Umgang mit einer Ressource sind, verdeutlicht die Umweltproblematik sehr anschaulich. Umweltprobleme entstehen nämlich gerade dadurch, dass die Verfügungsrechte an natürlichen Ressourcen oft nicht vollständig spezifiziert werden können (zu hohe Spezifikationskosten) oder sich nur schwer kontrollieren und durchsetzen lassen (hohe Informations- und Kontrollkosten). Privateigentum muss daher nicht immer die ideale Lösung sein. Bei relativ hohen Ausschlusskosten kann auch Gemeineigentum die effiziente Nutzung einer Ressource fördern. Wie insbesondere Elinor Ostrom (1990; 2010) herausgearbeitet hat, ist die Welt nicht schwarz oder weiß. Vielmehr können ganz unterschiedliche Eigentumsstrukturen in verschiedenen Situationen effizient sein. So können etwa Genossenschaften als Mischform zwischen reinem Privateigentum und reinem Gemeineigentum betrachtet werden.

Verfügungsrechte können zudem durch private oder staatliche Regulierung eingeschränkt werden. Festzuhalten ist, dass die Verfügungsrechtsordnung einer Gesellschaft ebenso gravierende Anreizeffekte auf jedes wirtschaftliche Handeln ausübt, wie die Wettbewerbsordnung somit auch vorhersehbare Auswirkungen auf das gesamtwirtschaftliche Ergebnis und dessen Effizienz hat. Zwischen Eigentumsordnung und Wettbewerbsordnung bestehen somit starke Interdependenzen.

So ermöglichen Eigentumsrechte einerseits überhaupt erst, dass preisgesteuerter Tausch und marktlicher Wettbewerb entstehen. Andererseits werden Eigentumsrechte durch die kartellrechtliche Fusionskontrolle oder eine Netzzugangsregulierung gerade mit dem Ziel eingeschränkt, den Wettbewerb zu schützen. Allerdings kann die Einschränkung von Eigentumsrechten den Wettbewerb natürlich auch ausbremsen, wie die oft überbordende Regulierung der sogenannten Sharing Economy klar belegt. Gerade letzteres illustriert gut die Interdependenz von Eigentums- und Wettbewerbsordnung.

3.1.5 Nichtmarktlicher Wettbewerb

Wettbewerb bietet nicht nur auf Märkten, sondern auch in anderen Bereichen des gesellschaftlichen Zusammenlebens große Vorzüge. Ganz offenkundig wird es im Sport auf Dauer langweilig, wenn stets Derselbe gewinnt. Ein »Monopol« auf die Deutsche

Meisterschaft oder den Formel-1-Titel führt zu einem sinkenden Interesse an der Sportart. Wie wohl in keinem anderen Bereich, ist hier der Wettbewerb essenziell für die Attraktivität des angebotenen Produktes.

Gesellschaftlich wichtiger als im Sport ist sicherlich der politische Wettbewerb zwischen Parteien, Kandidaten und politischen Ideen und Visionen. Der politische Wettbewerb um die Wählergunst ist ein konstituierendes Element jeder Demokratie. Natürlich funktioniert der politische Wettbewerb nicht so wie der wirtschaftliche Wettbewerb auf Märkten, Marktpreise spielen in der Politik keine Rolle. Aber auch auf Märkten funktioniert der Wettbewerb im Detail auf jedem Markt anders: Im Buchhandel etwa spielt der Preis (dank Buchpreisbindung) auch keine Rolle – Standort, Sortimentsbreite und die Qualität der Beratung sind dagegen wichtige Wettbewerbsparameter. Der Markt für Sportwetten funktioniert anders als der Milchmarkt und dieser anders als der Immobilienmarkt. Jedoch haben all diese Märkte ein Element gemeinsam mit der Politik: So wie die Anbieter versuchen, die Nachfrager durch ein möglichst attraktives und überzeugendes Angebot für sich zu gewinnen; so versuchen auch Politiker und Parteien die Wähler zu überzeugen. Dass es so viele Wechselwähler gibt, ist aus Sicht eines Wettbewerbsökonomen daher als Zeichen eines funktionierenden Wettbewerbs zu werten. Eine hohe Zahl nicht wechselbereiter und sehr treuer Stammwähler hingegen führt eher dazu, dass Parteien und Politiker sich weniger um die Stimmen der Wähler bemühen müssen und somit die Interessen der Wähler auch stärker ignorieren könnten.

Zwischen politischem Wettbewerb und dem wirtschaftlichen Wettbewerb auf Märkten gibt es einen oft nicht beachteten Zusammenhang. Im Wettbewerb um politisches Gehör haben die einen Vorteil, die schon Ressourcen besitzen, Arbeitnehmer hinter sich haben und Steuern entrichten. Dies ist insbesondere bei Monopolen und großen Unternehmen der Fall. Kleine Unternehmen oder gar potenzielle Neulinge, die noch gar nicht im Markt aktiv sind, finden daher systematisch weniger politisches Gehör. Auch deswegen ist die Liberalisierung vieler Märkte politisch so schwierig. Etablierte und vor Wettbewerb geschützte Unternehmen haben deutliche bessere Möglichkeiten, politisches Gehör zu finden, als noch nicht existierende Wettbewerber und deren potenzielle Arbeitnehmer. Genau deswegen ist zu erwarten, dass es systematisch zu viel Protektionismus und Regelungen zugunsten großer, etablierter Unternehmen gibt. Märkte auch gegen Widerstände zu öffnen und offen zu halten, ist daher eine wichtige Aufgabe der Wettbewerbspolitik.

Schließlich stehen – auch nach dem Zusammenbruch des Sozialismus – wirtschaftliche und politische Systeme verschiedener Länder in Wettbewerb zueinander, im Wettbewerb um Investitionen, um Arbeitsplatzansiedlungen, um kluge Köpfe, um Steuereinnahmen und um vieles mehr. Der in Berlin geborene Ökonom und Soziologe Albert O. Hirschman (1969) hat dazu ausgeführt, dass dieser Wettbewerb durch zwei Elemente geprägt ist: Abwanderung (»Exit«) und Kritik (»Voice«). Gefallen einem die Rahmenbedingungen des Zusammenlebens nicht mehr, können sowohl Unternehmen als auch Bürgerinnen und Bürger die Zustände kritisieren und auf Veränderungen drängen oder aber abwandern. Die weltweiten Flüchtlingsströme belegen dies auf dramatische Weise. Besonders in Demokratien sollte eine Flucht von Kapital und

Bürgern oder allein diese Optionen dazu führen, dass sich die Politik an den Wünschen der Bevölkerung orientiert.

Im sogenannten Systemwettbewerb sind allerdings auch die Grenzen des Wettbewerbs als Ordnungsprinzip gut zu erkennen. Wo die Handlungen des einen sich auch auf andere auswirken, ist oftmals Kooperation statt Wettbewerb sinnvoll. Klimaschutz etwa kann nur schwer im Wettbewerb der Staaten erbracht werden. Ohne Kooperation droht eine Abwärtsspirale, bei der jeder gern als Trittbrettfahrer agiert. Daher sind hier Koalitionen und Kooperationen dringend erforderlich. Auch bei Umwelt- und Sicherheitsstandards kann ein ruinöser Wettbewerb drohen, wenn im Wettbewerb um Unternehmensansiedlungen und Steuereinnahmen jeder in der Hoffnung auf Wettbewerbsvorteile die Umwelt- und Sicherheitsstandards niedrig halten sollte, wie zumindest manche Ökonomen sicher nicht ganz zu Unrecht befürchten. Hier gilt es vernünftige internationalen Rahmenbedingungen zu schaffen, damit ein fairer Wettbewerb stattfindet, der z. B. nicht darauf beruht, dass Wettbewerbsvorteile durch ein Missachten von Menschenrechten oder besonders klimaschädliche Produktion erzielt werden.

3.1.6 Auswirkungen der Digitalisierung auf Wettbewerb und Verfügungsrechte

Ganz neue Herausforderungen für die Sicherstellung des Wettbewerbs auf Märkten, aber auch für den Wettbewerb der gesellschaftlichen Systeme stellen sich nun im Zuge der Digitalisierung (Haucap, 2021). Kaum ein Thema beschäftigt die Wettbewerbsforschung aktuell so sehr wie die Frage, ob sich durch die Digitalisierung fundamental etwas an Wettbewerbsprozessen auf Märkten ändert. Stichworte wie Plattformkapitalismus oder Datenkapitalismus machen die Runde.

Zunächst ist festzuhalten, dass sich durch das Internet und die Digitalisierung der Wettbewerb in vielen Bereichen zunächst dramatisch intensiviert. Preis- und Produktvergleiche werden deutlich einfacher, als sie es in der Vergangenheit waren. Preisvergleichsrechner im Internet boomen, selbst im stationären Einzelhandel reicht ein Blick auf das Smartphone, um Preise zu vergleichen. Vergleichsportale intensivieren daher zuerst einmal den Wettbewerb, ebenso wie spezialisierte Vergleichs- und Buchungsportale, wie etwa HRS und booking.com für Hotels, Trivago für Flüge und Reisen, Yelp für Restaurants und Kneipen, Verivox für Energiepreise oder Check24 für Versicherungen, Kredite und vieles mehr. Auch Amazon, eBay und Google helfen beim Suchen, Vergleichen und Buchen. Die meisten dieser Portale operieren als sogenannte Plattformen, d. h. sie sind lediglich vermittelnd tätig – Amazon ist hier eine Ausnahme.

Die Plattformen bringen zwei Nutzergruppen, z. B. Käufer und Verkäufer bei eBay oder Amazon Marketplace, zusammen, ohne dass die Plattformen direkt an den Transaktionen beteiligt wären. Die Finanzierung erfolgt vielmehr wie bei Börsen über eine Kommission für erfolgreiche Vermittlungen oder auch für Clicks. Charakteristisch für diese Plattformen sind sogenannte Netzwerkeffekte, wobei zwischen direkten und indirekten Netzeffekte unterschieden wird: Direkte Netzeffekte entstehen direkt dadurch, dass sich mehr andere Nutzer (derselben Art) einem Netz anschließen. So stiften dezidierte Kommunikationsplattformen wie etwa WhatsApp, X, LinkedIn oder Facebook direkt tendenziell einen umso höheren Nutzen, je mehr andere Teilnehmer des jeweiligen Dienstes existieren.

Indirekte Netzeffekte wirken sich dagegen erst indirekt für andere Nutzer aus. So ist z. B. eBay als Marktplatz ceteris paribus umso attraktiver für einen Verkäufer, je mehr potenzielle Käufer eBay aufsuchen. Für einen Käufer wiederum ist es umso attraktiver, bei eBay nach einem Angebot zu suchen, je mehr Angebote es gibt. Somit werden umso mehr Käufer eBay nutzen, je mehr Verkäufer sich dort tummeln, und umgekehrt werden sich ceteris paribus umso mehr Verkäufer dort tummeln, je mehr potenzielle Käufer dort sind. Die Käufer profitieren somit nur indirekt davon, dass es mehr andere Käufer gibt, eben weil dadurch mehr Verkäufer angelockt werden. Und auch Verkäufer profitieren nur indirekt von der Existenz anderer Verkäufer, weil dies eben die Attraktivität des Marktplatzes für Käufer erhöht.

Das Vorliegen dieser indirekten Netzeffekte ist charakteristisch für sehr viele Online-Plattformen. Der Nutzen der potenziellen Käufer bei Online-Plattformen wie eBay und Amazon steigt, je mehr Anbieter es gibt, und der Nutzen der Anbieter steigt, je mehr potenzielle Kunden es gibt. Dieses Prinzip der indirekten Netzeffekte ist im Grunde nicht neu, sondern war schon immer charakteristisch für Marktplätze, Börsen, Messen und Einkaufszentren, aber auch Flughäfen oder Zeitungen. Die durch die Konzentration auf einen Marktplatz mögliche Reduktion von Suchkosten hat schon in der Vergangenheit dazu geführt, dass sich z. B. viele Antiquitätengeschäfte, Gebrauchtwagenhändler oder Bekleidungsgeschäfte in unmittelbarer geographischer Nachbarschaft zueinander befinden. Im Internet aber ist diese Konzentration aufgrund des Fehlens von Transportkosten – im Englischen plastisch bezeichnet als »Death of Distance« – und der geringeren zeitlichen Suchkosten noch wesentlich stärker ausgeprägt.

Durch direkte und indirekte Netzeffekte können daher starke Konzentrationstendenzen ausgelöst werden. Allerdings sind nicht alle Plattformen gleichermaßen konzentriert. Gegenbeispiele sind Immobilienmakler, Reisevermittler oder viele Partnerbörsen im Internet. Das Vorliegen indirekter Netzeffekte ist also keineswegs hinreichend für eine Monopolisierung oder hohe Marktkonzentration.

Die Konkurrenz zwischen solchen mehrseitigen Plattformen und die Marktkonzentration wird maßgeblich bestimmt durch die Stärke der geschilderten Netzeffekte einerseits und die Möglichkeit des von Ökonomen so bezeichneten »Multihomings« und des Anbieterwechsels. Multihoming bedeutet in der Sprache der Ökonomen, dass man sich parallel verschiedener Vermittler bedient, so wie etwa Hotels ihre Zimmer parallel bei verschiedenen Plattformen anbieten oder Taxifahrer parallel mehrere Vermittler nutzen. Wie sich zeigt, haben einzelne Plattformen, wie z. B. Facebook, Amazon und Google, auf manchen Märkten eine überragende Marktmacht, die aufgrund erheblicher Markteintrittsbarrieren und starker direkter (Facebook) oder indirekter (Amazon) Netzeffekte, oft in Verbindung mit der fehlenden Attraktivität des Multihoming, auch nicht schnell erodieren wird.

Eine Kernaufgabe für die Aufrechterhaltung von Wettbewerb ist es daher gerade auf diesen Plattformmärkten, den Wettbewerb zu schützen (Schweitzer et al., 2018). In Deutschland sind daher im Rahmen der neunten (2017) und zehnten (2021) Novelle des GWB erhebliche Neuerungen in das Kartellrecht eingeführt worden, um die Missbrauchsaufsicht gegenüber digitalen Plattformen zu stärken. In der EU ist mit dem Gesetz über digitale Märkte (»Digital Markets Act« – DMA) der Regulierungsrahmen für digitale Plattformen ebenfalls erheblich verschärft worden.[17]

Auch für die Eigentumsordnung stellen sich durch die Digitalisierung neue Herausforderungen. Insbesondere der Zugriff auf Daten ist zentral für zahlreiche wirtschaftliche Aktivitäten der digitalen Ökonomie. An Daten besteht zwar aus juristischer Sicht kein Eigentum, doch ökonomisch gesehen geht es eindeutig um die Zuordnung von Verfügungsrechten. So kann es etwa sein, dass der Zugriff auf Daten, die ein Wettbewerber erhoben hat, für die Teilnahme am Wettbewerb essentiell sein kann. Um Wettbewerb zu ermöglichen und damit Auswahlmöglichkeiten für Nutzer zu schaffen, mag es manchmal notwendig sein, auf Daten zurückzugreifen, die ein Konkurrent originär generiert hat, wenn ohne deren gemeinsame Nutzung Wettbewerb nicht möglich ist. Die Definition der Verfügungsrechte determiniert dann auch das Wettbewerbsgeschehen auf Märkten.

Eine neue Entwicklung in der Zuordnung von Verfügungsrechten zeigen auch die Geschäftsmodelle der sogenannten »Sharing Economy«. Das Teilen von Ressourcen ist zwar prinzipiell gar nichts Neues, jedoch macht die Digitalisierung das Teilen gerade zwischen Verbrauchern wesentlich einfacher, weil zum einen das sogenannte Matching einfacher wird, also den passenden Partner zu finden, zum anderen durch Reputationssysteme fehlendes Vertrauen zwischen ansonsten anonymen Partnern erzeugt werden kann. War früher das Trampen zum einen mit Risiken verbunden, zum anderen umständlich, ist das vermittelte »Ride Sharing« über Plattformen wie Bolt und Uber vergleichsweise sicher, da die Anonymität überwunden wird, und es ist auch vergleichsweise unkompliziert. Ähnliches gilt für das temporäre Überlassen von Wohnungen und Zimmern oder anderen Objekten. Auch im Zuge des Car-Sharing wird Eigentum weniger bedeutsam, der temporäre Zugang zu einer Ressource reicht oftmals aus, um die Bedürfnisse von Nachfragern effizient zu befriedigen.

Das Teilen knapper Ressourcen, das so einfacher möglich wird, ist ökonomisch gesehen effizient, da die Ausnutzung von ansonsten ungenutzten Ressourcen so gesteigert werden kann. Hier liegen auch im sogenannten Verbraucherbereich deutliche Effizienzpotenziale, die nicht zu leichtfertig durch eine zu strikte Regulierung vergeben werden sollten. Der Ansatz, mit Umsatzschwellen und Grenzwerten zu arbeiten,

---

17 Für ausführliche Auseinandersetzungen mit der neunten GWB-Novelle siehe Kersting/Podszun, 2017; für die zehnte GWB-Novelle Bien et al., 2021; Budzinski et al., 2020; Haucap/Schweitzer, 2021; Nagel/Hillmer, 2021. Für kritische Auseinandersetzungen zum DMA siehe Podszun, 2023; Budzinski/Mendelsohn, 2023; Stöhr/Mendelsohn, 2025.

wie z. B. bei Mini-Jobs oder im Umsatzsteuerrecht, erscheint hier vielversprechend. Es gilt daher die Wettbewerbsordnung und die Eigentumsordnung, welche Verfügungsrechte definiert, so weiterzuentwickeln, dass wirksamer Wettbewerb als Ordnungsprinzip weiter seine positiven Wirkungen in allen gesellschaftlichen Bereichen entfalten kann.

3.1.7 Ausblick

Nicht nur die Digitalisierung und die wachsende Bedeutung von Daten und der sogenannten Datenökonomie stellen an die Weiterentwicklung der Wettbewerbsordnung und die Definition von Verfügungsrechten neue Herausforderungen, auch der Systemwettbewerb zwischen marktwirtschaftlich geprägten Demokratien wie den Staaten der Europäischen Union und (noch) den USA einerseits und autoritären Staaten wie vor allem China andererseits bringt neue ökonomische Herausforderungen mit sich. Die EU fällt in diesem Wettbewerb gegenüber den USA und auch gegenüber China zunehmend zurück, sowohl in Bezug auf das Produktivitätswachstum als auch im Hinblick auf Innovationen und Neugründungen von Unternehmen. Der im September 2024 vom ehemaligen Präsidenten der Europäischen Zentralbank, Mario Draghi, vorgelegte Bericht belegt diese besorgniserregende Entwicklung nur zu deutlich (Draghi, 2024). Die Europäische Kommission plant auf diese Entwicklung vor allem mit einer Ausdehnung staatlicher Unterstützungsmaßnahmen und einer Lockerung der Wettbewerbsregeln zu reagieren, in der fehlgeleiteten Annahme, dass der Schutz europäischer Unternehmen vor Wettbewerb ihre Anreize stärkt, innovativ zu sein und die Produktivität zu steigern. Dass diese Hoffnung sich erfüllen wird, muss gleichwohl bezweifelt werden.

Ebenso unklar ist aber gleichwohl, ob die jüngst ebenfalls sinkenden Wachstumsraten in China dort eine Stärkung marktwirtschaftlicher Prinzipien und eine Förderung von Privateigentum und privatem Unternehmertum bewirken, wie einige Experten prognostizieren (vgl. etwa Kuhn/Inskeep, 2025) und Acemoğlu und Robinson (2012) schon vor über zehn Jahren vermutet haben. Gleichwohl zeigt sich, dass sich Wettbewerbs- und Eigentumsordnungen stetig weiterentwickeln und dass sie selbst elementare Faktoren im System- und Standortwettbewerb sind.

3.1.8 Literatur

Acemoğlu, Daron / Robinson, James, 2012: Why Nations Fail: The Origins of Power, Prosperity, and Poverty, New York.
Bien, Florian / Käseberg, Thorsten / Klumpe, Gerhard, 2021: Die 10. GWB-Novelle, München.
Budzinski, Oliver / Gaenssle, Sophia / Stöhr, Annika, 2020: Der Entwurf zur 10. GWB Novelle: Interventionismus oder Laissez-faire?, in: List Forum für Wirtschafts- und Finanzpolitik, Vol. 46, 157–184.

Budzinski, Oliver / Mendelsohn, Juliane, 2023: Regulating Big Tech: From Competition Policy to Sector Regulation?, in: ORDO: Jahrbuch für die Ordnung von Wirtschaft und Gesellschaft, Vol. 72-73, 217-255.

Coase, Ronald, 1937: The Nature of the Firm, in: Economica, Vol. 4, 386-405.

Coase, Ronald, 1988: The Firm, the Market, and the Law, Chicago & London.

Conlisk, John, 1996: Why Bounded Rationality?, Journal of Economic Literature, Vol. 34, 669-700.

Dow, James, 1991: Search Decisions with Limited Memory, Review of Economic Studies, Vol. 58, 1-14.

Draghi, Mario, 2024: The Future of European Competitiveness, Bericht für die Europäische Kommisson, online unter: https://commission.europa.eu/topics/eu-competitiveness/draghi-report_en (Abgerufen am 2.6.2025).

Furubotn, Eirik / Pejovich, Svetozar, 1972: Property Rights and Economic Theory: A Survey of Recent Literature, in: Journal of Economic Literature, Vol. 10, 1137-1162.

Gilboa, Itzhak / Schmeidler, David, 1995: Case Based Decision Theory, in: Quarterly Journal of Economics, Vol. 110, 605-639.

Haucap, Justus, 2020: Plattformökonomie: neue Wettbewerbsregeln – Renaissance der Missbrauchsaufsicht, in: Wirtschaftsdienst, Vol. 100, Sonderheft 13, 20-29.

Haucap, Justus, 2021: Kartellrecht und Digitalisierung für digitale Märkte, in: Tietmeyer, Ansgar / Solaro, Patricia (Hrsg.), Neue Herausforderungen der Sozialen Marktwirtschaft, Wiesbaden, 69-90.

Haucap, Justus / Schweitzer, Heike, 2021: Die Begrenzung überragender Marktmacht digitaler Plattform im deutschen und europäischen Wettbewerbsrecht, in: Perspektiven der Wirtschaftspolitik, Vol. 22, 17-26.

Hayek, Friedrich August von, 1945: The Use of Knowledge in Society, in: American Economic Review, Vol. 35, 519-530.

Hicks, John, 1935: Annual Survey of Economic Theory: The Theory of Monopoly, in: Econometrica, Vol. 3, 1-20.

Hirschman, Albert O., 1969: Exit, Voice, and Loyalty, Cambridge, MA. Ins Deutsche übersetzt von Leonhard Walentik als: Abwanderung und Widerspruch: Reaktion auf Leistungsabfall bei Unternehmungen, Organisationen und Staaten, Neuausgabe 2004, Tübingen.

Kahneman, Daniel, 1994: New Challenges to the Rationality Assumption, in: Journal of Institutional and Theoretical Economics, Vol. 150, 18-36.

Kuhn, Anthony / Inskeep, Steve, 2025: China Tries to Reboot its Private Sector, online unter: https://www.npr.org/2025/03/24/nx-s1-5337181/china-tries-to-reboot-its-private-sector (Abgerufen am 2.6.2025).

Nagel, Stephan Manuel / Hillmer, Katharina, 2021: Die 10. GWB-Novelle: Änderungen im Verfahrens-, Bußgeld-, Schadensersatz- und Fusionskontrollrecht, in: Der Betrieb, Vol. 74(10), 494-499.

North, Douglass C., 1978: Structure and Performance: The Task of Economic History, in: Journal of Economic Literature, Vol. 16, 963-978.

North, Douglass C., 1991: Institutions, in: Journal of Economic Perspectives, Vol. 5(1), 97-112.

North, Douglass C., 1994: Economic Performance Through Time, in: American Economic Review, Vol. 84, 359-368.

Olson, Mancur, 1965: The Logic of Collective Action: Public Goods and the Theory of Groups, Cambridge, MA.

Ostrom, Elinor, 1990: Governing the Commons: The Evolution of Institutions for Collective Action, Cambridge, MA.

Ostrom, Elinor, 2010: Beyond Markets and States: Polycentric Governance of Complex Economic Systems, in: American Economic Review, Vol. 100(3), 641-672.

Persky, Joseph, 1991: Retrospectives: Lange and von Mises, Large-Scale Enterprises, and the Economic Case for Socialism, in: Journal of Economic Perspectives, Vol. 5(4), 229-236.

Pejovich, Svetozar, 1990: The Economics of Property Rights: Towards a Theory of Comparative Systems, Dordrecht.
Podszun, Rupprecht (Hrsg.), 2023: Digital Markets Act: Gesetz über digitale Märkte, Baden-Baden.
Polanyi, Karl, 1944: The Great Transformation, New York.
Richter, Rudolf, 1994: Institutionen ökonomisch analysiert, Tübingen.
Richter, Rudolf / Furubotn, Eirik, 2010: Neue Institutionenökonomik. Eine Einführung und kritische Würdigung, 4. Auflage, Tübingen.
Rubinstein, Ariel, 1993: On Price Recognition and Computational Complexity in a Monopolistic Model, in: Journal of Political Economy, Vol. 101, 473–484.
Salisbury, Richard F., 1968: Trade and Markets, in: David L. Sills (Hrsg.), International Encyclopedia of the Social Sciences, Band 16, New York, 118–122.
Schmidt, Ingo / Haucap, Justus, 2013: Wettbewerbspolitik und Kartellrecht: Eine interdisziplinäre Einführung, 10., überarbeitete und aktualisierte Auflage, München.
Schweitzer, Heike / Haucap, Justus / Kerber, Wolfgang / Welker, Robert, 2018: Modernisierung der Missbrauchsaufsicht für marktmächtige Unternehmen, Baden-Baden.
Selten, Reinhart, 1990: Bounded Rationality, in: Journal of Institutional and Theoretical Economics, Vol. 146, 649–658.
Simon, Herbert, 1957: Models of Man, New York.
Stöhr, Annika / Mendelsohn, Juliane, 2025: Durchsetzung des § 19a GWB: Erste Erfahrungen und Verhältnis zum Digital Markets Act, in: Becker, Björn Christian (Hrsg.), Wettbewerb auf digitalen Märkten, Baden-Baden, 265–299.
Thiel, Peter, 2014: Zero to One: Wie Innovation unsere Gesellschaft rettet, Frankfurt.
Weizsäcker, Carl Christian von, 1980: Barriers to Entry: A Theoretical Treatment, Berlin u. a.
Williamson, Oliver E., 1975: Markets and Hierarchies: Analysis and Antitrust Implications, New York.
Williamson, Oliver E., 1985: The Economic Institutions of Capitalism, New York.
Williamson, Oliver E., 1996: The Mechanisms of Governance, New York & Oxford.
Williamson, Oliver E., 1998: Transaction Cost Economics: How it Works, Where it is Headed, De Economist, Vol. 146, 23–58.

3.2 Silicon-Valley-Unternehmertum: Betrachtungen eines populären Mythos[18]

Ted Baker / Friederike Welter

3.2.1 Einleitung

Das Silicon-Valley-Unternehmertum (SVU) gilt als das Modell für regional konzentriertes und weltweit erfolgreiches Hightech-Unternehmertum. Rund um die Welt ist die Politik daran interessiert, das SVU-Konzept im eigenen Land zu reproduzieren (Jahamaliah, 2020). Während einer Reise, die eine von uns vor einiger Zeit ins Valley unternommen hat, bestätigte sich jedoch, dass die Tech-Giganten des Silicon Valley und viele Start-ups in vielerlei Hinsicht lebende Mythen des Silicon Valley-Unternehmertums sind. Ihre sorgfältig aufbereiteten Erzählungen über die Unternehmensgründung und ihre bisherigen Erfolge folgen alle dem Valley-typischen Narrativ von aufstrebenden jungen Innovatoren, die klein anfingen und rasch mit Technologien wuchsen, die das Leben von uns allen überall auf der Welt zum Besseren verändern. Wie wurde SVU zum Mythos – und weshalb ist dieser Mythos weltweit so populär? Warum wird er nicht trotz der bekannten Probleme und Kritikpunkte stärker hinterfragt? Mit Hilfe dieses Beitrags versuchen wir zu verstehen, wie und weshalb dieser Mythos so dominant geworden ist. Zugleich möchten wir herausfinden, warum dieser Mythos dazu führt, dass andere Formen des Unternehmertums sowie die Orte, an denen sie stattfinden, weniger Beachtung finden.

Mythen stellen eine gemeinsame Interpretation der Vergangenheit dar, die zugleich Grundlage für das Erleben der Gegenwart und die Wahrnehmung der Zukunft ist (Wadhwani et al., 2018). Sie verdichten kollektive Erinnerungen zu populären Geschichten, abstrahieren diese von der Realität und werden so im Laufe der Zeit zu vermeintlichen Fakten (Barthes, 1972). Deshalb gehen wir zunächst den mythischen Wurzeln und der Metaphorik rund um SVU nach. In Bezug auf Orte reflektieren Mythen nicht nur Gefühle, die mit diesen Orten verbunden sind, sondern auch deren materielle und physische Umgebung (Essebo, 2019, in Anlehnung an Shields, 1991).

---

[18] Dieser Beitrag basiert auf Baker und Welter (2024). Er wurde in die deutsche Sprache übertragen (mit deepl.com), gekürzt und redigiert. Diese Arbeit wurde unterstützt von der Deutschen Forschungsgemeinschaft (DFG) im Rahmen des SFB 1472 Transformationen des Populären – 438577023.

Aus diesem Grund beschäftigen wir uns auch mit der typischen Architektur des Valleys bzw. seiner Tech-Giganten.

Typischerweise rühmen Mythen all das, was gut zu sein scheint, und verdrängen das, was nicht dazu passt. Sie bieten denjenigen eine ideologische Grundlage, die an der Macht sind, vom Status quo profitieren und implizit auch die Narrative hinter den Mythen kontrollieren (Welter/Baker, 2021). All diese Merkmale von Mythen betrachten wir im Zusammenhang mit den immer wiederkehrenden Versuchen, SVU an vielen anderen Orten zu reproduzieren, ohne dabei dessen exklusiven Charakter und potenzielle Schattenseiten zu beachten. Dabei interessiert uns das Spannungsfeld zwischen der Mythologie, die so viel Aufmerksamkeit von Politik und Wissenschaft auf sich zieht, den Realitäten der historischen Einbettung des Silicon Valley und der Art und Weise, wie die Mythenbildung über diesen Ort seine eigene Realität und die des alltäglichen Unternehmertums in den Schatten stellt.

3.2.2 »Go West, young man, and grow up with the country«[19] – Variationen des kalifornischen Traums

Um Kalifornien ranken sich viele Mythen, nicht zuletzt aufgrund seiner kulturellen und politischen Bedeutung als westliche Grenze des amerikanischen Traums (Starr, 1973). Der Bau der transkontinentalen Eisenbahn, der die Expansion nach Westen vorantrieb, ging einher mit der Anhäufung gigantischer Vermögen derjenigen Männer, welche riesige neue Landstriche für Handel und Industrie erschlossen (Josephson, 1934/1962). Einer von ihnen war Leland Stanford, Mitbegründer derjenigen Universität, die zu einem wichtigen Pfeiler des Silicon Valley werden sollte. Die Träume vom Westen trieben auch den Nobelpreisträger John Steinbeck an. In seinem Werk »Früchte des Zorns« richtete er den Blick jedoch auf die Kehrseite dieser Träume und beschrieb eindrücklich, wie die Hauptakteure darum kämpften, der Staubwüste des Mittleren Westens zu entkommen und in Kalifornien ein neues Leben zu beginnen (Steinbeck, 1939).

Diese Sehnsucht nach einem besseren Leben prägte den Mythos ungeahnter Möglichkeiten, denn in Kalifornien schien mit ein wenig Glück und harter Arbeit jeder die Chance zu haben, sein Leben selbst zu gestalten und erfolgreich zu werden. So wurde der Goldrausch des 19. Jahrhunderts bereits kurz nach der Entdeckung dieses wertvollen Metalls nahe Sutter's Mill im Jahr 1849 zum Mythos und zog Hunderttausende glücksuchender Migranten nach Kalifornien (Holliday, 1981). Die Filmbranche in Hollywood, die sich ab dem frühen 20. Jahrhundert rund um Los Angeles entwickelte, versuchte die Mythen vom Glamour ihrer männlichen wie weiblichen Stars aufzubauen, deren Karrieren die Studios kontrollierten (Willis-Tropea, 2008). Die Mythen der Gegenkultur wie Hippies, Popmusik und der »Summer of Love« lockten

---

19 Dieser berühmte Ratschlag aus der Mitte des 19. Jahrhunderts wird dem Zeitungsredakteur Horace Greeley von der Ostküste zugeschrieben (Fuller, 2004).

1967 Zehntausende junger Menschen nach San Francisco, die auf der Suche nach etwas Neuem und Anderem waren. Die Mythenbildung rund um diese Zeit und diesen Ort setzte sich in den darauffolgenden Jahrzehnten unvermindert fort (Braunstein/Doyle, 2002).

Der SVU-Mythos ist stark im kalifornischen Traum verwurzelt. Dieses gelobte Land war vor nicht allzu langer Zeit noch ein landwirtschaftliches Zentrum. Mit dem Wandel von »Obstplantagen zu Chips« (Adams, 2021, 35) bietet es nun fruchtbaren Boden für schnell wachsendes, innovatives und weltweit erfolgreiches High-Tech-Unternehmertum. Wie es sich für einen Mythos gehört, bleiben die Ursprünge des Silicon Valley im Dunkeln. Offiziell, so eine populäre Lesart, wurde das Valley 1971 von einem Fachjournalisten aus der Taufe gehoben.

> **Wie das Tal zu seinem Namen kam**
>
> Ende des Jahres 1970 bereitete der Pionier unter den Nerd-Journalisten, Don Hoefler, die Herausgabe einer Sonderausgabe seines Branchenblattes Microelectronics News vor. Hoeflers im Eigenverlag verlegtes Blatt genoss in der jungen Mikroelektronikbranche bereits Kultstatus. Die neue Ausgabe, die er vorbereitete, enthielt einen Sonderartikel über seine Heimat, das Santa Clara Valley in Kalifornien. Als Titel wählte er einen Begriff, der unter seinen Trinkkumpanen und treuesten Abonnenten – den Elektroingenieuren, die entweder in diesem Teil Kaliforniens arbeiteten oder häufig dorthin reisten – kursierte: »Silicon Valley, U.S.A.« Der Begriff blieb und erlangte weltweite Bedeutung. (Quelle: Shank, 2003, 715 716)

Die Metaphorik des Valleys spielt mit der »Go West«- und Goldgräbervergangenheit des kalifornischen Traums: Technologieunternehmen hoffen, auf »Gold« zu stoßen und das Valley den Risikokapitalgebern als weiteren »Goldrausch« zu verkaufen (Estruth, 2022, 69). Ingenieure werden als »Entdecker dargestellt, die in ihren Garagen schuften oder in ihren Schlafzimmern tüfteln, bis sie neue Grenzen erobern« können (Turner, 2021, 3). Sogar die frühere amerikanische Geschichte und die Cowboys finden sich im Valley: Amazon-Gründer Jeff Bezos setzte sich vor seinem ersten Weltraumflug einen Cowboyhut auf (Cartter, 2021) und in Western-Bars wurde die Pionierarbeit der Computer-Cowboys gefeiert (Estruth, 2022, 70).

Das Valley ist reich an Helden: angefangen bei seinen Gründervätern[20] bis hin zu denjenigen, die wie Steve Jobs klein begannen, groß geworden sind und heute als

---

20 Eine kurze Anmerkung (mit einer Hommage an Frank Zappa) zu den fehlenden »Mothers of Invention« im SVU-Mythos: Die Kultur des Valleys gilt immer noch als »ongoing bromance« (Lusoli/Turner, 2021), die den hauptsächlich weißen (Twine, 2023), männlichen Tech-Geek feiert, ungeachtet der Tatsache, dass mit Ada Lovelace eine Frau eine entscheidende Rolle bei der Computerentwicklung spielte. Die Geschichte der Frauen und Unternehmerinnen für den Erfolg des Valleys ist noch nicht geschrieben. Ausnahmen sind Berlin (2017), Matt-

technikbegeisterte und weltverändernde unternehmerische Halbgötter im Olymp sitzen. Die Gründerväter des Valleys stehen für den überlebensgroßen unternehmerischen Helden (Drakopoulou Dodd und Anderson, 2007): Da ist der »Mann mit Visionen, Tatkraft und immensen Fähigkeiten« (Frederick Terman, damaliger Rektor der Stanford University, vgl. Tajnai, 1985, 75), der »Babe Ruth« seiner Branche (Shockley, vgl. Klepper, 2016, 114), der heilige »St. Bob« (Malone, 2021) alias Robert Noyce, einer der Gründer von Fairchild Semiconductor, sowie die »schrulligen, aber brillanten Garagenunternehmer« (O'Mara, 2006, 121). Ihre Heroisierung beruht jedoch tatsächlich auf »natürlichen« Grundlagen: Ausschlaggend waren ihre eigenen Fähigkeiten – und vielleicht das berühmte Quäntchen Glück.

3.2.3 Zwischen kalifornischen Träumen und futuristischen Raumschiffen

Mythologisiert wird auch der Ort des Valleys als Selfmade-Hightech-Region, denn »wer könnte es entfernten Beobachtern verdenken, wenn sie in der Region eine geografische Version des Horatio-Alger-Mythos sehen?« (Adams, 2021, 10) – der rasche Aufstieg aus sehr bescheidenen Anfängen. Im Fall des Valleys begann alles in einer »Garage in Napa« (Sturgeon, 2000), in der 1910 zwei aus Dänemark eingewanderte Ingenieure ihr Labor gründeten. Weltberühmt wurde allerdings die Garage von William Hewlett: Sie gilt als »Geburtsstätte des Silicon Valley« (MoHPC, undatiert) oder sogar als dessen »Bethlehem« (Shank, 2003, 716). 1987 wurde diese Garage zum historischen Wahrzeichen der USA (Office of Historic Preservation, 1987) ernannt. Dabei verkörpert die Garage den uramerikanischen Traum: »Der Kontrast zwischen dem bescheidenen, staubigen Ort, an dem wir vergessene Dinge ablegen, und dem großartigen Reichtum der modernen Technologie könnte nicht größer sein. Dieser Ursprungsmythos legt dar, dass das Einzige, was nötig ist, um von der Garage zu Google zu gelangen, das Genie der ›Gründer‹ und der altmodische amerikanische Grips sind« (Lane, 2019).

Viele Tech-Giganten halten diesen Mythos heute noch am Leben, selbst wenn sie sich von solchen bescheidenen Geburtsstätten weit entfernt haben und mittlerweile architektonische Campusanlagen errichten, die unter anderem an monumentale futuristische Raumschiffe erinnern (Malfona, 2018). Diese Gebäude strahlen eine gewisse Erhabenheit aus, auch weil weltberühmte Architekten beteiligt waren: Norman Foster entwarf den Apple Park, Frank Gehry das Gebäude von Meta in Menlo Park. Manchmal sind die Campusanlagen eine Hommage an die Wurzeln des Valleys, teilweise erinnern sie an seine landwirtschaftliche Vergangenheit: Das Ring-Gebäude

---

hews (2002) sowie die »Women in Tech«-Porträts des Computer History Museum des Valley (https://computerhistory.org/stories/womens-work/). Manchmal werden Frauen als die überlebensgroßen Bösewichte des Valley dargestellt, wie im Fall von Elizabeth Holmes und ihrem nie zustande gekommenen Unternehmen Theranos (Grybos, 2023).

im Apple Park befindet sich beispielsweise inmitten eines »baumreichen Campus« mit Obstplantagen, die »an die Landschaft seiner [Steve Jobs, Anm. d. Verf.] kalifornischen Jugend erinnern« (Berke, 2018, 25). Das Gebäude von Meta wird gleich als »riesige anonyme Garage« beschrieben (Hawthorne, 2018, 28). Die bebauten Grundstücke zeigen zugleich die Machtbeziehungen der Tech-Giganten auf (Welter/Baker, 2021, 1165), denn die architektonische Gestaltung des Apple Parks oder des Menlo Parks schließen Außenstehende aus. Die Beschäftigten werden geschützt, sind aber zugleich leichter kontrollierbar (Schmidt-Lux, 2021).

Architekturhistoriker haben die Bauweise der Tech-Giganten im Valley als »Utopien der Vergangenheit« kritisiert: »Für viele Kalifornier symbolisiert das Silicon Valley den nie endenden Traum, am Pazifischen Ozean jenen utopischen Garten Eden zu errichten, den die Menschheit längst verloren hat. Man gibt sich linksliberal, umweltfreundlich und visionär, doch auf Architektur und Städtebau färbt diese Haltung wenig ab. Die Neubauten der IT-Unternehmen sehen zwar aus wie Raumschiffe, funktionieren aber wie Gated Communities – und sind natürlich nur mit dem Auto erreichbar« (Welter, 2017, 61). Sie zementieren den SVU-Mythos buchstäblich an Ort und Stelle, indem sie »ein vollständiges räumliches und mediales Eintauchen in ihre [der Unternehmen, Anm. d. Verf.] Narrative, Mythen und Werte« anbieten (Dutson, 2023, 147). Ist das Erbe der Tech-Giganten hier nicht bereits in Stein gemeißelt? Sind dies nicht bereits die Denkmäler für die Nachwelt?

Die monumentalen Gebäude des Silicon Valley nähren die Mythologie der Big-Tech-Gründer. Sie zelebrieren vieles von dem, was bereits vor über hundert Jahren bejubelt wurde: Eine Rechtfertigung der extremen Wohlstandskonzentration und der volkswirtschaftlichen Ungleichheit durch außergewöhnliche wirtschaftliche Leistungen von Männern an der Spitze. Im »goldenen Zeitalter« am Ende des 19. Jahrhunderts wurden die Errungenschaften von Männern gefeiert, die Eisenbahnkonzerne, Stahl- und Ölgesellschaften sowie andere Unternehmen aufbauten und häufig von der Monopolmacht in ihren Branchen profitierten (Wyllie, 1959). Einige dieser Namen sind noch heute in den Namen großer Finanzinstitutionen, Universitäten und wohltätiger Stiftungen verewigt. Tatsächlich fällt es uns schwer, über die Art und Weise zu sprechen, wie die oft auch als »Raubritter« bezeichneten Unternehmer damals gefeiert wurden, ohne darin Anklänge des heutigen Silicon Valley zu sehen. Auch heute noch zählen nur die individuellen Leistungen der Selfmade-Unternehmer – und nicht die des Teams. Trotz des gelegentlichen Wehklagens über Frauenfeindlichkeit überwiegt ebenso die Überzeugung, dass Männer von Natur aus an der Spitze erfolgreicher Unternehmen stehen. Anstelle der schöpferischen Zerstörung á la Schumpeter treten dominante »Big Tech«-Unternehmen und deren Lobbyisten, die versuchen, die Konkurrenz in Schach zu halten. Und mit dem anstehenden Regierungswechsel in den USA im Januar 2025 scheinen beide Gruppen noch mehr Machtfülle zu erhalten.

3.2.4 Valleys überall: Der Mythos der Kopierbarkeit

Geografen, Historiker, Soziologen, Wirtschaftswissenschaftler, Informatiker, Entrepreneurship-Forscher und viele andere haben immer wieder nach den Ursachen für den dauerhaften Erfolg des Valley gesucht und dabei zahlreiche Faktoren erforscht: die grundlegende Rolle der Militärausgaben (z. B. Adams, 2017; Lécuyer, 2001; Leslie, 2000), der Forschungsuniversitäten (Leslie/Kargon, 1996) sowie des Networkings (z. B. Audretsch et al., 2011; Saxenian, 1990) in Verbindung mit der Gegenkultur der Bay Area in den 1960er Jahren (O'Mara, 2024); die Rolle der Risikokapitalbranche (z. B. Ferrary/Granovetter, 2009; Kwon/Sorenson, 2023) und sogar die erfolgreiche Adaption des landwirtschaftlichen Ökosystems des Valley (z. B. Adams, 2021).

Uns befremdet allerdings, wie oft diejenigen, die das Silicon Valley kopieren wollen, sowohl die historische Verwurzelung des Valley ignorieren als auch die Erkenntnis, dass seine Erfolge und Misserfolge stark durch den kalifornischen Traum und die Valley-Mythologie geprägt sind. Die Mythologie reduziert das Valley und sein hochtechnologisches, wachstumsstarkes Unternehmertum auf einige wenige stilisierte Einflüsse: Geld, kreative Menschen, Ehrgeiz und Technologie. Entsprechend wurde das Valley zu einem »Nicht-Ort« (Augé, 1995). Losgelöst vom örtlichen Kontext erscheint es dann – mit ein paar Anpassungen – als an vielen verschiedenen Orten umsetzbar (Miner et al., 2001). Es wird zu einem universellen Ideal dafür, wie Unternehmertum und unternehmerischer Erfolg aussehen kann und sollte.

Doch gerade diese Universalität des SUV-Mythos hinterfragen wir bewusst. Aus unseren eigenen Erfahrungen in der Politikberatung wissen wir, dass die Politik einfache Rezepte für schnelle Lösungen und Erfolge braucht – und genau dies scheint der SVU-Mythos zu versprechen. Aber dieser Teil des SVU-Traums hält nicht einmal der Realität im eigenen Land stand. Wir wissen nicht, welche Faktoren letztendlich entscheidend für den Erfolg des Valleys waren. Wir wissen aber, dass dies nicht so rasch und einfach vonstatten ging, wie es uns der SVU-Mythos heute vorgaukeln möchte. Das zeigt sich bereits am Geburtsjahr des Valley: Manche setzen es auf die Jahre der sogenannten Großen Depression und Weltwirtschaftskrise zu Beginn der 1930er, andere auf die 1950er Jahre, wieder andere auf Santa Claras früheren Status als weltweit führende Region im Obstanbau und in der Obstverpackung oder sogar auf die Geburtsstunde des Federal Telegraph im Jahr 1909 (Adams, 2017). Was als rein akademische Diskussion erscheinen mag, ist jedoch relevant dafür, inwieweit der SVU-Mythos kopierbar ist. Entsprechend können wir Sturgeon (2000, 16) nur zustimmen, dass der »Mythos von der ›sofortigen Industrialisierung‹ untergraben« wird, weil spätestens zu Beginn des 20. Jahrhunderts alle Elemente des heutigen Valleys und seines Unternehmertums im Ansatz bereits vorhanden waren.

Zweitens hat der SVU-Mythos neben den großen Erfolgen von Big Tech immer auch eine Schattenseite (gehabt), die von Wissenschaftlern, Journalisten und Schriftsteller hinlänglich thematisiert worden ist und wird (z. B. Harris, 2023; Neely et al., 2023; Park/Pellow, 2005). So ist der kalifornische Traum mittlerweile auch zum Alptraum geworden, wie die wiederkehrenden Katastrophenberichte über Waldbrände, Überschwemmungen und Dürren oder über den tatsächlichen oder übertriebenen

Niedergang von San Francisco zeigen. Trotzdem war das allgemeine Verständnis von SVU offenkundig lange Zeit weitgehend immun gegen Klagen über die Macht und die Übermacht von »Big Tech« sowie gegen die nachteiligen Auswirkungen ihrer Produkte auf Verbraucher, Arbeitnehmer und Anwohner (Stewart et al., 2014). Diejenigen, für die der kalifornische Traum nicht in Erfüllung ging, bleiben fast unsichtbar. Dazu gehören zum Beispiel die amerikanischen Ureinwohner, die während der Expansion nach Westen einem Völkermord ausgesetzt waren (Pitti, 2002). Gleiches gilt für die vielen Tausend Menschen weltweit, die den Großteil der SVU-Lieferkette ausmachen und zum Teil zu schier unmenschlichen Bedingungen arbeiten (Mattern, 2019). Ob das Valley heute tatsächlich zu einer »modernen Hölle einer Innovationswirtschaft« verkommen ist (Tarvainen, 2022), lässt sich sicherlich diskutieren. Die Fragen danach, wer in der Geschichte des kalifornischen Traums ausgeschlossen wurde und wer unter SVU leidet, müssen jedoch gestellt werden. Allein diese Schattenseiten sollten ausreichen, um den Wunsch, SVU überall auf der Welt zu kopieren, kritisch zu hinterfragen.

Bereits einmal haben sich Politiker und Aktivisten gegen die herrschende Wirtschaftselite gestellt, als vor etwa einem Jahrhundert die Machtpositionen der Industriekonzerne des goldenen Zeitalters hinterfragt wurden – der Begriff der »Räuberbarone« (Bridges, 1958) stammt aus dieser Zeit und spiegelt diese Opposition wider. Vielleicht trägt eine ausführliche Analyse der alten Legitimationsideologien dazu bei, dass sowohl Entrepreneurship-Forschende als auch diejenigen, die den SUV-Erfolge zu kopieren suchen, eine ausgewogenere Perspektive erhalten, was am Silicon Valley großartig ist – und was eben nicht.

3.2.5 Ausblick: Jeder Ort hat sein eigenes Erfolgsrezept fürs Unternehmertum

Es war für uns nicht einfach, ein klares Bild davon zu erhalten, wie und warum dieser Mythos entstanden ist, warum er sich so hartnäckig hält und bei vielen Praktikern, politischen Entscheidungsträgern und Forschern gleichermaßen so unbestritten ist. Offensichtlich spielt der kalifornische Traum eine herausragende Rolle: Eine goldene Vergangenheit scheint eine ebenso goldene Zukunft zu versprechen, die bereits auf den Campusanlagen der Tech-Giganten sichtbar wird. Jedoch liefert dies noch keine endgültige Erklärung dafür, warum der SVU-Mythos bislang nur wenig hinterfragt wurde. Stattdessen wurde er immer populärer und gleichzeitig elitärer. Es liegt in der Natur von Mythen, dass sie im Laufe der Zeit ihren Bezug zur Realität teilweise oder sogar ganz verlieren. Mittlerweile hebt der SVU-Mythos allein dasjenige Unternehmertum hervor, das ungewöhnlich und sehr selten ist (Audretsch, 2021).

Diese extreme Dekontextualisierung hat weitreichende Konsequenzen: Für Entrepreneurship-Forschende schränkt sie die Sicht auf mögliche Alternativen ein. Zugleich engt sie unsere Fähigkeit ein, sich damit auseinanderzusetzen, was als Unternehmertum gesehen wird und an welchen Orten dies erfolgt. Tatsächlich findet

Unternehmertum überall und in einer unglaublichen Vielfalt von Formen statt (so u. a. Brandel et al., 2017; Dodd et al., 2023; Kuckertz et al., 2023; Welter et al., 2017; Gobble, 2018). Fotografen und Schriftsteller machen die Vielfalt im Silicon Valley bereits sichtbar, anstatt nur den Größenwahn und die Monotonie zu zelebrieren. So haben sie einige der Schattenseiten des Valleys visualisiert – und gleichzeitig die Schönheit des Alltags und der Menschen dort gewürdigt (Lupi / Procaccioli Della Valle, 2021; Meehan/Turner, 2021). Damit drängen sie uns dazu, das Valley und unternehmerische Orte allgemein anders zu sehen, ihrer Alltäglichkeit viel mehr Aufmerksamkeit zu schenken und vielfältige, kontextuell eingebettete Erfolgsrezepte zu entwickeln. Oder um einen bildlichen Vergleich zu nutzen: Statt einen Koch zu präsentieren, der mit Zutaten aus der Dose überall auf der Welt stets die gleichen Gerichte zubereitet, zeigen sie einen, der Rezepte aus lokalen Zutaten entwickelt und mit Landwirten zusammenarbeitet, um die lokalen Produkte zu verbessern.

Wir glauben, dass dies der Weg in die Zukunft ist: die Wiederentdeckung der Vielfalt des Unternehmertums, wo Zebras und Büffel zwischen Gazellen und Einhörnern grasen, und der Bedeutung dessen, was Orte wirklich unternehmerisch macht und zum Blühen bringt. Statt eines dominierenden und elitären Mythos, wie Unternehmertum auszusehen hat und wo es stattfindet, gibt es so zukünftig vielleicht viele konkurrierende Mythen.

3.2.6 Literatur

Adams, Stephen B., 2017: Arc of Empire: The Federal Telegraph Company, the U.S. Navy, and the Beginnings of Silicon Valley, in: Business History Review, Vol. 91(2), 329–359.

Adams, Stephen B, 2021: From orchards to chips: Silicon Valley's evolving entrepreneurial ecosystem, in: Entrepreneurship & Regional Development, Vol. 33(1-2), 15–35.

Audretsch, David, 2021: Have we oversold the Silicon Valley model of entrepreneurship?, in: Small Business Economics, Vol. 56(2), 849–856.

Audretsch, David / Aldridge, Taylor / Sanders, Mark, 2011: Social capital building and new business formation: A case study in Silicon Valley, in: International Small Business Journal, Vol. 29(2), 152–169.

Augé, Marc, 1995: Non-places: An introduction to an anthropology of supermodernity, London/New York.

Baker, Ted / Welter, Friederike, 2024: Silicon Valley entrepreneurship – Revisiting a popular dream, in: Journal of Business Venturing Insights, Vol. 21, https://doi.org/10.1016/j.jbvi.2024.e00466 (Retrieved May 7, 2025).

Barthes, Roland, 1972: Mythology, London.

Berke, Deborah, 2018: Apple Park Campus, Cupertino, in: Arquitectura Viva, Vol. 203, 22–27.

Berlin, Leslie, 2017: Troublemakers: Silicon Valley's coming of age, New York.

Brandel, Jennifer / Zepeda, Mara / Scholz, Astric, 2017: Zebras Fix What Unicorns Break. Magical thinking drives the startup economy — but we need a strong dose of reality, in: Medium, https://medium.com/zebras-unite/zebrasfix-c467e55f9d96 (Retrieved May 7, 2025).

Braunstein, Peter / Doyle Michael William (eds.), 2002: Imagine Nation: The American Counterculture of the 1960s and '70s, New York.

Bridges, Hal, 1958: The robber baron concept in American history, in: Business History Review, Vol. 32(1), 1–13.

Cartter, Eileen, 2021: Jeff Bezos Wore a Cowboy Hat to Space, in: GQ, July 20, 2021, https://www.gq.com/story/bezos-space-hat (Retrieved May 7, 2025).

Computer History Museum (undated) Women's work: insights from Silicon Valley women in tech, https://computerhistory.org/stories/womens-work/ (Retrieved May 7, 2025).

Dodd, Sarah / Anderson, Alistair / Jack, Sarah, 2023: »Let them not make me a stone«—repositioning entrepreneurship, in: Journal of Small Business Management, Vol. 61(4), 1842–1870.

Drakopoulou Dodd, Sarah / Anderson, Alistair R., 2007: Mumpsimus and the Mything of the Individualistic Entrepreneur, in: International Small Business Journal, Vol. 25(4), 341–360.

Dutson, Claudia, 2023: Seeing through the walls of Silicon Valley, in: Disegno, Vol. 2023(35), 145–157, https://disegnojournal.com/newsfeed/silicon-valley-proprietryarchitecture2023 (Retrieved May 7, 2025).

Essebo, Maja, 2019: A mythical place: A conversation on the earthly aspects of myth, in: Progress in Human Geography, Vol. 43(3), 515–530.

Estruth, Jeanette Alden, 2022: From the Gold Rush to the Colonization of Mars: How Silicon Valley Imagines Away the Working Class, in: IEEE Annals of the History of Computing, Vol. 44(2), 69–73.

Ferrary, Michel / Granovetter, Mark, 2009: The role of venture capital firms in Silicon Valley's complex innovation network, in: Economy and Society, Vol. 38(2), 326–359.

Fuller, Thomas, 2004: »Go west, young man!«—an elusive slogan, in: Indiana Magazine of History, Vol. 100(3), 231–242.

Gobble, MaryAnne M., 2018: Rethinking the Silicon Valley myth, in: Research-Technology Management, Vol. 61(1), 64–67.

Grybos, Emilie, 2023: Elizabeth Holmes: Silicon Valley, unicorns, and the limits of visibility, in: Feminist Media Studies, 1–15, DOI: 10.1080/14680777.2023.2245979.

Harris, Malcolm, 2023: Palo Alto: A History of California, Capitalism, and the World, Hachette.

Hawthorne, Christopher, 2018: Gehry's Facebook Campus in Menlo Park, in: Arquitectura Viva, Vol. 203, 28–33.

Holliday, Jaquelin S., 1981: The World Rushed, in: The California Gold Rush Experience, New York.

Jahamaliah, Modupeh, 2020: All the Silicon Valley copycat cities around the world, SF Gate, https://www.sfgate.com/tech/article/How-Silicon-Valley-hasspread-to-outposts-around-15044808.php (Retrieved May 7, 2025).

Josephson, Matthew, 1934/1962: The Robber Barons: The Great American Capitalists, 1861–1901. Harcourt.

Klepper, Steven. 2016: Experimental capitalism, Princeton/Oxford.

Kuckertz, Andreas / Scheu, Maximilian / Davidsson, Per, 2023: Chasing mythical creatures – A (not-so-sympathetic) critique of entrepreneurship's obsession with unicorn startups, in: Journal of Business Venturing Insights, Vol. 19, https://doi.org/10.1016/j.jbvi.2022.e00365 (Retrieved May 7, 2025).

Kwon, Doris / Sorenson, Olav, 2023: The Silicon Valley Syndrome, in: Entrepreneurship Theory and Practice, Vol. 47(2), 344–368.

Lane, T. J., 2019: Myth of the Silicon Valley garage, and loss of a dream, in: San Francisco Chronicle, 24 November, https://www.sfchronicle.com/opinion/article/Myth-of-the-Silicon-Valley-garage-and-loss-of-a-14857599.php (Retrieved May 7, 2025).

Lécuyer, Christophe, 2001: Making Silicon Valley: Engineering Culture, Innovation, and Industrial Growth, 1930—1970, in: Enterprise & Society, Vol. 2(4), 666–672.

Leslie, Stuart W, 2000: The Biggest "Angel" of Them All: The Military and the Making of Silicon Valley, in: Kenney, Martin (ed.), Understanding Silicon Valley: The anatomy of an entrepreneurial region, Stanford, 48–68.

Leslie, Stuart / Kargon, Robert, 1996: Selling Silicon Valley: Frederick Terman's model for regional advantage, in: Business History Review, Vol. 70(4), 435–472.

Lupi, Michele / Procaccioli Della Valle, Matteo, 2021: Silicon Valley No Code Life. Visual Essay by Ramak Fazel, New York.

Lusoli, Alberto / Turner, Fred, 2021: »It's an Ongoing Bromance«: Counterculture and Cyberculture in Silicon Valley—An Interview with Fred Turner, in: Journal of Management Inquiry, Vol. 30(2), 235–242.

Malfona, Lina, 2018: The Apple Case. Architecture, Global Market, and Information Technology in the Digital Age, in: Ardeth. A magazine on the power of the project, Vol. 3, 52–72, https://journals.openedition.org/ardeth/616 (Retrieved May 7, 2025).

Malone, Michael, 2021: The big score: the billion-dollar story of Silicon Valley, San Francisco.

Mattern, Shannon, 2019: The World Silicon Valley made, in: Marcus, Sharon / Zaloom, Caitlin (eds.), Think in Public, New York, 203–214.

Matthews, Glenna, 2002: Silicon Valley, women, and the California dream: Gender, class, and opportunity in the twentieth century, Stanford.

Meehan, Mary Beth / Turner, Fred, 2021: Seeing Silicon Valley: Life inside a fraying America, Chicago/London.

Miner, Anne / Eesley, Dale / Devaughn, Michael et al., 2001: The magic beanstalk vision: Commercializing university inventions and research, in: Schoonhoven, Claudia B. / Romanelli, Elaine (eds.), The Entrepreneurship Dynamic: Origins of Entrepreneurship and the Evolution of Industries, Stanford, 109–146.

MoHPC (undatiert) The HP Garage – The Birthplace of Silicon Valley, available at: www.hpmuseum.org/garage/garage.htm (Retrieved May 7, 2025).

Neely, Megan / Sheehan, Patrick / Williams, Christine, 2023: Social Inequality in High Tech: How Gender, Race, and Ethnicity Structure the World's Most Powerful Industry, in: Annual Review of Sociology, Vol. 49, 319–338.

O'Mara, Margaret, 2006: Cold War politics and scientific communities: the case of Silicon Valley, in: Interdisciplinary Science Reviews, Vol. 31(2), 121–134.

O'Mara, Margaret, 2024: Silicon Politics, from Puritan Soil to California Dreaming, in: The New England Quarterly, Vol. 97(1), 83–97.

Office of Historic Preservation, 1987: Birthplace of Silicon Valley. Historical Landmark, available at: https://ohp.parks.ca.gov/ListedResources/Detail/976 (Retrieved May 7, 2025).

Park, Lisa Sun-He / Pellow, David Naguib, 2005: Making the Invisible Visible: Asian American/Pacific Islander Workers in Silicon Valley, in: AAPI Nexus: Policy, Practice and Community, Vol. 3(1), 45–66.

Pitti, Stephen J., 2002: The Devil in Silicon Valley: Northern California, Race, and Mexican Americans, Princeton.

Saxenian, Annalee, 1990: Regional networks and the resurgence of Silicon Valley, in: California Management Review, Vol. 33 (1), 89–112.

Schmidt-Lux, Thomas, 2021: Silicon Headquarters. The Architectural Faces of Digital Capitalism, in: Socio.hu, Vol. 10 (SI8), 21–40.

Shank, J. B., 2003: Reviewed works: Cultures@ Silicon Valley, in: Contemporary Sociology, Vol. 32(6), 715–718.

Starr, Kevin, 1973: Americans and the California dream, 1850–1915, New York.

Steinbeck, John, 1939: The Grapes of Wrath, New York.

Stewart, Iris / Bacon, Christopher / Burke, William, 2014: The uneven distribution of environmental burdens and benefits in Silicon Valley's backyard, in: Applied Geography, Vol. 55, 266–277.

Sturgeon, Timothy, 2000: How Silicon Valley Came to be, in: Kenney, Martin (ed.), Understanding Silicon Valley: Anatomy of an Entrepreneurial Region. Palo Alto, Stanford, 15–47.

Tajnai, Carolyn, 1985: Fred Terman, the Father of Silicon Valley, in: IEEE Design & Test of Computers, Vol. 2(2), 75–81.

Tarvainen, Antti, 2022: The modern/colonial hell of innovation economy: Future as a return to colonial mythologies, in: Globalizations, 1–23. https://doi.org/10.1080/14747731.2022.2048460 (Retrieved May 7, 2025).

Turner, Fred, 2021: The Valley on the Hill, in: Meehan Mary Beth / Turner Fred (eds.), Seeing Silicon Valley: Life inside a fraying America, Chicago/London, 1–9.

Twine, France Winddance, 2023: Whiteness as a form of geek capital in Silicon Valley, in: Andreassen, Rikke / Lundström, Catrin / Keskinen Suvi et al. (eds.), The Routledge International Handbook of New Critical Race and Whiteness Studies, London, 27–43.

Wadhwani, Daniel / Suddaby, Roy / Mordhorst Mads / Popp, Andrew, 2018: History as Organizing: Uses of the Past in Organization Studies, in: Organization Studies, Vol. 39(12), 1663–1683.

Welter, Friederike / Baker, Ted, 2021: Moving Contexts onto New Roads – Clues from Other Disciplines, in: Entrepreneurship Theory and Practice, Vol. 45(5), 1154–1175.

Welter, Friederike / Baker, Ted / Audretsch, David / Gartner, William, 2017: Everyday Entrepreneurship—A Call for Entrepreneurship Research to Embrace Entrepreneurial Diversity, in: Entrepreneurship Theory and Practice, Vol. 41(3), 311–321.

Welter, Volker, 2017: Utopien der Vergangenheit, Bauwelt-Stadtbauwelt, Vol. 26, 60–63.

Willis-Tropea, Liz, 2008: Hollywood glamour: Sex, power, and photography, 1925–1939, Dissertation, University of Southern California.

Wyllie, Irvin, 1959: Social Darwinism and the businessman, in: Proceedings of the American Philosophical Society, Vol. 103(5), 829–635.

3.3 Sozialstaatsverfassung und Arbeitsmarktordnung

Hans-Peter Klös / Judith Niehues

3.3.1 Analytischer Ausgangspunkt

Die Entwicklung und Anpassung ökonomischer Institutionen ist bedeutsam sowohl für die Funktionsfähigkeit eines Marktsystems als auch für die soziale Sicherung in einer Volkswirtschaft. Von deren Gestaltung hängen letztlich die Einkommenserzielungschancen und die Entwicklungschancen breiter Bevölkerungsgruppen ab. Eine ökonomische Analyse von Arbeitsmarktinstitutionen ist daher für diesen Zusammenhang von besonderer Bedeutung. In einer langen sozialstaatlichen Entwicklung hat sich in Deutschland ein komplexes Institutionengefüge entwickelt, durch das Erwerbsarbeit und sozialstaatliche Absicherung eng aneinandergekoppelt wurden. Das deutsche Sozialstaatsmodell ist trotz zunehmender demografischer Herausforderungen und einer damit einhergehenden steigenden Steuerfinanzierung im Wesentlichen immer noch ein »Bismarck«-Modell. Die Finanzierung der sozialen Absicherung erfolgt somit maßgeblich über die Pflichtbeiträge der Arbeitnehmer und Arbeitgeber, die sich nach der Höhe von Löhnen oder Gehältern richten. Demgegenüber erfolgt in einem sogenannten »Beveridge«-System die Finanzierung der sozialen Sicherung im Kern durch das Steuersystem. Vereinfacht stehen sich damit ein eher beitragsgebundenes Versicherungsmodell und ein eher universelles Fürsorgemodell gegenüber.

Über die Höhe und Struktur der Erwerbsarbeit als der grundlegenden Finanzierungsquelle der sozialen Sicherung entscheiden eine ganze Reihe von komplementären arbeits- und sozialpolitischen Institutionen, von denen die für die Beschäftigungsentwicklung wichtigsten legislativen Grundlagen einmal kurz aufgeführt werden sollen:

- Die deutsche *Tarifautonomie* geht zurück auf das Stinnes-Legien-Abkommen aus dem Jahr 1918 und ist später in Art. 9 Abs. 3 GG verfassungsrechtlich geregelt worden. Die dort verankerte Koalitionsfreiheit schützt die individuelle wie auch die kollektive Koalitionsfreiheit. Sie wirkt unmittelbar auch zwischen Privaten, meistens den Arbeitsvertragsparteien, und ist das einzige Grundrecht mit unmittelbarer Drittwirkung.
- Das *Betriebsverfassungsgesetz* aus dem Jahr 1952 ist eine der tragenden Säulen der Arbeitsmarktordnung in Deutschland, mit dem das Miteinander von Arbeitneh-

mern und Arbeitgebern und die Ausgestaltung der Arbeitsbedingungen geregelt werden.
- Die *Gewerbeordnung* aus dem Jahr 1869 regelt die Gewerbefreiheit, die *Handwerksordnung* aus dem Jahr 1953 die Handwerksausübung im »stehenden Gewerbe«, die berufliche Bildung und Weiterbildung im Handwerk sowie die Selbstverwaltung dieses Wirtschaftsbereichs.
- Wichtigster Bestandteil des deutschen Arbeitsrechts ist das *Kündigungsschutzgesetz* aus dem Jahr 1951. Damit wurde die im Zivilrecht grundsätzlich bestehende Kündigungsfreiheit von Verträgen mit einer längeren Laufzeit bei der Beendigung von Arbeitsverhältnissen auf sozial gerechtfertigte Kündigungen beschränkt.
- Schließlich regelt das *Arbeitszeitgesetz* aus dem Jahr 1994 den öffentlich-rechtlichen Arbeitsschutz, begrenzt die höchstzulässige tägliche Arbeitszeit, setzt Mindestruhepausen und Mindestruhezeiten sowie die Arbeitsruhe an Sonn- und Feiertagen fest, enthält Schutzvorschriften zur Nachtarbeit und ist für Arbeitgeber und Arbeitnehmer verbindlich.
- Das Sozialrecht wird seit 1976 umfassend in den *Sozialgesetzbüchern* (SGB) geregelt, die sich in einen allgemeinen Teil und aktuell zwölf weitere Bücher gliedern, die als jeweils eigenständige Gesetze gelten. Gleichwohl bildet das Sozialgesetzbuch eine Einheit und ist als Ganzes zu interpretieren und anzuwenden.
- Das seit 2005 geltende *Berufsbildungsgesetz* schafft Rahmenbedingungen für die berufliche Bildung. Es verankert hohe Qualitätsstandards und verbessert die Ausbildungschancen für junge Menschen.
- Das *Mindestlohngesetz* aus dem Jahr 2014 regelt, dass jede Arbeitnehmerin und jeder Arbeitnehmer Anspruch auf Zahlung eines Stundenlohns mindestens in Höhe des jeweils geltenden gesetzlichen Mindestlohns hat.

Diese Eckpfeiler der deutschen Arbeitsmarkt- und Sozialstaatsverfassung stecken den Rahmen für die Aushandlung und Gestaltung der Arbeitsbedingungen in Deutschland ab. Kennzeichnend für das deutsche Sozialversicherungssystem ist aber nicht nur eine im Kern am Faktor Arbeit gelagerte Finanzierungsstruktur, sondern auch eine daraus unmittelbar folgende korporatistische Struktur, d. h. eine Beteiligung der Sozialpartner in wesentlichen Selbstverwaltungsgremien, etwa bei der Bundesagentur für Arbeit (BA) oder der Deutschen Rentenversicherung Bund (DRV). Zudem kommt vor allem im Bereich der betrieblichen Qualifizierung und der betrieblichen Personalpolitik auch den Betriebsparteien eine wesentliche Bedeutung für Niveau und Struktur der Beschäftigung zu. Damit gibt es insgesamt ein komplexes, gleich dreifach gelagertes Geflecht von Gesetzen, Tarifverträgen und Betriebsvereinbarungen, die über die Höhe und Zusammensetzung der Erwerbstätigkeit und damit auch des geleisteten Arbeitsvolumens in Deutschland entscheiden. Eine reduziert-stilisierte »Beschäftigungsproduktionsfunktion« versucht diese wesentlichen Bestimmungsfaktoren und Interaktionskanäle zu verdeutlichen (▶ Dar. 3.3-1).

3.3 Sozialstaatsverfassung und Arbeitsmarktordnung

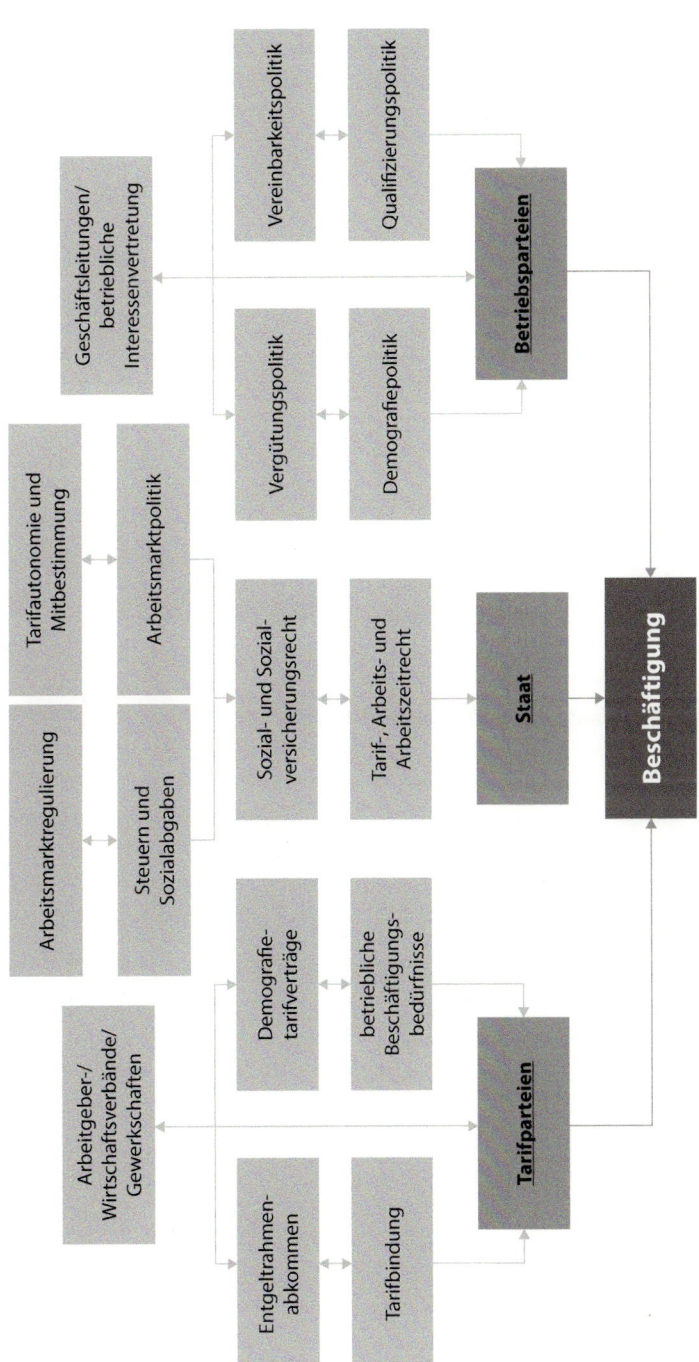

Dar. 3.3-1: Stilisierte Beschäftigungsproduktionsfunktion

Naturgemäß ist dieses Gesamtsystem historisch gewachsen und reflektiert zudem auch die jeweiligen wirtschaftlichen Gegebenheiten und politischen Präferenzen. Um ein Beispiel zu nennen: Die Agenda 2010 vom 14. März 2003 war die unmittelbare Folge einer hohen strukturellen Arbeitslosigkeit und den damit einhergehenden Belastungen für die Sozialversicherung. Die damalige Krise am Arbeitsmarkt führte zur bisher letzten großen Sozialreform mit Kürzungen staatlicher Leistungen und einer Neufundierung der staatlichen Grundsicherung. Die Arbeitsmarktlage hatte sich danach bis weit in die jüngere Vergangenheit hinein deutlich verbessert und war nicht von hoher Arbeitslosigkeit, sondern von zunehmenden demografisch bedingten Arbeitskräfteengpässen geprägt. Inzwischen aber ändern sich die Vorzeichen wieder und es gibt eine deutliche Eintrübung der Beschäftigungssituation, die sich infolge einer inzwischen faktisch fünfjährigen Wachstumspause und einem hohen Transformationsdruck vor allem im industriellen Bereich niederschlägt (vgl. Projektgruppe Gemeinschaftsdiagnose, 2024; IAB, 2024; Prognos, 2024). Letztlich ist die Wachstumsschwäche der deutschen Volkswirtschaft auch ein Grund dafür, dass die nach dem Urteil des Verfassungsgerichts zur Schuldenbremse deutlich gewordenen unterschiedlichen Grundpositionen der drei Regierungsparteien in wirtschafts-, finanz- und sozialpolitischen Fragen zum Zusammenbruch der Ampel-Koalition am 6. November 2024 geführt haben. Damit kam es zu vorgezogenen Neuwahlen zum Deutschen Bundestag am 23. Februar 2025, die auch eine Richtungswahl über die Gestaltung zentraler arbeitsmarkt- und sozialstaatsbezogener Institutionen war.

Um ein einheitliches Referenzsystem für die Ausgestaltung einzelner Arbeitsmarktinstitutionen zu ermöglichen, wird bei der folgenden Analyse darauf abgestellt, inwiefern gute Institutionen an der Nahtstelle zwischen Sozialsystem und Arbeitsmarktverfassung inklusiv und evolutiv in dem Sinn sind, dass sie Arbeitsangebot wie Arbeitsnachfrage gleichermaßen incentivieren und auf veränderte demografische und transformative Rahmenbedingungen zu reagieren in der Lage sind. Als das dafür zentrale Ziel wird ein möglichst hohes Beschäftigungsniveau – gemessen als realisiertes gesamtwirtschaftliches Arbeitsvolumen – formuliert. Das Beschäftigungsziel als zentrale Größe folgt aus den Ergebnissen des sogenannten »growth accounting« – vereinfacht einer Wachstumsbuchhaltung zur Bestimmung der Grundlagen ökonomischer Entwicklung und wirtschaftlichen Prosperität in Zeiten einer alternden Bevölkerung (vgl. Grömling et al., 2021). Immer deutlicher wird nämlich, dass sich ein demografisch bedingt rückläufiges Arbeitsvolumen zu einer Belastung für das Potenzialwachstum und damit für die weitere Entwicklung der deutschen Volkswirtschaft erweist. Bereits in diesem Jahr leistet das gesamtwirtschaftliche Arbeitsvolumen keinen positiven Beitrag mehr zum Produktionspotenzial, in den kommenden Jahren liefert es sogar zunehmend negative Wachstumsbeiträge (▶ Dar. 3.3-2). Anders als in den letzten beiden Dekaden seit den Hartz-Reformen wird damit in der mittleren Frist der Arbeitsmarkt als Quelle für weitere Wohlstandszuwächse und die Finanzierung demografiebedingt steigender Sozialausgaben nicht mehr zur Verfügung stehen.

3.3 Sozialstaatsverfassung und Arbeitsmarktordnung

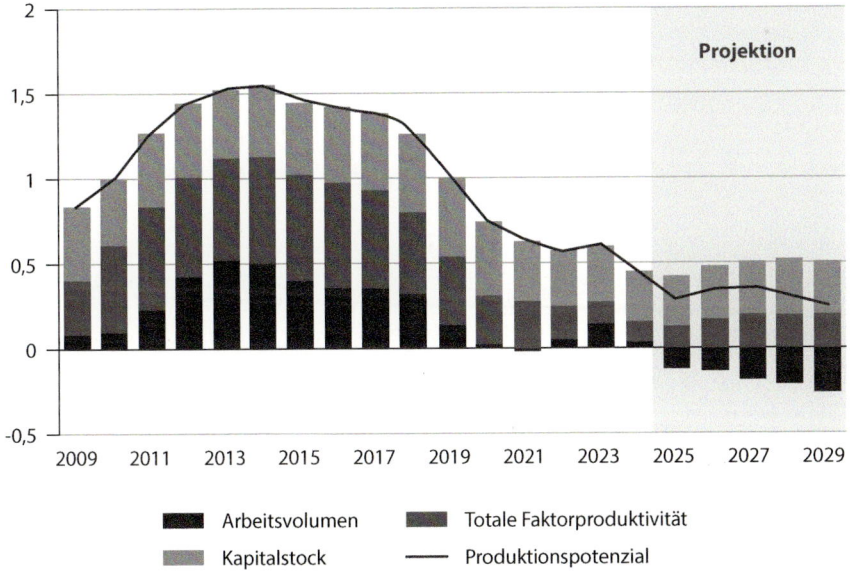

Dar. 3.3-2: Produktionspotenzial und Wachstumsfaktoren, Veränderung gegenüber Vorjahr in Prozent (Produktionspotenzial) bzw. Beiträge in Prozentpunkten (Komponenten) (Quelle: Gemeinschaftsdiagose, Frühjahr 2025)

Das gesamtwirtschaftliche Arbeitsvolumen lag – nach einer Generalrevision der VGR im letzten August – im Jahr 2024 unterhalb des Vor-Corona-Niveaus von 2019. Die Arbeitszeit je Arbeitnehmer hat sich, auch getrieben vom starken Zuwachs an Teilzeitarbeit, von knapp 2000 Stunden im Jahr 1970 auf noch unter 1300 Stunden im Jahr 2024 vermindert. Die derzeitigen Tendenzen zu Arbeitszeitverkürzungen und Vier-Tage-Wochen verstärken diesen wachstumsdämpfenden Effekt noch. Die demografischen Begrenzungen für das Realeinkommen der Bevölkerung und das gesamtwirtschaftliche Wachstum haben zudem weitreichende Folgen für die überwiegend beitragsfinanzierten Sozialversicherungssysteme, die durch die Alterung der Bevölkerung unter Druck geraten. Mindestens drei der großen Sozialversicherungssäulen sind direkt davon betroffen: Rentenversicherung, Krankenversicherung und Pflegeversicherung. Bei ansonsten unveränderten Rahmenbedingungen werden die demografiebedingten Ausgaben insbesondere in den Bereichen der Alterssicherung sowie der Kranken- und Pflegeversicherung nach den Projektionen der Bundesregierung stark ansteigen (vgl. BMF, 2023, 49ff.). Die allein durch die Demografie bedingten Mehrausgaben bis zum Jahr 2040 werden vom Bundesrechnungshof auf rund 280 Mrd. Euro veranschlagt. Die als politisches Ziel im Koalitionsvertrag 2021 angestrebte Stabilisierung der Sozialversicherungsbeiträge auf höchstens 40 Prozent wurde vor dem Hintergrund deutlicher Erhöhungen bei Krankenkassen(zusatz-)- und Pflegeversicherungsbeiträgen bereits deutlich verfehlt. Das Verhältnis zwischen gesamtwirtschaftlichen Sozialausgaben und gesamtwirtschaftlichen Investitionen gerät damit weiter aus der Balance. Im neuen Koalitionsvertrag 2025 ist dieses Ziel überhaupt nicht mehr formuliert worden.

3.3.2 Effekte ausgewählter Arbeitsmarkt- und Sozialstaatsinstitutionen auf das Arbeitsvolumen

Vor diesem Hintergrund kommt der Entwicklung von Beschäftigung und Arbeitsvolumen noch mehr Bedeutung als bisher schon zu. Deshalb werden im Folgenden einige ausgewählte Arbeitsmarkt- und Sozialstaatsinstitutionen daraufhin untersucht, inwiefern sie zu einem möglichst hohen Arbeitsvolumen beizutragen vermögen. Dabei werden beispielhaft folgende drei Bereiche geclustert, um der Komplexität des Ineinanderwirkens verschiedener arbeitsmarkt- und sozialpolitisch bedeutsamer Institutionen gerecht zu werden:

- Mindestlohnfindung
- Grundsicherung und Transfersystem
- Steuer- und Sozialversicherungssystem

Mindestlohnfindung

Die Einführung eines gesetzlichen Mindestlohnes in Deutschland zum 1. Januar 2015 stellt eine fundamentale Veränderung des Regelwerkes für den Arbeitsmarkt dar. Eine Vielzahl von Studien hat die Effekte dieses neuen Gesetzes seither beforscht (vgl. Portal Sozialpolitik-aktuell.de, 2024a). Die aktuellen Befunde des Statistischen Bundesamtes über eine starke Verringerung der absoluten Zahl an Niedriglohnjobs und einer um drei Prozentpunkte von rund 19 auf rund 16 Prozent gesunkenen Niedriglohnquote sind für sich genommen erfreulich (vgl. Statistisches Bundesamt, 2024a). Eine wichtige Erklärung für diese Entwicklung ist der allein zwischen Januar und Oktober 2022 von 9,82 Euro auf 12,00 Euro gestiegene Mindestlohn (vgl. Portal Sozialpolitik-aktuell.de, 2024b). Weitere Anstiege bis auf 13,90 Euro ab Januar 2026 sind von der Mindestlohnkommission bereits vorbereitet worden. Im politischen Raum gibt es zudem schon Forderungen nach einem weiteren Anstieg auf 15 oder sogar 16 Euro/Stunde (vgl. Dezernat Zukunft, 2024), der Koalitionsvertrag 2025 kündigt den Anstieg auf 15 Euro/Stunde an. Die Anhebung des gesetzlichen Mindestlohns seit 2020 liegt deutlich über der Steigerung der Tariflöhne, wodurch am aktuellen Rand die Kaufkraft des Mindestlohns stärker gestiegen ist als jene der Tariflöhne. In Deutschland stiegen die Einkommen auf Mindestlohnbasis in vier Jahren um ein Drittel von 1544 auf 2054 Euro und haben den inflationsbedingten Kaufkraftverlust mehr als ausgeglichen. Der Verdienstabstand zwischen Gering- und Besserverdienenden hat sich verringert (vgl. Grabka, 2024). Die seit 2022 deutlich gestiegenen gesamtwirtschaftlichen Arbeitskosten finden neben den lohnsteigernden Arbeitskräfteengpässen auch hierin eine wichtige Begründung (vgl. Statistisches Bundesamt, 2024b).

Daher stellt sich die Frage, ob angesichts des derzeitigen Vorlaufens des Mindestlohns vor der durchschnittlichen Lohnentwicklung die Ergebnisse früherer Studien weiterhin noch Gültigkeit behalten können, wonach der gesetzliche Mindestlohn bisher »keine besonders ausgeprägten Auswirkungen auf die Beschäftigung entfaltet« habe (vgl. IZA, 2020; IAB, 2022). Diese Ergebnisse stammen aus einer Zeit, als die Mindestlohnanpassung in kleinen Schritten vollzogen wurde: In sieben Jahren zwischen 2015 und 2022 stieg er um 1,30 Euro, allein in drei Jahren seither aber um 3 Euro. Neuere Studien für die Mindestlohnkommission kommen inzwischen zu einem deutlich kritischeren Ergebnis und belegen »statistisch signifikante negative Auswirkungen auf die abhängige Beschäftigung«. Diese negativen Effekte hätten sich seither weiter verstärkt und beträfen auch die sozialversicherungspflichtige Beschäftigung (vgl. evaluation office, 2023). Angesichts der zunehmend eingetrübten Arbeitsmarktaussichten könnten negative Beschäftigungseffekte des Mindestlohns in den kommenden Jahren auch noch stärker zum Tragen kommen.

Mit der Mindestlohnentwicklung verbinden sich zudem drei weitere beschäftigungsrelevante Implikationen. Zum Ersten entwickelt der gesetzlich geregelte, für alle Branchen und Regionen bundeseinheitliche Mindestlohn einen je nach regionalen Verdienstniveaus unterschiedlichen »Biss«. Mit dem sogenannten »Kaitz-Index« kann das Verhältnis zwischen der Höhe des Mindestlohns und dem durchschnittlichen Verdienstniveau berechnet werden. Eine regionale Landkarte zeigt für Deutschland einen sehr unterschiedlichen »Biss« des Mindestlohns bezogen auf die Durchschnittsverdienste (Statistisches Bundesamt, 2024c). Damit ergeben sich auch regional unterschiedliche Eingriffstiefen in die jeweiligen Lohnstrukturen, weil es erhebliche regionale Preis- und Lohnunterschiede gibt. Daher dürften auch deren Arbeitsplatzeffekte regional unterschiedlich ausfallen. Das oben zitierte Gutachten für die Mindestlohnkommission findet zumindest große Effektunterschiede zwischen Regionen mit unterschiedlicher Wirtschaftsdynamik: Während es eine negative Beschäftigungsdynamik in Regionen mit relativ geringem BIP-Wachstum vor Einführung des Mindestlohns gab, hat der Mindestlohn in wachstumsstarken Regionen bis zum Jahr 2020 keine negativen Beschäftigungswirkungen entfaltet.

Zum Zweiten sind Ausweichreaktionen und Folgewirkungen einer starken Mindestlohnanhebung für andere Beschäftigungsformen zu berücksichtigen. Die denkbar stärkste Ausweichreaktion wäre ein Anstieg schattenwirtschaftlicher Aktivitäten. Frühere Studien gehen von einer schwachen Evidenz für Effekte der Einführung des Mindestlohns auf das Ausmaß der Schwarzarbeit aus, auch weil bisher mit keiner Methode ein kausaler Effekt des Mindestlohns auf die Schwarzarbeit nachgewiesen werden könne (vgl. BMAS, 2020; ISG, 2020). Auffällig ist aber, dass sich – auch getrieben von steigenden Sozialversicherungsbeiträgen – der Anteil der Schattenwirtschaft am offiziellen BIP nach aktuellen Berechnungen nach zahlreichen Jahren der Stagnation seit 2022, dem Jahr der starken Mindestlohnerhöhung, von unter 10 auf inzwischen 11,5 Prozent erhöht hat (vgl. Schneider/Boockmann, 2025, 22ff.). Auch schon die Einführung des gesetzlichen Mindestlohns hatte unterschiedliche Auswirkungen auf die Anpassung der Arbeitszeit: Er erhöhte bei Haupttätigkeiten die Wahrscheinlichkeit, dass geringfügige in reguläre Beschäftigung umgewandelt wurde, während er bei Nebentätigkeiten eher zu Arbeitszeitverkürzungen führte, um Steuervorteile zu erhalten. Personen mit einer Nebenbeschäftigung, die einen mindestlohnbedingten Rückgang der Stundenzahl ihrer Haupttätigkeit erlebten, haben diese Arbeitsstunden zumindest teilweise auf ihre Nebentätigkeit übertragen, was zu einer Zunahme von Zweittätigkeiten führte (vgl. vom Berge/Umkehrer, 2023). Inwiefern sich der starke Anstieg des Mindestlohns auf die alternative Verwendung von Zeitbudgets zwischen sozialversicherter und geringfügiger oder gar schattenwirtschaftlicher Arbeit ausgewirkt hat, ist wissenschaftlich bisher aber noch nicht geklärt (vgl. Dütsch/Ohlert/Baumann, 2024; Bonin et al., 2019).

Zum Dritten schließlich erweist sich die starke politische Einmischung der jetzt zerbrochenen Bundesregierung in die Lohnfindung als zunehmend problematisch. Diese gipfelte zuletzt in der Ankündigung, die Arbeitsweise der unabhängigen Mindestlohnkommission solle so verändert werden, dass sie zu einer weiteren deutlichen Erhöhung des Mindestlohns führe. Die von der Ampel-Bundesregierung dazu vorgebrachte Argumentation, sich bei der Mindestlohnfindung an europäischen Vorgaben auszurichten, ist aber alles andere als stichhaltig:[21] Zum einen lässt sich anhand der vom EU-Generalanwalt bestätigten Klage Dänemarks und Schwedens gegen die EU-Mindestlohnrichtlinie einwenden, dass die Richtlinie nichtig sei, da mit ihr der Bereich des »Arbeitsentgelts« geregelt werde, der jedoch gem. Art. 153 Abs. 5 AEUV außerhalb der Zuständigkeit der EU liege. Zum anderen enthält die Europäische Mindestlohnrichtlinie auch keine Verpflichtung, sich bei der Bemessung der nationalen Mindestlöhne am Kriterium von 60 Prozent des Bruttomedianlohns orientieren zu müssen.[22] Nach der Richtlinie ist jedes Land in der Wahl der Bemessungsgrundlagen bei der Festlegung des Mindestlohns frei. Die Mindestlohnkommission in Deutschland orientiert sich dabei im Einklang mit der Europäischen Mindestlohnrichtlinie

---

21 Vgl. das Schreiben des Bundesarbeitsministers an die Vorsitzende der Mindestlohnkommission vom 9. September 2024, wonach auf die 60-Prozent-Medianlohn-Schwelle als den »üblichen Referenzwert für die Bewertung der Angemessenheit von gesetzlichen Mindestlöhnen« abgestellt wird. Gegen diese Interpretation haben sich die Spitzenverbände der Wirtschaft in einem Schreiben vom 27. September 2024 an den Bundesarbeitsminister verwahrt: »Rechtlich nicht haltbar ist hingegen die Forderung bzw. Behauptung, dass bei der nächsten Anpassungsentscheidung der ›Referenzwert von 60 Prozent des Bruttomedianlohns‹ von der Kommission zu berücksichtigen ist. Dies ist eine stark verkürzte und damit falsche Darstellung der Mindestlohnrichtlinie.« (S. 2).

22 In der Richtlinie heißt es in Ziffer 28 zu den Bemessungsgrundlagen für einen festzulegenden Mindestlohn wörtlich: »Die Bewertung könnte sich auf international übliche Referenzwerte stützen, wie die Höhe des Bruttomindestlohns bei 60 % des Bruttomedianlohns und die Höhe des Bruttomindestlohns bei 50 % des Bruttodurchschnittslohns, die derzeit nicht von allen Mitgliedstaaten eingehalten werden, oder die Höhe des Nettomindestlohns bei 50 % oder 60 % des Nettodurchschnittslohns. Die Bewertung könnte auch auf Referenzwerten beruhen, die mit auf nationaler Ebene verwendeten Indikatoren verbunden sind, wie etwa dem Vergleich des Nettomindestlohns mit der Armutsgrenze und der Kaufkraft von Mindestlöhnen.« Vgl. Europäisches Parlament, 2022.

nachlaufend an der Tarifentwicklung und fasst ihre Beschlüsse alle zwei Jahre jeweils mit Wirkung zum 1. Januar des Folgejahres.

Zu diesem institutionell und damit mikroökonomisch geprägten Mindestlohnfindungsprozess treten aber auch noch makroökonomische Faktoren hinzu. Vor allem die starken Preissteigerungsraten im Gefolge des Ukrainekrieges haben die Lohnfindung zuletzt stark beeinflusst. Noch wird von der Bundesregierung und auch den Forschungsinstituten der Gemeinschaftsdiagnose noch keine Gefahr einer Lohn-Preis-Spirale gesehen, doch die bereits vereinbarten und noch zu erwartenden Lohnsteigerungen dürften die Preissteigerungen bei Dienstleistungen und damit auch die Kerninflation weiter antreiben (vgl. Creditreform, 2024). Die Europäische Zentralbank hat mit ihrem »Wage Tracker« einen ansteigenden Lohndruck seit Januar 2022 beobachtet, der erst seit dem ersten Quartal 2024 wieder etwas nachlässt (vgl. Lane, 2024). Aus früheren Studien weiß man um die Gefahr einer prozyklischen Lohnpolitik mit Zweitrundeneffekten (vgl. Deutsche Bundesbank, 2019; Obst/Stockhausen, 2023). Die Überlappung makroökonomischer, verteilungspolitischer und tarifpolitischer Einflussfaktoren macht den Mindestlohnbildungsprozess mithin zu einem komplexen Mehrebenensystem, bei dem verschiedene der oben genannten Arbeitsmarktinstitutionen ineinanderwirken. Eine arbeitsangebotsausdehnende Gestaltung der mindestlohnrelevanten Institutionen sollte daher auch die Interdependenz zwischen mikro- und makroökonomischen Effekten berücksichtigen.

Grundsicherung und Transfersystem

Die Grundsicherung bildet den zentralen sozialstaatlichen Einkommensanker für die Bevölkerung in Deutschland. Über das Sozialstaatsgebot wird für alle Gesellschaftsmitglieder ein soziokulturelles Existenzminimum sichergestellt, welches zum einen die materiellen Voraussetzungen für die physische Existenz abdecken und zum anderen ein Mindestmaß an gesellschaftlicher Teilhabe ermöglichen soll. Mit dem alle zwei bis drei Jahre vorgelegten Existenzminimumbericht passt die Bundesregierung die Höhe des sächlichen Existenzminimums, das heißt des steuerfrei zu stellenden Existenzminimums von Erwachsenen und Kindern, für die jeweils kommenden Jahre an (vgl. Deutscher Bundestag, 2024). Im Jahr 2025 liegt das sächliche Existenzminimum für Alleinstehende demnach bei 11.940 Euro beziehungsweise 995 Euro monatlich und setzt sich aus dem allgemeinen Regelbedarf in Höhe von 563 Euro, einer Bruttokaltmiete in Höhe von 341 Euro und Heizkosten in Höhe von 91 Euro zusammen.

Die Höhe des über die Grundsicherung garantierten Existenzminimums unterscheidet sich deutlich von der Höhe der in öffentlichen Diskussionen häufig verwendeten statistischen Armutsdefinition, die auch die Grundlage für die Berechnung sogenannter Armutsgefährdungsquoten ist. Diese Quote ist definiert als der Anteil der Personen, deren Nettoäquivalenzeinkommen weniger als 60 Prozent des Medians der Bevölkerung beträgt, wobei die Wahl des Schwellenwerts keiner wissenschaftlichen Begründung unterliegt und dieser ebenso auch bei 48 Prozent oder bei 67 Prozent liegen könnte (vgl. Brenke, 2018). Nach Maßgabe des Mikrozensus des Statistischen Bundesamtes lag dieser Schwellenwert für eine alleinlebende Person in Deutschland bereits im Jahr 2023 bei 1248 Euro im Monat, für zwei Erwachsene mit zwei Kindern unter 14 Jahren bei 2620 Euro im Monat. Obwohl der Mikrozensus aufgrund der wenig detaillierten Einkommenserfassung die niedrigste Armutsschwelle unter den typischerweise verwendeten Datensätzen ausweist, liegt der Betrag mithin deutlich oberhalb des sächlichen Existenzminimums gemäß Grundsicherung.

Wenngleich das Maß der Armutsgefährdung keinesfalls unumstritten und die Höhe der Armutsschwelle nicht eindeutig ist, ist es von äußerster Relevanz für die verteilungspolitische Diskussion einerseits und das kodifizierte sozialpolitische Handeln andererseits. Mit einem leicht ansteigenden Trend im Zeitraum vor der Coronapandemie zeigt die Armutsgefährdungsquote nach Erhebungsumstellungen rund um das Jahr 2020 eher eine stabile bis leicht rückläufige Entwicklung des relativen Einkommensarmutsrisikos (vgl. Niehues/Stockhausen, 2024). Gegenüber diesem differenzierten Bild bei den statistischen Kennziffern wird die öffentliche Wahrnehmung indessen weit überwiegend von einer weiter zunehmenden Einkommensungleichheit und Armut geprägt (vgl. Statistisches Bundesamt, 2024d; WSI, 2024)[23]. Zudem vernachlässigt die öffentliche Debatte weitestgehend sogenannte Kompositionseffekte, also die Folgen einer veränderten soziodemografischen Zusammensetzung der Bevölkerung: Demnach sind die Armutsgefährdungsquoten weit überdurchschnittlich bei Menschen mit fehlender Erwerbstätigkeit, mit niedrigem Bildungsstand, bei Alleinlebenden und Alleinerziehenden sowie bei Personen mit Migrationshintergrund. Obwohl auch bei allen diesen Personengruppen die Armutsquoten zuletzt zurückgegangen sind, haben die Anteile von Alleinlebenden und Alleinerziehenden sowie von Personen mit Migrationshintergrund und eigener Migrationserfahrung an der Gesamtbevölkerung deutlich zugenommen. Insbesondere die starke Zuwanderung der letzten Jahre und die damit verbundenen zum Teil 30-prozentigen Armutsquoten von Zuwanderern mit eigener Migrationserfahrung wirken sich spreizend auf die Einkommensverteilung aus (vgl. Statistisches Bundesamt, 2024e).

Der Niveauunterschied zwischen dem politisch ausgehandelten Existenzminimum und der deutlich höheren Armutsgefährdungsschwelle hat Implikationen für die Sozialstaatsdebatte. Mit der Einführung des Bürgergeldes, der deutlichen Erhöhung der Regelsätze im Jahr 2024 (Stichwort »ergänzende Fortschreibung«) und einer zunehmend angespannten Haushaltslage mehren sich seit 2023 Stimmen, welche die Höhe der Grundsicherung kritisch sehen. Die politisch ausgehandelten Grundsicherungsleistungen dürften somit auch in absehbarer Zukunft merklich unter dem Niveau der

---

23 Im Unterschied zum Statistischen Bundesamt wird in der WSI-Studie der Zeitraum 2010 bis 2021 auf Basis von SOEP-Daten nachgezeichnet, während das Statistische Bundesamt den Zeitraum von 2020 bis 2023 auf der Basis von Mikrozensus- bzw. EU-SILC-Daten abbildet. Bei den SOEP-Daten wird die Interpretation der Zeitreihe durch einen deutlichen Stichprobenrückgang zum Einkommensjahr 2020 erschwert, beim EU-SILC und Mikrozensus sind die Daten aufgrund einer Erhebungsumstellung ab dem Jahr 2020 nicht mehr mit den Vorjahren vergleichbar.

definierten Armutsgefährdungsschwellen liegen. »Wenn die Definition von Armut [jedoch] soziale Lagen umfasst, die auch eine ambitionierte Sozial- und Verteilungspolitik nicht so verändern kann, dass diese nicht mehr als Armut erfasst werden, so führt dies in die Resignation oder erzeugt rituelle Empörung« (vgl. Cremer, 2021, 3). Die relative Armutsgefährdungsmessung ist zudem auch deshalb als kritisch einzuordnen, weil Wohlstandsveränderungen außen vorbleiben: So stieg trotz der breiten Einkommenszuwächse in den 2010er Jahren die Quote, während sie für die Krisenjahre sinkender Realeinkommen nach der Coronapandemie eher stabile bis rückläufige Armutsrisiken indizierte. Bei der aktuellen Definition relativer Armutsgefährdung droht daher auch eine ambitionierte Sozialstaatspolitik bei dem Ziel der Armutsbeseitigung letztlich immer zu enttäuschen.

Die großzügigere Ausgestaltung der Grundsicherung und steigende Empfängerzahlen rückten auch die Auswirkungen auf die Arbeitsanreize und damit des Arbeitsangebotes wieder in den Blickpunkt und haben die Debatte um das sogenannte Lohnabstandsgebot wiederbelebt. Auf der Basis von Berechnungen mit Mikrosimulationsmodellen ergibt sich für die Grundsicherung als derzeitiger Sachstand, dass trotz der deutlichen Anhebung der Regelsätze im Bürgergeld weiterhin zwar ein »Lohnabstand« zwischen Erwerbstätigkeit und Bürgergeldbezug besteht (vgl. Wissenschaftlicher Dienst des Deutschen Bundestages, 2023; Deutscher Bundestag, 2022). Dennoch wird eine Reform des bestehenden Systems als nötig erachtet, weil die Anreize zur Ausweitung bestehender Erwerbstätigkeit für niedrige und mittlere Einkommen nicht ausreichend groß sind (vgl. Blömer et al., 2024).[24] Dabei geht es im Kern um den Verlauf der sogenannten Transferentzugsrate – vereinfacht: Wieviel bleibt von einem selbstverdienten Euro durch den Wegfall bestimmter Transfers an bestimmten Einkommensschwellen übrig? – über den gesamten Einkommenspfad von Personen hinweg, die parallel zu Arbeitseinkommen auch noch verschiedene staatliche Transferleistungen erhalten. Dieser Effekt ist relevant für den Anreiz, entweder überhaupt oder aber regulär mehr Stunden zu arbeiten. Wenn bei einem steigenden Bruttoarbeitseinkommen das Nettoarbeitseinkommen wegen der Verrechnung mit verschiedenen staatlichen Transferleistungen aus verschiedenen Rechtskreisen (z. B. Bürgergeld, Wohngeld, Kinderzuschlag, Unterhaltsvorschuss, BAföG) und administriert von verschiedenen Behörden (z. B. Arbeitsagenturen, Jobcenter, Wohngeldstellen, Familienkassen) zu nur ganz wenig mehr oder sogar weniger Nettoarbeitseinkommen bei einem steigenden Arbeitsangebot führt, dann lohnt sich Mehrarbeit nicht. Technisch gesprochen kommt es zu einem nichtmonotonen Verlauf der effektiven marginalen Grenzbelastungen des Haushaltsbruttoeinkommens durch Steuern, Sozialversicherungsbeiträge sowie den Wegfall von Sozialtransfers.

Zudem ist der Befund eines noch bestehenden angemessenen Lohnabstands aus mehreren Gründen deutlich verkürzt: *Erstens* ergibt sich bei höheren Mietkosten für

---

24 Im Koalitionsvertrag von Union und SPD vom 9. April 2025 wird angekündigt (Zeile 501): »Das bisherige Bürgergeldsystem gestalten wir zu einer neuen Grundsicherung für Arbeitssuchende um«. Wie die Umsetzung konkret aussehen soll, wird nicht näher spezifiziert.

alle Haushaltstypen ein noch deutlich geringerer Lohnabstand. *Zweitens* vergleicht der berechnete Lohnabstand vereinfacht das verfügbare Einkommen einer Vollzeittätigkeit mit 2000 Euro Bruttoeinkommen mit einem Bruttoeinkommen von Null Euro ohne Erwerbstätigkeit. Dadurch beträgt der »Nettostundenlohn« einer Vollzeittätigkeit gemessen am verfügbaren Einkommen kaum mehr als 2 Euro (vgl. Haak/Schmidt, 2022).[25] Zudem wird der entgangene Freizeitnutzen für jene, die erwerbstätig sind, nicht angemessen in Ansatz gebracht. Der Fehlanreiz zur Aufnahme einer Vollzeitbeschäftigung, der Anreiz zur Aufnahme einer Teilzeittätigkeit einschließlich eines Minijobs oder gar einer irregulären Beschäftigung wird zudem noch größer, wenn *drittens* wegen der Übernahme der Wohnkosten in Ballungsregionen die Jobcenter höhere Mieten für Bürgergeldempfänger zahlen müssen, als es den örtlichen Durchschnittsmieten entspricht. Je höher das Wohnungsdefizit in einer Region ist, desto häufiger tritt diese Fehlsteuerung auf.[26] Die Übernahme der Kosten der Unterkunft (KdU) ist aus wohnungspolitischer Perspektive weniger zielgenau als das Wohngeld und kann zu einer relativen Besserstellung der Bezieher von Grundsicherung gegenüber Erwerbstätigen beitragen. Die Übernahme der KdU übt einen starken Anreiz zum Verbleib in teureren Wohnungen aus, was die regionale Mobilität und damit auch die Suche nach einer bezahlten Arbeit schwächt, aber eine Abschöpfung staatlicher Leistungen durch private Mietwohnungseigentümer befördert.

Steuer- und Sozialversicherungssystem

Um verbesserte Arbeitsanreize zu schaffen, müssen schließlich auch noch einige Weichenstellungen im Steuer- und Sozialversicherungssystem in den Blick genommen werden. Hier schlagen vor allem die Folgen des progressiven Steuersystems und die Umverteilung in der Krankenversicherung zu Buche, die im Ergebnis Teilzeitarbeit begünstigen und damit auch zu Einnahmeausfällen durch Teilzeitarbeit führen können, die auf insgesamt 40 Mrd. Euro veranschlagt werden (Bernau, 2023). Drei etablierte, spezielle institutionelle Besonderheiten im deutschen Steuer- und Sozialversicherungsrecht, die historisch gewachsen sind und durchaus auch jeweils gute

---

25 Eine sehr eingängige Visualisierung bietet der Sozialleistungsrechner von ZEIT und ifo-Institut: Ab einem Bruttoeinkommen von etwa 2700 Euro lohnt sich Mehrarbeit für eine vierköpfige Familie nur noch wenig. Dies schwächt empfindlich den Anreiz zum Wechsel von Teilzeit in Vollzeit. Zum interaktiven Tool vgl. https://www.zeit.de/arbeit/2024-02/sozialleistungen-buergergeld-wohngeld-arbeit-rechner (Abgerufen am 3.6.2025).
26 Nach Berechnungen müssen insgesamt rund 20 Mrd. Euro für die Kosten der Unterkunft der Bezieher von Bürgergeld aufgewendet werden. Dabei liegen die Ausgaben für die Miete im Rahmen der Grundsicherung keineswegs durchgängig unter den regionalen Durchschnittsmieten: Nur in 38 von 124 Regionen lagen die Kosten der Unterkunft je Quadratmeter und Monat (netto-kalt) um 5 Prozent oder mehr unterhalb der im Mikrozensus ermittelten Durchschnittsmiete, aber in 58 Regionen oberhalb der Durchschnittsmiete. So werden etwa in München 19,40 Euro pro Quadratmeter an Bürgergeldempfänger erstattet, während die Durchschnitts-Miete bei 12,80 Euro liegt. Vgl. Pestel-Institut, 2024, 15f.

Gründe auf ihrer Seite haben, sollten gerade unter Arbeitsangebotsgesichtspunkten einer unvoreingenommenen Prüfung unterzogen werden:

Das erste ist das *Ehegattensplitting*. In der bisherigen Form lohnt sich die Aufnahme einer Erwerbstätigkeit oder die Ausweitung der Arbeitsstunden für die einkommensschwächere Person in einer Ehe häufig kaum, weil das selbstverdiente Einkommen in einem Splittingsystem deutlich stärker besteuert wird als bei einer Individualbesteuerung. Bezogen auf das Arbeitsangebot ist dieser Effekt nicht unbedeutend: Würde das Splittingregime durch eine Individualbesteuerung ersetzt, könnten umgerechnet eine halbe Million zusätzlicher Vollzeitarbeitsplätze entstehen (vgl. Jessen, 2023). Um die negativen Arbeitsanreize für den Zweitverdiener zu reduzieren, könnte alternativ, wie derzeit geplant, die Steuerklassenkombination III/V ersatzlos gestrichen oder das Ehegattensplitting auf sehr hohe Einkommen begrenzt werden. Auch ein Übergang zum Familiensplitting würde positive Beschäftigungseffekte erbringen (vgl. Ifo-Institut, 2019). Die arbeitsangebotsbezogene Perspektive bildet allerdings nur einen Teil des Gesamtkontextes ab, der gegen andere Argumente für das Ehegattensplitting, wie etwa den dadurch abgesicherten Anspruch beider Partner auf gleiche Teilhabe, politisch abgewogen werden muss.[27]

Dies gilt zweitens in gleicher Weise auch für die eng mit dem Splitting verbundene Besonderheit der *beitragsfreien Mitversicherung von Ehepartnern* im Rahmen der GKV, die zu einer hohen Grenzbelastung für die Einkommen der jeweiligen Zweitverdiener führt. Insgesamt sind 15,9 Mio. Familienangehörige einschließlich Kindern beitragsfrei in der GKV mitversichert. Eine Entkopplung des Krankenversicherungsbeitrags von der Arbeitsentscheidung des Zweitverdieners könnte hier positiv wirken. Eine Möglichkeit ist es, wie in Österreich Zusatzbeiträge für Mitversicherte zu erheben. Eine zweite, deutlich aufwändigere und tiefergehende Möglichkeit sind Konzepte für eine Bürgerpauschale in der Krankenversicherung. Jede Reform hat ihre eigenen Pro- und Contra-Argumente. Entscheidend für den Zusammenhang hier ist, dass die saldierten Arbeitsangebotseffekte einer Reform positiv sein sollten (vgl. Ifo-Institut, 2019, 12). Dieser Effekt ist selbstverständlich stets gegen andere Ziele der bisherigen Ausgestaltung des Steuer- und Sozialversicherungsrechts abzuwägen.

Ein dritter negativer Anreiz, das Arbeitsangebot über eine bestimmtes Stundenvolumen hinaus auszudehnen, ist die geltende *Minijobregelung*. Diese »kleine Teilzeit« führt, insbesondere im Zusammenwirken mit dem Ehegattensplitting, zu einer Begrenzung des Arbeitsangebots bis zu einem Verdienst von derzeit knapp 560 Euro, weil nach dem anschließenden Midijob-Bereich die volle Sozialbeitragspflicht einsetzt und die Steuerfreiheit endet. Zudem gibt es durch diese Sonderbeschäftigungsform Anreize zur Kombination kleiner Arbeitszeiten mit Schwarzarbeitsformen. Eine Anpassung der steuerlichen Regelungen für Minijobs im Nebenerwerb und für den

---

27 Vgl. zu einer zusammenfassenden Abwägung von Pro und Contra hinsichtlich Ehegattensplitting etwa Allinger, 2019. Zu einer Ablösung des Splittings früher sehr kritisch vgl. Sachverständigenrat Wirtschaft, 2013, S. 358ff, heute dagegen zustimmend, vgl. ders., 2023, S. 263ff.

Zweitverdiener in einer Ehe könnte dazu beitragen, die Anreize für die Aufnahme einer sozialversicherungspflichtigen Beschäftigung zu erhöhen (vgl. SVR-Wirtschaft, 2023, 337ff.). Zumindest eine Eingrenzung auf Schüler, Studierende und Rentner erscheint daher unter Arbeitsangebotsaspekten erwägenswert. Diesen Überlegungen stehen jedoch auch Argumente für diese Beschäftigungsform gegenüber: Sie wird von etwa 7,1 Mio. Menschen ausgeübt und als unkomplizierte Form des Hinzuverdienstes genutzt, der aus einer individuellen Sicht abgabenfrei ist. Aus Sicht von zahlreichen Dienstleistungsbranchen wie Handel und Gastronomie wird sie zudem als unverzichtbares personalwirtschaftliches Instrument geschätzt. Der doppelte Flexibilitätsverlust für Beschäftigte wie Unternehmen muss daher gegen die Notwendigkeit abgewogen werden, unter demografischen Gesichtspunkten systematische Anreize zu einem höheren angebotenen Stundenvolumen zu setzen.

3.3.3 Ausblick

Die kurze Analyse einiger ausgewählter arbeitsmarktbezogener, sozial- und steuerrechtlicher Institutionencluster, die zumindest bis zur Bildung einer neuen Bundesregierung gegolten haben, hat mögliche negative Auswirkungen auf das Arbeitsangebotsverhalten von Personen und Haushalten herausgearbeitet. Selbstverständlich könnten auch noch weitere Regeln untersucht werden, wie zum Beispiel in der Familienpolitik oder in der Wohnungspolitik. Auch wesentliche Bereiche der umlagefinanzierten sozialen Sicherungssysteme müssen hier platzbedingt vollständig außen vorbleiben (vgl. Klös, 2024, 202ff.). Dadurch konnte die Analyse auf drei eng miteinander verwobene Cluster beschränkt werden: die Gestaltung der Mindestlohnfindung, des Grundsicherungs- und Transfersystems sowie des Steuer- und Sozialversicherungssystems. Aus der mit Blick auf die Notwendigkeit einer Arbeitsangebotsausdehnung vorgenommenen Schwachstellenanalyse des gegenwärtigen deutschen Mindestlohnfindungssystems einerseits und des Grundsicherungs-, Steuer- und Transfersystems andererseits folgte vor allem die Notwendigkeit, das derzeitige Grundsicherungssystem einer grundsätzlichen Reform zu unterziehen, deren Hauptziel eine möglichst schnelle Integration in Arbeit sein sollte. Leitschnur dafür muss es sein, die Erwerbsanreize für alle Bezieher von Grundsicherungsleistungen zu verbessern und für alle Erwerbstätigen generell Grenzbelastungen von über 100 Prozent für Erwerbseinkommen oberhalb der Grundsicherungsschwelle zu vermeiden, damit sich jede zusätzliche Arbeitsstunde auch tatsächlich lohnt.

Daher sind insbesondere die Schnittstellen zwischen den verschiedenen Transfersystemen in den Blick zu nehmen. Die Koexistenz und Komplexität der verschiedenen Leistungen führt nicht nur bei den Antragstellern zu Verständnisschwierigkeiten und einer möglichen Nicht-Inanspruchnahme, sondern sie verursachen bei den verschiedenen Verwaltungsstrukturen auch höhere Kosten und Abstimmungsprobleme. Die aktuelle Zweigliederung des Transfersystems mit einer existenzsichernden Grundsicherung sowie den vorrangigen Leistungen Wohngeld und Kinderzuschlag hat jedoch gleichzeitig den Vorteil, dass bei den vorrangigen Leistungen verwaltungsvereinfachende Pauschalierungen vorgenommen werden können, während bei Leistungen der Existenzsicherung wenig Spielraum bezüglich Vereinfachungen besteht, da beispielsweise notwendige Wohnkosten grundsätzlich voll übernommen werden müssen. Demgegenüber gilt beim Wohngeld ein Zuschussprinzip, bei dem günstigeres Wohnen belohnt wird. Gleichwohl ergeben sich insbesondere beim Zusammenspiel von Wohngeld und Kinderzuschlag hohe Transferentzugsraten für Familien, die auf ihre Arbeitsanreize hin zu überprüfen sind. Hierbei besteht jedoch die Herausforderung, dass geringere Transferentzugsraten zwar mit günstigeren Arbeitsanreizen einhergehen, gleichzeitig aber implizieren, dass bis in immer höhere Einkommensbereiche hinein Transferansprüche bestehen und die Anzahl von Transferbeziehern entsprechend steigt, um sicherzustellen, dass keine Haushalte gegenüber dem Status quo finanziell schlechter gestellt werden.

Verschiedene Optionen in Richtung einer breiteren Grundsicherungsreform werden bereits diskutiert.[28] In diesem Zusammenhang ausdrücklich zu begrüßen ist, dass die von der Ampelkoalition angestrebte Einführung einer Kindergrundsicherung nicht mehr umgesetzt wurde, denn diese hätte einen vollständig neuen Zweig der Grundsicherung mit einer eigenen Administration begründet. Ziel einer Grundsicherungsreform muss vielmehr ein stärker monotoner Verlauf der Transferentzugsraten ohne Sprünge im Einkommen sein, wenn verschiedene Transfers bezogen werden oder wegfallen, um für mehr Anreize zu sozialversicherungspflichtiger Arbeit zu sorgen. Schon unterhalb von Großlösungen lassen sich mit Reformen innerhalb des geltenden Steuer-Transfersystems an der Schnittstelle zwischen Bürgergeld und Kosten der Unterkunft kleine Verbesserungen erreichen: Wenn der Einkommensbereich mit niedrigeren Transferentzugsraten verbreitert werden soll und die Entzugsraten im höheren Einkommensbereich vor allem für Alleinerziehende, Alleinstehende ohne Kinder und Paare mit drei und mehr Kindern vermindert werden, so hätte diese »Reform im System« schon positive Effekte auf die Erwerbstätigkeit (vgl. Ifo-Institut/ZEW, 2023, 13ff.).

Klar ist aber auch, dass jeder Verzicht auf strengere Elemente des »Forderns« den finanziellen Spielraum für eine stärkere Senkung der Transferentzugsraten deutlich einengt und damit naturgemäß auch die positiven Arbeitsangebotseffekte einer Grundsicherungsreform begrenzt. Mit Blick auf die stark gestiegenen Finanzierungsbedarfe der Grundsicherung, auch infolge einer starken Zuwanderung, dürfte daher eine Grundsicherungsreform ohne ein neues Tarieren von Anspruchsgrundlagen und Mitwirkungspflichten wohl zu kurz greifen. Eine Richtungsentscheidung über die zukünftige Gestaltung der Grundsicherung wird deshalb mit hoher Wahrscheinlichkeit auf eine deutlich stärker aktivierende Arbeitsmarkt- und Sozialpolitik hinauslaufen

---

28 Vgl. ifo-Institut / ZEW, 2023. Die Simulationen umfassen auf der Steuer- und Abgabenseite vor allem die Einkommensteuer einschließlich des Solidaritätszuschlags und die Beiträge zu den vier gesetzlichen Sozialversicherungen, auf der Seite der Sozialtransfers das Arbeitslosengeld, das Bürgergeld, das Wohngeld, den Kinderzuschlag, das Kindergeld und den Unterhaltsvorschuss. Zur Grundsicherungsreform allgemein vgl. Wissenschaftlicher Beirat beim Bundesministerium der Finanzen, 2023, S. 17f. Vgl. auch vbw, 2025.

müssen. Weil die Bevölkerung mehrheitlich unkooperatives Verhalten als unfair empfindet, dürfte die Solidargemeinschaft bereit sein, unfaires Verhalten zu sanktionieren und faires Verhalten zu belohnen, selbst wenn dies mit Kosten verbunden ist.[29] Für eine Bewältigung der demografischen Herausforderungen und der damit verbundenen Folgen für die Einkommenserzielungskapazität einer Volkswirtschaft sollte daher jeder institutionelle Baustein der Arbeitsmarkt- und Sozialordnung sorgfältig auf seine Arbeitsangebots -und Arbeitsnachfrageaspekte abgeklopft werden. Was davon im Zuge der jetzigen neuen Legislaturperiode angepackt werden wird, muss sich aber erst noch erweisen.

3.3.4 Literatur

Allinger, Hanjo, 2019: Ehegattensplitting: Besteuerung nach Leistungsfähigkeit und Arbeitsanreizneutralität sind kein Widerspruch, in: ORDO – Jahrbuch für die Ordnung von Wirtschaft und Gesellschaft, 69. Jg., 2019, 188–214.

Bernau, Patrick, 2023: Für Teilzeit verpulvern wir Milliarden, in: FAZ vom 13. August 2023.

Blömer, Maximilian / Fischer, Lilly / Pannier, Manuel / Peichl, Andreas, 2024: »Lohnt« sich Arbeit noch? Lohnabstand und Arbeitsanreize im Jahr 2024, in: ifo-Schnelldienst, 77. Jg., Heft 1, 2024, 35–38.

BMAS, 2020: Entwicklung von Schwarzarbeit und illegaler Beschäftigung seit der Einführung des gesetzlichen Mindestlohnes zum 1. Januar 2015 – Qualitative Erhebung, Forschungsbericht 564, Gutachten des ISG, Köln.

BMF, 2023: Deutsches Stabilitätsprogramm, Aktualisierung, April 2023, Berlin.

Bonin, Holger / Isphording, Ingo / Krause-Pilatus, Annabelle / Lichter, Andre / Pestel, Nico / Rinne, Ulf, 2019: The German Statutory Minimum Wage and Its Effects on Regional Employment and Unemployment, IZA Policy Paper, No. 145, Bonn.

Bonin, Holger / Falk, Armin / Schneider, Hilmar, 2007: Workfare – praktikabel und gerecht, in: ifo-Schnelldienst, 60. Jg., Nr. 4, 2007, 33–37.

Brenke, Karl, 2018: Armut: Vom Elend eines Begriffs, Zeitschrift für Wirtschaftspolitik, 98. Jg., Nr. 4, 260–266.

Creditreform, 2024: EZB-Entscheidung: Zinspolitik in der Achterbahn: https://www.creditreform.de/pforzheim/aktuelles-wissen/pressemeldungen-fachbeitraege/news-details/show/ezb-entscheidung-zinspolitik-in-der-achterbahn (Abgerufen am 3.6.2025), Neuss, 11. Oktober 2024.

Cremer, Georg, 2021: Prekarisierung der Mitte? Armut und Prekarität im Konzept multidimensionaler Lebenslagen, RWI – Materialien, No. 148, Essen.

---

[29] Vgl. zum Stand der früheren Forschung stellvertretend Bonin et al.: »Wer soziale Leistungen ohne Gegenleistung in Anspruch nimmt, obwohl er zu einer solchen Gegenleistung in der Lage wäre, bürdet der Solidargemeinschaft negative externe Effekte in Form von Kosten auf. Es handelt sich dabei um eine Störung der Gegenseitigkeit, die als unkooperativ und unfair wahrgenommen wird. Die Gegenleistung stellt somit die Gegenseitigkeit wieder her und wird deshalb als fair und gerecht empfunden. [...] Wer sich der Gegenleistung ohne substanziellen Grund entzieht, gibt sich als unkooperativ zu erkennen und verwirkt damit auch das Recht auf die Unterstützung durch die Solidargemeinschaft« (S. 37). Vgl. auch Deutsche Forschungsgemeinschaft, 2012.

Deutsche Bundesbank, 2019: Zum Einfluss der Löhne auf die Preise in Deutschland: Ergebnisse ausgewählter empirischer Analysen, in: Monatsbericht September 2019, 15–39.

Deutsche Forschungsgemeinschaft, 2012: Workfare statt Welfare: Anreizwirkungen und Humankapital, Berlin.

Deutscher Bundestag, 2024: Sächliches Existenzminimum 2025 auf 11.940 Euro beziffert, hib 753/2024 vom 5. November 2024, Berlin, https://www.bundestag.de/presse/hib/kurzmeldungen-1028044 (Abgerufen am 3.6.2025), Berlin.

Deutscher Bundestag, 2022: Ausschuss für Arbeit und Soziales, Materialzusammenstellung zur öffentlichen Anhörung von Sachverständigen, Ausschussdrucksache 20(11)240, 4. November 2022, Berlin.

Dezernat Zukunft, 2024: Ambitioniert, aber vertretbar. Einordnung eines 16-Euro-Mindstlohns, Policy Paper vom 5. Juni 2024, Berlin.

Dütsch, Matthias / Ohlert, Clemens / Baumann, Arne, 2024: The Minimum Wage in Germany: Institutional Setting and a Systematic Review of Key Findings, in: Journal of Economics and Statistics, 2024, 1–39, Open Access.

BMAS, 2024: Schreiben des Bundesarbeitsministers an die Vorsitzende der Mindestlohnkommission vom 9. September 2024, Berlin.

Europäisches Parlament, 2022: RICHTLINIE (EU) 2022/2041 DES EUROPÄISCHEN PARLAMENTS UND DES RATES vom 19. Oktober 2022 über angemessene Mindestlöhne in der Europäischen Union, in: Amtsblatt der Europäischen Union, L 275/33 vom 25.10.2022, Brüssel.

evaluation office, 2023: Auswirkungen des gesetzlichen Mindestlohns auf Beschäftigung und Arbeitslosigkeit (Update 2022/2023). Studie im Auftrag der Mindestlohnkommission, Berlin.

Grabka, Markus, 2024: Niedriglohnsektor in Deutschland schrumpft seit 2017, in: DIW-Wochenbericht, Nr. 5, 68–76.

Grömling, Michael / Hammermann, Andrea / Kauder, Björn / Matthes, Jürgen / Stettes, Oliver, 2021: Ein Wachstumspfad für mehr Produktivität, Innovation und Beschäftigung in Deutschland, IW-Gutachten, Köln.

Haak, Dennis / Schmidt, Ulrich, 2022: Bürgergeld und Lohnabstand: Warum eine Erhöhung des Kindergeldes für untere Einkommensgruppen sowie eine Reform des Ehegattensplittings ratsam sind, IfW, Kurzbericht Nr. 11, Kiel.

IAB, 2024: Einschätzung des IAB zur wirtschaftlichen Lage – September 2024, IAB-Forum vom 27. September, Nürnberg.

IAB, 2022: »Die bisherigen Erhöhungen des Mindestlohns haben der Beschäftigung bislang kaum geschadet«, IAB-Forum, 19. September, Nürnberg.

Ifo-Institut, 2019: Beschäftigungseffekte steuer- und sozialpolitischer Maßnahmen, Studie im Auftrag der IHK für München und Oberbayern, München.

Ifo-Institut / ZEW, 2023: Forschungsbericht Zur Reform der Transferentzugsraten und Verbesserung der Erwerbsanreize – Kurzversion, Forschungsbericht 629K des BMAS, Dezember 2023, Berlin.

ISG, 2020: Ansätze zur Evaluation von Auswirkungen des gesetzlichen Mindestlohns auf die Schwarzarbeit. Studie im Auftrag der Mindestlohnkommission, Köln.

IZA, 2020: Auswirkungen des gesetzlichen Mindestlohns auf Beschäftigung und Arbeitslosigkeit. Studie im Auftrag der Mindestlohnkommission, Bonn.

Jessen, Robin, 2023: Ehegattensplitting: Abschaffung könnte Fachkräftemangel reduzieren, RWI-Research Notes, April 2023, Essen.

Klös, Hans-Peter, 2024: Die betreute Marktwirtschaft. Für eine neue Balance zwischen Bürger und Staat, Stuttgart.

Lane, Philipp, 2024: Debate on "Is the inflation surge over and what are the lessons for monetary policy?" The ECB and Its Watchers XXIV, 20. März 2024, Frankfurt.

Niehues, Judith / Stockhausen, Maximilian, 2024: IW-Verteilungsreport 2024. Aktuelle Trends und Herausforderungen für die Verteilungspolitik, IW-Report, Nr. 49, Köln.

Obst, Thomas / Stockhausen, Maximilian, 2023: Makroökonomische Analyse von Lohn-Preis-Spiralen, IW-Analysen, Nr. 155, Köln 2023.

Pestel-Institut, 2024: Bauen und Wohnen 2024 in Deutschland, Januar 2024, Hannover.

Portal Sozialpolitik-aktuell, 2024a: https://www.sozialpolitik-aktuell.de/kontrovers-das-aktuelle-thema-mindestlohn/articles/Milohneinfuehrung.html (Abgerufen am 3.6.2025).

Portal Sozialpolitik-aktuell, 2024b: www.sozialpolitik-aktuell.de/files/sozialpolitik-aktuell/_Politikfelder/Einkommen-Armut/Datensammlung/PDF-Dateien/abbIII4b.pdf (Abgerufen am 3.6.2025).

Projektgruppe Gemeinschaftsdiagnose, 2024: Gemeinschaftsdiagnose Herbst 2024: Deutsche Wirtschaft im Umbruch – Konjunktur und Wachstum, Berlin.

Prognos, 2024: Beschäftigungsperspektiven in der Automobilindustrie. Im Auftrag des VDA, München.

Sachverständigenrat Wirtschaft, 2023: Armutsgefährdung senken, Erwerbsanreize stärken: Reformen im Steuer-Transfer-System, Kapitel 4 des Jahresgutachtens 2023/2024, Berlin, 263ff.

Sachverständigenrat Wirtschaft, 2013: Steuerpolitik: vor falschen Weichenstellungen, Kapitel 8 des Jahresgutachtens 2013/2014, Wiesbaden, 358ff.

Statistisches Bundesamt, 2024a: Beschäftigungsverhältnisse mit Niedriglohn in Deutschland, https://www.destatis.de/DE/Themen/Arbeit/Verdienste/Mindestloehne/Tabellen/niedriglohn-beschaeftigte.html (Abgerufen am 3.6.2025), Wiesbaden.

Statistisches Bundesamt, 2024b: Entwicklung der Arbeitskostenindizes im Produzierenden Gewerbe und Dienstleistungsbereich nach Jahren, https://www.destatis.de/DE/Themen/Arbeit/Arbeitskosten-Lohnnebenkosten/Tabellen/arbeitskostenindexentwicklung-jahre.html (Abgerufen am 3.6.2025), Wiesbaden.

Statistisches Bundesamt, 2024c: Relative Höhe des Mindestlohns nach Arbeitsmarktregionen, https://www.destatis.de/DE/Themen/Arbeit/Verdienste/Mindestloehne/karte-mindestloehne.html, Wiesbaden.

Statistisches Bundesamt, 2024d: Sozialbericht 2024: Ungleichheit und Armutsrisiko kaum verändert – trotz steigender Vermögen und Löhne, Pressemitteilung Nr. 416 vom 6. November 2024, Wiesbaden.

Statistisches Bundesamt, 2024e: Armutsgefährdungsquote nach Migrationshintergrund und ausgewählten Merkmalen, https://www.destatis.de/DE/Themen/Gesellschaft-Umwelt/Bevoelkerung/Migration-Integration/Tabellen/migrationshintergrund-armutsgefaehrdung.html (Abgerufen am 3.6.2025), Wiesbaden.

WSI, 2024: WSI-Verteilungsbericht 2024, Ungleiche Teilhabe: Marginalisierte Arme – verunsicherte Mitte, WSI-Report Nr. 98, Düsseldorf.

Schneider, Friedrich / Boockmann, Bernhard, 2025: Die Größe der Schattenwirtschaft – Methodik und Berechnungen für das Jahr 2025, Linz und Tübingen.

Spitzenverbände der deutschen Wirtschaft, 2024: Schreiben an den Bundesarbeitsminister, Berlin, 23. September 2024, Berlin.

Vereinigung der bayerischen Wirtschaft, 2025: Neuausrichtung des Bürgergeldes, vbw-Studie, erstellt von Ronnie Schöb und Tom Günther, München.

vom Berge, Phillip / Umkehrer, Matthias, 2023: Moonlighting and the Minimum Wage, IAB Discussion Paper, Nr. 8, Nürnberg.

Wissenschaftliche Dienste des Deutschen Bundestages, 2023: Sachstand: Zur Entwicklung des Lohnabstandsgebots, WD 6 - 3000 - 049/23 vom 19. Juli 2023, Berlin.

Wissenschaftlicher Beirat beim Bundesministerium der Finanzen, 2023: Reform der Grundsicherung, Stellungnahme 05/2023 vom 7. September 2023, Berlin.

3.4 Nachhaltigkeit als Norm: Zwischen Fortschritt und Frustration

Theresa Eyerund

3.4.1 Einleitung

Nachhaltigkeitsbewegungen begannen als eine moralische Forderung einiger Bevölkerungsgruppen. Von einer Minderheitenbewegung hat sich das Thema längst zu einem breit diskutierten Massenphänomen entwickelt. Informelle, moralisch begründete Verhaltenserwartungen wurden über die letzten Jahre zunehmend in formelle, politisch legitimierte Regeln und Normen wie Klimaschutzgesetze oder Lieferkettensorgfaltspflichten-Gesetze überführt. Dieser Prozess der Formalisierung zieht zahlreiche Debatten nach sich. Welche Instrumente können die Ziele am besten erreichen? Welche Kosten werden dafür in Kauf genommen? Wer soll sie tragen usw.? Neben diesen »technischen« Herausforderung der Transformation wird aktuell aber auch Grundsatzkritik immer lauter, die die Entwicklungen der vergangenen Jahre und das Ziel der Nachhaltigkeit an sich in Frage stellt.

Das »drohende« Szenario einer Rückabwicklung und Abschwächung der von vielen als ohnehin nicht weitreichend genug eingeschätzten Maßnahmen zur Eindämmung des Klimawandels oder zur Stärkung von sozialer Gerechtigkeit wirft die Frage auf, ob und wie institutioneller Wandel und langfristige Transformation angesichts von gesellschaftlichen Zielkonflikten möglich ist. Während der Handlungsbedarf in vielen Aspekten aktuell besonders sichtbar wird, scheint die politische Umsetzbarkeit immer schwieriger zu werden. Der Institutionenökonom und Nobelpreisträger Oliver Williamson und andere Kollegen seines Fachgebiets wie Douglas North haben stets die große Beharrlichkeit von Institutionen – sowohl hinsichtlich formeller Regeln als auch informeller Normen – in ihren Beiträgen betont. Williamson (2000) beschreibt seltene »windows of opportunity« für Wandel, welcher dann meistens auch nicht erfolgreich verläuft. Auch North (1998) beschreibt, dass bestehende Ordnungen im Vergleich zu Neuerungen für aktuelle Akteure derartige Vorteile haben, dass Wandel zu ihren Gunsten verzerrt wird. War also das »window of opportunity«, das Mitte der 2010er Jahre mit dem Pariser Klimaabkommen und in den Folgejahren durch große öffentliche Aufmerksamkeit für Nachhaltigkeitsthemen sichtbar wurde, groß genug für den Beginn von institutionellem Wandel? Und ist die jetzt geringere Aufmerksamkeit für die Themen ein Zeichen, dass es sich wieder schließt?

Die öffentliche Aufmerksamkeit schwankt stark, angetrieben von globalen Krisen und unmittelbaren Bedrohungen. Themen wie Klimawandel, die abstrakt und langfristig wirken, geraten dabei schnell in den Hintergrund. Institutioneller Wandel in Sachen Nachhaltigkeit wird zwar nicht am Maß der öffentlichen Aufmerksamkeit sichtbar. Er wird aber durch Frust, Zweifel an der Wirksamkeit und politische Aufladung erschwert. Hinzukommt weiterhin die Frage, welche Maßnahmen politisch durchsetzbar sind: Sind es eher freiwillige Normen, wirtschaftliche Anreize oder staatliche Verbote und Gebote? Dieser Beitrag beleuchtet die Wahrnehmungen der Bevölkerung in Bezug auf Nachhaltigkeit und diskutiert mögliche psychologische Reaktionen auf unterschiedliche Instrumente zur Umsetzung von Nachhaltigkeit. Damit soll ein Beitrag zur Frage geleistet werden, wie Nachhaltigkeit als soziale Norm verankert werden kann und in welchen Spannungsfeldern sich die Akteure bewegen.

3.4.2 Öffentliche Aufmerksamkeit im Wandel: von »How dare you?« zu »Who cares?«?

Im Jahr 2019 hielt die damals »nur« als Klimaaktivistin bekannte Greta Thunberg eine emotionale Rede auf dem U.N. Climate Action Summit in New York. Sie klagte die versammelten Entscheidungsträger der Länder mit den Worten »How dare you?« (»Wie könnt ihr es wagen?«) immer wieder an, die jungen Generationen um ihre Zukunft zu betrügen. Die Rede erhielt weltweit große Aufmerksamkeit – Empörung wie Zuspruch – und fügte sich ein in eine Reihe von Demonstrationen (Fridays for Future etc.) und Debatten, die das Thema Klimaschutz ins Zentrum der öffentlichen Aufmerksamkeit rückten. Drei Jahre zuvor war mit dem Pariser Klimaabkommen bereits eine historische Vereinbarung getroffen worden, in der sich 195 Länder darauf einigten, die Erderwärmung auf unter 2° Celsius zu begrenzen.

Bei der Europawahl im Jahr 2019 erzielten die grünen Parteien bis dahin unbekannt hohe Stimmanteile (Becker, 2019) und das Problembewusstsein für Themen wie Klimaschutz wurde in Umfragen in Deutschland durch hohe Nennungsanteile deutlich (Iglauer/Schupp/Priem, 2021). Die Google-Suchanfragen für den Begriff Klimawandel stiegen ab den Jahren 2017/2018 kontinuierlich an (Hammermann/Monsef, 2023). Klimaschutz wurde als Shortlink im Hauptmenü auf der Homepage der Bundesregierung angezeigt, die Deutsche Bahn startete die Werbekampagne »Das ist grün« und an den Kantinen- und Familientischen wurde viel über nachhaltige Verhaltensweisen diskutiert.

Im Jahr 2024 waren Nachhaltigkeitsthemen zwar immer noch elementarer Bestandteil der öffentlichen Diskussion. Die Art der Gespräche hatte sich jedoch verändert, und häufig wurden sie von Diskussionen über andere Sorgen und Probleme übertönt. Bei den Europawahlen im Jahr 2024 verloren die grünen Parteien deutliche Stimmanteile, rechte Parteien gewannen an Zuspruch. Auf der Startseite der Bundesregierung wurde im November 2024 die Regierungskrise im Hauptmenü angeboten, die Werbekampagne der Deutschen Bahn bittet um Verständnis für Baustellenprojekte und geringe Kapazitäten und an den Kantinen- und Familientischen wurden aktuelle Kriege und Konflikte oder andere Megatrends wie künstliche Intelligenz und ihre Folgen diskutiert. Es drängt sich daher die Frage auf, ob angesichts dieser Veränderungen das Denken in Nachhaltigkeitskategorien das Gros der Gesellschaft noch kümmert (»Who cares?«) und ob dauerhafte Aufmerksamkeit notwendig ist, um gesellschaftlichen Wandel zu erzeugen.

Begrenzte (Sorgen-)Kapazitäten: die Probleme ihrer Zeit

Der gesellschaftliche Fokus auf Probleme und Themen wandelt sich im Laufe der Zeit und angesichts von Weltgeschehnissen. In Deutschland zeigten Umfragen (z. B. SOEP und Politbarometer), dass eine Mehrheit Mitte der 2000er Jahre Sorgen um die Wirtschaft und Arbeitslosigkeit angab. Dieser Anteil nahm kontinuierlich ab. Nachdem Sorgen um Zuwanderung und Integration Mitte der 2010er Jahre die öffentliche Aufmerksamkeit in Deutschland dominierten, wurde zum Ende der Dekade eine wachsende Aufmerksamkeit für die Themen Nachhaltigkeit und Klima sichtbar (▶ Dar. 3.4-1).

Typischerweise werden dringende und unmittelbar bedrohliche Probleme höher gewichtet und verdrängen damit weniger dringliche Themen. So war es nicht überraschend, dass mit dem Aufkommen der COVID-19-Pandemie geringere Aufmerksamkeitskapazitäten für andere Themen zur Verfügung standen. Mit steigenden Fallzahlen verschob sich der Fokus auf Corona (▶ Dar. 3.4-1, schwarze Linie). Mit zunehmenden Sorgen um die Pandemie wurden Sorgen um das Thema Klimawandel weniger präsent (Gregersen et al., 2022). Nach Abklingen der Pandemie band der Ukraine-Krieg ein hohes Maß an Aufmerksamkeit, gefolgt von Sorgen um die hohe Inflation. Sorgen um Nachhaltigkeit bzw. das Klima traten in den Hintergrund.[30]

Aus evolutorischer Sicht ist dieser Fokus auf unmittelbare Bedrohungen eine wichtige Überlebensstrategie. Sie bündelt Ressourcen und Energie für die unmittelbare Abwehr. Doch auch ohne akute Bedrohung fällt es Menschen schwer, sich auf mehrere Probleme gleichzeitig zu konzentrieren. Eine begrenzte kognitive Kapazität führt zu einem begrenzten Vorrat an Sorgen und Aufmerksamkeit (»finite pool of worries« bzw. »finite pool of attention«). Taucht eine neue Sorge auf, nimmt die Aufmerksamkeit für andere Themen ab. Gleichzeitig zeigt sich, dass die Sorge vor einer andauernden Bedrohung mit der Zeit abnimmt, wenn keine Gründe für eine Erneuerung oder Aufrechterhaltung vorliegen. Besonders bei »wenig messbaren« und abstrakten Themen wie Klimawandel oder dem Zustand der Ökosysteme kann dies zu einer sukzessiven Abnahme der Aufmerksamkeit führen.

---

30 Die Kurve zum Thema Nachhaltigkeit weist zwar über 2023 hinaus einen hohen Nennungsanteil aus. Dies dürfte jedoch auch auf die Kategorien-Zusammenfassung in Umwelt/Klima und Energie zurückgehen. Nennungen zu Energie und Energiewende könnten durch den Krieg in der Ukraine im Zusammenhang mit Versorgungssicherheit statt ökologischen Sorgen zugenommen haben.

3 Institutionelle Gestaltung wirtschaftlicher Entwicklung

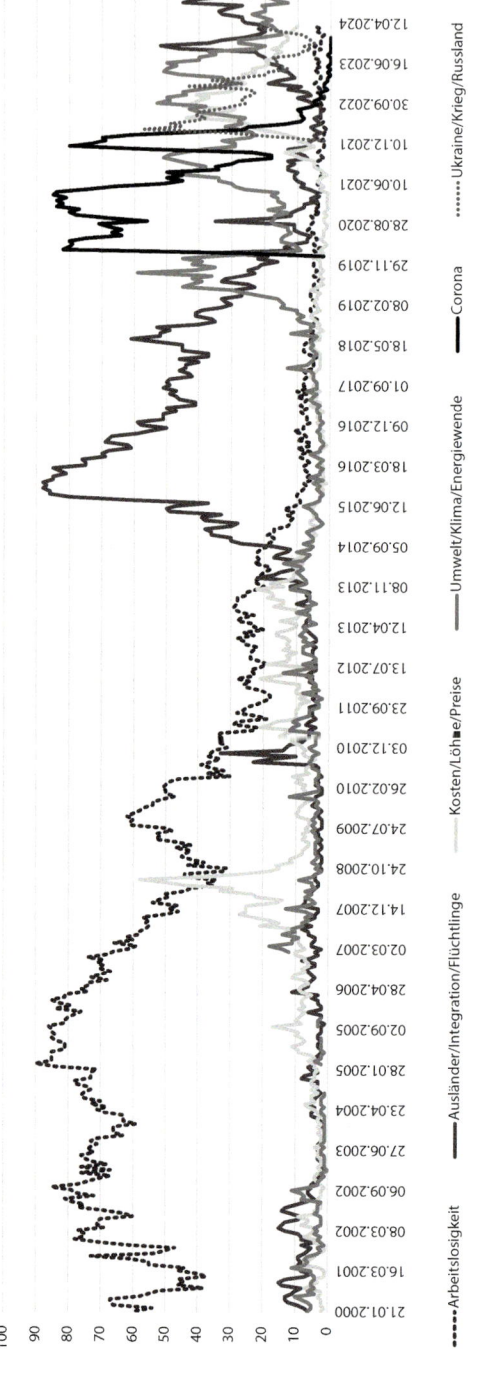

Dar. 3.4-1: Was ist ihrer Meinung nach gegenwärtig das größte Problem in Deutschland? (Quelle: Forschungsgruppe Wahlen (2023, 2024), Politbarometer, kumulierter Datensatz bis 2022 (GESIS); ab 2022 Daten der Langzeitübersicht; Anteil der jeweiligen Kategorie an allen Nennungen)

Das Problem der dreifachen Distanz: der Blick über den Tellerrand

Themen wie die Folgen von Klimawandel oder soziale Missstände unterscheiden sich von Themen wie Arbeitslosenzahlen oder Infektions-Inzidenzen. Sie sind oft nicht direkt messbar und fühlen sich für die Menschen weiter entfernt an. Das Konzept der »dreifachen Distanz« erklärt, warum Nachhaltigkeitsaspekte häufig als weniger dringlich empfunden werden:

- *Räumliche Distanz*: Die Auswirkungen von Umweltproblemen oder sozialer Ausbeutung sind oft geografische weit entfernt. Sie treten stärker in Ländern des globalen Südens auf, die weit entfernt wirken.
- *Zeitliche Distanz*: Gesellschaftliche Folgen von Kinderarbeit oder Umweltverschmutzung zeigen sich oft erst in der Zukunft, während ihr ökonomischer Vorteil sofort verbucht werden kann. Ein starker Gegenwarts-Bias führt dazu, dass zeitlich entfernte Konsequenzen weniger stark in Entscheidungen einbezogen werden als zeitlich nahe Konsequenzen. Die Belange zukünftiger Generationen haben bei aktuellen Entscheidungen systematisch weniger Gewicht. Ein solcher Bias ist auch bei Entscheidungen, die das eigene zukünftige Wohlergehen beeinflussen, z. B. bei der Altersvorsorge, zu beobachten (Ebert, 2024).
- *Soziale Distanz*: Der auch evolutionär bedingte Fokus auf die eigene Peergroup führt dazu, dass gegenüber distanzierteren sozialen Gruppen weniger Empathie aufgebracht wird. Negative Folgen für Menschen in Ländern des globalen Südens erzeugen oft weniger Mitleid als vergleichbare Probleme im eigenen Land (Parochialismus).

Während also eine hohe Arbeitslosenquote hierzulande unmittelbar als Bedrohung empfunden wird und entsprechenden politischen Druck erzeugt, kann eine Hungersnot oder Pandemie in Subsahara-Afrika als Randnotiz empfunden werden. Gleiches gilt für eine drohende Rentenlücke, die emotional weniger Berücksichtigung findet als die aktuelle Steigerung der Lebenshaltungskosten. Sorgen, Mitleid oder Gerechtigkeitsempfinden sind nicht gleichmäßig verteilt und folgen nicht rationalen Systematiken. Diese Eigenschaften erschweren es, auf bestimmte moralische Probleme durch Gesetzmäßigkeiten der Vernunft oder Selbstregulierung zu reagieren. Deshalb ist Vertrauen auf die Vernunft als Verhaltenssteuerung riskant.

Gesellschaftliche Aufmerksamkeit und institutionelle Gestaltung: ein geöffnetes Fenster

Das gesellschaftliche Aufmerksamkeitsfenster, das soziale und ökologische Nachhaltigkeit Mitte der 2010er Jahre zu einem Mainstream-Thema machte, vergrößerte auch die Umsetzungskorridore für den politischen Prozess. Denn Themen, die medial stärker präsent sind, werden auch höher auf der politischen Agenda platziert (Sevenans, 2017). Zudem unterstützen Menschen eher Politiken, die Bedrohungen adressieren, auf die sie sich gerade konzentrieren (Bostrom et al., 2020). Für die politische Umsetzbarkeit von einem psychologisch weiter entfernten Thema wie Nachhaltigkeit ist ein öffentliches Aufmerksamkeitsfenster daher hilfreich. Dass diverse Gesetzgebungsprozesse zum Thema Nachhaltigkeit, obgleich bereits länger geplant, zum Ende der 2010er Jahre verabschiedet wurden, ist vor diesem Hintergrund nicht überraschend.

Besonders wegweisend und prägnant war das 2015 verabschiedete Pariser Klimaabkommen, das die Staaten auch zu entsprechenden Umsetzungen auf nationaler Ebene verpflichtete. Auch der »Action Plan on Financing Sustainable Growth« der EU-Kommission wurde 2018 vorgestellt. Dieser Plan zielt darauf ab, dass Nachhaltigkeit und Klimaschutz in die Finanzwelt integriert werden, um langfristig nachhaltiges Wirtschaftswachstum und die Erreichung der Klimaziele zu fördern. Diese Gesetzgebungsverfahren sind Instrumente einer langfristigen Transformation und haben als solche auch einen langfristigen Zeithorizont. Sie müssen Zeiträume überbrücken, in denen andere Sorgen und Vorhaben die gesellschaftliche Aufmerksamkeit dominieren. »Transformationspolitik muss viel zu langfristige Herausforderungen adressieren, als dass die Politik sich täglich an der Erfüllung der aktuell erfassten Wünsche der Bevölkerung messen sollte oder könnte« (Göpel/Zieseniß, 2023, 172).

Dennoch spielen emotionale Wünsche und Sorgen der Bevölkerung sowohl vor als auch während des Institutionalisierungsprozesses eine relevante Rolle. Das reine Setzen auf die rationale Überlegenheit von Regulierungen führt weder zur Einführung noch zur Aufrechterhaltung entsprechender Institutionen. Dieses Phänomen beschrieb der schottische Philosoph und Ökonom David Hume bereits vor fast 300 Jahren in seinem Werk »A Treatise of Human Nature«: »Es widerspricht nicht der Vernunft, den Untergang der ganzen Welt dem Ritz an meinem Finger vorzuziehen« (1740, 296). Hume machte deutlich, dass moralische und ökonomische Entscheidungen von Gefühlen abhängig sind. Vernunft allein reiche nicht aus, um moralische Verpflichtungen zu diktieren. Während diese Feststellung als Argument für institutionelle Regelungen und Formalisierung genutzt werden kann, machte Hume in seinem Werk ebenso deutlich, dass auch die Akzeptanz von Institutionen davon abhängt, dass ein emotionaler Nutzen wie Sicherheit oder weniger Konflikte durch sie empfunden wird.

Für die Formalisierung von Nachhaltigkeitsaspekten zur Steigerung der Generationengerechtigkeit ergeben sich hieraus zwei zentrale Argumente: Angesichts der Fragilität von Nachhaltigkeitsverhalten besteht einerseits die Notwendigkeit der Formalisierung. Darüber hinaus muss andererseits die Regulierung den Menschen nützlich und richtig vorkommen, um akzeptiert und umgesetzt zu werden.

3.4.3 Institutionalisierung: Wahl, Wahrheit oder Pflicht?

Welche Mittel eignen sich, um nachhaltige Verhaltensweisen in der Gesellschaft zu verankern? Wie gelingt eine Transformation oder Evolution hin zu einer Wirtschaftsweise, die Belange zukünftiger Generationen besser berücksichtigt und gleichzeitig den aktuellen Generationen nützlich vorkommt bzw. nicht schadet? Die Palette der diskutierten Instrumente ist groß. Dabei unterscheiden sich nicht nur die Wirkungsmechanismen (zum Beispiel in der Kategorisierung von Bemelmans-Videc/Rist/Vedung, 1998: Zuckerbrot, Peitsche und Predigt) und ihre zugrundeliegenden polit-ökonomischen Überzeugungen (z. B. zu Markteingriffen oder Umverteilung), sondern auch ihre gesellschaftliche Akzeptanz und damit ihre Umsetzbarkeit. Zwischen den Gegensatzkategorien Freiwilligkeit (kein staatlicher Eingriff) und Pflicht (staatliche Verbote/Gebote) gibt es ein breites Spektrum von Nuancierungen und Mischformen. Einige Instrumente, die sich plakativ unter den Kategorien Wahl, Wahrheit oder Pflicht zusammenfassen lassen, und ihre möglichen Wirkungen, werden im Folgenden näher betrachtet.

Wahl: bewusst oder unbewusst freiwillig

Freiwilligkeit – Steuerung über die soziale Norm

Nachhaltigkeit wird häufig mit Moral und persönlichen Werten verbunden. Entsprechend wurde zur Durchsetzung von nachhaltigen Verhalten auch auf soziale Normen abgestellt, die auf freiwilliger Basis durchgesetzt werden. Die Annahme dabei ist: Wenn Menschen erkennen, dass Nachhaltigkeit wichtig ist und von den übrigen Gesellschaftsmitgliedern erwartet wird, verhalten sie sich auch entsprechend. Dieser Grundannahme entsprang auch die Argumentation, dass Unternehmen, die sich nachhaltig verhielten, Wettbewerbsvorteile erzielen würden und sich dadurch gleichermaßen ein natürlicher Sog in die erwünschte Richtung ergeben würde.

Soziale Normen wirken im institutionellen Sinne durch zwei Mechanismen. Zum einen werden sie sozial überwacht bzw. Fehlverhalten wird sanktioniert. Zum anderen kann normkonformes Verhalten mit sozialer Anerkennung, Status oder sozialer Bevorzugung belohnt werden. Beide Durchsetzungsmechanismen motivieren zum gewünschten Verhalten und konnten und können in Bezug auf Nachhaltigkeit regelmäßig beobachtet werden. »Kampagnen« zielten zum Beispiel auf Schuldgefühle bei nichtnachhaltigen Konsumenten ab (Sanktion) oder stellten den moralischen Vorteil von nachhaltigem Konsum heraus (»gemeinsam retten wir die Welt«).

Menschen wollen in der Regel ein positives Selbstbild von sich haben und ihre Handlungen im Einklang mit ihren und den gesellschaftlich gängigen Werten verstehen. Abweichungen davon erzeugen kognitive Dissonanzen. Entsprechend ist die Betonung von Nachhaltigkeit als soziale Norm zwar sinnvoll. Sie führt aber auch dann nicht zwangsläufig zum notwendigen Verhalten, wenn sie von fast allen Gesellschaftsmitgliedern anerkannt wird. Vielmehr werden häufig psychologische Umgehungsstrategien gewählt, die dafür sorgen, dass trotz nicht nachhaltigem Verhalten ein positives Selbstbild aufrechterhalten werden kann. Die Literatur um die »mind behavior gap«, also die Lücke zwischen dem kognitiven Wissen oder den Einstellungen und dem tatsächlichen Verhalten, oder zu »moral cleansing«, dem Drang, ein positives und moralisches Selbstbild aufrechtzuerhalten, zeigt umfangreich, welche psychologischen und argumentativen »Auswege« gefunden werden können, um abweichendes Verhalten zu rechtfertigen (West/Zhong, 2015). Unbequeme Folgen einer Normanwendung wie Verzicht oder Verlust werden damit umgangen. Entsprechend finden Menschen, die sich als moralische Menschen sehen wollen, sich gleichzeitig in ihrem Konsum nicht einschränken lassen wollen oder ihre bisherigen Entscheidungen nicht in Frage stellen möchten, jeweils eigene Rechtfertigungsstrategien.

Emotionale Appelle oder fatale Prognosen sind grundsätzlich ein geeignetes Mittel, um Aufmerksamkeit für ein Thema zu erzeugen und kurzfristige Verhaltensänderungen zu erzielen. Sie wurden vielfach angewendet, um die zuvor beschriebene »Motivationslücke« in der Umsetzung der sozialen Norm zu verringern (in Bezug auf Gesundheitsmaßnahmen z. B. Schockbilder auf Zigarettenpackungen). Permanente Konfrontation mit Bedrohungen (Angst) kann jedoch zu »emotionaler Betäubung« führen, bei der man sich als Schutzmechanismus emotional von der Bedrohung distanziert. Auch die Phänomene von moralischer »Fatigue« bzw. »Disengagement« werden in Bezug auf Klimawandel sowie auf ökologische und soziale Probleme diskutiert (Peeters et al., 2019). Die eigene Handlungsfähigkeit wird in Frage gestellt und es kommt zu einer Dissoziation von der persönlichen Verantwortung. In aktuellen Befragungen wird deutlich, dass die Wirksamkeit von moralischen Appellen zur Steigerung von Nachhaltigkeit nur von wenigen Personen als wirksames Mittel eingeschätzt wird. Gefragt nach den ihrer Meinung nach wichtigsten staatlichen Maßnahmen zur Erreichung von Klimaneutralität gaben nur 6 Prozent der Befragten die Kategorie »Moralische Appelle durch die Politik« an (Blesse et. al, 2024).

Softer Paternalismus oder »Nudging«

Neben emotionalen Appellen gibt es viele Beispiele aus dem Bereich »Nudging«, die auf die Dominanz der sozialen Norm setzen. Interventionen, die den Verbrauchern die gängige soziale Norm nahelegen, wurden mit zunehmender Popularität des soften Paternalismus bzw. der Entscheidungsarchitektur immer verbreiteter. Hierzu zählen z. B. kleine Informationsschilder, die den Hotelgästen aufzeigen, dass die Mehrheit der anderen Hotelgäste die Handtücher mehrfach verwendet. Das Anbringen eines solchen Schildes ging in diversen Studien mit höheren Wiederverwendungsraten einher als ohne diese Intervention (Goldstein/Cialdini /Griskevicius, 2008). Die Idee: »Die Entscheidungsarchitektur für die Bürgerinnen und Bürger so anzupassen, dass diese quasi automatisch, ohne viel Nachdenken ihre persönlichen, langfristigen Ziele verfolgen und so am Ende zugleich die kollektiven Ziele des guten Regierens der Politik erreicht werden« (Enste, 2023, 96). Hierzu können neben dem oben beschriebenen Social-Norm-Nudging zum Beispiel »abänderbare« Voreinstellungen zählen, die die Wahl eines grünen Tarifs wahrscheinlicher machen, oder auch Gamification-Strategien, die durch Belohnungssysteme zum Energiesparen anreizen. Solche Mechanismen lassen weiterhin die freie Verhaltenswahl, nutzen aber die psychologischen Eigenarten des Menschen (z. B. Trägheit oder Überforderung) im Sinne des intendierten Ziels. Es handelt sich daher um einen Mittelweg zwischen Freiheit und Pflicht, denn die Wahl der Architektur, letztendlich also der umzusetzenden Norm, erfolgt staatlicherseits.

Während es viele Beispiele gibt, in denen beeindruckende Ergebnisse erzielt werden konnten, gibt es zwei wesentliche Kritikpunkte an dem Ansatz. Erstens kann sie als Form der Bevormundung bzw. der Manipulation empfunden werden. Zweitens gibt es immer mehr Zweifel an der tatsächlichen und langfristigen Wirkung der Interventionen (Hummel/Maedche, 2019). Denn diese zeigen die beeindruckenden Ergebnisse oft nur in sehr spezifischem Kontext oder nur anfänglich. Das reine Setzen auf die Dominanz der sozialen Norm und die moralische Überlegenheit von Nachhaltigkeit hat bisher nicht die gewünschte Ergiebigkeit und vor allem Schnelligkeit gezeigt. Ein Wandel der öffentlichen Debatte, weg von der individuellen Verantwortung der einzelnen Personen und Konsumenten hin zu einer formal-institutionellen Lösung, ist daher nachvollziehbar. Innerhalb eines formalen Policy-Mixes kann die informelle soziale Norm aber weiterhin eine wichtige Bedeutung haben.

Wahrheit: gegen Marktversagen und Undurchsichtigkeit

Internalisierung von externen Effekten

Marktmechanismen stellen eine effiziente Ressourcenallokation sicher, stoßen jedoch bei ökologischer und sozialer Ausbeutung ohne zusätzliche Regelungen an ihre Grenzen. Denn bei den Folgen handelt es sich um externe Effekte. Das sind Kosten, die durch das Verhalten von Individuen oder Unternehmen entstehen, von diesen aber nicht getragen werden. Dieses Marktversagen erfordert ein politisches Eingreifen. Damit ist Klimapolitik »das notwendige und korrigierende Ergebnis eines jahrzehntelangen – und auch jahrzehntelang diskutierten – Marktversagens bezüglich der Emissionen von CO_2« (Göpel/Zieseniß, 2023, 161). Typischerweise werden zwei Lösungen für externe Effekte diskutiert: Die Einführung eines Preismechanismus, der die vormals vernachlässigten Kosten für den Erzeuger abbildet, sowie die Einführung von Verfügungsrechten, die die Nutzung des öffentlichen Guts (z. B. Luft) in Form von Zuteilungsrechten regelt. Beide Instrumente werden in Bezug auf CO_2-Emissionen (teilweise) angewandt. Zum einen gibt es in vielen Ländern eine CO_2-Steuer, zum anderen gibt es in verschiedenen geografischen Räumen, unter anderem der Europäischen Union, einen Emissionszertifikate-Handel. Beides sind künstlich eingeführte Regelungen, die den »wahren« Preis des CO_2-Ausstoßes abbilden sollen und damit Anreize schaffen sollen, diesen zu reduzieren.

Obwohl diese Mechanismen ökonomisch überzeugend sind, ist die politische Umsetzung anspruchsvoll. Während Ökonomen Preis- und Marktmechanismen für die wirksamste Form der Nachhaltigkeitsregulierung halten, ist deren gesellschaftliche Unbeliebtheit und damit die Schwierigkeit der Umsetzung bereits gut erforscht (Green, 2006). Auch in einer aktuellen Befragung von 2023 hielten nur wenige Befragte die Bepreisung von CO_2-Emissionen für die wichtigste Maßnahme zur Erreichung von Klimazielen (Blesse et al., 2024). Mehr Akzeptanz wurde beispielsweise gegenüber

Subventionen ausgesprochen (siehe dazu unten). Hinzukommt die Schwierigkeit, dass die Preise künstlich festgelegt werden und in intendierter Weise zu Veränderungen in den Kostenstrukturen führen. Entsprechend werden auch soziale Debatten geführt, inwiefern die Kosten fair zwischen einkommensärmeren und einkommensstärkeren Personen verteilt und wohin die Einnahmen gelenkt werden sollen.

In der zuvor genannten Umfrage äußerten die Befragten die höchste Präferenz für die Verwendung der Einnahmen aus CO_2-Abgaben für klimafreundliche Maßnahmen. Die geringste Unterstützung wurde für die Auszahlung eines Pauschalbetrags an alle Einwohner geäußert. Etwas höher war die Zustimmung zur Auszahlung eines Klimageld-Pauschalbetrags für Geringverdiener. Hier wird bereits deutlich, dass neben dem direkten Wirkmechanismus der Maßnahme deren Akzeptanz auch von Gerechtigkeitsempfindungen beeinflusst werden können, die nachgelagert sind. Da solche Maßnahmen zudem nicht global ausgerollt werden, drängen sich auch Wettbewerbsfragen auf. Wie können Unternehmen hierzulande im globalen Wettbewerb mit Unternehmen konkurrieren, die diese Kosten nicht tragen müssen? Die Bedeutung von internationalen Abkommen, die alle Teilnehmer zur Durchsetzung von Maßnahmen anhält, wird hier deutlich.

Transparenz

Ein weiteres Instrument, das im Zeichen »wahrer« Darstellungen steht, ist Transparenz. Sie wird zum Beispiel in der EU-»Sustainable Finance Strategy« angewendet und setzt auf die Lenkungswirkung, die durch den Kapitalmarkt entsteht. Der Aktionsplan beinhaltet unter anderem die Offenlegungsverordnung (SFDR), die Finanzmarktteilnehmer und Finanzberater dazu verpflichtet, übersichtliche und standardisierte Informationen über die Nachhaltigkeitsaspekte ihrer Finanzprodukte zu veröffentlichen. Ziel ist es, Verbrauchern fundierte Entscheidungen zu ermöglichen und Greenwashing zu vermeiden.

Dieser Ansatz basiert auf zwei bereits diskutierten Annahmen: Zum einen wird daraufgesetzt, dass Verbraucher die soziale Norm von Nachhaltigkeit verfolgen wollen, wenn sie in der Lage sind, zwischen Produkten zu unterscheiden. Zum anderen wird auf wettbewerbliche Druckmechanismen gesetzt, in der sich Unternehmen zum Wohle ihrer Kapitalmarktfähigkeit in Richtung Nachhaltigkeit transformieren. Formal ist dieser Mechanismus ein Mittelweg zwischen Freiwilligkeit und Pflicht bzw. staatlichem Eingriff. Konkretes Verhalten wird den Marktteilnehmern nicht vorgeschrieben. Investitionen in bestimmte Branchen oder Unternehmen werden nicht per se verboten. Es besteht lediglich ein Gebot zur Klarstellung und Veröffentlichung.

Die Maßnahmen zielen also weniger auf Verhaltensänderungen bei Verbraucherinnen und Verbrauchern ab. Für die betroffenen Unternehmen hingegen stellt die Umsetzung der Richtlinien eine hohe Belastung dar. Sie müssen Personal- und Beratungskosten in Kauf nehmen, um Strukturen und Reportingsysteme aufzubauen. Gleichzeitig kommt es erst mit der Regelumsetzung zu Klärungs- und Interpretationsprozessen, wie die Daten und Informationen korrekt interpretiert werden können. Diese Aushandlungs- und Verständnisprozesse sind ein kritischer Moment im Formalisierungsprozess. In den vergangenen Jahren kam es insbesondere in den USA zu einer starken Politisierung der Nachhaltigkeitsintegration am Kapitalmarkt – auch bezeichnet als ESG (Environment, Social, Goverance). Einige republikanische Politiker verglichen ESG mit einem Trojanischen Pferd, über das »linke« Politikziele und Überzeugungen in der Gesellschaft ausgerollt werden sollten (Hilson, 2024). Eine Anti-ESG-Bewegung, welche die Abschaffung derartiger Regelungen und insbesondere der Verknüpfung von Kapitalzugang und Nachhaltigkeitsergebnissen forderte, kam auf. Kapitalmarktakteure, die ESG-Strategien verfolgten oder sich hierzu bekannten, wurden zunehmend unter Druck gesetzt. Nach der Wiederwahl Donald Trumps traten diverse Banken und Asset-Manager Ende 2024, Anfang 2025 aus entsprechenden Nachhaltigkeitsinitiativen aus.

Pflicht: staatliche Vorgaben

Verbote und Gebote

Im Maßnahmenspektrum steht der Freiwilligkeit das formale Verbot bzw. Gebot gegenüber. Der Staat verbietet die Nutzung bestimmter Technologien, untersagt bestimmtes Verhalten oder schreibt es konkret vor. Es besteht keine individuelle Entscheidungsfreiheit für Individuen und damit auch keine moralische Verantwortung. Das 2008 eingeführte Rauchverbot in Gaststätten beispielsweise formalisierte die soziale Norm des Nichtraucherschutzes durch ein eindeutiges Verbot. Die Anschnallpflicht in Autos, ein staatliches Gebot, sollte die persönliche Sicherheit der Insassen erhöhen.

Diese Form der Institutionalisierung führt bei entsprechend glaubhafter Durchsetzung mit sehr hoher Wahrscheinlichkeit zu Verhaltensveränderungen. Die Einführung von Verboten und Geboten erzeugt jedoch oft starke Widerstände. Der Status quo ist besonders stark mit der Vorstellung von »richtig« und »moralisch korrekt« verknüpft. Sich auf einen neuen Zustand oder eine neue Regel einzulassen, erfordert anstrengende kognitive Anpassungen. Auch die ökonomischen Kosten durch Umrüstungen, Wechselkosten und nicht zuletzt mittels Durchsetzungskosten seitens des Staates lassen die Perspektive wenig attraktiv erscheinen. Eine starke Verlustaversion führt dazu, dass die Nachteile von Wandel stärker wahrgenommen werden als ihre Chancen. Da bereits Technologien etc. bestehen und angewendet werden, erzeugt eine Abweichung zugunsten neuer Technologien oder Strukturen auch zwangsläufig Opportunitätskosten, die in der Maßnahmengestaltung berücksichtigt werden müssen. Wie einschneidend die Sorge vor Verlust und Verzicht sein kann, lässt sich regelmäßig in der Reaktion auf verbotsgetriebene politische Vorschläge beobachten. Der Vorschlag eines »Veggie-Tags« beispielsweise führte für die vorschlagende Partei, trotz marginaler Bedeutung für das gesamtpolitische Programm, zu einem großen Reputationsverlust und dem Verlust an Wählerstimmen (Probst, 2015).

Subventionen und Abgaben

Finanzielle staatliche Zuschüsse an Unternehmen oder private Haushalte haben das Ziel, Entscheidungen dieser Akteure zu beeinflussen. Damit stellen sie keinen direkten Eingriff in Form eines Verbotes oder Gebotes an, sondern sie sorgen dafür, dass bestimmte erwünschte Handlungen für die Akteure attraktiver werden. Andere, nichtsubventionierte Handlungen werden unattraktiver, ohne dass sie verboten würden. Durch Subventionen, Steuererleichterungen oder spezielle Abgabepflichten soll der Preis eines Gutes verändert werden. Entsprechend wird auf Marktmechanismen gesetzt. Die freie Preisbildung jedoch wird unterbunden. Subventionen können daher nichtintendierte Wechselwirkungen auslösen, Mitnahmeeffekte verursachen oder Fortschritte in andere Technologien – die sich ohne Subventionen durchsetzen würden – verzögern oder verhindern. Beispielsweise ist es nicht effizient, wenn Personen, die ohnehin ein Elektroauto kaufen wollten, einen staatlichen Zuschuss erhalten.

Auch die Gefahr, dass persönliche Verantwortungsübernahme verdrängt und auf einen Zuschuss »gewartet« wird, um das gewünschte Verhalten zu zeigen, ist ein Risiko von Subventionen. Verhaltensforschung zu Subventionen zeigt, dass sie wenig Potenzial hat, langfristige Normveränderungen zu induzieren (Green, 2006). Zwar wird der Einsatz von Subventionen zur Erreichung gesellschaftlicher Ziele insbesondere politisch sehr kritisch betrachtet. Zur Erreichung von Nachhaltigkeitszielen werden Subventionen jedoch in Umfragen gut akzeptiert. In einer Umfrage von September 2023 hielten 28 Prozent der Befragten gezielte Subventionen für klimafreundliche Maßnahmen für am wichtigsten, Gebote und Verbote erhielten deutlich weniger Zustimmung (jeweils 16 Prozent).

3.4.4 Herausforderungen der Formalisierung: vom bürokratischen Vorteil zum bürokratischen Muss?

Die Formalisierung informeller Normen geht mit psychologischen und technischen Herausforderungen einher, die einen Wandel erschweren. Einige dieser Herausforderungen können aktuell beobachtet werden und prägen indirekt die Debatten um die Formalisierung von Nachhaltigkeitsaspekten und die Transformation der Wirtschaft.

Verlusterfahrungen und Crowding-out

Wird eine vormals informelle Norm zur formalen Regel und damit zum Mainstream, kann dies für freiwillige Vorreiter zu Verlusterfahrungen führen. Unternehmen, die eine Nachhaltigkeitsstrategie aus Überzeugung oder als Kundenvorteil entwickelt hatten, verlieren mit Einführung der Regulierung ihren »moralischen Vorteil«. Für die Milieus und First-Mover der Nachhaltigkeitsbewegungen entsteht eine argumentative Lücke, sowohl in Bezug auf Verkaufs- und Alleinstellungsargumente als auch auf das eigene Selbstverständnis. Der Vertrauensvorteil, der durch die freiwillige vorherige Normannahme besteht, dürfte mit der Zeit geringer honoriert werden. Dies kann zu dem scheinbaren Paradox führen, dass sich selbst Unterstützer der Regulierung mit ihrer Umsetzung unzufrieden zeigen.

Gleichzeitig empfinden einige Akteure Frust, wenn sie scheinbar »unsinnige« Dinge machen müssen, um der formalen Norm zu entsprechen, und nicht mehr nach ihrer Überzeugung an der Sache handeln können. Es gibt diverse Beispiele, in denen vormals äußerst engagierte Unternehmen mit Einführung der Lieferkettenregulierung auf ein weniger ambitioniertes, aber regelkonformes Niveau zurückfallen. Hier kommt es zu einem Crowding-out-Effekt. Ambition und Moralität werden durch Pflicht und Bürokratisierung verdrängt (van Bommel et al., 2023). Institutionelle Veränderungen, die eine Abweichung zum Status quo darstellen, erzeugen unvermeidbar Verlusterfahrungen. Der Institutionenökonom Douglas C. North beschreibt, dass eine bestehende institutionelle Matrix typischerweise die Kosten zugunsten des existierenden Regelwerks – und der existierenden Organisationen – verzerrt und damit Neuerungen zunächst teurer und damit unattraktiver macht. Je höher die Zahl der Regelveränderungen, ceteris paribus, desto größer ist die Zahl der Verlierer und entsprechend die Opposition (North, 1998).

Erzwungene Eindeutigkeit

Ambivalenz und Vielschichtigkeit sind integraler Bestandteil von Nachhaltigkeitsbetrachtungen (Eyerund, 2024). Nachhaltigkeit erfordert per definitionem eine Abwägung zwischen ökonomischen, ökologischen und sozialen Zielen. Eine rigorose binäre Einteilung in »richtig oder falsch«, »nachhaltig oder nicht nachhaltig« ist selten möglich. Es bedarf immer einer Spezifizierung zu den Geschäftsmodellen oder spezifisch anwendbarer Kennzahlen. Formalisierung lässt jedoch keinen Spielraum für Graubereiche oder Uneindeutigkeit. Auch die Objektivierung, die durch Reporting, zum Beispiel von sozialen Aspekten, entsteht, birgt bei aller Notwendigkeit Risiken. Sie verdrängt die Ambivalenz und Granularität sozialer und ökologischer Aspekte und kreiert einen vermeintlich rationalen und objektiven Ansatz (van Bommel et. al., 2023, 198). Die soziale Norm des moralisch Richtigen erodiert dann in Richtung »compliant oder non-compliant«.

Diese erzwungene Eindeutigkeit zeigt sich auch bei der Datenerfassungen und Interpretationen. Zum Teil fokussieren sich die Akteure auf die Durchführung von Maßnahmen und die Produktion von Daten darüber, ohne echte Verhaltensänderungen zu erzielen. Die Veröffentlichung von Daten zu Schulungen bei Zulieferern oder Audits beispielsweise sagen bei all ihrer Notwendigkeit wenig über das tatsächliche Verhalten der Zulieferer gegenüber ihren Mitarbeitern etc. aus. Das Design der genutzten Instrumente sollte auch auf tatsächliche Wirksamkeit überprüft werden. Stattdessen gibt man sich mit hohen Compliance-Raten zufrieden. Unternehmen können auch durch Rating-Methodologien dazu verleitet werden, irrelevante Daten zu erfassen oder unnötige Maßnahmen durchzusetzen, um »ein Häkchen« an der richtigen Stelle zu erhalten. Hier besteht eine große Verantwortung seitens der Rezipienten der Informationen und Daten, ihren Wunsch nach Eindeutigkeit, Standardisierung und Compliance nicht dem rational Sinnvollen unterzuordnen.

Machtverschiebungen

Regelveränderungen und die Adoption von Normen gehen häufig mit Verschiebungen in den Einflussmöglichkeiten verschiedener Akteure einher. Im Falle der Nachhaltigkeitsregulierung für Unternehmen und Finanzinstitute profitieren Zertifizierungsstellen, Ratingagenturen, Nachhaltigkeits-Beratungen und Wirtschaftsprüfer in besonderem Maße. Ihnen wurde durch die Regulierung ein Markt eröffnet, der mit steigender Komplexität und Unsicherheit über die Anforderungen wächst. Während Macht- und Wettbewerbsverschiebungen in Transformationen unumgänglich sind, sind sie im Falle der Nachhaltigkeitsregulierung zum Teil äußerst bedenklich. Denn die Unsicherheit über die Auslegung der Regulierung und die zum Teil vagen Formulierungen der Gesetzgebung bringen Organisationen wie Wirtschaftsprüfer in die Rolle, festzulegen, was normkonform ist. Damit nehmen sie eine demokratisch nicht legitimierte Rolle in der Normenauslegung ein. Sie profitieren gleichzeitig von möglichst hoher Komplexität, wodurch ihre Dienstleistungen besonders nachgefragt werden.

Die inhärente Ambivalenz von Nachhaltigkeitsthemen kommt zudem Rating-Agenturen zugute. Sie verdichten komplexe Informationen zu einer eindeutigen Zahl oder einem leicht verständlichen Score. Auf der Suche nach »Sicherheit« nutzen viele Unternehmen diese Ratings, um nach außen Normkonformität zu signalisieren. Die Methodologien der Ratings stammen jedoch vollständig von den privatwirtschaftlichen Agenturen und spiegeln weder gesetzliche Intentionen noch Konsumentenpräferenzen wider. Da sich viele Finanzmarktakteure den Urteilen von Ratingagenturen anschließen, zum Beispiel in Bezug auf Ausschlüsse oder Verstöße, gewinnen die Agenturen erhebliche Marktmacht und können die Kapitalkosten bewerteter Unternehmen stark beeinflussen.

Internalisierung oder Entfremdung

Was die Institutionenökonomik als »Internalisierung« von Regeln bezeichnet – also die Übernahme von Gruppennormen als für die eigene Person gültig (Voigt, 2009, 29) – ist genau genommen ein psychologischer Anpassungsprozess. Menschen haben einen starken Drang, kognitive Dissonanzen zu vermeiden, die durch eine Diskrepanz zwischen eigenen Überzeugungen und dem eigenen Handeln entstehen. Wird eine Regel dauerhaft entgegen der eigenen Überzeugung befolgt, erfordert dies viel kognitive Energie und Rechtfertigungsdruck. Wird die Regel hingegen sukzessive in das eigene Werteverständnis von »richtigem Verhalten« aufgenommen, entsteht »kognitive Harmonie« – ein Zustand, den das Gehirn anstrebt und der gleichzeitig Kapazitäten spart. Das Bedürfnis nach kognitiver Harmonie kann jedoch auch zum entgegengesetzten Effekt führen. Beide Phänomene können aktuell bei vielen Akteuren, Betroffenen, Regulierern und Anwendern beobachtetet werden.

Internalisierung: Die Pflicht wird zur Norm

Es gibt zahlreiche Beispiele, in denen ein Verhalten erst durch eine formale Pflicht zur gesellschaftlichen Norm wurde. Die Anschnallpflicht, 1976 in Deutschland eingeführt, ist ein Beispiel. Würde diese Regel heute abgeschafft, würden die meisten Menschen sich morgen vermutlich trotzdem weiter anschnallen, weil sie selbst vom Nutzen überzeugt sind. In anderen Bereichen ohne Pflicht – zum Beispiel beim Tragen eines Fahrradhelmes – zeigt sich trotz bekannter Sicherheitsvorteile und entsprechendem Selbstinteresse oft ein anderes Verhalten. Die formale Norm hat im Falle des Anschnallgurtes zur Internalisierung geführt, also zur Übernahme in den eigenen Wertekanon von »richtigem« Verhalten.

Ähnliche Hypothesen lassen sich für den Fall des Rauchverbots in Gaststätten aufstellen. Würde dieses morgen abgeschafft, würden sich dennoch vermutlich die meisten Raucher nach draußen begeben und die Nichtraucher dies auch erwarten. Die Internalisierung von Normen stellt daher (zumindest übergangsweise) einen Stabilitätsfaktor dar. Sie kann auch im Falle von Nachhaltigkeitsmaßnahmen stabilisierend wirken. So gibt die Internalisierungs-Hypothese Anlass zur Hoffnung, dass auch ein Austritt aus dem Pariser Klimaabkommen durch die USA nicht zwangsläufig zu einer massenhaften Abkehr von bereits ergriffenen Strategien und Maßnahmen amerikanischer Unternehmen führen wird. Dies wird jedoch davon abhängen, als wie groß das Risiko von Benachteiligung oder Vergeltung für das Festhalten an den Strategien empfunden wird. Im Januar 2025, kurz nach dem erneuten Austritt der USA aus dem Pariser Klimaabkommen durch Donald Trump, gab es Indizien für beide Entwicklungen. Zwar kehrten im Januar diverse Großbanken und Vermögensverwaltern sogenannten Net-Zero-Arbeitsgruppen den Rücken, ohne ihre eigenen Ziele oder Maßnahmen zurückzuziehen. Gleichzeitig kündigte beispielsweise der Unternehmer, Politiker und Philanthrop Michael Bloomberg an, in Form von großen Spenden die Finanzierungslücke für internationale Organisationen, die durch den Austritt der USA aus dem Abkommen entstehen, verringern zu wollen.

Entfremdung: Die Mittel entheiligen den Zweck

Im Falle der Nachhaltigkeitsregulierung kann aber auch das Gegenteil beobachtet werden. Die Regeln, die Nachhaltigkeit fördern sollen, werden als derart ineffektiv oder unsinnig betrachtet, dass das Ziel der Nachhaltigkeit an sich in Frage gestellt wird. Dies konnte sowohl auf individueller Ebene bei den Diskussionen um das Heizungsgesetz in Deutschland als auch auf Ebene der Unternehmensregulierung beobachtet werden. Kritisiert werden die hohen Kosten der Umsetzung durch personellen Aufwand und Beratungsbedarf sowie die Schwierigkeiten, in komplexen Lieferketten an die notwendigen Informationen zu gelangen. Da es sich um einen indirekten Wirkmechanismus handelt (▶ Kap. 3.4.3), dessen potenzieller Erfolg erst viel später sichtbar werden und der nicht direkt zuzuordnen sein wird, steht dem großen personellen und organisatorischen Aufwand kein direkt sichtbarer Nutzen gegenüber. Auch die zum Teil vagen Formulierungen der Gesetzgebung (z. B. »angemessene Maßnahmen zur Risikominimierung«) und die damit bestehende Rechtsunsicherheit werden kritisiert. Diese sind bei einem Thema wie Nachhaltigkeit, das sich durch Vielschichtigkeit, Kontextabhängigkeit und Ambivalenz auszeichnet jedoch inhärent (▶ Kap. 3.4.4). Kritik an den eingesetzten Mitteln und ihrer Komplexität darf daher nicht zum Einfallstor für eine Abkehr vom eigentlichen Ziel werden.

Die Wirksamkeit aktueller Klimaschutzmaßnahmen wird in Befragungen in Deutschland durchaus kritisch gesehen. Fast die Hälfte der Befragten im Oktober 2024 der PACE-Umfrage der Universität Erfurt gaben an, die derzeitigen Maßnahmen zur Abschwächung der Auswirkungen des Klimawandels als eher nutzlos oder nutzlos einschätzen. Etwas mehr als ein Viertel war unentschieden, 23 Prozent hielten die Maßnahmen für (eher) wirksam (Bertsch et al., 2024). Diese Einstellung geht aber nicht zwangsläufig mit dem Wunsch nach weniger Maßnahmen einher. Die Meinung, die aktuellen Maßnahmen zur Eindämmung des Klimawandels seien angemessen oder gingen nicht weit genug, teilten zuletzt drei Viertel der Befragten. Eine große Herausforderung wird es also sein, Wege zu finden, um die Wirksamkeit von Maßnahmen trotz ihrer Langfristigkeit und Indirektheit »spürbar« zu machen – in der Formulierung von Hume: einen emotionalen Nutzen zu erzeugen –, und gleichzeitig Maßnahmen kritisch zu hinterfragen, sie zu überprüfen und weiterzuentwickeln.

3.4.5 Institutioneller Wandel: zwischen Frust und Fortschritt

Institutioneller Wandel ist ein komplexer, dynamischer Prozess, der nicht linear verläuft. Einmal angestoßene Formalisierungsprozesse sind keine Selbstläufer. Sie bedürfen der Weiterentwicklung und Reflektion – auch und gerade in Zeiten von geringerer Aufmerksamkeit.

Institutioneller Wandel: Schlägt das Pendel zurück? (Frust)

Die aktuelle Stimmungslage zu politischen Instrumenten ist uneinheitlich. Ärger und Ineffektivitätswahrnehmungen mischen sich mit dem grundsätzlichen Bewusstsein für die Notwendigkeit von Klimaschutzmaßnahmen und dem Wunsch nach politischer Umsetzung. Hier zeigt sich die Schwierigkeit eines erfolgreichen Policy-Mixes und der Wahrnehmung von Effektivität oder Ineffektivität ergriffener Maßnahmen. Gleichzeitig gibt es Indizien, dass Einstellungen zu Nachhaltigkeit und Klimaschutz auch zum Aufhänger für politische oder gesellschaftliche Identifikation geworden sind und entsprechend instrumentalisiert werden (Hilson, 2024). Wurde Mitte der 2010er Jahre ein zunehmendes Problembewusstsein für Klima und Nachhaltigkeit sichtbar, scheint sich die Stimmungslage aktuell umzukehren. Nicht nur der Austritt der USA aus dem Pariser Klimaabkommen durch Donald Trump ist ein starkes Signal.

Auch in Europa werden Skeptiker von Klimapolitik immer lauter. Besonders von rechten und rechtspopulistischen Parteien wird eine aktive »Anti-Klimapolitik«- sowie »Anti-Wokeness«-Rhetorik verwendet. Dickson und Hobolt (2024) argumentieren, dass diese Parteien insbesondere ab 2020 eine deutliche Kritik an Klimaschutzmaßnahmen artikuliert haben. Zur Mobilisierung von Wählerstimmen sei dieser Standpunkt besonders effektiv, sofern bereits Zweifel an der Wirksamkeit der Instrumente bestehen. Aufgrund von weitläufiger Klimaschutz-Akzeptanz bei den Mainstream-Parteien würde sich das Thema zur Mobilisierung von Wählerstimmung besonders eignen, indem ein Keil zwischen die üblichen Koalitionen geschlagen würde.

In diversen Befragungen wird deutlich, dass Einstellungen zum Klimaschutz sich zwischen sozioökonomischen Milieus und Parteipräferenzen der Befragten stark unterscheiden (Hagemeyer/Faus/Bernhard, 2024; Bertsch et al., 2024). Beispielsweise war der zustimmende Anteil von Befragten hinsichtlich Aussagen wie »Es ist Zeit, mehr Widerstand gegen die aktuelle Politik zu zeigen« und »Es macht mir Sorgen, durch die gesellschaftliche Entwicklung immer mehr auf die Verliererseite des Lebens zu geraten« unter denjenigen, denen die Klimaschutzpolitik zu weit geht, deutlich höher als unter denjenigen, denen Klimapolitik nicht weit genug geht oder die sie für genau richtig halten.

Institutioneller Wandel bedeutet Weiterentwicklung (Fortschritt)

Trotz des aktuellen Gegenwindes zur Umsetzung von Politikmaßnahmen und breiten Zielsetzungen sind in den »stilleren« Jahren bedeutsame Fortschritte auf fachlicher und technischer Ebene gemacht worden. Debatten über CO_2-Kompensationsmechanismen, die Nutzung des Begriffs »klimaneutral« oder die Überarbeitung bestehender Verpflichtungen haben das Verständnis und die Qualität von Maßnahmen erheblich geschärft. Viele dieser Entwicklungen hätten ohne die vorangegangene Formalisierung vermutlich nicht stattgefunden, da der Anstoß zur Auseinandersetzung gefehlt hätte.

Ein zentraler Aspekt des aktuellen Wandels ist der gesellschaftliche Aushandlungsprozess, in dem Maßnahmen und Instrumente evaluiert und neu bewertet werden. Dieser Prozess zeigt sich beispielsweise in der Verfeinerung von Ambitionsniveaus und Umsetzungsstrategien, die früher oft vorschnell formuliert wurden. Mehr Erkenntnisse über Wirkungsweisen und Best-Practice-Maßnahmen können auch bei weniger breiter Diskussion zu einer Verbesserung von typischen Ansätzen führen. In Bezug auf Berichterstattung zu Nachhaltigkeitsaspekten, Anrechenbarkeit von Kompensationszertifikaten und Richtlinien für schwer zu dekarbonisierende Branchen beispielsweise gibt es weiterhin viele Initiativen und Gespräche. In Standardsetzungsprozessen werden dabei eine breite Masse an Stakeholdern einbezogen, was sich positiv auf die Akzeptanz auswirken sollte.

Die Weiterentwicklung kann dazu führen, dass bestimmte Regelungen oder Maßnahmen als ineffizient oder unpraktisch erkannt werden. Über deren Anpassung oder Abschaffung zu diskutieren ist daher nicht nur zulässig, sondern notwendig. Anstatt Prozesse zu übernehmen, Kennzahlen anzufordern oder typische Maßnahmen anzustoßen, die für den eigenen Handlungsbereich und das eigene Geschäftsmodell keine Relevanz haben oder nicht die intendierte Wirkung zeigen, sollte eine fundierte Auseinandersetzung stattfinden. Hier besteht auch Notwendigkeit auf Seiten der Regulierten, den bereitgestellten Mechanismus, der bewusst Freiräume lässt, sinnvoll zu nutzen. Fehlentwicklungen schaffen nicht nur unnötige Kosten, sondern erschweren auch spätere Änderungen, da einmal etablierte Routinen oft nur mit erheblichem Aufwand modifiziert werden können. Besonders bei der Messung von Nachhaltigkeits-Faktoren ist sorgfältige Planung entscheidend. Übergangslösungen, die eingeführt werden, bis verlässlichere Indikatoren gefunden wurden, können sich langfristig als Status quo festsetzen. Eine kritische Reflexion dieser Prozesse ist daher unerlässlich.

3.4.6 Literatur

Becker, Markus, 2019: Gerupfte Volksparteien, grüne Gewinner, Spiegel-online am 26.05.2019, abgerufen unter: https://www.spiegel.de/politik/ausland/europawahl-2019-gerupfte-volksparteien-gruene-gewinner-a-1269390.html [20.03.2025].

Bemelmans-Videc, Marie-Louise / Rist, Ray C. / Vedung, Evert 1998: Carrots, sticks and sermons: policy instruments and their evaluation, New Brunswick, N.J.

Bertsch, Cornelia et al., 2024: Planetary Health Action Survey, Zusammenfassung und Empfehlungen – Oktober 2024, Universität Erfurt, https://projekte.uni-erfurt.de/pace/summary/24/ [20.03.2025].

Blesse, Sebastian / Dietrich, Holger / Necker, Sarah / Zürn, Michael K., 2024: Wollen die Deutschen beim Klimaschutz Vorreiter sein und wenn ja, wie? Maßnahmen aus Bevölkerungsperspektive, in: ifo- Schnelldienst, 77. Jg., Nr. 1, 39–43; https://www.ifo.de/DocDL/sd-2024-01-blesse-etal-umfrage-klimaschutz.pdf [20.03.2025].

Bostrom, Ann / Böhm, Gisela / Hayes, Adam L. / O'Connor, Robert E., 2020: Credible Threat: Perceptions of Pandemic Coronavirus Climate Change and the Morality and Management of Global Risks, in: Frontiers in Psychology, Vol. 11, https://www.frontiersin.org/journals/psychology/articles/10.3389/fpsyg.2020.578562/full [20.03.2025].

Dickson, Zachary P. / Hobolt, Sara B., 2024: Going Against the Grain: Climate Change as a Wedge Issue for the Radical Right, in Comparative Political Studies, online, August 2024, https://doi.org/10.1177/00104140241271297 [20.03.2025].

Ebert, Sven, 2024: Wer die Wahl hat, hat die Qual – Strategien zur richtigen Wahl der Kapitalanlage, Gesellschaft & Finanzen, Flossbach von Storch Research Institute, Köln, abgerufen unter: https://www.flossbachvonstorch-researchinstitute.com/fileadmin/user_upload/RI/Studien/files/2024/240618-wer-die-wahl-hat-hat-die-qual.pdf [20.03.2025].

Eyerund, Theresa, 2024: Mein Grün. Dein Grün. Unser Grün? Position Nr. 1, Flossbach von Storch AG, Köln.

Forschungsgruppe Wahlen, 2024: Politbarometer, Langzeitentwicklung, Mannheim, abgerufen unter: https://www.forschungsgruppe.de/Umfragen/Politbarometer/Langzeitentwicklung_-_Themen_im_Ueberblick/Politik_II/#Probl1 [20.03.2025].

Forschungsgruppe Wahlen, 2023: Politbarometer 1977-2022 (Partielle Kumulation), GESIS, Köln ZA2391 Datenfile Version 15.0.0, Mannheim.

Goldstein Noah J. / Cialdini, Robert B. / Griskevicius, Vladas, 2008: A Room with a Viewpoint: Using Social Norms to Motivate Environmental Conservation in Hotels, in: Journal of Consumer Research, Vol. 35(3), 472–482.

Göpel, Maja / Zieseniß, Johannes, 2023: Klimaneutralität 2045 – (wie) können wir das schaffen?, in: Bergmann, Knut / Diermeier, Matthias (Hrsg.), Transformationspolitik. Anspruch und Wirklichkeit der Ampel-Koalition, Berlin, 161–178.

Green, Andrew, 2006: You can't pay them enough: Subsidies, environmental law, and social norms, in: Harvard Environmental Law Review, Vol. 30, 407–440.

Gregersen, Thea / Doran, Rouven / Böhm, Gisela / Sætrevik, Bjorn, 2022: Did concern about COVID-19 drain from a 'finite pool of worry' for climate change? Results from longitudinal panel data, in: Journal of Climate Change and Health, Vol. 8, 1–5, https://www.sciencedirect.com/science/article/pii/S2667278222000335 [20.03.2025].

Hagemeyer, Lennart / Faus, Rainer / Bernhard, Lukas, 2024: Vertrauensfrage Klimaschutz. Mehrheiten für eine ambitionierte Klimapolitik gewinnen, FES-diskurs, Friedrich Ebert Stiftung, Berlin.

Hammermann, Andrea / Monsef, Roschan, 2023: Ökologischer und digitaler Wandel: Die ökonomische Situation beeinflusst die Wahrnehmung der doppelten Transformation, in: IW-Trends, 50. Jg., Nr. 3, 3–26, https://www.econstor.eu/bitstream/10419/276282/1/1859518044.pdf [20.03.2025].

Hilson, Chris, 2024: Climate change and the politicization of ESG in the US, in: Frontiers in Political Science, Vol. 6, 1–9, https://www.frontiersin.org/journals/political-science/articles/10.3389/fpos.2024.1332399/full [20.03.2025].

Hume, David, 1740/2003: A Treatise of Human Nature, Dover Philosophical Classics, New York.

Hummel, Dennis / Maedche, Alexander, 2019: How effective is nudging? A quantitative review on the effect sizes and limits of empirical nudging studies, in: Journal of Behavioral and Experimental Economics, Vol. 80, 47–58.

Iglauer, Theresa / Schupp, Jürgen / Priem, Maximilian, 2021: Kapitel 12, Werte und Einstellungen, in: Datenreport 2021, Statistisches Bundesamt, Wiesbaden, abgerufen unter: https://www.destatis.de/DE/Service/Statistik-Campus/Datenreport/Downloads/datenreport-2021-kap-12.pdf?__blob=publicationFile [20.03.2025].

Ingold, Karin / Stadelmann-Steffen, Isabelle / Freiburghaus, Rahel, 2024: Subventionen aus politikwissenschaftlicher Perspektive: Gedanken zu Akzeptanz, Föderalismus und klimapolitischen Herausforderungen, in: Umweltrecht in der Praxis, Nr. 3, S. 228–240. https://www.ipw.unibe.ch/e39849/e163435/e672643/e1571117/IngoldStadelmannSteffenFreiburghausVURADE2024_ger.pdf [20.03.2025].

North, Douglass C., 1998: Institutional Change: A Framework of Analysis, in: Braybrooke, David (Hrsg.), Social Rule. Origin, Character, Logic, Change, New York, 189–202.

Peeters, Wouter / Diependaele, Lisa / Sterckx, Sigrid, 2019: Moral Disengagement and the Motivational Gap in Climate Change, in: Ethical Theory and Moral Practice, Vol 22, 425–447, https://link.springer.com/article/10.1007/s10677-019-09995-5 [20.03.2025].

Probst, Lothar, 2015: Bündis 90/ Die Grünen: Absturz nach dem Höhenflug, in Niedermayer, Oskar (Hrsg.), Die Parteien nach der Bundestagswahl 2013, Wiesbaden, 135–159.

Sevenans, Julie, 2017: The Media's Informational Function in Political Agenda-Setting Processes, in: The International Journal of Press/Politics, Vol. 22(2), 223-243, https://doi.org/10.1177/1940161217695142 [20.03.2025].

van Bommel, Koen / Rasche, Andreas / Spicer, André, 2023: From Values to Value: The commensuration of Sustainability Reporting and the Crowding Out of Morality, in Organization & Environment, Vol. 36(1), 179–206.

Voigt, Stefan, 2009: Institutionenökonomik, 2. Auflage, Paderborn.

West, Colin / Zhong, Chen-Bo, 2015: Moral cleansing, in: Current Opinion in Psychology, Vol. 6, 221–225.

Williamson, Oliver E., 2000: The New Institutional Economics: Taking Stock, Looking Ahead, in: Journal of Economic Literature, Vol. 38, 595–613.

3.5 Dezentralistisch und langfristig ausgerichtete Soziale Marktwirtschaft 2050[31]

Jochen Andritzky / Nils Hesse

3.5.1 Einleitung

»There will be no escape from the protectionist-mercantilist regime that now threatens to be characteristic of the post-socialist politics in both Western and Eastern countries so long as we allow the ordinary or natural outcomes of majoritarian democratic processes to operate without adequate constitutional constraints« (Buchanan, 1990/1999, 187). Die von Buchanan ganz wesentlich geprägte »Neue Politische Ökonomie«, die mit einem realistischen Menschenbild das Verhalten politischer Akteure untersucht, hilft zu erklären, warum es immer wieder zu Politik- und Staatsversagen kommt und Politiker und Bürokraten ihre monopolistischen Handlungsspielräume für ihre eigenen Interessen nutzen. Bekannte Theorien etwa der Bürokratie von Niskanen (1978) oder der Interessensgruppen von Olson (1971) erklären, warum Bürokratien eine Tendenz haben, sich auszuweiten, Politik sich häufig auf die Interessen kleiner, gut organisierter Gruppen ausrichtet, es eine Tendenz zur Zentralisierung politischer Entscheidungen gibt und für Politiker kurzfristige Wiederwahlchancen häufig wichtiger sind als die langfristigen Regelinteressen der Bürger.

So beschreiben Buchanan und Lee (1994), warum sowohl Interessensgruppen als auch Politiker ein Interesse daran haben, politische Entscheidungen innerhalb der Europäischen Union zu zentralisieren. Für Interessensgruppen ist es demnach günstiger, auf einer möglichst hohen politischen Ebene zu lobbyieren, die politische Entscheidungen für große Jurisdiktionen mit vielen Bürgern trifft, als sich auf unteren Ebenen an verschiedene Stellen für die eigenen Interessen einsetzen zu müssen. Für Politiker kann die Zentralisierung politischer Macht Buchanan und Lee (1994) zufolge attraktiv sein, da etwa die Spielräume zur Besteuerung insgesamt steigen, wenn der Steuerwettbewerb zwischen einzelnen Jurisdiktionen ausgeschaltet wird. Buchanan und Lee schreiben: »The additional power the central government secures is not necessarily power that other government lose. Indeed, centralizing government may increase political overreach of all levels of government« (1994, 224).

Neben der Tendenz zur Zentralisierung plagt die Politik der Hang zur Kurzfristigkeit. Kydland und Prescott (1977) beschreiben dazu das Problem der Zeitinkonsis-

---

31   Eine kürzere Version dieses Beitrags erschien in der FAZ am 18. Juli 2023.

tenz, da gemäß der Public-Choice-Theorie rationale Agenten – wie Politiker, die eine Wahl gewinnen wollen – darauf fokussiert sind, kurzfristig gut dazustehen. Gerade Wahltermine können einen politischen Konjunkturzyklus erzeugen, so zum Beispiel die Neigung zu expansiver Wirtschaftspolitik im Wahljahr auf Kosten von höheren Schulden oder höherer Inflation nach der Wahl (Nordhaus, 1975; Alesina/Tabellini, 1990).

Gleichzeitig begrenzen politische Institutionen das Ausmaß eines Staatsversagens ebenso wie die Tendenz der Politik zum kurzfristigen Denken und zur Zentralisierung von politischer Macht. So gelang es der Deutschen Bundesbank über Jahrzehnte, das Ziel der langfristigen Preisstabilität vor kurzfristigen Wiederwahlinteressen der Politik zu schützen. Die aktuellen Diskussionen um die Schuldenbremse sind ein Hinweis darauf, dass sie wirkt und dass sie den Druck auf die Politik erhöht, sich stärker dem Ziel langfristiger fiskalischer Stabilität zu verpflichten. Doch auch die deutsche Schuldenbremse kann sowohl in Deutschland als auch der EU eine Tendenz zu einer kurzfristig ausgerichteten und zentralisierten Politik nicht verhindern. Politische Vorhaben wie die Transformation von Wirtschaft und Gesellschaft hin zur Klimaneutralität werden von zentraler Stelle aus Brüssel und Berlin gelenkt. Die Klimaziele werden dabei mit kurzfristigen und zentralistischen Mitteln wie der Pflicht zur Nachhaltigkeitsberichterstattung, Vorschriften für die Installation von Heizungen oder einem europaweiten Verbot von Verbrennungsmotoren verfolgt.

Die Politik verwirkt somit gänzlich ihre Reputation, mit Hilfe derer langfristige Rahmenbedingungen und eine glaubwürdige Selbstbindung ihre Wirkung auf Wirtschaft und Gesellschaft entfalten könnte – wie etwa in der Geldpolitik (Barro/Gordon, 1983). Politiker stellen sich lieber in der kurzen Sicht als tatkräftig dar und erhoffen sich schnelle Zustimmung, ohne sich an mühsame, grundlegende Strukturreformen wagen zu müssen. Der zentralistischen Transformation stellen sich Parteien wie die Alternative für Deutschland (AfD) im kurzsichtigen, anti-elitären populistischen Reflex entgegen, indem sie die den politischen Handlungsdruck im Zuge der Polykrisen weitgehend negieren. Beide Ansätze leiden an bestimmten Formen der »Anmaßung von Wissen«, vor der Friedrich August von Hayek warnte. Der dirigistische Politikansatz führt regelmäßig zu einem komplexen Regelungsgeflecht, das sowohl die Gesetzgeber als auch die Anwender überfordert. Doch auch der Verzicht auf Regeln etwa zur Internalisierung externer Effekte führt zu Fehlallokationen und überlässt das Problem den einzelnen Verbrauchern, die mit der Aufgabe überfordert sind, komplexe Zusammenhänge wie die wahre Klimabilanz von Produkten zu erfassen.

Wir ordnen in diesem Beitrag politische Konzepte hinsichtlich ihres Typus als zentralistisch oder dezentralistisch sowie als langfristig oder kurzfristig. Sodann legen wir dar, was die Gefahren eines kurzfristigen zentral-interventionistischen Ansatzes sind. Denn dieser droht die gut gemeinten Ziele zu verfehlen und in einer klientelistischen, interventionistischen Staatswirtschaft zu enden. Da aber auch der Verzicht auf Regeln nicht zielführend ist, plädieren wir für eine an den Prinzipien der Sozialen Marktwirtschaft ausgerichtete, dezentralistische sowie langfristig denkende und handelnde Politik, um die politischen Ziele unserer Zeit – etwa die Senkung der globalen CO_2-Emissionen, die Stärkung der Resilienz und der Innovation unserer Wirtschaft oder die Verhinderung der gesellschaftlichen Spaltung – zu erreichen.

Mit dem Wissensmangel, der in komplexen Gesellschaften und Volkswirtschaften konstitutiv ist, müssen wir Streit (1991, 81) folgend möglichst klug umgehen und dazu geeignete allgemeine und abstrakte sowie bestimmte Regeln und Institutionen finden. Solche Regeln reduzieren auf der einen Seite aufgrund ihrer Bestimmtheit die Unsicherheit und lassen dennoch Neuerungen aufgrund ihrer Abstraktheit zu. Eine prinzipiengeleitete Soziale Marktwirtschaft vermeidet wo immer möglich kleinteilige korrigierende Eingriffe. Sie setzt stattdessen langfristig Rahmenbedingungen, welche den wirtschaftlichen Agenten einerseits Freiheiten lassen und andererseits Anreize setzen, damit ihre selbstbestimmten Handlungen auf die großen gemeinsamen politischen Ziele einzahlen.

3.5.2 Dezentralistische vs. zentralistische Politikkonzepte

Der *zentralistische Ansatz* versucht von oben Politik zu gestalten, förderungswürdige Unternehmen und Branchen von förderunwürdigen zu trennen und die Wirtschaft und die Gesellschaft nach politischen Vorgaben zu transformieren. Dazu setzt sich die Bundes- oder EU-Ebene ambitionierte und sehr konkrete Ziele, etwa jenes der Klimaneutralität Deutschlands bis 2045. Dieses Oberziel wird ergänzt durch zahlreiche noch konkretere, kleinteilige Zwischen- und Zwischenzwischenziele, etwa CO_2-Emissionsziele für einzelne Sektoren oder Ausbauziele für die erneuerbaren Energien, ohne dabei Nebeneffekte oder das systemische Zusammenwirken der Einzelziele zu berücksichtigen. Bestandteile eines zentralistischen Instrumentenkastens sind Verbote, Grenzwerte, Quoten sowie Förderprogramme. Finanziert werden die Programme neben den wachsenden regulären Staatshaushalten durch Sondervermögen und Fonds, z. B. Next-Generation-EU-Fonds und Klima- und Technologiefonds. Administriert wird die Transformation von Wirtschaft und Gesellschaft durch wachsende Ministerien und Behörden. Beratend stehen gesamtgesellschaftliche Gremien zur Seite, wie etwa die sogenannte Kohlekommission, die Plattform Mobilität oder das Bündnis für bezahlbares Wohnen.

Bildlich gesprochen weist im zentralistischen Ansatz also der Staat den Akteuren der Wirtschaft und der Wissenschaft eng begrenzte Korridore in einem verschachtelten Gebäude zu, die in ihren Verästelungen zu zahlreichen Zwischenzielen führen sollen. Diese Korridore sind gesäumt von Subventionsverteilstationen und Hinweis- und Verbotsschildern. Der zentralistische Interventionsansatz nimmt offen höhere Kosten zugunsten einer vermeintlich schnelleren Wirkung in Kauf. Zu dieser Ineffizienz kommt jedoch auch eine zweifelhafte Effektivität, unter anderem weil das systemische Zusammenwirken der Einzelmaßnahmen kaum berücksichtigt wird. Fraglich an diesem zentralistischen Ansatz ist somit nicht nur ob die Ziele und die vielen Zwischenziele überhaupt erreicht werden, sondern auch, ob es überhaupt die richtigen (Zwischen-)Ziele sind. Vor allem aber fällt es im zentralistischen Ansatz schwer,

Fehler zu erkennen und die richtigen Schlüsse aus ihnen zu ziehen. Viele Ideen und Möglichkeiten, die abseits der abgesteckten Korridore liegen, bleiben ungenutzt.

Der *dezentralistische Politikansatz* hebt sich in drei wesentlichen Punkten vom zentralistischen Politikansatz ab: Die von ihm verfolgten politischen Ziele sind *erstens* ganzheitlich-abstrakt und setzen an den Rahmenbedingungen an. Im Beispiel des Klimaschutzes wäre ein solches Ziel eine länderübergreifende Internalisierung externer Kosten durch die Bepreisung von Treibhausgasen, damit jeder für die Kosten aufkommt, die er mit seinen Emissionen für die Gesellschaft verursacht. Einzelne Technologien müssten hingegen nicht zum Selbstzweck erhoben und mit kleinteiligen Zielen verfolgt werden. Der Weg zu den Zielen des dezentralistischen Ansatzes führt *zweitens* nicht über abgegrenzte, schmale Korridore, sondern durch große Freiräume, in denen die Menschen jeden Tag agieren, handeln und experimentieren können. Diese Freiräume sind nur umgeben von einem Rahmen aus allgemeinen, abstrakten Gesetzen. Der Staat hat die Aufgabe, als Schiedsrichter die Einhaltung dieser Gesetze sicherzustellen und als Statiker die Grundlage im Auge zu behalten, auf der Wirtschaft und Gesellschaft operieren. Dazu gehört insbesondere die Sicherstellung eines fairen Wettbewerbs. In diesem Wettbewerb wird das dezentral verteilte Wissen in der Gesellschaft genutzt und die permanente Suche nach besseren Ideen, Lösungen und Regelungen angereizt. Wesentlich für den dezentralistischen Ansatz ist *drittens* das Subsidiaritätsprinzip, nach dem die möglichst niedrigste Ebene die Verantwortung für politische Entscheidungen, die diese Ebene betreffen, haben sollte. In diesen kleinen Einheiten liegen politische Entscheidungen und politische Entscheidungsträger näher beieinander. Das ermöglicht eine Vielfalt an regional unterschiedlichen Lösungswegen und einen Wettbewerb um die besten Rahmenbedingungen. Falsche Entscheidungen stellen sich schneller als solche heraus und können angepasst werden.

3.5.3 Langfristige vs. kurzfristige Politik

Mit Bewunderung und Ehrfurcht blicken Politiker nach China, das sich langfristige geo- und industriepolitische Ziele setzt und diese mit einem Masterplan zielgerichtet verfolgt. Dabei wird gerne übersehen, dass Pläne in China in vielen Bereichen nur abstrakte Ziele vorgeben, die von dezentral agierenden Akteuren mit unterschiedlichen Mitteln verfolgt werden. Auch die EU und Deutschland setzen sich ehrgeizige langfristige Ziele. Bei der Umsetzung dominiert jedoch die Kurzfristigkeit. Neben den eingangs genannten politökonomischen Gründen findet diese nämlich leichter Eingang in die mediale Kommunikation und bewegt so Wähler und Wählerinnen. Die Stellschrauben für die Beeinflussung kurzfristiger Entwicklungen sind greifbarer und leichter zu kommunizieren als komplexe langfristige Entwicklungen, die stärker externen Einflüssen ausgesetzt sind. So werden langfristige Ziele nicht nur verfehlt, sondern die Politik hat sogar verlernt, Langfristigkeit zu artikulieren. In einer Wohlstandsgesellschaft ist es schwieriger, Mehrheiten für die Gestaltung langfristiger Veränderungen zu gewinnen als für den Erhalt des Status quo. Langfristige Reformen

3.5 Dezentralistisch und langfristig ausgerichtete Soziale Marktwirtschaft 2050

sind politisch unbequem, wie die Proteste gegen eine Rentenreform in Frankreich zeigen.

Besonders gravierend wirkt sich der Mangel an langfristigem Denken dann aus, wenn – wie heute – Innovation und Fortschritt völlig neue Welten schaffen. Mangels Zukunftsvisionen übersieht die Politik entweder die sich daraus ergebenden Chancen und versäumt es, geeignete Rahmenbedingungen für die Nutzung der Potenziale zu schaffen. Oder sie schlägt aus Angst vor den negativen Auswirkungen des Wandels mit der Regulierungskeule zu. Ein Beispiel ist die Digitalisierung und die Herausbildung digitaler Geschäftsmodelle. Der Datenschutz nimmt aus Angst um die Privatsphäre Formen an, die es Unternehmen verunmöglichen, die Potenziale der Digitalisierung auch dort auszuschöpfen, wo sie ganz klar dem Gemeinwohl dienen, etwa bei der Medizintechnologie. Der kurzfristige Angstreflex wendet sich auch gegen die künstliche Intelligenz. So hat der Regulator in Deutschland festgelegt, dass bei der Kontoeröffnung nur eine menschliche, nicht aber eine künstliche Intelligenz eine biometrische Fernidentifikation durchführen darf. Die Anmaßung der Überlegenheit des Menschen gegenüber der Maschine ist kein gutes Omen für den Fortschritt.

Die langfristige Zukunftsperspektive ist im politischen Diskurs weitgehend verloren gegangen, weswegen sich viele Debatten um das Hier und Jetzt drehen. Daher müssen wir zunächst unser Bewusstsein für den Unterschied zwischen kurz- und langfristiger Politik schärfen. Was ist langfristige Politik? Drei dafür spezifische Merkmale sind festzuhalten.

Erstens beruht eine langfristige Politik auf Vorstellungen von der Zukunft bzw. auf Zukunftsbildern von der Welt. Psychologen bezeichnen die Vorstellung einer besseren Gesellschaft als den sozialen Treibstoff für menschlichen Fortschritt (Badaan et al., 2020). Dies erfordert ein tiefgreifendes Verständnis von langfristigen Trends und Innovationen ebenso wie von der hohen Unsicherheit und dem komplexen Zusammenspiel der Trends. Langfristige Politik denkt somit in plausiblen Zukunftsszenarien, statt sich nur auf das aus heutiger Sicht wahrscheinlichste Szenario vorzubereiten. Statt nur die Symptome von heute zu kurieren, bereitet langfristige Politik die Gesellschaft auf verschiedene Szenarien vor. Die Zukunftsbilder der Welt entwickeln sich am besten im trans- und interdisziplinären Austausch und einer agilen, ganzheitlichen Betrachtung. Die Vision der Zirkularität, also des Wirtschaftens in geschlossenen Rohstoffkreisläufen, bedeutet beispielsweise die grundlegende Veränderung von Geschäftsmodellen und Rahmenbedingungen, die am besten interdisziplinär und zwingend ganzheitlich entwickelt werden müssen. Das Denken in ganzheitlichen Visionen ermöglicht dabei die Bildung neuer Allianzen und kann politische Verliererthemen in ein neues Licht rücken. Eine Vision von der Arbeitswelt der Zukunft, in der eine »Silver Economy« für ältere Arbeitnehmerinnen und Arbeitnehmer flexible, selbstbestimmte und erfüllende Arbeit zum Ziel hat, macht Reformen wie die Erhöhung und Flexibilisierung des Renteneintrittsalters attraktiver. Heute dagegen treibt die vorherrschende Vorstellung eines verlängerten »Malochens« jede Diskussion um Rentenreformen in eine Sackgasse.

Zweitens lebt langfristige Politik von der Aushandlung der dabei auftretenden Zielkonflikte. Langfristige Ziele erfordern in der Regel Abwägungen zwischen kurz- und langfristigen Interessen. Verschiedene Zukunftsbilder können miteinander in einen Zielkonflikt geraten. Entscheidend ist es jedoch, diese Zielkonflikte darzustellen, aus verschiedenen Perspektiven zu bewerten und politisch tragfähige Mehrheiten dafür zu finden. Entsprechend sollte um ganzheitliche Zukunftsbilder gerungen werden und nicht wie in der kurzfristigen Politik um Einzelmaßnahmen, zumindest soweit diese nicht pars pro toto für eine Vision stehen. Heute dagegen besitzt die Politik oft nicht einmal den Mut dazu, Zielkonflikte zu benennen, geschweige denn klar zu sagen, welches Ziel gegenüber einem anderen in einer bestimmten Zukunft zurückgestellt werden müsste. Der um den Medianwähler bemühte Politiker wählt lieber einen unscharfen Mittelweg, anstatt anzuecken. Das sogenannte Heizungsgesetz von 2023 ist ein Beispiel, bei dem die Maßnahme und nicht das Ziel im Vordergrund stand. Erst der Aufschrei über die Kosten der Wärmepumpeninstallation zwang die Politik, sich mit dem verdrängten Zielkonflikt zwischen Klimaschutz und sozialer Gerechtigkeit zu befassen. Am Ende musste eine Subventionszusage her.

Drittens geht eine langfristige Politik von einem realistischen Menschenbild aus und ist sich sowohl der Anreize bewusst, denen auf eine Wiederwahl zielende Politiker ausgesetzt sind, als auch der Grenzen der Verwaltung, kleinteilige Regeln umzusetzen. Um die daraus resultierenden Anreize zu einer kurzsichtigen Politik zu begrenzen, setzt eine langfristige Politik einerseits auf eine Regelbindung, die den diskretionären Spielraum von Politikern im Sinne der konstitutionellen Interessen der Bürger eingrenzt. Beispiele für eine solche Regelbindung sind das Wettbewerbsrecht, EU-Beihilferegeln und die in der Verfassung verankerte Schuldenregel. Andererseits verzichtet sie auf eine Überheblichkeit, die Dinge bis ins kleinste Detail regeln zu können. Würden in allen Bereichen eine »missionsorientierte Politik« verfolgt, wie sie etwa Mariana Mazzucato in Anlehnung an das Apollo-Programm vorschlägt (vgl. Mazzucato, 2021, 21ff.), würde die Verwaltung hoffnungslos überfordert und wären die Staatskassen sehr bald leer.

3.5.4 Für eine prinzipiengeleitete Soziale Marktwirtschaft

Beide oben beschriebene Dimensionen lassen sich zu vier verschiedenen Politikstilen kombinieren (▶ Dar. 3.5-1). Kurzfristig orientierte Politikstile sind reaktiv, werden in Ermangelung von Zielabwägungen Opfer von Einzelinteressen und sind oberflächlich, weil sie an Symptomen ansetzen und einfache Antworten bieten. In zentralen Systemen kommt es oft zu Klientelpolitik, in welcher die am besten organisierten Interessen mithilfe von zentralen Interventionen durchgesetzt werden. In dezentralen Systemen führt Kurzsichtigkeit zu einem elitenkritischen Populismus, in dem die Freiräume des dezentralen Ansatzes mit eingängigen Parolen gefüllt werden. Einer selbstbezogenen, impulsiven und unreflektierten Freiheitsinterpretation folgend richtet sich die populistische Reaktion gegen Eingriffe der Eliten in die eigene Lebenswelt, ohne dass der Freiheit ergänzende Ordnungselemente zur Seite gestellt werden.

Die Möglichkeit, dass die kurzfristige Einschränkung der individuellen Freiheit durch gesellschaftliche Regeln eine nachhaltigere Freiheit für die ganze Gesellschaft erst ermöglichen, wird dabei übersehen. Populisten wollen die Macht der derzeitigen Eliten beschränken, ohne ausreichend zu reflektieren, wie politische und wirtschaftliche Macht langfristig eingehegt werden kann. Genau hier setzt eine von ordoliberalen Prinzipien geleitete Soziale Marktwirtschaft an. Wilhelm Röpke schrieb dazu: »Nun ist es das Wesen des Liberalismus, dass er nicht Befreiung von den alten Autoritäten sucht, um neue Autorität, neue Unterdrückung und neue Intoleranz an ihre Stelle zu setzen, sondern um das Individuum von äußerer Autorität, Unterdrückung und Intoleranz zu befreien und ihm so die Möglichkeit freier Entfaltung zu geben« (1933/1962, 110).

Dar. 3.5-1: Politikstile

	Zentralistisch	**Dezentralistisch**
Kurzfristig	Interventionistische Zentralpolitik	Elitenkritischer Populismus
Langfristig	Transformative ökosoziale Marktwirtschaft	Prinzipiengeleitete Soziale Marktwirtschaft

Langfristige Politik einer zentralistischen Ausprägung (real praktizierte »transformative ökosoziale Marktwirtschaft«) dagegen setzt ihre transformatorischen Ziele durch direkte Eingriffe in die Marktwirtschaft durch. Mit anderen Worten möchte sie dem marktwirtschaftlichen Wettbewerb die Entscheidung abnehmen, welche Technologien, Branchen und Unternehmen die überlegenen sind. Wie bei der kurzfristigen Politik bietet dies größere Spielräume für Klientelpolitik und ideologisch motivierte Eingriffe in die Marktprozesse und entsprechend größere Anreize für Interessensgruppen, ihre kurzfristigen, mit den konstitutionellen Interessen der Bürger konfligierenden Anliegen im politischen Prozess durchzusetzen. Besonders problematisch ist die Kombination der Kurzfristigkeit eines elitenkritischen Populismus mit der zentralistischen Tendenz der transformativen ökosozialen Marktwirtschaft zu einer interventionistischen Zentralpolitik, die je nach Ausprägung eher zum sozialistischen oder nationalistischen Autoritarismus tendiert.

Die prinzipiengeleitete Soziale Marktwirtschaft ist dagegen stabiler ausgerichtet, da sie sich auf die Rahmenbedingungen beschränkt. Sie baut der Dominanz der kurzfristigen Einzelinteressen vor, indem der Staat sich auf seine Kernaufgaben konzentriert, diskretionäres politisches Handeln durch Regeln wie eine in der Verfassung verankerte Schuldenbremse an die konstitutionellen Interessen der Bürger bindet und mit einer Wettbewerbsordnung den Akteuren den umrahmten Freiraum lässt, ihre Schaffenskraft im Einklang mit langfristigen politischen Zielen zu entfalten.

Der Staat in der prinzipiengeleiteten Sozialen Marktwirtschaft

Reformen im Sinne der prinzipiengeleiteten Sozialen Marktwirtschaft setzen an den Ursachen von Interventionsspiralen, Zentralisierungstendenzen, politischem Aktionismus und staatlicher Steuerungsüberforderung an und verbessern die Anreize für politische Entscheidungsträger. Staatliche Eingriffe in das Marktgeschehen brauchen eine gute Begründung und sind auf Fälle zu beschränken, in denen die positive Wirkung des Staates gut belegt ist, geeignete Institutionen zur Verfügung stehen und marktkonformere Maßnahmen nicht in Frage kommen. Im Zweifel sollte sich der Staat zurückhalten und möglichst keine zusätzlichen, dauerhaften Strukturen aufbauen. Zudem sollten die Maßnahmen regelmäßig quantitativ evaluiert werden, um Interventionen identifizieren und abschaffen zu können, bei denen die negativen Effekte die positiven übersteigen.

Notwendig sind ganzheitliche und ressortübergreifende Reformen, der Mut, auch Besitzstände in Frage zu stellen und den Datenschutz anzutasten, sowie ein neues Staatsverständnis der Repräsentanten des Staates und eine realistischere Anspruchshaltung der Bürger an den Staat. Der Staat kann nicht jedes Lebens- und Vermögensrisiko absichern. Politiker und Bürokraten haben weder überlegenes Wissen noch sind sie bessere Menschen, die aus Nächstenliebe die für die Gesellschaft besten Entscheidungen treffen. Politiker und Bürokraten folgen genauso Anreizen wie andere Menschen. Entsprechend müssen die Regeln unserer Demokratie das Eigeninteresse von Politikern und das Interesse der Bürger möglichst zur Deckung bringen. Das gelingt am besten in einem Staat, der gleichzeitig schlank, stark und subsidiär ist (vgl. hierzu Hesse, 2024):

- Ein *schlanker Staat* verteilt Zuständigkeiten und Abläufe klar, beschränkt sich auf seine Kernaufgaben und kommt mit den Mitteln aus, die ihm die Bürger zur Verfügung stellen. Das Prinzip, dass nicht der Staat etwas finanziert, sondern die Steuerzahler den Staat, ist im schlanken Staat allgegenwärtig. Um zu verhindern, dass die Politik dem Anreiz erliegt, den Wünschen einzelner Wähler- und Interessengruppen nachzukommen, gibt es im schlanken Staat selbstbindende Regeln wie die Schuldenbremse. Rent-Seeking und Regulatory Capture werden für Interessengruppen weniger lukrativ.
- Ein *starker Staat* im ordoliberalen Sinn stellt als Dienstleister wesentliche öffentliche Güter und kritische Infrastrukturen sowie grundlegende demokratische und rechtsstaatliche Institutionen bereit. In einem starken Staat begrenzt eine Wettbewerbsordnung wirtschaftliche Machtkonzentration und nutzt die öffentliche Verwaltung die digitalen Möglichkeiten effizient und effektiv.
- Ein *subsidiärer Staat* setzt auf die Eigenverantwortung und Selbstbestimmung der Menschen, ihre Existenz zu sichern und zu gestalten. Wo der Einzelne und seine Familie dazu nicht in der Lage ist, ist es zunächst Aufgabe der untersten staatlichen Ebene, die Menschen in ihrer Eigenverantwortung zu stärken. Grundprinzip ist die klare Unterscheidung zwischen Staat und Privatem.

Ein zugleich schlanker, starker und subsidiärer Staat ist für das Fundament zuständig, auf dem wir als Gesellschaft operieren: Die dortigen Risse und Brüche sollte er ausbessern, schiefe Ebenen wieder neu ausrichten, Leitplanken dort ziehen, wo sie Freiräume erst ermöglichen. Wie die Bürger und Marktteilnehmer auf diesem Fundament ihr tägliches Leben organisieren, liegt zunächst in ihrer eigenen Verantwortung. Anders ausgedrückt: Der Staat sollte die Bürger nicht bevormunden und gängeln, sondern ihnen helfen, ein selbstbestimmtes Leben zu führen.

Konkrete Reformvorschläge

Der vorgeschlagene Ansatz könnte dazu beitragen, einen anderen Typus von Reformen zu befördern, die langfristig und strukturell wirken. Im Folgenden werden einige Beispiele angeführt (vgl. auch Hesse, 2024):

- *Wenigere Ministerien, Beamte und Staatskompetenzen:* Statt einem strikten Ressortprinzip und einem Silodenken innerhalb der Ministerien sollten die Ministerien flacher, offener und schlanker werden und häufiger projektorientiert und ressortübergreifend arbeiten. Konkret sollten die Mehrzahl der parlamentarischen Staatssekretäre und Beauftragten abgeschafft, ressortübergreifende Aufgaben wie IT oder Beschaffung gebündelt und die Zahl der Ministerien deutlich verringert werden. Fraglich ist etwa, ob es eines eigenständigen Bau-, Familien- oder Entwicklungsministeriums bedarf. Verbeamtungen sollten sich auf hoheitliche Aufgaben beschränken.
- *Grundlegende Bürokratiebremsen:* Unter den zahlreichen Vorschlägen zum Abbau von Bürokratie (vgl. Voßkuhle/Bogumil, 2024; Kühn, 2024) ragen jene heraus, die nicht nur zur kurzfristigen Entlastung an einzelnen Stellen führen, sondern die der Politik langfristig den Anreiz nehmen, immer mehr Bürokratie aufzubauen, und stattdessen den Anreiz setzen, bestehende Bürokratie abzubauen. In der Diskussion sind etwa systematische Praxischecks zu Beginn eines Gesetzesverfahren und systematische Evaluierungen vor Gesetzes-Novellen, die politischem Aktionismus vorbeugen. Dazu sollte ein Grundrecht auf verständliches und überschaubares Recht geschaffen werden. Ein solcher robuster struktureller Ansatz würde die Schlichtheit unserer Rechtsordnung in einem neuen Absatz von Art. 2 GG hochrangig verankern (vgl. Andritzky/Keller, 2024). Aufgrund seines Verfassungsranges würde es eine Durchsetzungskraft entfalten, die eine Normenkontrolle im Gesetzgebungsverfahren aufgrund ihrer dienenden Funktion nie erreichen könnte.
- *Mut zu Marktwirtschaft:* Die Lehre aus den Zeiten des Systemwettbewerbs zwischen West und Ost gilt noch immer: Der Koordinationsmechanismus des Marktes ist der staatlichen Planung überlegen. Im Umkehrschluss heißt das, auch dann von Markteingriffen abzusehen, wenn Märkte nicht sofort das politisch gewünschte Ergebnis erzielen. Ein Beispiel, welche Auswüchse solche Eingriffe annehmen, ist die im Herbst 2022 erdachte Gaspreisbremse. Sie führte zu hohen Kosten für den

Staat und zu großer Bürokratie. Zwar ließ sie Marktanreize noch teilweise intakt, doch verhinderte sie nicht soziale Härten. Die von der Energiewirtschaft erzielten Gewinne sollten sodann mit einer Sondersteuer abgeschöpft werden, doch endete diese in der Komplexitätsfalle und erzielte weit weniger Einnahmen als erwartet. Alles in allem ist die Frage zu stellen, ob die Intervention mit dem unvollständigen Wissen und den Möglichkeiten des Staates wirklich mehr Nutzen als Schaden angerichtet hat.

- *Experimentierrepublik Deutschland:* Wir sollten das Ringen um innovative und kluge Lösungen, Ideen und Regeln forcieren, nicht das Ringen um staatliche Förderung. Dazu könnte die Grundidee von Reallaboren, Regelungsausnahmen im Kleinen zuzulassen und bei Erfolg im Großen auszurollen, über technologische Anwendungen hinaus auch in der Struktur- und Mittelstandsförderung, zur Planungsbeschleunigung, beim Bürokratieabbau oder im Wettbewerbs-, Beihilfe-, Vergabe-, Sozial-, Straf-, Familien- und Baurecht angewandt werden. Konkret könnten die rechtlichen Spielräume durch zusätzliche Experimentierklauseln erweitert, evidenzbasierte Folgeregelungen durchgesetzt und Pilotstädte und -regionen sowie Gründer- und Mittelstandsschutzzonen eingerichtet werden (vgl. Andritzky/Hesse, 2023).
- *Wettbewerblicher Föderalismus:* Um einen gesunden Wettbewerb zwischen den Gebietskörperschaften und Staatsebenen zu befördern, braucht es zunächst mehr Transparenz und Vergleichbarkeit über die Leistungsfähigkeit der öffentlichen Verwaltung in den unterschiedlichen Gebietskörperschaften. Zusätzlich sollte eine Föderalismusreform die Aufgaben zwischen Bund, Ländern und Kommunen klarer verteilen und entflechten. Dabei sollte der Bund nur in ausgewählten Bereichen wie der Sicherheits- oder Medienpolitik mehr Kompetenzen erhalten. Nicht nur in den Ländern, auch in den Kommunen muss die Konnexität sichergestellt sein – wer bestellt, bezahlt. Länder und Kommunen brauchen mehr Anreize, erfolgreich zu wirtschaften, etwa indem sie ihr Steuerrecht eigenständiger gestalten und die Erträge vollständiger nutzen können. Eine kommunale Abweichungskompetenz bei praxisfernen Vorschriften könnte es Oberbürgermeistern erlauben, den Vollzug dieser Vorschriften mit entsprechender Begründung für eine bestimmte Zeit auszusetzen (vgl. Voßkuhle/Bogumil, 2024).
- *Aufgabenkritik der EU:* Die EU soll sich auf Projekte mit evidentem Nutzen und grenzüberschreitendem Mehrwert wie den Ausbau der europäischen Infrastruktur, den Abschluss von Freihandelsverträgen, der gemeinsamen Außen- und Verteidigungspolitik, den Grenzschutz, den Ausbau des Emissionshandels und die Vollendung des Binnenmarkts konzentrieren. Im Gegenzug sollten ihre Strukturen verschlankt und sollte Mikroregulierung zurückgenommen werden. In der Sozialpolitik, der Struktur- und Regionalförderung, der Industrie- und Agrarpolitik oder der Fiskalpolitik überdehnt die EU ihr Mandat vor allem dann, wenn sie neue Transfermechanismen und Fördertöpfe aufbaut, die dem Haftungsprinzip widersprechen und die mit kleinteiligen Vorgaben unnötig komplex und nicht technologieneutral sind. Das betrifft zum Beispiel die rund 170 Regulierungen der EU im Bereich der Digitalisierung, welche teilweise in sich widersprüchlich sind und

Innovation – etwa im Medizinsektor – erschweren. In der Klimapolitik verzettelt sich die EU zwischen dem Emissionshandel – was als Leitinstrument einen strukturellen Ansatz darstellen würde – und zahlreichen anderen Anliegen. So etwa benachteiligt die neue EU-Verordnung für entwaldungsfreie Produkte mit ihrer Bürokratie die nachhaltig produzierenden Kleinbauern in Äthiopien gegenüber die den Urwald rodenden Großproduzenten in Brasilien.

3.5.5 Ausblick

In einer prinzipiengeleiteten Sozialen Marktwirtschaft geht es nicht um mehr oder weniger Europa, nicht um mehr oder weniger Migration, nicht um mehr oder weniger Klimaschutz, nicht um mehr oder weniger soziale Absicherung und nicht um mehr oder weniger Digitalisierung, sondern um eine vertiefte und dennoch subsidiäre EU, um eine rechtsstaatliche Migrationspolitik, um eine globale marktwirtschaftliche Klimaschutzpolitik, um eine nachhaltige Sozialpolitik, die moderne Lebensrealitäten berücksichtigt, und um eine visionsgeleitete Technologiepolitik. Die prinzipiengeleitete Soziale Marktwirtschaft ist konzeptionell eng verwandt mit der Idee der Ordnungspolitik, welche die kleinteilige und kurzfristige Lenkung der Wirtschaftsprozesse ablehnt. Dabei überwindet sie jedoch das Manko der traditionellen Ordnungspolitik, in Zeiten grundlegenden gesellschaftlichen Wandels früh genug die entsprechenden Akteure in Bewegung zu setzen. Deshalb schließt die prinzipiengeleitete Soziale Marktwirtschaft nicht nur den vorausschauenden Suchprozess nach geeigneten Rahmenbedingungen mit ein, sondern legt auch einen hohen Wert auf das Framing im aktuellen Kontext der langfristigen Herausforderung, welches Mehrheiten gewinnt. Daher plädieren wir für einen dezentralistisch aufgebauten und langfristig ausgerichteten Politikansatz, der die Gesellschaft nicht von oben transformiert, sondern der auf organischen Wandel innerhalb einer Wettbewerbs- und Gesellschaftsordnung setzt, dem ein langfristiges politisches Denken und Handeln zugrunde liegt.

3.5.6 Literatur

Alesina, Alberto / Tabellini, Guido, 1990: A Positive Theory of Fiscal Deficits and Government Debt Get access Arrow, in: The Review of Economic Studies, Vol. 57(3), 403–414, https://doi.org/10.2307/2298021

Andritzky, Jochen / Hesse, Nils, 2023: Soziale Marktwirtschaft aber richtig, in: FAZ, Ordnung der Wirtschaft, 18.7.2023, S. 18, https://www.faz.net/aktuell/wirtschaft/soziale-marktwirtschaft-aber-richtig-staat-engt-den-spielraum-ein-19039796.html (Abgerufen am 10.6.2025).

Andritzky, Jochen / Hesse, Nils, 2023: Experimentierrepublik Deutschland, in: Wirtschaftliche Freiheit. Das ordnungspolitische Journal, 1. Mai 2023, https://wirtschaftlichefreiheit.de/wordpress/?p=33477#more-33477 (Abgerufen am 10.6.2025).

Andritzky, Jochen / Keller, Markus, 2024: Rechtsunklarheit durch zu viel Recht – was tun?, in: Zeitschrift für Rechtspolitik, Heft 8, 253–256. Abgerufen am 10.6.2024).

Badaan, Vivienne / Jost, John T. / Fernando, Julian / Kashima, Yoshihisa, 2020: Imagining better societies: A social psychological framework for the study of utopian thinking and collective action, https://doi.org/10.1111/spc3.12525 (Abgerufen am 10.6.2025).

Barro, Robert J. / Gordon, David B., 1983: Rules, discretion and reputation in a model of monetary policy, in: Journal of Monetary Economics, 12(1), 101–121, https://doi.org/10.1016/0304-3932(83)90051-X (Abgerufen am 10.6.2025).

Buchanan, James M., 1990: Socialism Is Dead, but Leviathan Lives On. Centre for Independent Studies, The Collected Works of James M. Buchanan, 1, Indianapolis, 170–188.

Buchanan, James M. / Lee, Dwight R., 1994: On a Fiscal Constitution for the European Union, in: Journal des Économistes et des Études Humaines, Vol. 5(2-3), 219–232.

Hesse, Nils, 2024: Eckpfeiler eines bürgerlichen Staatsverständnisses, Denkfabrik R 21, 9. Dezember 2024, https://denkfabrik-r21.de/eckpfeiler-eines-buergerlichen-staatsverstaendnisses/ (Abgerufen am 10.6.2025).

Jacobs, Alan M., 2016: Policymaking for the Long Term in Advanced Democracies, in: Annual Review of Political Science, Vol. 42(4), 903–35.

Kühn, Hannes, 2024: Einfaches Recht als Schlüssel zum Bürokratieabbau – Was ist gute Gesetzgebung? Vortrag Zukunft-Fabrik 2050, Brownbag, 21. Juni 2024.

Kydland, Finn E. / Prescott, Edward, 1977: Rules Rather than Discretion: The Inconsistency of Optimal Plans, in: Journal of Political Economy, Vol. 85(3), 473–492.

Mazzucato, Marianna, 2021: Mission Economy: A Moonshot Guide to Changing Capitalism, London.

Nordhaus, William, 1975: The Political Business Cycle, in: The Review of Economic Studies, Vol. 42(2), 169–190.

Olson, Mancur, 1971: The logic of collective action. Cambridge, London.

Röpke, Wilhelm, 1933/1962: Epochenwende?, in: Ders. (Hrsg.), Wirrnis und Wahrheit: Ausgewählte Aufsätze, Erlenbach-Zürich, 105–124.

Streit, Manfred, 1991: Theorie der Wirtschaftspolitik, Düsseldorf.

Voßkuhle, Andreas / Bogumil, Jörg, 2024: Wie Bürokratieabbau wirklich gelingt, in: FAZ vom 8. Februar 2024, https://zeitung.faz.net/faz/politik/2024-02-08/3e4c5cd34ed5d5ed696aab275f814ae0/ (Abgerufen am 10.6.2025).

3.6 Deutschland in einer veränderten Welt(wirtschafts)ordnung: strategische Interessen und Handlungspotenziale

Rainer Hillebrand

3.6.1 Einleitung

Laut Harvard-Ökonom Rodrik gilt: »The history of economics is largely a struggle between two opposing schools of thought, ›liberalism‹ and ›mercantilism‹« (2013, 1). Der klassische ökonomische Liberalismus setzt auf privates Unternehmertum, freie Märkte und eine klare Trennung von Staat und Wirtschaft. Im internationalen Kontext ist die Vorstellung, dass der regelgebundene wirtschaftliche Austausch allen Ländern nutzt, da Ressourcen effizienter verwendet und Konsumenten besser versorgt werden können. Handel ist ein Positivsummenspiel. Im Gegensatz dazu steht die merkantilistische Denkschule[32], wonach die internationalen Beziehungen ein Nullsummenspiel sind. Die Vorteile eines Landes gehen auf Kosten anderer Länder. Staat und Wirtschaft arbeiten eng zusammen, um im internationalen Wettbewerb Macht, Unabhängigkeit und Wohlstand zu sichern. Im Fokus stehen nicht die Konsumenten, sondern die Unternehmen auf der Angebotsseite.

Eine Entsprechung finden diese konträren wirtschaftspolitischen Sichtweisen in den »International Relations«-Schulen des Liberalismus und des politischen Realismus. Während Erstere den Mehrwert von Kooperation, Institutionen und einer regelbasierten Ordnung zur Konfliktvermeidung und Lösung von Problemen betont, geht der Realismus auf globaler Ebene von anarchischen Strukturen aus, da es an einer globalen Autorität mangelt (Boyle, 2016). Im internationalen Wettbewerb sind Staaten mithin darauf ausgerichtet, ihr eigenes Überleben, ihre Macht und Souveränität zu sichern und sich gegen andere durchzusetzen.

Empirisch lassen sich Beispiele für beide Denkrichtungen finden. Zwischen den beiden Weltkriegen dominierte eine merkantilistische »Beggar-thy-neighbour-Politik«, bei der mit Hilfe hoher Zölle, strategischer Währungsabwertungen und defla-

---

32 Rodrik (2013) – und dieser Auffassung wird hier gefolgt – definiert den Begriff des Merkantilismus dabei nicht als eine historische Wirtschaftspolitikkonzeption, die bis zum 19. Jahrhundert von absolutistischen Herrschern in Europa eingesetzt wurde, sondern als einen immer noch relevanten Ansatz der kapitalistischen Wirtschaftspolitik, der eine starke Intervention des Staates in die Wirtschaft und insbesondere die Förderung von Exporten propagiert. In der Literatur ist auch von Neo-Merkantilismus die Rede (Helleiner, 2023; Collins/O'Brien; 2023, Vassallo, 2022).

tionärer Preis- und Lohnpolitiken die eigenen Industrien auf Kosten der ausländischen Konkurrenz geschützt wurden. Nach 1945 hingegen einigten sich zahlreiche Staaten auf eine liberale Ordnung. Mit Hilfe von multilateral vereinbarten Regeln und internationalen Organisationen wie der Welthandelsorganisation (WTO/GATT), dem Internationalen Währungsfonds (IWF) und der Weltbank ging es darum, diskretionäre Macht einzelner Länder einzuschränken und durch Kooperation offene Märkte und Freihandel zu sichern (Babb/Kentikelenis, 2018). Im außen- und sicherheitspolitischen Bereich zeigen Organisationen wie UNO und NATO liberale Elemente der Kooperation zur Sicherung des Friedens und Gewährleistung kollektiver Sicherheit.

In geografischer Hinsicht galt die liberale Ordnung nach 1945 zunächst nur im politischen Westen. Erst nach 1989 kam es im Zuge der Transformation sozialistischer Volkswirtschaften zu einer Ausweitung Richtung Osten und Süden. Die Zunahme der Mitgliedschaften in WTO, IWF und Weltbank kann als Indikator für den Erfolg der liberalen Ordnung genommen werden: So stieg die Zahl der WTO-Mitglieder auf 166 (WTO, 2024), bei IWF und Weltbank auf bis zu 191 Mitgliedsstaaten (IWF, 2024a; World Bank Group, 2024). Einen Höhepunkt stellten die Aufnahme Chinas (2001) und Russlands (2012) in die WTO dar. In Europa, das im Zentrum der Blockkonfrontation gestanden hatte, dehnten sich EU und NATO nach dem Zerfall des Rates für gegenseitige Wirtschaftshilfe und des Warschauer Pakts im Zuge der Osterweiterungen ebenfalls aus.[33]

Trotz der Dominanz wirtschaftsliberaler Ideen auf globaler Ebene hielten sich verschiedene Varianten des Merkantilismus. So verfolgten Länder wie China, Japan, Südkorea und Taiwan merkantilistische Politiken, um sich in der liberalen Weltwirtschaft erfolgreich zu positionieren. Heimische Märkte wurden vor ausländischer Konkurrenz geschützt, intellektuelles Eigentum wurde abgegriffen und Exportindustrien durch Subventionierung strategisch aufgebaut (Collins/O'Brien, 2023; Rodrik, 2013). Auch Deutschland, das als westlich orientiertes Industrieland grundsätzlich ein Verfechter der liberalen Ordnung ist, wird regelmäßig mit merkantilistischen Politiken in Verbindung gebracht (Lichter 2017; Hein/Truger, 2007). Demnach gilt der massive Exportüberschuss als Ergebnis einer angebotsorientierten Politik, die von der Bundesregierung z. B. mit den Agenda-2010-Reformen vorangetrieben worden sei.

Seit der globalen Finanz- und Wirtschaftskrise ab 2008 zeichnet sich eine erneute Verschiebung ab: Politischer Realismus und Merkantilismus scheinen auch auf globaler Ebene wieder die Oberhand zu gewinnen. Vor diesem Hintergrund stellt sich die Frage nach den Auswirkungen dieser Veränderungen auf Deutschland. Konkret geht es im Folgenden darum, Deutschlands strategische Interessen und das Handlungs-

---

33 Im sicherheitspolitischen Bereich etwa stieg die Mitgliederzahl der NATO nach 1990 von 16 auf 32 (NATO, 2024). Unterhalb der NATO-Vollmitgliedschaft entstand ein Netzwerk von Partnerschaften mit zahlreichen Staaten in Europa, Afrika und Asien sowie mit internationalen Organisationen wie der Weltbank oder der Organisation für die Sicherheit und Zusammenarbeit in Europa (OSZE).

potenzial in einem veränderten internationalen Umfeld abzuschätzen. Zunächst wird jedoch der Wandel der Welt(wirtschafts)ordnung konkreter nachgezeichnet.

3.6.2 Veränderung der Welt(wirtschafts)ordnung

Die Abkehr von einer durch liberale Prinzipien gekennzeichneten Weltordnung lässt sich im Wesentlichen an zwei Entwicklungen festmachen: der zunehmenden Bedeutung aufstrebender, nichtwestlicher Schwellenländer und der nachlassenden Unterstützung des schwächer werdenden Westens als Garant dieser liberalen Ordnung (Boyle, 2016).

Am deutlichsten zeigt sich der Bedeutungszuwachs der Schwellenländer im wirtschaftlichen Bereich. Allen voran ist China dank des rasanten Wirtschaftswachstums seit den frühen 1980er Jahren zur weltweit zweitgrößten Volkswirtschaft aufgestiegen. Nachdem das Land zunächst von der Ausstattung mit billiger Arbeit als Produzent günstiger Massenware profitierte, ist es mittlerweile durch staatliche Förderpolitik zu einer Innovations- und Technologiemacht geworden, etwa bei E-Mobility, Umwelttechnologien und künstlicher Intelligenz. Neben China entwickeln sich Länder wie Indien, Indonesien und Brasilien allein aufgrund ihrer demografischen Lage zu weiteren ökonomischen Schwergewichten. Hinzu kommen einige rohstoffreiche Staaten wie die Golfstaaten, Saudi-Arabien, Russland oder Nigeria, die vom Nachfrageboom nach natürlichen Ressourcen der letzten Jahrzehnte profitierten und nun in ihrem regionalen Umfeld und darüber hinaus zunehmend Machtansprüche stellen.

Mit der wirtschaftlichen Stärke geht der Anspruch auf (sicherheits)politischen Gestaltungswillen einher. Dies zeigt sich auf verschiedenen Ebenen: So sieht sich die BRICS-Formation als globalen Gegenspieler zur westlichen G7, wenn auch bisher vor allem vereint durch ihre Ablehnung des Westens (O'Neill, 2024). Neue Institutionen wie die New Development Bank wurden unter chinesischer Führung als Alternative zur Weltbank gegründet. Gleichzeitig nutzt die Gruppe der aufstrebenden Schwellenländer ihre zunehmenden Stimmgewichte in den bestehenden internationalen Organisationen, um die normativen Eckpfeiler des liberalen Systems neu zu kalibrieren und Konzepte wie Marktwirtschaft, Demokratie, Rechtsstaat und Selbstbestimmung neu zu interpretieren (Boyle, 2016, 49). Die Bereitschaft, vom Westen gesetzte Regeln klaglos zu akzeptieren und regelbrechendes Verhalten vor allem der USA unkritisch hinzunehmen, nimmt dabei erkennbar ab (Jones, 2017, 167). Dies gilt auch für zahlreiche Entwicklungsländer, die nun zwischen IWF- und Weltbank-Programmen und alternativen, wenn auch ebenfalls nicht konditionsfreien Angeboten z. B. aus China wählen können.

Neben diesen multilateralen Ansätzen verfolgen die Länder ihre Interessen auch unilateral: So baut China militärischen Druck gegenüber Taiwan und im Südchinesischen Meer auf. Politökonomisch werden andere Länder durch die »Belt-and-Road-Initiative« und das strategische Engagement in Afrika gebunden (SVR, 2022, 390). Russland, das wirtschaftlich außer als Rohstofflieferant eher schwach dasteht, setzt auf militärische Macht, z. B. durch die Gruppe Wagner in Nordafrika oder den Einmarsch in Nachbarländern wie Georgien und die Ukraine.

Gleichzeitig vollzieht sich eine relative Schwächung des Westens (Zissimos, 2022; Winkler, 2025). So gelingt es den USA und ihren europäischen Alliierten immer weniger, sich global durchzusetzen. Dies verdeutlichen so unterschiedliche Beispiele wie die seit langem brach liegende WTO-Welthandelsrunde (Doha Round), das zum Teil offene Unterlaufen des Sanktionsregimes gegen Russland und die Beispiele erfolgloser Staatenbildung in Afghanistan, Irak und Nordafrika, wo der Westen seine Truppen teils überstürzt abziehen musste.

Innerhalb des Westens selbst verliert der politische und ökonomische Liberalismus an Rückhalt. Besonders dramatisch ist diese Entwicklung in den USA, die seit 1945 als Führungsmacht der liberalen Ordnung galten, sich von dieser Rolle jedoch zunehmend verabschieden. Seit Beginn der zweiten Präsidentschaft Donald Trumps im Januar 2025 wird klar, dass realpolitische Interessen und das Denken in imperialen Einflusssphären liberale Werte als handlungsleitendes Motiv ablösen (Winkler, 2025). Multilaterale Organisationen wie die NATO werden geschwächt und durch bilaterale »Deals« zwischen Großmächten ersetzt. In der Ukraine-Politik etwa paktieren die USA zum Teil mit dem Aggressor Russland statt mit ihren traditionellen westlichen Verbündeten. Zugleich wird die US-Handelspolitik protektionistischer. Im Fokus steht mittlerweile die Abschottung durch Zölle und die Unterstützung der heimischen Industrie durch Subventionen und Local-Content-Vorschriften.

Aber auch in Europa zeigt sich eine Schwächung des Liberalismus und Multilateralismus. Mit dem Brexit hat das Vereinigte Königreich die zentrale supranationale Ordnung in Europa verlassen. In zahlreichen Ländern wird die Politik entweder direkt von illiberalen Führern bestimmt – wie in Ungarn, Serbien oder der Türkei – oder zumindest durch starke illiberale Oppositionsbewegungen beeinflusst. Das demokratische Politiksystem gerät dabei unter Druck, da es als zu langsam, zu abstrakt, zu komplex gilt und eher den Interessen der globalisierten Eliten zu dienen scheint.[34] Die Politik in autokratischen Ländern muss weniger Rücksicht auf einzelne Interessen und die Prinzipien der Gewaltenteilung nehmen und nutzt stattdessen Identitätspolitik, um Zustimmung zu erlangen (Boyle, 2016, 45; Jones, 2017, 173). Zahlreiche Krisen wie die globale Finanz- und Wirtschaftskrise, die Euro-Krise, die Migrationskrisen oder die Reaktion auf die Corona-Pandemie, mit denen die demokratischen Länder scheinbar nur schlecht umgehen konnten, schwächen das Bild des demokratisch-liberalen Systems.

Mit dem Auf- und relativen Abstieg der verschiedenen Blöcke, der Schwächung des Multilateralismus und des Wandels hin zu einer von politischem Realismus und Merkantilismus geprägten Ordnung kommt es zu einigen einschneidenden Verände-

---

34 Der Wettbewerb der Parteien und Ideen in demokratischen Systemen wird dabei auch durch die internationale Systemkonkurrenz beeinflusst, da nunmehr eine Alternative zur liberalen Demokratie sichtbar wird und das demokratische System teilweise anfällig für Manipulation und Beeinflussung durch ausländische Interessen ist.

rungen. So tritt an die Stelle der relativen Stabilität der bipolaren Ordnung nach 1945 und der unipolaren Ordnung nach 1989 eine eher fragmentierte, variable Ordnung, in der Staaten zeit- und themenabhängig zusammenarbeiten (Boyle, 2016; Maihold, 2018).[35] Während in der regelbasierten Ordnung Macht zwar nicht gleichverteilt, aber durch Verträge, institutionalisierte Entscheidungsmechanismen und Stimmengewichtung eingehegt ist, gewinnen nunmehr die relative Größe und Ausstattung eines Landes mit Machtressourcen neue Bedeutung. Statt des Idealbilds der Kooperation dominiert die transaktionskostenintensivere, unsicherere Konkurrenz um Führung und Gefolgschaft. Die neue Multipolarität gilt dabei vor allem im ökonomischen Bereich. Im Hinblick auf die militärische Einsatzfähigkeit dürften die USA auf absehbare Zeit die einzige global agierende Macht bleiben, die sich allerdings zunehmend mit regionalen Hegemonen Einfluss teilen muss (Bremmer, 2023).

Eine weitere Veränderung zeichnet sich im Hinblick auf den politischen Fokus ab: Nachdem seit den 1990er Jahren wirtschaftliche Fragen einer sich globalisierenden Weltwirtschaft im Vordergrund standen (Szabo, 2017), gewinnt nun die klassische Außen- und Sicherheitspolitik wieder stark an Bedeutung. Kriegerische Auseinandersetzungen über Regionalkonflikte hinaus geraten in den Bereich des Möglichen. Statt der Organisation der Wirtschaft nach liberalen Marktprinzipien wird diese zunehmend im Sinne des Merkantilismus als geoökonomisches Mittel genutzt. So dienen Wirtschaftssanktionen und Lieferstopps, Screenings ausländischer Direktinvestitionen oder der strategische Aufbau heimischer Industrien politischen Zielen, wie der Ausübung von Druck auf kooperationsunwillige Länder oder der Sicherung der wirtschaftlichen Unabhängigkeit. Knappe Ressourcen wie seltene Erden, Energie und Hochtechnologie werden strategisch eingesetzt. Die Folge ist eine Verengung bzw. teilweise Umkehr des Prozesses der Globalisierung und eine stärkere Fokussierung auf regionale Wirtschaftsräume, wie die Schlagworte des De-Risking, Reshoring, Nearshoring und Friendshoring beschreiben.

Trotz der veränderten Ausgangslage bleibt der Bedarf an globalen Lösungen weiterhin hoch. Ökologische Probleme wie der Klimawandel, die Bedrohung der Artenvielfalt oder die Übernutzung globaler Umweltressourcen betreffen ebenso alle bzw. viele Länder wie Fragen des Terrorismus, der Migration und der Regulierung neuer Technologien, wie der künstlichen Intelligenz oder der Gentechnik. Während in einer liberalen Ordnung versucht wird, globale öffentliche Güter zur Lösung der genannten Probleme gemeinsam bereitzustellen und Trittbrettfahrertum möglichst zu unterbinden – wie z. B. im Pariser Klimaschutzabkommen –, gibt es in einer Welt der Systemkonkurrenz Wettbewerb um nationale Politikansätze mit der Gefahr eines »Race to the bottom« und eines unzureichenden aggregierten Anstrengungsniveaus. Vor

---

35 Dies kann sich insofern wieder ändern, wenn sich die USA und China als die zwei neuen Supermächte herauskristallisieren sollten. In diesem Fall könnte es möglicherweise wieder eine Blockstellung wie im Kalten Krieg mit relativer Stabilität innerhalb und zwischen den Blöcken geben.

dem Hintergrund dieser Veränderungen geht es im Folgenden darum, die Interessen und das Handlungspotenzial Deutschlands zu skizzieren.

3.6.3 Strategische Interessen und Handlungspotenziale Deutschlands

Der Wandel von einer grundsätzlich liberalen hin zu einer stärker realistisch-merkantilistisch geprägten Weltordnung stellt Deutschland vor große Herausforderungen. Zum einen betrifft dies eine Neubewertung deutscher Positionierungen. So werden bisher eher positiv konnotierte, abstrakte Risiken zu konkreten »kritischen Abhängigkeiten« (u. a. Fremerey/Gerards Iglesias, 2022; Schmidt, 2024; Braun, 2023). Stark zugespitzt zählen hierzu der Zugang zu billiger Energie und Rohstoffen aus Russland und China, der Zugang zu ausländischer Nachfrage nach deutschen Produkten aus China und den USA sowie der Zugang zu äußerer Sicherheit durch die NATO, d. h. vor allem den atomaren Schutzschirm der USA. Zum anderen geht es um Deutschlands Interesse an der Bewahrung der Ordnung bzw. ihrer Weiterentwicklung für weitere globale und europäische Anliegen. Hierfür sprechen die liberalen Werte des Landes, das sich traditionell eher als zivile denn als militärische Macht versteht (Szabo, 2017), aber auch die materiellen Interessen. Deutschland profitiert stark von der multilateralen Wirtschafts- und Sicherheitsordnung, wie u. a. die zuvor skizzierten Zugänge zu Ressourcen, Absatzmärkten und Sicherheit zeigen.

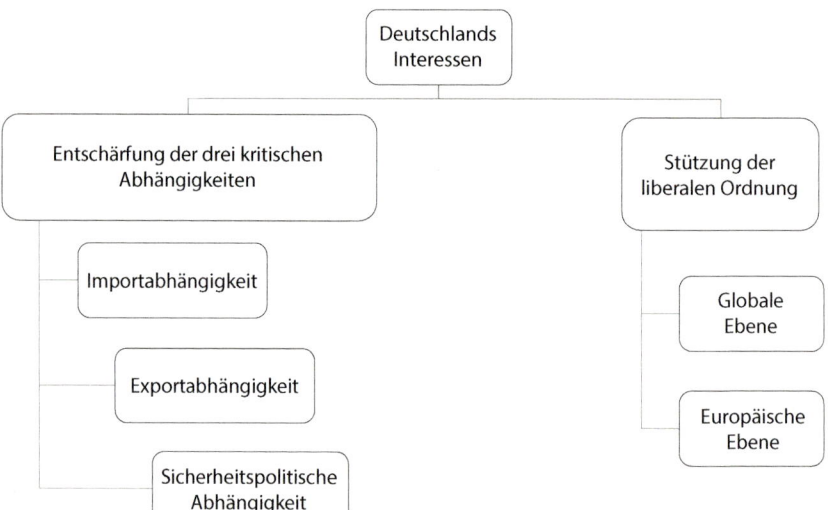

Dar. 3.6-1: Deutschlands Interessen

Im Interesse Deutschlands ist es mithin, einerseits die kritischen Abhängigkeiten zu entschärfen, um Handlungsfähigkeit und Sicherheit zurückzugewinnen, und andererseits die liberale Ordnung so weit wie möglich zu schützen. Auf diese komplementären Aufgabenkomplexe sowie das jeweilige Handlungspotenzial wird im Folgenden eingegangen.

Kritische Abhängigkeit: Importe

Solange Marktprinzipien – d. h. Zahlungsfähigkeit und -bereitschaft – die globalen Rohstoff- und Energiemärkte dominierten, wurde Deutschlands Importabhängigkeit als unproblematisch angesehen. Ungeachtet zahlreicher Warnungen setzte das Land – wie schon während des Kalten Krieges – auch nach der Krim-Invasion Russlands 2014 weiterhin auf dessen kostengünstige Energie. Bei anderen Rohstoffen gab es ebenso nur wenige Lieferländer: Mehr als 50 Prozent der Magnesiumimporte und 45 Prozent der seltenen Erden etwa wurden 2019 aus China importiert (Fremerey/Obst 2022)[36]. Die Offenheit der Märkte erlaubte es deutschen Unternehmen, zahlreiche Vorleistungen von unabhängigen Zulieferern (Outsourcing) oder eigenen Niederlassungen (Offshoring) im Ausland herstellen zu lassen. Entscheidend für die Einbindung in internationale Wertschöpfungsketten waren Kosten- und Zeiteffizienz, nicht aber die »Resilienz gegenüber kritischen Unterbrechungen, Produktionsengpässen und Materialknappheiten« (SVR, 2022, 392). Schließlich gibt es Güter wie Antibiotika oder Datenverarbeitungsmaschinen, bei denen Deutschland ebenfalls stark vom Import aus einzelnen Ländern – allen voran China und den USA – abhängt (SVR, 2022, 376).

Durch die Corona-Pandemie und den russischen Angriffskrieg auf die Ukraine sind die Importabhängigkeit und die Resilienz der Lieferketten deutlich in den Fokus gerückt (Felbermayr/Janeba, 2024; Beckmann/Jannsen, 2021). So gab es während der Pandemie Engpässe bei medizinischen Produkten, aber auch bei Mikrochips und Halbleitern. 2022 wurden die Erdgaslieferungen aus Russland vollständig gestoppt. Es wurde klarer, dass Länder sich geostrategisch verhalten und dadurch Märkte beeinflussen. China etwa übt auch jenseits der eigenen Grenzen Einfluss auf die internationale Verfügbarkeit von Rohstoffen aus, indem es durch strategische Preispolitik den Abbau in anderen Teilen der Welt unwirtschaftlich macht, sich selbst strategischen Zugang zu Rohstoffen im Ausland sichert und Vorräte über den aktuellen Bedarf hinaus anlegt (Economist, 2024).

In der deutschen und in der EU-Politik ist das Problem der ökonomischen Sicherheit grundsätzlich erkannt. 2019 überarbeitete die Bundesregierung ihre nationale Rohstoffstrategie, um auf ein Wettbewerbsumfeld zu reagieren, das nicht allein nach

---

36 Allerdings ist China bei beiden Rohstoffen auch einer der größten Exporteure weltweit, was eine Diversifizierung der Bezugsquellen erschwert.

Marktprinzipien funktioniert.[37] Auf der EU-Ebene gilt seit 2021 das Konzept der »offenen strategischen Autonomie« (Europäische Kommission, 2021), welches eine Wahrung der multilateralen Ordnung anstrebt, gleichzeitig aber strategische Autonomie bei wichtigen Rohstoffen, Gütern und Dienstleistungen sichern soll. 2022 gelang es der Bundesregierung, die Energielieferbeziehungen nach dem Aus für russisches Gas in kurzer Zeit zu diversifizieren, wenn auch auf Kosten hoher Preise und des Klimaschutzes.

Allerdings besteht weiterer Diskussionsbedarf bezüglich der praktischen Konsequenzen in einem sich rasch ändernden Umfeld (Schmidt, 2024; SVR, 2022; Grossman et al., 2023; Bofinger, 2019). Zentral ist dabei die Frage nach der grundsätzlichen Ausrichtung der Wirtschafts- und Industriepolitik. Gemäß Ordnungsökonomik ist es die Aufgabe des Staates, die Rahmenbedingungen zu setzen, innerhalb derer sich die Wirtschaftsstruktur mehr oder weniger spontan und ohne industriepolitisches Zutun ergibt. Es ist jedoch fraglich, ob es in merkantilistischen Zeiten reicht, einen horizontalen Politikansatz zu verfolgen, wenn andere Länder strategisch vorgehen und Rohstoffe, kritische Güter und Technologie geoökonomisch einsetzen.[38] Staatliches Eingreifen könnte dabei in verschiedenen Bereichen erforderlich sein.

So ist zu klären, wie Rohstoff- und Energieversorgungssicherheit garantiert werden kann, z. B. durch das Erschließen heimischer Rohstofflager und Energiequellen, die Diversifizierung der Lieferanten, die Ausschöpfung von Recyclingpotenzialen und die Nutzung von Substitutionsgütern. Fraglich ist auch, inwieweit der Staat aufgrund etwaiger Marktversagenstatbestände durch Regulierung und Subventionierung einschreiten muss.[39] Bei der Sicherung der Lieferketten – etwa durch den Aufbau von Lagern, das Re- oder Nearshoring und die Diversifizierung sind sicherlich zunächst die Unternehmen selbst am Zug, jedoch sollten z. B. steuerliche Anreize für schlanke Lieferketten abgebaut werden (z. B. SVR, 2022, 399). Bei kritischen Produkten und Technologien wie Mikrochips, Batterien, digitaler Hard- und Software und künstlicher Intelligenz stellt sich die Frage nach einer zielgerichteten vertikalen Industriepolitik, die zugunsten dieser Schlüsseltechnologien eingreift. Allerdings sprechen die Argumente des »Picking Winner« und »Rent-Seeking« ebenso gegen diese Eingrif-

---

37 Die Bundesregierung setzte 2010 eine erste Rohstoffstrategie auf, bei der es um die stark gestiegenen Rohstoffpreise und Lieferrisiken ging (Bundesregierung, 2019). Die zentrale Verantwortung für die Versorgungssicherheit mit Rohstoffen wurde damals der Wirtschaft selbst zugewiesen, die sich im Markt um Diversifizierung und Risikominimierung kümmern sollte, während der Staat Förderinstrumente, Informationen und Forschungsmittel zur Verfügung stellte.

38 Beispielhaft zu nennen wären hier die Strategie »Made in China 2025« der Volksrepublik, aber auch der US-Inflation Reduction Act, der großzügige Fördermaßnahmen mit Local-Content-Vorschriften verknüpft.

39 Zu denken ist hier etwa an Netzwerkeffekte und Externalitäten, wenn Nichtverfügbarkeiten auf zahlreiche andere Sektoren ausstrahlen, Informationsasymmetrien bezüglich des Verhaltens staatlicher Akteure und Pfadabhängigkeiten etwa bei der Energieversorgung aufgrund der hohen Fixkosten (Bofinger, 2019).

fe wie die bisher wenig erfolgreichen Beispiele der Ansiedlung ausländischer Technologieunternehmen durch umfangreiche Subventionsversprechen (Hank, 2024). Schließlich ist der Umgang mit ausländischen Direktinvestitionen in kritische Infrastrukturen und damit der Rahmen für ein »Investment Screening« zu diskutieren.

Kritische Abhängigkeit: Exporte

Deutschland setzt auch auf der Exportseite auf offene Märkte und Freihandel. Diese sind die Voraussetzung für das exportgetriebene Wachstumsmodell, in dem ausländische Nachfrage anstelle von heimischem Konsum, Investitionen sowie Staatsausgaben der kritische Wachstumstreiber ist (Baccaro/Pontusson, 2022; Carlin/Soskice, 2009; Hope/Soskice, 2016). Dabei spezialisiert sich die deutsche Exportwirtschaft auf Sektoren wie den Fahrzeug- und Maschinenbau, Elektronik und Chemie und damit auf einen Gütermix, der in Schwellenländern wie China, aber auch in der EU und den USA bisher stark nachgefragt war. Gemein ist den deutschen Exportgütern, dass sie auf traditionellen Technologien beruhen (SVR, 2022, 373), die von deutschen Unternehmen stetig verbessert werden. Dieser Ansatz der inkrementellen Produkt- und Prozessinnnovation entspricht gemäß dem »Varieties of Capitalism«-Ansatz (Hall/Soskice, 2001) dem institutionellen Rahmen Deutschlands, der Kooperation und Koordination begünstigt, aber disruptiven Wettbewerb und radikale Innovation erschwert.[40]

In Zeiten des Merkantilismus wird die Abhängigkeit von ausländischer Nachfrage jedoch zunehmend zum Problem. Einerseits kann Handel aus politischen Gründen inopportun werden, z. B. wenn Sanktionen wie im Falle Russlands oder des Iran den Marktzugang beschränken oder politischer Handlungsspielraum wie im Hinblick auf eine mögliche Taiwan-Krise eingeschränkt wird. Andererseits verlieren deutsche Produkte ihre Marktposition, wenn strategische Maßnahmen wie »Made in China 2025« zum Aufbau importkonkurrierender Industrien in deutschen Exportmärkten führen. Unabhängig von der geopolitischen Lage stößt der Ansatz der inkrementellen Innovation bereits etablierter Technologien in Zeiten disruptiven Technologiewandels an Grenzen: Die deutsche Wirtschaft scheint in einer wachstumsschwachen »Middle-Technology Trap« gefangen zu sein (Dietrich et al., 2024). In der Pkw-Produktion liegt das künftige Wertschöpfungspotenzial nicht mehr im Verbrennungsmotor, sondern in Batteriezellen und Software, wo die USA und China mittlerweile führend

---

40 Hierzu zählen Institutionen wie die duale Ausbildung, die spezialisierte Fachkräfte hervorbringt, eine starke betriebliche und unternehmerische Mitbestimmung der Arbeitnehmerseite, enge Unternehmensnetzwerke z. B. in Industrie- und Handelskammern und Verbänden sowie die relativ wichtige Rolle der Banken bei der Unternehmensfinanzierung. Die Beziehungen zwischen Unternehmen auf der einen und Arbeitnehmern, Kapitalgebern, Konkurrenten und Lieferanten auf der anderen Seite sind auf Langfristigkeit angelegt, was Vertrauensaufbau und Kooperation begünstigt. Grundsätzlich neue Ideen und radikale Produktinnovationen tun sich in einem solchen System hingegen eher schwer.

sind (Posaner, 2022). In Teilen des Maschinenbaus muss Deutschland anderen ebenso die Technologieführerschaft überlassen wie bei digitalen Spitzentechnologien (Wolff, 2024). Die nachlassende Qualitäts- und Preiswettbewerbsfähigkeit deutscher Produkte hat wiederum Konsequenzen für das Wachstumsmodell: Laut Sachverständigenrat nahm die Elastizität deutscher Warenexporte bezogen auf das globale BIP-Wachstum seit 2010 stetig ab, so dass sich ein globaler Anstieg der gesamtwirtschaftlichen Nachfrage immer weniger in deutschen Exportsteigerungen niederschlägt (SVR, 2024, 57/58).

Entsprechend stellt sich die Frage nach neuen Wachstumsquellen, insbesondere seit Deutschland zum internationalen Wachstumsschlusslicht der großen Volkswirtschaften geworden ist (IWF, 2024b).[41] Zugleich zeigt die Abschwächung des jährlichen Potenzialwachstums auf durchschnittlich 0,4 Prozent in den 2020er Jahren strukturelle Probleme auf der Angebotsseite der Volkswirtschaft an (Grimm et al., 2024). Als Ansatzpunkte für eine Problembearbeitung können die Komponenten der gesamtwirtschaftlichen Nachfrage dienen, wobei sich Anpassungen auf der Angebots- und Nachfrageseite ergänzen sollten:

- Ein erster Ansatzpunkt könnte die Stärkung des Exports sein. So geht es nachfrageseitig um die Erschließung neuer geografischer Märkte, um die Abhängigkeit von den größten, außereuropäischen Handelspartnern USA und China zu verringern.[42] Sinnvoll wäre der Abschluss neuer Freihandelsabkommen mit Schwellenländern wie Indien, Indonesien oder – wie jüngst unterzeichnet – mit den Mercosur-Staaten; allerdings liegt die Kompetenz dafür bei der EU. Angebotsseitig stellen sich Fragen der Wettbewerbsfähigkeit der deutschen Exportgüter und folglich des Innovations- und Investitionsstandorts Deutschland allgemein (Schmidt, 2024).
- Damit zusammen hängen erhöhte Investitionen des Staates in die digitale und Verkehrsinfrastruktur, Bildung, Forschung und Verteidigung (Fletcher et al., 2024; SVR, 2024). Investitionen stärken die gesamtwirtschaftliche Nachfrage und erhöhen mittel- bis längerfristig das Produktionspotenzial, zumal öffentliche Investitionen dem Erwartungsmanagement (»fiscal forward guidance«) dienen und so private Investitionen nach sich ziehen können (Bachmann, 2024). Erforderlich für Letztere sind darüber hinaus die Verringerung der politischen Unsicherheit, der Bürokratieabbau und die Stärkung der Kapitalmärkte, z. B. für Wagniskapital.
- Schließlich böte sich eine Stärkung des privaten Konsums an, der bereits vor der Corona-Pandemie den Export als Wachstumsstütze zum Teil abgelöst hatte (Di Do-

---

[41] So wächst die Weltwirtschaft laut IWF-Prognose real mit durchschnittlich 3,2 Prozent pro Jahr zwischen 2023 und 2025, während die Euro-Zone es auf durchschnittlich 0,8 Prozent bringt. Die deutsche Wirtschaft wächst hingegen nur um 0,16 Prozent im arithmetischen Mittel der drei Jahre.

[42] Im Jahr 2023 lagen die USA auf Platz 1 der deutschen Exportdestinationen, gefolgt von Frankreich, den Niederlanden und China. Beim Handelsvolumen (d. h. Umsatz aus Exporten und Importen) nahmen China und die USA die Spitzenpositionen ein (Statistisches Bundesamt, 2024).

nato, 2018). Die jüngst erzielten Reallohnsteigerungen könnten dazu beitragen, auch wenn dies bisher aufgrund des verbreiteten Pessimismus nur wenig der Fall ist (SVR, 2024). Zu bedenken ist zudem, dass Reallohnsteigerungen ohne entsprechende Produktivitätssteigerungen zu Kostennachteilen gerade für die Exportindustrie führen. Ein weiterer Ansatzpunkt ist die Stärkung des Arbeitsvolumens, was sowohl zu höherem Konsum führen könnte als auch die Angebotsbedingungen angesichts des Fachkräfte- und Arbeitskräftemangels verbessern würde. Konkret geht es um Maßnahmen wie die Vereinfachung der Erwerbsmigration, die Erhöhung des heimischen Erwerbspersonenpotenzials, die Entlastung des Produktionsfaktors Arbeit von Steuern und Abgaben sowie die Steigerung der Produktivität durch Bildung und Automatisierung (Schmidt, 2024; Grimm et al., 2024).

Kritische Abhängigkeit: internationale Sicherheit

Schließlich profitiert Deutschland auch im sicherheitspolitischen Bereich von der regelgebundenen Ordnung. Nach dem Ende des Kalten Krieges verließ sich das Land auf die NATO und den US-Nuklearschirm. Maßgebliche Investitionen in die eigene Verteidigungsfähigkeit – etwa gemessen am mittlerweile verbindlichen NATO-Ziel von 2 Prozent des BIP für Verteidigungsausgaben (Bardt, 2024) – unterblieben. Die Zahl der aktiven Soldaten und Soldatinnen der Bundeswehr fiel von 476 288 im Jahr 1991 auf 181 107 im Jahr 2023 (Deutscher Bundestag, 2024, 150/151). Zwar beteiligte sich die Bundeswehr ab Mitte der 1990er Jahre an mehreren Friedenssicherungs-, Antiterror- und Ausbildungsmissionen weltweit, so etwa in Afghanistan, auf dem Balkan und im Mittelmeer, hielt sich bei der Unterstützung weiterer, robusterer Einsätze jedoch zurück. Dies brachte dem Land den Titel einer »geo-economic power« (Szabo, 2017; Kundnani, 2011) ein, welche sich auf wirtschaftliche Vorteile konzentriert, in globalen Sicherheitsfragen aber Trittbrettfahrer ist.

In den letzten 10 bis 15 Jahren hat sich die internationale Sicherheitslage jedoch entscheidend verändert (Hüther/Gerards Iglesias, 2024; Konrad/Thum, 2024). Einerseits nimmt die Bedrohung durch imperial ausgerichtete Staaten wie Russland und China zu. Andererseits leidet die Glaubwürdigkeit der NATO-Sicherheitsarchitektur, seit sich die USA verstärkt Asien und China zuwenden und ihr Interesse an Europa verloren zu haben scheinen. Besonders deutlich wurde dies durch die politische Kehrtwende der USA in der Ukraine-Politik unter Präsident Trump seit Januar 2025. Für Deutschland bedeutet dies, in einer drastisch zunehmenden Bedrohungslage sicherheitspolitisch schwach dazustehen. Während die kritische Lage in Expertenkreisen bereits seit längerem thematisiert wird,[43] zeigte der von Bundeskanzler Scholz im Februar 2022 geprägte Begriff der Zeitenwende erstmals größere Resonanz (Scholz, 2023).

---

43 Bei der 50. Münchner Sicherheitskonferenz 2014 wies Bundespräsident Gauck bei seiner Eröffnungsrede bereits darauf hin: »Hat Deutschland die neuen Gefahren und die Veränderung im Gefüge der internationalen Ordnung schon angemessen wahrgenommen? Reagiert es seinem Gewicht entsprechend? Ergreift die Bundesrepublik genügend Initiative, um je-

In Reaktion darauf billigte der Deutsche Bundestag das »Sondervermögen Bundeswehr« mit einem Volumen von bis zu 100 Mrd. Euro, das der Sicherung der Bündnis- und Verteidigungsfähigkeit und für bis zu fünf Jahre der Erfüllung des NATO-Ziels dienen soll (Deutscher Bundestag, 2022). Darüber hinaus sind weitere Sondervermögen und eine Reform der Schuldenbremse vorgesehen, um die Finanzierung auch mittel- bis längerfristig sicherzustellen und weitere Ausgaben für die Ertüchtigung der Infrastruktur zu finanzieren. Neben der Höhe der Mittelausstattung ist die Effizienz der Mittelverwendung von entscheidender Bedeutung (Konrad/Thum, 2024). In der Diskussion sind dabei Fragen einer Europäisierung der Verteidigungspolitik, des Fokus der Investitionen auf Truppengröße und quantitative Ausstattung versus qualitative Innovationen und der Reaktivierung der Wehrpflicht anstelle einer Berufsarmee. Zudem ist aus industriepolitischer Sicht zu klären, ob Militärgüter auf dem internationalen Markt gekauft oder im Interesse der Unabhängigkeit und zur Generierung von Spillover-Effekten auf den zivilen Sektor selbst entwickelt und hergestellt werden sollten. Über die Gewährung der klassischen äußeren Sicherheit hinaus sind hybride Bedrohungen zu adressieren, wie Cyberangriffe, Spionage, strategische Einflussnahme, Desinformationskampagnen und Angriffe auf die zivile Infrastruktur (Hüther/Gerards Iglesias, 2024).

In allen drei Abhängigkeitsbereichen ist, wie dargelegt, Handlungsbedarf angezeigt. Unklarer ist jedoch, inwieweit die Notwendigkeit der Anpassung im Bewusstsein der Bevölkerung und bei Entscheidungsträgern angekommen ist, welche politischen Weichenstellungen konkret vorgenommen werden sollten und wie mit Widerständen umgegangen werden kann. Sicher scheint nur, dass ohne eigenes Handeln der Verlust von ökonomischer und militärischer Sicherheit droht.

Stützung der liberalen Ordnung

Während die Entschärfung der drei kritischen Abhängigkeiten grundsätzlich in nationaler Hand liegt, ist Deutschland beim Erhalt und der Fortentwicklung der liberalen Ordnung auf Partner angewiesen: Die Bereitstellung globaler öffentlicher Güter kann per definitionem nicht von einem Land allein organisiert werden. Einzelne Länder verfügen jedoch über unterschiedlich ausgeprägte Machtressourcen, durch die sie Einfluss nehmen können, z. B. indem sie andere Länder von einer Zusammenarbeit überzeugen oder durch die Ausübung von Druck dazu bewegen. Politikwissenschaftlichen Erkenntnissen folgend kann Macht dabei im Wesentlichen aus drei Quellen gespeist werden (Tallberg, 2008; Krotz/Schild, 2013; Schoeller, 2017; ▶ Dar. 3.6-2).

Aus Sicht des politischen Realismus verfügen mächtige Länder über »harte«, materielle Ressourcen, zu denen »territory, population, economic strength, military capabilities, technological development, political stability and administrative capacity«

---

nes Geflecht aus Normen, Freunden und Allianzen zukunftsfähig zu machen, das uns doch Frieden in Freiheit und Wohlstand in Demokratie gebracht hat?« (Gauck, 2014, 3).

(Tallberg, 2008, 689) gehören.⁴⁴ Neben der Hard Power können Länder über institutionellen Einfluss in internationalen Organisationen verfügen, z. B. durch eine (ständige) Mitgliedschaft im UN-Sicherheitsrat (mit Vetorecht), gewichtete Stimmen in IWF und Weltbank und die Besetzung von wichtigen Positionen mit eigenen Staatsangehörigen, die Zugang zu Informationen und Möglichkeiten zum Ideenexport haben.

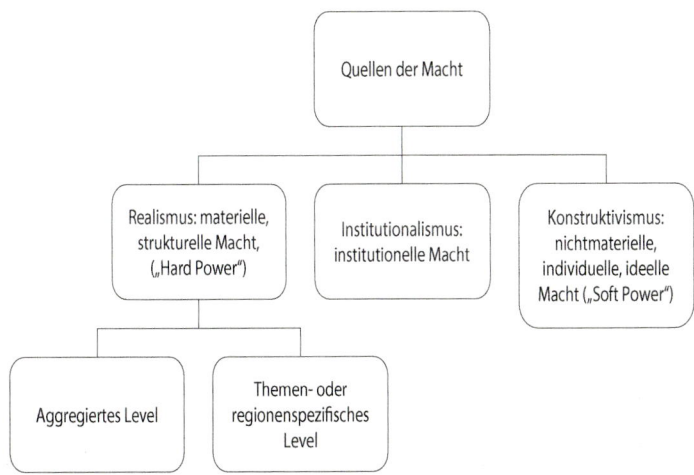

Dar. 3.6-2: Quellen der Macht (in Anlehnung an Tallberg, 2008)

Institutioneller Einfluss kann auch genutzt werden, um eigene Macht auf eine internationale Ebene zu projizieren, indem versucht wird, internationale Organisationen nach eigenen Präferenzen zu gestalten (Barnett/Duvall, 2005).⁴⁵ Eine weitere Machtressource aus konstruktivistischer Sicht ist Soft Power. Hierzu zählen etwa Kompetenz, Autorität und persönliche Integrität eines staatlichen Repräsentanten, was Vertrauen schafft und die Bildung von Koalitionen erleichtert. Auch die innenpolitische Situation eines Landes kann eine wichtige nichtmaterielle Ressource sein. So können Regierungen mehr Verhandlungsspielraum haben, wenn sie sich auf eine breite Zustimmung zuhause berufen können. Andererseits kann ein kritisches heimisches

---

44 Die USA verfügen etwa über ein hohes aggregiertes Niveau an Hard Power, so dass sie andere Länder durch wirtschaftliche und militärische Macht überzeugen bzw. zwingen und so als Hegemon die liberale Ordnung stützen können. China verfügt ebenfalls über aggregierte Hard Power, auch wenn deren Einsatz bisher nicht im US-amerikanischen Umfang erfolgreich war.

45 So konnten die USA nach dem Zweiten Weltkrieg durch die maßgebliche Gestaltung der Bretton-Woods-Organisationen und der NATO indirekt ihre Macht stärken (Larres, 2015, 24): Sie verankerten ihre Präferenzen für eine demokratische und kapitalistische Gesellschaftsordnung auf internationaler Ebene und schufen so ein westliches Imperium mit dem US-Dollar als globaler Leitwährung, ohne territoriale Annexionen oder formelle Autorität über Verbündete ausüben zu müssen (Destradi, 2010, 910).

Publikum auch Macht bedeuten, wenn es als Drohung für ein Scheitern von Verhandlungen genutzt werden kann.[46] Der Ruf eines Landes ist eine weitere wichtige konstruktivistische Machtressource.

Während Hard-Power-Ressourcen bei zunehmend Realismus-determinierter Weltsicht tendenziell an Bedeutung gewinnen, sind die dem Liberalismus entspringende institutionelle Macht und die Soft Power eher komplementäre Quellen. So können etwa »materielle« Mittelmächte im Verhältnis zu ihrer Größe Einfluss gewinnen, wenn sie eine wichtige Rolle im internationalen Institutionengefüge spielen oder wenn ihre politische Führung aufgrund diplomatischen Geschicks, moralischen Kapitals oder innovativer Ideen Respekt erlangt.[47] Umgekehrt kann der Mangel an diesen Ressourcen Hard Power schmälern. Allerdings sind Machtressourcen allein kein hinreichender Garant für Führung und Einfluss, sondern eher notwendige Voraussetzung (Schoeller, 2017). Andere Variablen bestimmen mit über die tatsächliche Ausübung und den Erfolg des Machteinsatzes, etwa die Art einer Verhandlungs- oder Krisensituation, die konkreten Ziele einer Regierung, die Bereitschaft, Machtressourcen einzusetzen, oder das Verhalten anderer Führungsanwärter (Maull, 2018, 474). Machtressourcen können dennoch als Indikator für Einfluss interpretiert werden (Hillebrand, 2019).

Deutschlands Machtressourcen auf globaler Ebene

Die Beurteilung der deutschen Machtressourcen für den Einsatz auf globaler Ebene zeigt ein gemischtes Bild, das sich zudem im Zeitverlauf verändert. So verfügt das Land traditionell über wichtige materielle Ressourcen, wie politische Stabilität – gemessen etwa an der relativ geringen Zahl an Regierungswechseln seit 1949 – und einen grundsätzlich funktionierenden Rechts- und Verwaltungsstaat. Besonders ausgeprägt sind die materiellen Ressourcen in Wirtschafts- und Finanzfragen: Das Land hatte 2023 nach den USA und China die drittgrößte Volkswirtschaft (▶ Dar. 3.6-3), während es beim Pro-Kopf-Einkommen hinter den USA, aber vor anderen wichtigen Ländern weltweit auf Rang 22 lag. Technologische Führerschaft besteht trotz der Schwächen im High-Tech-Bereich oftmals im Mittelstand, der viele so genannte »Hidden Champions« in sehr speziellen Marktnischen hervorbrachte. Im finanzwirtschaftlichen Bereich überzeugt Deutschland als sicherer Hafen durch die Solidität der öffentlichen Finanzen, eine relativ niedrige Bruttostaatsverschuldung und sehr gute Kapitalmarktratings.

---

46 Die euroskeptische Wählerschaft half britischen Regierungen seinerzeit, in EU-Verhandlungen Zugeständnisse wie den britischen Haushaltsrabatt oder ein Opt-out von der Währungsunion zu erreichen.

47 Obwohl z. B. das Vereinigte Königreich weitaus bevölkerungsärmer ist als Indien, hat es einen ständigen Sitz im UN-Sicherheitsrat und folglich mehr Macht, wenn es um die Verabschiedung von UN-Resolutionen geht.

Dar. 3.6-3: Materielle Machtressourcen im Vergleich, 2023 (Quelle: World Bank Group, 2025, soweit nicht anders vermerkt)

Länder	Bevölkerung (in Mio.)	BIP (Mrd. laufende US-$)	BIP-pro-Kopf (PPP, 1.000 lfde intern. US-$)	BIP-Wachstum (Veränderung p.a. in %)	Leistungsbilanzsaldo (Mrd. laufende US-$)	Leistungsbilanzsaldo (in % des BIP)	Nettokreditaufnahme des Staates (+ Überschuss; - Defizit; in % des BIP, IWF 2025)	Bruttostaatsverschuldung (in % des BIP, IWF 2025)	S & P Bonitätsbeurteilung der Länder (Trading Economics 2025, ohne Datumsangabe)	Verteidigungsausgaben (in % des BIP)	Bewaffnetes Personal der Streitkräfte (in Mio, für das Jahr 2020)
D	83,3	4,5	69,0	−0,3	268,7	5,9	−2,6	62,7	AAA	1,5	0,18
EU-27	448,8	18,6	58,9	0,4	k. A.	k. A.	−3,5	82,1	AA	1,7	1,91
Rang D in EU	1	1	6	20	1	6	13	14	Top-Rating	16	5
Welt	8.061,9	106,2	22,8	2,8	k. A.	k. A.	k. A.	k. A.	k. A.	2,4	27,41
Rang D in Welt	19	3	22	175	1	36	k. A.	k. A.	Top-Rating	92	35
Frankreich	68,3	3,1	58,2	0,9	−30,3	−1,0	−5,5	109,9	AA-	2,1	0,30
Ver. Königr.	68,4	3,4	58,3	0,3	−66,4	−2,0	−6,0	100,0	AA	2,3	0,15
Italien	59,0	2,3	57,7	0,7	−0,3	0,0	−7,2	134,6	BBB	1,6	0,34
Russland	143,8	2,0	44,1	3,6	50,1	2,5	−2,3	19,5	ungeratet	5,9	1,45
USA	334,9	27,7	82,8	2,9	−905,4	−3,3	−7,1	118,7	AA+	3,4	1,40
Kanada	40,1	2,1	63,4	1,2	−15,6	−0,7	−0,6	107,5	AAA	1,3	0,07
China	1.410,7	17,8	24,6	5,2	253,0	1,4	−6,9	84,4	A+	1,7	2,54
Japan	124,5	4,2	49,9	1,7	150,7	3,6	−4,2	249,7	A+	1,2	0,26
Indien	1.438,1	3,6	10,2	8,2	−32,0	−0,9	−8,3	83,0	BBB−	2,4	3,07
Brasilien	211,1	2,2	21,1	2,9	-21,7	−1,0	−7,6	84,7	BB	1,1	0,76
Südafrika	63,2	0,4	15,2	0,7	−6,1	−1,6	−5,8	73,4	BB-	0,7	0,09

Deutschland verfügt auch über wichtige institutionelle Machtressourcen, wiederum vor allem im Bereich der Wirtschaft. So spielt das Land eine bedeutende Rolle in den Schlüsselorganisationen der globalen Wirtschafts- und Währungsordnung, d. h. IWF, Weltbank und WTO (Kahler, 2016). Im IWF und bei der Weltbank (IBRD) hält Deutschland mit 5,31 bzw. 4,18 Prozent nach den USA, China und Japan das viertgrößte Stimmenkontingent (IWF, 2024c; World Bank Group, 2024b). Im Gegensatz zu den meisten Ländern hat es einen permanenten Sitz in den wichtigsten Entscheidungsgremien von IWF und Weltbank.[48] Auf Mitarbeiterebene ist Deutschland mit ca. 8000 Personen in 300 internationalen und europäischen Institutionen und mit einigen Spitzenpositionen insgesamt angemessen vertreten, wobei die Zahl der anstehenden Pensionierungen hoch und eine Nachbesetzung im Wettbewerb mit Schwellen- und Entwicklungsländern schwierig ist (Deutscher Bundestag, 2023). Zudem ist das Land Mitglied der G7- und G20-Formate. Obwohl diese Netzwerke weder über formale Entscheidungsbefugnis noch über finanzielle Ressourcen verfügen, spielen sie eine Schlüsselrolle als »steering committee for the world economy« (Schirm, 2013, 687).[49] Zudem ermöglichen die rotierenden Präsidentschaften Einfluss durch ein Agenda-Setting.

Schließlich besitzt Deutschland Soft Power. Politische Stabilität und lange Amtszeiten führender Politiker – etwa der Regierungschefs Kohl und Merkel – verleihen Seniorität in internationalen Verhandlungen (Tallberg, 2008, 701). Aufgrund der föderalen Verfassung und des Verhältniswahlrechts bestehen Bundesregierungen traditionell aus Koalitionen mehrerer politischer Parteien, die einen Konsens mit dem oftmals von der Opposition beherrschten Bundesrat finden müssen. Entsprechend ist ein Top-down-Regierungsansatz nahezu unmöglich, deutsche Führung braucht hingegen »the skills of coalition building, of leadership by consent, of negotiating patiently and persistently« (Maull, 2018, 463). All dies sind Eigenschaften, die in der internationalen und insbesondere in der EU-Diplomatie dringend erforderlich sind.[50] Moralisches Kapital häufte Deutschland durch seine Politik der Vergangenheitsbewältigung der NS-Zeit sowie eine allgemeine Politik der Zurückhaltung in militäri-

---

48 Während die meisten anderen Länder in länderübergreifenden Wahlgruppen zusammengefasst sind, besetzt Deutschland in den beiden wichtigsten Entscheidungsgremien – dem Exekutivdirektorium des IWF und dem Direktorium der Weltbank – einen der wenigen ständigen Direktorenposten. Von 2000 bis 2004 stellte Deutschland zudem den geschäftsführenden Direktor des IWF.
49 So prägte die G20 die IWF-Quotenreform 2010 und ebnete den Weg für die Basel-III-Vereinbarung zur Finanzmarktregulierung, die anschließend vom formal zuständigen Basler Ausschuss verabschiedet wurde (Schirm 2013).
50 Allerdings kann dies auch ein Nachteil sein. So sind deutsche Bundeskanzler in der Regel durch ihre Koalitionsverträge und die Tatsache eingeschränkt, dass sie mehr als nur ihre eigene Partei berücksichtigen müssen. Dies führt oftmals dazu, dass sich deutsche Regierungen der Stimme enthalten müssen, da sie intern keinen Konsens erzielen können (»German vote«). Dies zeigte sich etwa bei der Wahl der EU-Kommissionspräsidentin von der Leyen im Juli 2019, als Deutschland sich der Stimme enthielt, obwohl sie deutsche Staatsbürgerin ist. Auch die Ampel-Regierung blockierte sich oftmals selbst.

schen Angelegenheiten auf, auch wenn Letzteres bei einigen internationalen Partnern im Westen eher auf Misstrauen stößt.

Obwohl Deutschland mithin über wichtige Machtressourcen auf globaler Ebene verfügt, ist der deutsche Einfluss doch als begrenzt anzusehen. Dies gilt vor allem im zunehmend wichtiger werdenden Bereich der Sicherheits- und Verteidigungspolitik. Zwar besitzt das Land Einfluss in der NATO, es verfügt aber nicht über ausreichende militärische Kapazitäten (▶ Dar. 3.6-3) und atomares Abschreckungspotenzial. Zudem steht die Bevölkerung ausländischen Militäreinsätzen und einer proaktiven Rolle in internationalen Konflikten kritisch gegenüber (Giegerich/Terhalle, 2016; Maull, 2018). Hinzukommt, dass auch die bestehenden materiellen Ressourcen eher schwächer werden: So ist die demografische Entwicklung im internationalen Vergleich relativ weit fortgeschritten. In der Politik wird der breite Konsens der Parteien der demokratischen Mitte – Westbindung, EU-Mitgliedschaft und Soziale Marktwirtschaft – zunehmend fragiler, zumal seit sich die AfD und das Bündnis Sarah Wagenknecht (BSW) fest etabliert haben. Die Regierungsbildung auf Landes- und Bundesebene dürfte zusehends schwieriger werden, was die Position deutscher Politiker in globalen Verhandlungen schwächt. Mangels Digitalisierung erweist sich die Bürokratie und damit die Funktionsfähigkeit des Staates oftmals als lähmend. Schließlich steht das deutsche Wirtschaftsmodell, das bis in die Corona-Pandemie hinein als äußerst erfolgreich galt, zunehmend unter Druck, was wiederum die wirtschaftspolitische Autorität beeinträchtigt.

Auch im institutionellen und konstruktivistischen Bereich leidet der deutsche Einfluss. IWF, Weltbank, WTO und G7, in denen Deutschland gut repräsentiert ist, verlieren angesichts des Erstarkens von Merkantilismus und Realismus relativ an Bedeutung. Aufgrund des Besetzungsproporzes in internationalen Organisationen nach Länderquoten gelingt es zudem weniger, eigene Personen in einflussreiche Positionen zu lancieren. Gleichzeitig verlieren Diplomatie und Verhandlungsgeschick an Bedeutung gegenüber harten Ressourcen wie militärischer Stärke und Regierungschefs mit starker verfassungsrechtlicher Position. Es ist mithin fraglich, wie viel Deutschland derzeit angesichts der eigenen wirtschaftlichen und militärischen Schwächen zu einer Stärkung und Weiterentwicklung der liberalen Ordnung beitragen kann.

Deutschlands Machtressourcen auf europäischer Ebene

Im EU-Kontext zeigt sich ein positiveres Bild. In der EU ist Deutschland mit Abstand das bevölkerungsreichste und wirtschaftlich stärkste Land, das zudem eine Schlüssellage an der Grenze zwischen West- und Osteuropa innehat. Deutschlands wirtschafts- und finanzpolitische Stellung wurde vor allem während der Euro-Krise deutlich, als das Land aufgrund seiner Finanzkraft und des Vertrauens der Kapitalmärkte die Rettungsmaßnahmen maßgeblich prägte (Matthijs, 2016; Hillebrand, 2015). Neben der materiellen Macht besitzt Deutschland eine starke institutionelle Rolle in der EU. Das Land verfügt im Europäischen Parlament mit 96 von 720 Sitzen über die größte Anzahl. Im Rat – dem Ko-Gesetzgeber – ist der hohe EU-Bevölkerungsanteil bei qualifizierten Mehrheitsentscheidungen ein entscheidender Vorteil.[51] Zudem war das Land 2023 mit 29,87 Mrd. Euro der größte EU-Beitragszahler, was Einfluss auf den EU-Haushalt impliziert (Statista, 2024).

In der Vergangenheit gelang es Deutschland, einige seiner Governance-Präferenzen auf die EU-Ebene »hochzuladen« (Miskimmon/Paterson, 2006). Dies gilt insbesondere für die Eurozone, wo die unabhängige, auf Preisstabilität ausgerichtete EZB, die »No-Bailout-Klausel« und der Stabilitäts- und Wachstumspakt das ordoliberale Wirtschaftsparadigma Deutschlands widerspiegeln (Matthijs, 2016, 142). Durch die Institutionalisierung seiner Präferenzen auf europäischer Ebene konnte Deutschland – zumindest im Prinzip – den Rahmen für die Geld- und Fiskalpolitik setzen, auch wenn die später implementierte, sehr expansive Politik etwa der EZB in den 2010er Jahren nicht immer auf deutsche Zustimmung stieß. Aus konstruktivistischer Sicht untermauerten der breite politische Konsens und der »permissive consensus« der deutschen Bevölkerung in Fragen der europäischen Integration die starke Position deutscher Bundesregierungen.

Allerdings ist der deutsche Einfluss in der EU nicht uneingeschränkt. Zwar gelang es Deutschland immer wieder, durch Einsatz seiner materiellen, institutionellen und konstruktivistischen Machtressourcen Führung zu übernehmen, so z. B. nach anfänglicher Zurückhaltung in der Euro-Krise (Schoeller, 2017; Cunha, 2021), bei der Implementierung von Sanktionen gegen Russland nach der Krim-Invasion (Giegerich/Terhalle, 2016) oder bei der Gestaltung der Corona-Hilfen (Becker, 2023). Gleichzeitig zeigt das Land jedoch Schwächen: Zum einen untergraben die jüngsten wirtschaftlichen Probleme und der politische Reformstau sowohl die materiellen Ressourcen als auch die Wahrnehmung unter den EU-Partnern. Zum anderen reduzierte das Abstimmungsverhalten der Ampel-Regierung den deutschen Einfluss weiter, da es oftmals aufgrund innerkoalitionärer Streitigkeiten zu Enthaltungen kam (Mussler, 2024). Es gelang Deutschland zudem nicht, den wichtigen deutsch-französischen Motor ausreichend zu aktivieren, dem weitere Länder folgen können. Der Widerstand südeuropäischer Länder gegen Deutschlands Euro-Krisenpolitik und der osteuropäischer Länder gegenüber Deutschlands Verhalten in der Migrationskrise zeigen, dass das Land kein unangefochtener EU-Hegemon ist (Cunha, 2021). Das Schmieden von Koalitionen wird durch die zunehmende Zahl an Ländern mit stark rechten und populistischen Regierungen erschwert. Zugleich hat sich Deutschland durch seine wirtschaftlichen Abhängigkeiten von Russland und China, die militärischen Defizite und politische Alleingänge wie bei der Nord-Stream-Pipeline und der Migrationskrise 2015 selbst geschwächt (Matthijs, 2016).

---

51 Entscheidungen im Rat der Europäischen Union erfordern in der Regel die Zustimmung von Mitgliedstaaten, die mindestens 65 Prozent der EU-Bevölkerung repräsentieren. Deutschland verfügt über einen Bevölkerungsanteil von knapp unter 20 Prozent. Es ist damit das einzige Mitgliedsland, welches nur drei Partner benötigt, um die 35,1-Prozent-Schwelle zur Blockade von Ratsbeschlüssen zu erreichen.

3.6.4 Schlussfolgerungen

Die politische und wirtschaftliche Weltlage ändert sich deutlich: An die Stelle der westlich dominierten unipolaren Ordnung nach 1989 tritt ein multipolares Netz, das sich zukünftig in eine bipolare Formation mit den Supermächten USA und China entwickeln könnte. Im wirtschaftlichen Bereich dominiert der Merkantilismus und im Bereich der internationalen Beziehungen gilt zunehmend ein realistisches Verständnis, in dem militärische Fragen immer mehr an Bedeutung gewinnen. Eine Nullsummenlogik löst die Vorstellung ab, dass durch internationale Kooperation am Ende alle profitieren können. Zumindest während der Phase der Multipolarität werden die internationalen Beziehungen komplizierter, die Bereitstellung globaler öffentlicher Güter schwieriger und Verhandlungen transaktionskostenintensiver. Gleichzeitig nehmen die globalen Aufgaben nicht ab.

Auch wenn Deutschland stark von der multilateralen Ordnung unter Führung des Westens profitiert(e), muss sich das Land den Realitäten stellen. Dies erfordert auf nationaler Ebene die Adressierung kritischer Abhängigkeiten: So müssen beim Bezug von Rohstoffen, Energie und Vorprodukten Handlungsspielräume zurückgewonnen werden. Auf der Nachfrageseite müssen neue Wachstumsquellen in geografischer und sachlicher Hinsicht angezapft werden. Hinzukommt die notwendige Stärkung der Verteidigungsfähigkeit. Die Entschärfung der einzelnen Abhängigkeiten verleiht Deutschland dabei nicht nur wirtschaftliche und militärische Souveränität, sondern reichert zugleich seine Machtressourcen an. Neben einen materiellen Machtzuwachs tritt auch konstruktivistische Macht, da das Beispiel erfolgreicher Reformen die Legitimität und Autorität der deutschen Position in internationalen Foren fördern würde. Das erhöhte Machtpotenzial könnte wiederum für den Schutz und zur Weiterentwicklung der liberalen Ordnung eingesetzt werden.

Von zentraler Bedeutung für Deutschland ist die europäische Integration. Zum einen lassen sich Abhängigkeiten effizienter und nachhaltiger im EU-Kontext als durch nationale Alleingänge lösen. Deutschland sollte mithin seinen Einfluss nutzen, um die Integration im Finanz-, Energie-, Rohstoff-, Forschungs- und Verteidigungssektor voranzutreiben. Zum anderen besitzt Deutschland auf europäischer Ebene bereits substanzielle materielle, institutionelle und konstruktivistische Machtpotenziale, die allerdings zum Teil reaktiviert und gepflegt werden müssen. Mittels einer funktionsfähigen EU erhöht sich schließlich das globale Machtpotenzial Deutschlands, selbst wenn Europa aufgrund der demografischen Entwicklung und des technologischen Abstands zu den USA und China global an Einfluss verlieren dürfte. Im Konzert der Großmächte ist Deutschland zu unbedeutend, während die EU allein aufgrund ihrer Bevölkerungszahl nicht ignoriert werden kann.

Zwar ist auch der europäische Weg nicht ohne Risiken. Wie die Beispiele einiger Mitgliedstaaten zeigen, ist die EU nicht vor einer stärker merkantilistischen, illiberaleren Politik gefeit, ebenso wenig wie Deutschland selbst. Allerdings könnte die effiziente Lösung nationaler Probleme und die Stärkung europäischen Einflusses in der Welt populistischen Tendenzen die Basis entziehen. In jedem Fall gilt: Krisenzeiten bergen das Potenzial, sich neu zu orientieren und die Weichen für die Zukunft neu zu stellen.

3.6.5 Literatur

Babb, Sarah / Kentikelenis, Alexander, 2018: International Financial Institutions as Agents of Neoliberalism, in: Cahill, Damien / Cooper, Melinda / Konings, Martijn / Primrose, David (Hrsg.), The SAGE Handbook of Neoliberalism, Thousand Oaks, 16–27.

Baccaro, Lucio / Pontusson, Jonas, 2022: The politics of growth models, in: Review of Keynesian Economics, Vol. 10(2), Summer 2022, 204–221.

Bachmann, Rüdiger, 2024: Funktionen von Staatsschulden und Reform der Schuldenbremse, in: ifo- Schnelldienst, Vol. 77(2), 19–22.

Bardt, Hubertus, 2024: 2 Prozent-Nato-Ziel kann erreicht werden – Planung mit erheblichen Risiken, IW-Kurzbericht, Nr. 52, Institut der deutschen Wirtschaft, Köln.

Barnett, Michael / Duvall, Raymond, 2005: Power in International Politics, in International Organization, Vol. 59, 39–75.

Becker, Peter, 2023: Germany as the European Union's status quo power? Continuity and change in the shadow of the Covid-19 pandemic, in: Journal of European Public Policy, Vol. 30(8), 1473–1493.

Beckmann, Joscha / Jannsen, Nils, 2021: Konjunkturschlaglicht: Lieferengpässe behindern Produktion, in: Wirtschaftsdienst, Vol. 101(7), 575–576.

Bofinger, Peter, 2019: Paradigmenwechsel in der deutschen Wirtschaftspolitik, in: Wirtschaftsdienst, Vol. 99(2), 95–98.

Boyle, Michael J., 2016: The Coming Illiberal Order?, in: Survival, Vol. 58(2), 35–66.

Braun, Alex, 2023: The Effect of Germany's Zeitenwende on Exports and Soft Power, in: E-International Relations, 10.12.2023, verfügbar unter: https://www.e-ir.info/2023/12/10/opinion-the-effect-of-germanys-zeitenwende-on-exports-and-soft-power/ (letztes Abrufdatum: 01.12.2024).

Bremmer, Ian, 2023: The Next Global Superpower Isn't Who You Think, TED talk Vancouver, Kanada, April 2023, verfügbar unter: https://www.youtube.com/watch?v=uiUPD-z9DTg (letztes Abrufdatum: 10.12.2024).

Bundesregierung, 2019: Rohstoffstrategie der Bundesregierung: Sicherung einer nachhaltigen Rohstoffversorgung Deutschlands mit nichtenergetischen mineralischen Rohstoffen, verfügbar unter: https://www.bmwk.de/Redaktion/DE/Publikationen/Industrie/rohstoffstrategie-der-bundesregierung.pdf?__blob=publicationFile&v=1 (letztes Abrufdatum: 04.10.2024).

Carlin, Wendy / Soskice, David, 2009: German economic performance: disentangling the role of supply-side reforms, macroeconomic policy and coordinated economy institutions, in: Socio-Economic Review, Vol. 7, 67–99.

Collins, Neil / O'Brien, David, 2023: Neo-mercantilism in action: China and small states', in: International Politics, Vol. 60, 635–658.

Cunha, Alberto, 2021: Europe's Hegemon? The Nature of German Power During Europe's Crisis Decade, in: E-International Relations, 23.08.2021, verfügbar unter: https://www.e-ir.info/2021/08/23/europes-hegemon-the-nature-of-german-power-during-europes-crisis-decade/ (letztes Abrufdatum: 10.10.2024).

Destradi, Sandra, 2010: Regional powers and their strategies: empire, hegemony, and leadership, in: Review of International Studies, Vol. 36, 903–930.

Deutscher Bundestag, 2022: Bundestag beschließt das Sondervermögen für die Bundeswehr, Dokumente, verfügbar unter: https://www.bundestag.de/dokumente/textarchiv/2022/kw22-de-sondervermoegen-897614 (letztes Abrufdatum: 05.10.2024).

Deutscher Bundestag, 2023: Achter Bericht der Bundesregierung zur deutschen Personalpräsenz in internationalen Organisationen, Berichtszeitraum 2021 und 2022, Unterrichtung der Bundesregierung, Drucksache 20/8120, verfügbar unter: https://dserver.bundestag.de/btd/20/081/2008120.pdf (letztes Abrufdatum: 10.10.2024).

Deutscher Bundestag, 2024: Unterrichtung durch die Wehrbeauftragte: Jahresbericht 2023 (65. Bericht), 12.03.2024, Drucksache 20/10500, verfügbar unter: https://dserver.bundestag.de/btd/20/105/2010500.pdf (letztes Abrufdatum: 02.12.2024).

Di Donato, Carlo, 2018: Germany is quietly rebalancing its economy – but this will not fix the Eurozone's flaws, LSE Europa Blog, 14.09.2018, verfügbar unter: https://blogs.lse.ac.uk/europpblog/2018/09/14/germany-is-quietly-rebalancing-its-economy-but-this-will-not-fix-the-eurozones-flaws/ (letztes Abrufdatum: 01.12.2024).

Dietrich, Anita et al., 2024: Europe's middle-technology trap, in: EconPol Forum, CESifo München, Vol. 25(4), 32–39.

Economist, 2024: Why is Xi Jinping building secret commodity stockpiles?, 23.07.2024, verfügbar unter: https://www.economist.com/finance-and-economics/2024/07/23/why-is-xi-jinping-building-secret-commodity-stockpiles (letztes Abrufdatum: 14.10.2024).

Europäische Kommission, 2021: Mitteilung der Kommission an das Europäische Parlament, den Rat, den Europäischen Wirtschafts- und Sozialausschuss und den Ausschuss der Regionen »Überprüfung der Handelspolitik – Eine offene, nachhaltige und entschlossene Handelspolitik«, COM(2021) 66 final, 18.02.2021, verfügbar unter: https://eur-lex.europa.eu/resource.html?uri=cellar:5bf4e9d0-71d2-11eb-9ac9-01aa75ed71a1.0003.02/DOC_1&format=PDF (letztes Abrufdatum: 12.09.2024).

Felbermayr, Gabriel / Janeba, Eckhard 2024: Improving Supply Security: Guidelines and Policy Proposals, in: Intereconomics, Vol. 59(3), 146–153.

Fletcher, Kevin / Kemp, Harri / Sher, Galen, 2024: Germany's Real Challenges are Ageing, Underinvestment, and Too Much Red Tape, IMF News, 27.03.2024, verfügbar unter: https://www.imf.org/en/News/Articles/2024/03/27/germanys-real-challenges-are-aging-underinvestment-and-too-much-red-tape (letztes Abrufdatum: 30.11.2024).

Fremerey, Melinda / Obst, Thomas, 2022: Globalisierungskrise: Welche Abhängigkeiten bestehen bei kritischen Gütern und Rohstoffen aus China?, IW-Kurzbericht, Nr. 48, Institut der deutschen Wirtschaft, Köln.

Fremerey, Melinda / Gerards Iglesias, Simon, 2022: Abhängigkeit – Was bedeutet sie und wo besteht sie?, IW-Report, Nr. 56, Institut der deutschen Wirtschaft, Köln.

Gauck, Joachim, 2014: Deutschlands Rolle in der Welt: Anmerkungen zu Verantwortung, Normen und Bündnissen, Rede anlässlich der Eröffnung der Münchner Sicherheitskonferenz am 31. Januar 2014, München, verfügbar unter https://www.bundespraesident.de/SharedDocs/Downloads/DE/Reden/2014/01/140131-Muenchner-Sicherheitskonferenz.pdf?__blob=publicationFile&v=3 (letztes Abrufdatum: 04.12.2024).

Giegerich, Bastian / Terhalle, Maximilian, 2016: The Munich Consensus and the Purpose of German Power, in: Survival, Vol. 58(2), 155–166.

Grimm, Veronika / Kroeger, Thilo / Ochsner, Christian, 2024: Wege aus der Wachstumsschwäche, in: Wirtschaftsdienst, Vol. 104(3), 180–186.

Grossman, Gene M. / Helpman, Elhanan / Lhuillier, Hugo, 2023: Supply Chain Resilience: Should Policy Promote International Diversification or Reshoring?, in: Journal of Political Economy, Vol. 131(12), 3462–3496.

Hall, Peter A. / Soskice, David, 2001: Varieties of Capitalism: The Institutional Foundation of Comparative Advantage, Oxford und New York.

Hank, Rainer, 2024: In der Sackgasse. Warum Industriepolitik scheitern wird, in: Aus Politik und Zeitgeschichte, Vol. 74(4-5), 10–14.

Hein, Eckhard / Truger, Achim, 2007: Der deutsche Neo-Merkantilismus im europäischen Kontext, in: Kurswechsel, Nr. 4, 16–24.

Helleiner, Eric, 2023. The Revival of Neomercantilism, in: Phenomenal World, 27.04.2023, verfügbar unter: https://www.phenomenalworld.org/analysis/neomercantilism/ (letztes Abrufdatum: 19.11.2024).

Hillebrand, Rainer, 2015: Germany and its Eurozone Crisis Policy: The Impact of the Country's Ordoliberal Heritage, in: German Politics and Society, Vol. 114, 33(1/2), 6–24.

Hillebrand, Rainer, 2019: Germany and the New Global Order: The Country's Power Resources Reassessed, in: E-International Relations, 22.09.2019, verfügbar unter: https://www.e-ir.info/2019/09/22/germany-and-the-new-global-order-the-countrys-power-resources-reassessed/ (letztes Abrufdatum: 05.12.2024).

Hope, David / Soskice, David, 2016: Commentary on Lucio Baccaro and Jonas Pontusson, »Rethinking Comparative Political Economy: The Growth Model Perspective.«, in: Politics & Society, Vol. 44(2), 175–207.

Hüther, Michael / Gerards Iglesias, Simon, 2024: Sicherheit als wirtschaftspolitische Herausforderung, in: Wirtschaftsdienst, Vol. 104(10), 672–676.

IWF, 2024a: List of Members, International Monetary Fund, 11.11.2024, verfügbar unter: https://www.imf.org/external/np/sec/memdir/memdate.htm (letztes Abrufdatum: 02.12.2024).

IWF, 2024b: Policy Pivot, Rising Threats, World Economic Outlook, Oktober 2024, verfügbar unter: https://www.imf.org/en/Publications/WEO/Issues/2024/10/22/world-economic-outlook-october-2024 (letztes Abrufdatum: 03.12.2024).

IWF, 2024c: IMF Members' Quotas and Voting Power, and IMF Board of Governors, International Monetary Fund, verfügbar unter: https://www.imf.org/en/About/executive-board/members-quotas (letztes Abrufdatum: 10.12.2024).

IWF, 2025: IMF Datamapper: World Economic Outlook (October 2024), verfügbar unter: https://www.imf.org/external/datamapper/datasets/WEO (letztes Abrufdatum: 05.02.2025).

Jones, Eric, 2017: From the End of History to the Retreat of Liberalism, in: Survival, Vol. 59(6), 165–174.

Kahler, Miles, 2016: The Global Economic Multilaterals: Will Eighty Years Be Enough?, in: Global Governance, Vol. 22, 1–9.

Konrad, Kai A. / Thum, Marcel, 2024: Herausforderungen einer neuen Sicherheitslage für Deutschland – eine finanzwissenschaftliche Perspektive, in: Wirtschaftsdienst, Vol. 104(10), 666–671.

Krotz, Ulrich / Schild, Joachim, 2013: Shaping Europe. France, Germany and Embedded Bilateralism from the Elysée Treaty to Twenty-First Century Politics, Oxford.

Kundnani, Hans, 2011: Germany as a Geo-economic Power, in: The Washington Quarterly, Vol. 34(3), 31–45.

Larres, Klaus, 2015: Superpowers and International Governance: A 'Might is Right' Story?, in: Caucasus International, Vol. 5(2), 19–34.

Lichter, Jörg, 2017: Germany First: The Return of Mercantilism, Handelsblatt Research Institute, 02.06.2017, verfügbar unter: https://global.handelsblatt.com/finance/germany-first-the-return-of-mercantilism-776181 (letztes Abrufdatum: 30.10.2018).

Maihold, Günther, 2018: Spieglein, Spieglein: Selbstbezug und Machtpolitik bestimmen die internationale Ordnung. Deutsche Außenpolitik muss umdenken, in: IPG-Journal, 12.04.2018, verfügbar unter: https://www.ipg-journal.de/rubriken/aussen-und-sicherheitspolitik/artikel/spieglein-spieglein-2676/ (letztes Abrufdatum: 21.10.2024).

Matthijs, Matthias, 2016: The Three Faces of German Leadership, in: Survival, Vol. 58(2), 135–154.

Maull, Hanns W., 2018: Reflective, Hegemonic, Geo-economic, Civilian ...? The Puzzle of German Power, in: German Politics, Vol. 27(4), 460–478.

Miskimmon, Alister / Paterson, William E., 2006: Adapting to Europe? German Foreign Policy, Domestic Constraints, and the Limitations of Europeanization since Unification, in: Hanns W. Maull (Hrsg.), Germany's Uncertain Power: Foreign Policy of the Berlin Republic, Basingstoke: Palgrave Macmillan, 29–46.

Mussler, Werner, 2024: Deutschland am Rande der EU, Frankfurter Allgemeine Zeitung, 12.11.2024, 15.

NATO, 2024: Was ist die NATO?, North Atlantic Treaty Organization, verfügbar unter: https://www.nato.int/nato-welcome/index_de.html (letztes Abrufdatum: 11.10.2024).

O'Neill, Jim, 2024: The BRICS Still Don't Matter, in: Project Sycndicate, Commentary, 17.10.2024, verfügbar unter: https://www.project-syndicate.org/commentary/moscow-brics-summit-expanded-bloc-still-rudderless-and-ineffective-by-jim-o-neill-2024-10 (letztes Abrufdatum: 24.10.2024).

Posaner, Joshua, 2022: The death of Das Auto: Can German cars survive the end of the engine?, in: Politico, 15.09.2022, verfügbar unter: https://www.politico.eu/article/death-of-das-Auto-electric-vehicles-germany/# (letztes Abrufdatum: 02.12.2024).

Rodrik, Dani, 2013: The New Mercantilist Challenge, in: Project Syndicate, 09.012013, verfügbar unter: https://www.project-syndicate.org/commentary/the-return-of-mercantilism-by-dani-rodrik (letztes Abrufdatum: 05.11.2024).

SVR (Sachverständigenrat zur Begutachtung der gesamtwirtschaftlichen Entwicklung), 2022: Energiekrise solidarisch bewältigen, neue Realität gestalten, Jahresgutachten 2022/23, Wiesbaden.

SVR (Sachverständigenrat zur Begutachtung der gesamtwirtschaftlichen Entwicklung), 2024: Versäumnisse angehen, entschlossen modernisieren, Jahresgutachten 2024/25, Wiesbaden.

Schirm, Stefan A., 2013: Global politics are domestic politics: a societal approach to divergence in the G20, in: Review of International Studies, Vol. 39, 685–706.

Schmidt, Christoph M., 2024: Ohne Fleiß kein Preis – die deutsche Volkswirtschaft muss sich ihre Innovationsfähigkeit immer wieder neu erarbeiten, in: Wirtschaftsdienst, Vol. 104(4), 236–240.

Schoeller, Magnus G., 2017: Providing political leadership? Three case studies on Germany's ambiguous role in the eurozone crisis, in: Journal of European Public Policy, Vol. 24(1), 1–20.

Scholz, Olaf, 2023: The Global Zeitenwende: How to Avoid a New Cold War in a Multipolar Era, in: Foreign Affairs, Vol. 102(1), 22–38.

Statista, 2024: Europäische Union: Nationale Beiträge der Mitgliedstaaten zum Haushalt im Jahr 2023 (in Millionen Euro), verfügbar unter: https://de.statista.com/statistik/daten/studie/155196/umfrage/die-zehn-wichtigsten-beitragszahler-im-eu-haushalt-2010/ (letztes Abrufdatum: 12.12.2024).

Statistisches Bundesamt, 2024: Außenhandel: Rangfolge der Handelspartner im Außenhandel der Bundesrepublik Deutschland (endgültige Ergebnisse) 2023, verfügbar unter: https://www.destatis.de/DE/Themen/Wirtschaft/Aussenhandel/Tabellen/rangfolge-handelspartner.pdf?__blob=publicationFile (letztes Abrufdatum: 04.12.2024).

Szabo, Stephen F., 2017: Germany: From Civilian Power to a Geo-economic Shaping Power, in: German Politics and Society, Vol. 35(3), Issue 124, 38–54.

Tallberg, Jonas, 2008: Bargaining Power in the European Council, in: Journal of Common Market Studies, Vol. 46(3), 685–708.

Trading Economics, 2025: Bonitätsbeurteilung – Liste der Länder, verfügbar unter: https://de.tradingeconomics.com/country-list/rating (Abrufdatum: 05.02.2025).

Vassallo, Justin, 2022: Developmental Realism, in: Phenomenal World, 16.06.2022, verfügbar unter: https://www.phenomenalworld.org/reviews/developmental-realism/ (letztes Abrufdatum: 19.11.2024).

Winkler, Heinrich August, 2025: Verrat auf offener Bühne, Gastbeitrag, Frankfurter Allgemeine Zeitung, 04.03.2025, 9.

Wolff, Guntram B., 2024: While Europe's Geoeconomic Strategy Solidifies, Blind Spots Remain, in: Intereconomics, Vol. 59(1), 2–3.

World Bank Group, 2024a: Member Countries, World Bank Group, 23.08.2024, verfügbar unter: https://www.worldbank.org/en/about/leadership/members#icsid (letztes Abrufdatum: 02.12.2024).

World Bank Group, 2024b: Voting Powers, World Bank Group, verfügbar unter: https://www.worldbank.org/en/about/leadership/votingpowers (letztes Abrufdatum: 10.12.2024).

World Bank Group, 2025: World Bank Open Data, verfügbar unter: https://data.worldbank.org/ (letztes Abrufdatum: 05.02.2025).

WTO, 2024: Members and Observers, World Trade Organisation, verfügbar unter: https://www.wto.org/english/thewto_e/whatis_e/tif_e/org6_e.htm (letztes Abrufdatum: 02.12.2024).

Zissimos, Ben, 2022: The End of the End of History: A Political-Economy Perspective, in: Intereconomics, Vol. 57(6), 72–376.

3.7 Sicherheit und liberale Demokratie: eine erneuerte Agenda für Europa

Luise Quaritsch

3.7.1 Einleitung

Im Jahr 2025 steht die EU vor großen Herausforderungen, sowohl im Bereich Demokratie als auch im Bereich Sicherheit. Nicht nur die territoriale Integrität Europas ist bedroht, sondern auch seine liberale Demokratie. Die politischen Leitlinien der Kommissionspräsidentin Ursula von der Leyen erkennen diese Bedrohungslage und nennen Sicherheit, Wohlstand und Demokratie als übergeordnete Prioritäten für die nächsten fünf Jahre (Europäische Kommission, 2024b). Dass die Demokratie auf eine Stufe mit Sicherheit und Wohlstand gestellt wird, erscheint angemessen angesichts dessen, dass die demokratischen Standards in Europa in den letzten zehn Jahren kontinuierlich gesunken sind (V-Dem Institute, 2024). Seit 2013 wurden acht Mitgliedsstaaten auf dem unabhängigen Demokratieindex des V-Dem Instituts von liberalen Demokratien zu Wahldemokratien herabgestuft. Insbesondere Meinungsfreiheit und Pressefreiheit stehen unter Druck (vgl. Lindberg, 2018).

Doch obwohl sie die Demokratie als Priorität nennt, sind die von der Kommissionspräsidentin für die nächste Legislaturperiode vorgeschlagenen Maßnahmen in diesem Bereich begrenzt. Der Schutz der Demokratie wird vor allem als Sicherheitsthema dargestellt und der Fokus liegt weitgehend auf dem Online-Informationsraum, wobei die Bedrohungen als von feindlichen Regimen wie Russland ausgehend beschrieben werden. Der neue Justizkommissar Michael McGrath wiederholte diesen Schwerpunkt der Kommission auf der Manipulation von Online-Informationen durch ausländische Akteure in seiner Bestätigungsanhörung, in der er seine Sicht auf aktuelle Herausforderungen wie Desinformation und mangelnde Medienkompetenz von Bürgern darlegte (Europäisches Parlament, 2024).

Im Einklang mit dieser Bedrohungseinschätzung schlägt die Kommission für die Legislaturperiode bis 2029 als zentrales Instrument ein neues »Schutzschild für die Demokratie« vor, das vor ausländischer Einmischung im Netz schützen soll (Euractiv, 2024). Dass dies nicht die einzigen bestehenden Bedrohungen sind, räumte Michael McGrath in seiner Anhörung ein, als er sagte, »wenn wir ehrlich zueinander sind«, sei nicht jede Bedrohung der Demokratie extern. Das Hauptaugenmerk der Kommission in der nächsten Legislaturperiode liegt jedoch weiterhin auf der Online-Einmischung von außen. Der Ansatz der EU, Demokratie durch eine sicherheitspolitische Brille zu betrachten und sich dabei auf externe und Online-Bedrohungen zu konzentrieren, birgt die Gefahr, dass Demokratieprobleme, die nicht in diesen Rahmen passen, übersehen oder depriorisiert werden. Nationale politische Eliten sind nach wie vor die zentralen Akteure des Demokratieabbaus in Europa.

Etwas Weiteres kommt hinzu: Der Amtsantritt Donald Trumps hat das Potenzial, ein ähnlich einschneidender Moment für Europa zu sein wie Russlands Angriff auf die Ukraine. Die letzten Monate haben die Vulnerabilität einer lang etablierten liberalen Demokratie und die Fragilität der liberalen, regelbasierten Weltordnung gezeigt. Sie haben vor Augen geführt, dass Demokratien Gefahr von innen und von außen droht. Um die europäischen Werte und Art zu leben zu verteidigen, muss die Europäische Kommission ihre Demokratie-Agenda an die neue globale Wirklichkeit und Bedrohungslage anpassen.

Auf die veränderte außenpolitische Bedrohungslage hat die EU bereits entschieden reagiert. Im »Joint White Paper für European Defence Readiness 2030« vom 19. März 2025 wird beschrieben, wie die Hohe Vertreterin für Außen- und Sicherheitspolitik und die Europäische Kommission über die bisher eingeleiteten Maßnahmen im Rahmen des »ReArm Europe Plans« hinaus die Investitionen in die Verteidigungsfähigkeit der Mitgliedstaaten finanziell stärken wollen (Europäische Kommission, 2025). Das Ziel des gesamten strategischen Ansatzes ist es, einerseits der kurzfristigen Dringlichkeit der Unterstützung der Ukraine gerecht zu werden und andererseits langfristig die Sicherheit und Verteidigung Europas auf EU-Ebene zu stärken. Genauso entschieden und vorausschauend sollte die EU auch auf die Bedrohung für die europäische Demokratie reagieren. Um den aktuellen Risiken für die europäische Demokratie wirksamer und umfassender zu begegnen, werden im Folgenden Handlungsfelder für die aktuelle Legislaturperiode vorgeschlagen.

3.7.2 Die Demokratiepolitik der EU im Überblick

Das Thema Demokratie steht erst seit kurzem auf der Agenda der EU. Die politischen Leitlinien der Kommissionspräsidenten der letzten 15 Jahre geben Aufschluss darüber, wie sich das Thema und seine Ausgestaltung entwickelt haben: Während José Manuel Barroso 2009 die Demokratie nur am Rande erwähnte, indem er eine stabile Demokratie als eine der Stärken der EU bezeichnete (Barroso, 2009), stellte Jean-Claude Juncker in seinen politischen Leitlinien von 2014 bereits die Notwendigkeit der Stärkung demokratischer Prozesse und der Legitimität auf europäischer Ebene in den Vordergrund (Juncker, 2014). Er betonte auch das Vorrecht der Kommission, gemeinsame Werte, Grundrechte und die Rechtsstaatlichkeit zu wahren.

Angesichts der Autokratisierungstendenzen in mehreren Mitgliedstaaten wurde diese vorsichtige Rhetorik zur Aufrechterhaltung gemeinsamer Werte inzwischen deutlich energischer: Von der Leyens erste politische Leitlinien (von der Leyen, 2019), die sie 2019 vorstellte, stellten klar, dass es »keine Kompromisse geben dürfe, wenn es darum geht, unsere Grundwerte zu verteidigen«, und bezogen sich insbesondere auf die Aufrechterhaltung der Rechtsstaatlichkeit. In Bezug auf die Demokratie legte sie, wie auch Juncker, den Schwerpunkt auf die Demokratie auf europäischer Ebene. Die

Europäer sollten eine stärkere Rolle bei der Entscheidungsfindung in der EU spielen, und sie werde »weiter gehen als je zuvor, um dies zu erreichen«. Ihre Prioritäten waren die Beteiligung der Bürger, die Beziehungen zum Europäischen Parlament, das Spitzenkandidatensystem und mehr Transparenz.

Neben diesen Plänen für die Demokratie auf europäischer Ebene wies von der Leyen 2019 auch darauf hin, dass die demokratischen Systeme und Institutionen »in den letzten Jahren zunehmend unter Beschuss gerieten«. Dies ist das erste Mal, dass in den politischen Leitlinien die Bedrohung der nationalen demokratischen Institutionen erwähnt wurde, abgesehen von Bedenken zur Rechtsstaatlichkeit. Konkret sagte von der Leyen, dass »mehr getan werden müsse, um vor externer Einmischung zu schützen«, inklusive auf digitalen Plattformen, und dass gemeinsame Ansätze zur Bekämpfung von Desinformation und Online-Hass entwickelt werden müssten. Um diesen externen Bedrohungen zu begegnen, versprach sie, einen Aktionsplan für Demokratie in Europa (EDAP) vorzulegen. In ihrer Rede zur Lage der Union im Jahr 2022 knüpfte von der Leyen daran an und kündigte ein Paket zur Verteidigung der Demokratie an, um die Union effektiver vor feindlicher ausländischer Einmischung zu schützen (von der Leyen, 2022).

Diese Sichtweise, dass die aktuellen Bedrohungen für die europäischen Demokratien von feindlichen externen Akteuren ausgehen, deren Interventionen sich im Online-Informationsraum abspielen, wird in den politischen Leitlinien für 2024 weiter unterstrichen. Dort wird erklärt, dass »unsere demokratischen Systeme und Institutionen von ausländischen Akteuren wie feindlichen Regierungen angegriffen werden« (von der Leyen, 2024). Während von der Leyen auch die Zunahme von Bedrohungen durch interne Akteure anerkennt, konzentriert sich die zuletzt vorgestellte Maßnahme – ein neuer »Europäischer Schutzschild für die Demokratie« – immer noch hauptsächlich auf externe und Online-Bedrohungen (von der Leyen, 2024a). In den Leitlinien für 2024 machen Verweise auf die Demokratie auf EU-Ebene im Vergleich zu den Leitlinien für 2019 daher nur noch einen kleinen Teil dieses Abschnitts des Berichts aus.

Der Democracy Action Plan (2019)

Im Zentrum der vorgeschlagenen Maßnahmen zur Stärkung der Demokratie in Ursula von der Leyens politischen Leitlinien von 2019 stand der EDAP, der darauf abzielte, »Bedrohungen durch äußere Einmischung in unsere Europawahlen« zu begegnen (von der Leyen, 2019). Als der EDAP im Dezember 2020 vorgestellt wurde (Europäische Kommission, 2020), hatte sich dieser Schwerpunkt leicht verschoben und umfasste nun ein breiteres Spektrum an Maßnahmen zur Stärkung der demokratischen Resilienz in drei Hauptbereichen:

- Förderung freier und fairer Wahlen und einer starken demokratischen Beteiligung: Dazu gehörte auch eine im März 2024 verabschiedete Verordnung 2024/900 über die Transparenz und das Targeting politischer Werbung, mit der neue Transpa-

renzregeln für politische Werbung eingeführt und die Zielgruppenansprache auf der Grundlage bestimmter Kategorien personenbezogener Daten online verboten wurde. Sie verbietet auch Werbung aus Drittländern drei Monate vor einer Wahl.
- Unterstützung freier und unabhängiger Medien: Dazu gehörten eine Empfehlung zur Sicherheit von Journalisten, eine Anti-SLAPP-Empfehlung und -Richtlinie, ein neues Überwachungssystem für Medieneigentum und die Finanzierung von Projekten wie der Schnellreaktionsmechanismus für Medienfreiheit.
- Bekämpfung von Desinformation: Dazu gehörten die Entwicklung einer Toolbox zur Bekämpfung ausländischer Einmischung und so genannter »Beeinflussungsoperationen«, die Stärkung des Verhaltenskodex für Desinformation und die Bereitstellung von Ressourcen zur Bekämpfung ausländischer Informationsmanipulation und Einmischung (FIMI), einschließlich Desinformation.

Obwohl neuartige Online-Bedrohungen in all diesen Bereichen im Fokus standen, behandelten die Initiativen unter dem Dach des EDAP ein deutlich breiteres Themenspektrum, als es von der Leyens politische Leitlinien ursprünglich nahegelegt hatten. Das Dokument enthielt zudem Verknüpfungen zu verwandten Initiativen wie dem Europäischen Medienfreiheitsgesetz und dem Gesetz über digitale Dienste. Der EDAP wurde von zivilgesellschaftlichen Organisationen allgemein positiv aufgenommen – insbesondere, weil es sich um den ersten Versuch handelte, ein Maßnahmenpaket speziell zur Bekämpfung von Bedrohungen für die Demokratie in den Mitgliedstaaten zu schnüren (Calabrese et al., 2023).

In ihrer Rede zur Lage der Union 2022 knüpfte Ursula von der Leyen an EDAP an, indem sie darin ein »Verteidigungspaket für die Demokratie« ankündigte. Sie erklärte: »Wir müssen uns besser vor feindlicher Einflussnahme schützen« (von der Leyen, 2022). Dieses Statement folgte unmittelbar nach dem russischen Überfall auf die Ukraine im Februar desselben Jahres. Das Paket sollte auf dem EDAP aufbauen und mehr Transparenz bei der Vertretung ausländischer Interessen in der EU schaffen. Herzstück des Pakets war der Vorschlag für eine Richtlinie über harmonisierte Anforderungen im Binnenmarkt an die Transparenz der Interessenvertretung im Auftrag von Drittländern – die sogenannte »Foreign Funding Directive«. Ziel war es, »die demokratische Sphäre der EU vor verdecktem ausländischem Einfluss zu schützen«.

Zusätzlich verabschiedete die Kommission eine Empfehlung zur Förderung der Beteiligung von Bürgern und zivilgesellschaftlichen Organisationen an politischen Entscheidungsprozessen. Die Foreign Funding Directive wurde aber von zivilgesellschaftlichen Organisationen kritisiert: Sie befürchten, dass es sich um ein potenziell schädliches Gesetz über »ausländische Agenten« handeln könnte, das von manchen Mitgliedstaaten missbraucht werden könnte. Es gibt Bedenken, dass das Gesetz die Arbeit bestimmter zivilgesellschaftlicher Organisationen stigmatisieren könnte. Der Vorschlag ist derzeit im Legislativverfahren »geparkt«.

Neben diesen Demokratie-Paketen gab es weitere bemerkenswerte Initiativen der Kommission: Das Europäische Medienfreiheitsgesetz wurde im April 2024 verabschiedet und wird ab August 2025 vollständig anwendbar sein. Das Gesetz über digitale Dienste ist ein zentrales Gesetz, das unter anderem sehr große Online-Plattformen verpflichtet, systemische Risiken für Wahlen, demokratische Prozesse und den öffentlichen Diskurs im Netz zu mindern. Im Bereich der Rechtsstaatlichkeit hat die Kommission außerdem jährliche Rechtsstaatlichkeitsberichte eingeführt sowie den Konditionalitätsmechanismus zum Schutz des EU-Haushalts aktiviert.

Insgesamt konzentriert sich die Rhetorik der Kommission zu ihren Demokratieinitiativen zwar stark auf externe und digitale Bedrohungen. In der Praxis adressieren die Maßnahmen jedoch ein deutlich breiteres Spektrum: etwa den Schutz journalistischer Freiheit, die Stärkung der Zivilgesellschaft und faire Wahlen – alles zentrale Elemente im Kampf gegen einen demokratischen Rückschritt. Wie wirksam diese neuen Maßnahmen tatsächlich sein werden, bleibt abzuwarten, da viele dieser Rahmenwerke erst ab 2025 vollständig zur Anwendung kommen.

Geplante Maßnahmen für die nächste Legislaturperiode: Der Schutzschild für die Demokratie (2024)

Nach der Verabschiedung zahlreicher neuer Gesetze in der letzten Legislaturperiode scheint der Fokus der Kommission ab 2024 nun auf der Durchsetzung dieser neuen Rechtsrahmen zu liegen. Eine weitere Demokratieinitiative ist jedoch geplant: In ihren politischen Leitlinien kündigte Ursula von der Leyen den neuen »Demokratie-Schutzschild« an. Wie genau dieser Schutzschild ausgestaltet ist und was er konkret schützen soll, ist bislang unklar. Doch insgesamt scheint die Initiative auf die Bekämpfung von ausländischer Informationsmanipulation und einer Einmischung im Internet (FIMI) ausgerichtet zu sein. Wahrscheinlich wird sie auf der bisherigen Arbeit des Europäischen Auswärtigen Dienstes (EEAS) zu diesem Thema aufbauen. Mögliche Maßnahmen könnten die Förderung digitaler Medienkompetenz, der Aufbau eines europaweiten Netzwerks von Faktenprüfern und die Bekämpfung von Deepfakes umfassen.

Die Umsetzung der Demokratieagenda der EU wird auch davon abhängen, welche Kommissare ernannt wurden und wie die Zuständigkeiten innerhalb der Kommission verteilt worden sind. In der letzten Kommission war Věra Jourová als Vizepräsidentin für Werte und Transparenz zuständig. Diese Ressortverteilung wurde nun neu strukturiert: Henna Virkkunen ist neue Exekutiv-Vizepräsidentin für technologische Souveränität, Sicherheit und Demokratie. Diese neue Kombination aus Demokratie, Technologie und Sicherheit erscheint eine logische Weiterentwicklung angesichts des aktuellen Fokus der Kommission auf Sicherheits- und Online-Bedrohungen zu sein. Diese Aufteilung könnte helfen, Demokratiefragen stärker in technologische Regulierungsinitiativen und sicherheitspolitische Maßnahmen einzubinden. Virkkunen unterstrich diesen Ansatz bei ihrer Anhörung im Europäischen Parlament, wo sie erklärte, sie wolle an der »Schnittstelle von Demokratie, Technologie und Sicherheit« arbeiten. Gleichzeitig besteht jedoch die Sorge, dass Virkkunen anderen Demokratiethemen – wie Transparenz, die bei Jourová höher gewichtet waren – weniger Aufmerksamkeit schenken könnte.

Insgesamt setzt die Kommission ihre Linie fort, die Maßnahmen ihrer Demokratie-Agenda primär als Schutz gegen feindliche externe Einflussnahme zu präsentieren. Der EDAP von 2019 hatte zwar auch andere Themen als Desinformation im Blick, doch seit dem russischen Angriff auf die Ukraine wirkt der Fokus auf den Schutz europäischer Demokratien vor äußeren Einflüssen noch dringlicher. Zwar sind für die nächsten fünf Jahre auch andere Initiativen geplant – etwa die Stärkung des Dialogs mit zivilgesellschaftlichen Akteuren –, doch diese dürften gegenüber dem anhaltenden Fokus auf »demokratische Sicherheit« in den Hintergrund treten.

3.7.3 Lücken im derzeitigen Ansatz der EU

Aus sicherheitspolitischer Sicht ist die Offenheit demokratischer Gesellschaften eine Verwundbarkeit, die durch ausländische Einflussoperationen ausgenutzt werden kann. Die jüngsten russischen Versuche, Wahlen in Rumänien und Moldau zu beeinflussen, zeigen, dass dies ein sehr reales Risiko ist – und dass es unbedingt angegangen werden muss. Doch aus demokratietheoretischer Sicht lassen sich nicht alle bestehenden Herausforderungen sinnvoll unter eine sicherheitspolitische Agenda fassen. Der Ansatz der EU, Demokratie mit Fokus auf externe und digitale Bedrohungen durch eine sicherheitszentrierte Brille zu betrachten, birgt das Risiko, jene Demokratieprobleme zu übersehen oder zurückzustellen, die nicht in dieses Framing passen.

Es steht außer Frage, dass die EU vor ernsthaften Herausforderungen für ihre demokratischen Ideale steht. Seit den 2010er Jahren ist ein konstanter Trend des demokratischen Rückschritts in Europa zu beobachten, insbesondere in den östlichen Regionen. Mehrere Mitgliedstaaten wurden vom V-Dem Institut von liberalen Demokratien zu Wahldemokratien herabgestuft (▶ Dar. 3.7-1): Österreich, Zypern, Griechenland, Portugal, Litauen, die Slowakei, Slowenien und Polen (V-Dem Institute, 2024). Ungarn entwickelte sich von einer liberalen Demokratie zu einer elektoralen Autokratie, während Bulgarien, Rumänien und Kroatien gleichbleibend als elektorale Demokratien gelten. Was diesen demokratischen Rückschritt antreibt, ist häufig kein abrupter Systemwechsel, sondern vielmehr ein allmähliches Aushöhlen demokratischer Institutionen. Besonders betroffen sind die Meinungsfreiheit und Medienfreiheit, auch das Umfeld für zivilgesellschaftliche Organisationen hat sich in vielen Ländern deutlich verschlechtert (Lindberg, 2018).

Doch die Ursache dieses Trends ist nicht hauptsächlich extern. Die entscheidenden Akteure beim Abbau demokratischer Standards sind in der Regel nationale politische Eliten (Bartels, 2023). Damit sich eine gefestigte Demokratie deutlich zurückentwickelt, bedarf es politischer Kräfte, die diese Strukturen gezielt abbauen (Bermeo, 2003). Dieser Fokus auf politische Eliten wird von vielen Forschern geteilt – und sowohl dieser Prozess als auch die Akteure waren im letzten Jahrzehnt in der EU klar erkennbar. Während autoritäre ausländische Regime – etwa Russland oder China – jene politischen Kräfte unterstützen können, die demokratische Prozesse untergraben wollen, bleiben die zentralen Akteure nationale. Trends wie gesellschaftliche Polarisierung können verstärkend wirken, sind aber für sich genommen keine ausreichende Bedingung für die Aushöhlung oder den Zusammenbruch eines demokratischen Systems.

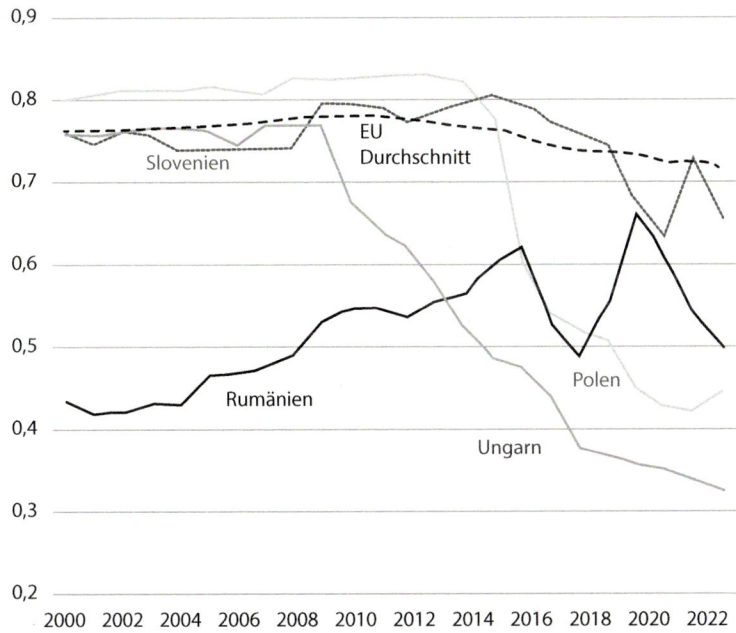

Dar. 3.7-1: Entwicklung des V-Dem-Index für ausgewählte Länder (Quelle: Daten aus V-Dem Dataset v14, Varieties of Democracy (V-Dem) Project)

Was den Einfluss der zunehmenden Digitalisierung auf den demokratischen Diskurs betrifft: Studien deuten darauf hin, dass kein eindeutiger kausaler Zusammenhang zwischen der intensiveren Nutzung digitaler Medien und demokratischem Rückschritt nachweisbar ist (Lorenz-Spreen et al., 2022). Die Digitalisierung kann in bestimmten Fällen positive Effekte haben, etwa auf die Wahlbeteiligung. Es gibt aber auch Hinweise darauf, dass digitale Medien mit einzelnen Phänomenen, wie einem schwindenden politischen Vertrauen und einer stärkeren Polarisierung, in Verbindung stehen oder diese sogar kausal verstärken. Das sind potenziell bedenkliche Entwicklungen, die im Rahmen der Demokratie-Agenda adressiert werden sollten, jedoch als Einflussfaktoren und nicht als Ursache für einen demokratischen Verfall.

Insgesamt können die Beeinflussungstaktiken feindlicher ausländischer Akteure die bestehenden Risiken für die Demokratie verschärfen, da die Gegner versuchen, Schwachstellen und Instabilität auszunutzen. Dies sollte anerkannt und angegangen werden. Aber es sollte auch neu bewertet werden, wie dieses Risiko mit anderen Herausforderungen für die Demokratie zusammenhängt und ob es die Priorität haben sollte, die es derzeit auf der Agenda der Kommission genießt. Andernfalls besteht die

Gefahr, dass durch die Konzentration auf einen Aspekt der Demokratie Ressourcen und Aufmerksamkeit von anderen dringenden Problemen abgezogen werden. Welche Themen das sein könnten, wird im nächsten Abschnitt untersucht.

3.7.4 Eine neue Agenda für Demokratie jenseits der Sicherheit: was die EU tun sollte

Rechtsstaatlichkeit, Grundrechte und Demokratie sind die Grundwerte der EU, die in Artikel 2 des Vertrags über die Europäische Union (EUV) verankert sind. Diese Grundwerte sind jedoch mit einer sehr begrenzten Gesetzgebungskompetenz verbunden, was die Möglichkeiten der EU-Politiker einschränkt, Demokratiefragen in Mitgliedsstaaten zu behandeln. Gleichzeitig sind die Mitgliedsstaaten verpflichtet, sich an EU-Recht zu halten, einschließlich der in Artikel 2 verankerten Grundwerte. Und die Kommission ist dafür verantwortlich, sicherzustellen, dass die Mitglieder EU-Recht anwenden.

Zum Zeitpunkt der Ausarbeitung der Verträge, als dieser Rechtsrahmen geschaffen wurde, sahen die Mitgliedstaaten weder die in einigen Fällen drastische Aushöhlung der demokratischen Institutionen noch die Digitalisierung voraus, die es feindlichen externen Akteuren heute leichter macht, Einfluss zu nehmen. Angesichts dieser neuen Realität ist es offensichtlich, dass die EU handeln muss. Die Gefährdung der demokratischen Grundsätze in einem Mitgliedstaat bleibt nicht auf diesen beschränkt, sondern betrifft die Menschen in der gesamten Union, da die nationalen und europäischen politischen Systeme miteinander verflochten sind – durch unfair gewählte Abgeordnete im Europäischen Parlament, Regierungen im Rat, die sich der öffentlichen Kontrolle entziehen können, und Kommissare in der Kommission, die möglicherweise nicht die gemeinsamen europäischen Interessen vertreten. Eine Untätigkeit der EU trägt ferner zur Aufrechterhaltung illiberaler Regime bei und könnte sich als kostspielig erweisen (Kelemen, 2020).

Im Jahr 2020 veröffentlichte das Europäische Parlament eine Studie, in der es schätzte, dass Verstöße gegen die Grundsätze der Demokratie, der Rechtsstaatlichkeit und gegen Grundrechte die EU etwa 9 Prozent des BIP der EU kosten könnten (Europäisches Parlament, 2020). Daher wird hier argumentiert, dass die EU ihren Ansatz zum Schutz der europäischen Demokratie überdenken sollte, und es werden Maßnahmen in vier Bereichen vorgeschlagen: eine Neubewertung der legislativen Demokratieagenda der Kommission, die Unterstützung von der Zivilgesellschaft, Menschenrechtsverteidigern und unabhängigen Journalisten, die Nutzung der verfügbaren Finanzinstrumente sowie die Weiterentwicklung und der Schutz von Mindeststandards für die Demokratie.

Neubewertung der Agenda der legislativen Demokratie für die Kommission

Die derzeitige Ausrichtung der Kommission auf die Demokratie als Sicherheitsfrage sollte neu bewertet werden, um sicherzustellen, dass Zeit und Ressourcen effektiv eingesetzt werden. Die Einmischung von außen im Internet sollte als eine Bedrohung unter mehreren betrachtet werden. Dabei ist allerdings zu berücksichtigen, dass der Handlungsspielraum der Kommission, Demokratiefragen in den Mitgliedstaaten zu behandeln, begrenzt ist. Angesichts der Zurückhaltung der Mitgliedstaaten, in einem Bereich zu regulieren, der von einigen als Eingriff in die nationale Souveränität angesehen wird, kann daher die Konzentration auf externe Bedrohungen ein guter Weg sein, um Unterstützung für bestimmte Maßnahmen zu gewinnen.

Aber Initiativen, die sich auf externe Bedrohungen konzentrieren, sollten nicht auf Kosten anderer Programme gehen. Was speziell die Einmischung von außen und die unzulässige Einflussnahme anbelangt, so sollten die politischen Entscheidungsträger abwägen, inwieweit die Verbindung von Demokratie- und Sicherheitsfragen der beste Ansatz ist, um diese Probleme anzugehen, und inwieweit zusätzliche gesetzgeberische Maßnahmen tatsächlich notwendig sind. In einigen Fällen könnte die ausländische Einflussnahme möglicherweise von nationalen Sicherheits- und Nachrichtendiensten wirksamer angegangen werden, möglicherweise in Zusammenarbeit mit dem Europäischen Auswärtigen Dienst auf europäischer Ebene.

Demokratie und demokratische Resilienz sind horizontale Themen, die viele andere Politikbereiche betreffen. Deshalb sollte die Sicherung der Demokratie in alle relevanten Politikbereiche einbezogen werden. Ein solcher »Demokratie-Mainstreaming-Ansatz« könnte dazu beitragen, unnötige neue Rechtsvorschriften, Dopplungen oder kontraproduktive Initiativen zu vermeiden. Mit der neuen Aufteilung der Ressorts hat die Kommission bereits Verbindungen zwischen Technologie, Sicherheit und Demokratie geknüpft. Weitere Bereiche, die für eine Integration von Demokratieaspekten in Frage kommen, könnten das Wettbewerbsrecht, insbesondere im Mediensektor, und die Finanzregulierung sein, da Geldwäsche und Korruption demokratische Institutionen maßgeblich untergraben. Illegale Geldflüsse ermöglichen auch Einflussnahme. Demokratie, Rechtsstaatlichkeit und Grundrechte sollten als miteinander verknüpfte Politikbereiche betrachtet werden, die sich gegenseitig verstärken und manchmal überschneiden. Dies erfordert eine stärkere Koordinierung der Prioritäten und Ressourcen in verwandten Politikbereichen.

Als dritter Aspekt ist bei der Demokratieagenda der Kommission zu berücksichtigen, dass nicht alle Regierungen der Mitgliedstaaten ein Interesse an der Stärkung der demokratischen Institutionen haben. Dies sollte bei der Gestaltung neuer Initiativen berücksichtigt werden, indem den politischen Entscheidungsträgern auf nationaler Ebene ein begrenzter Spielraum bei der Umsetzung neuer EU-Rechtsvorschriften eingeräumt wird, und indem sichergestellt wird, dass die Kommission überwachen kann, wie diese Rechtsvorschriften durchgesetzt werden.

Unterstützung von Organisationen der Zivilgesellschaft, Menschenrechtsverteidigern und unabhängigen Journalisten

Neben widerstandsfähigen Institutionen ist eine aktive Zivilgesellschaft für eine starke Demokratie unerlässlich. Zivilgesellschaftliche Organisationen und Menschenrechtsverteidiger spielen eine Schlüsselrolle bei der Wahrung der Grundrechte und der Rechenschaftspflicht der Regierungen. Dies macht sie oft zur Zielscheibe, wenn antidemokratische Akteure an die Macht kommen. Der Raum für die Zivilgesellschaft in der EU schrumpft seit Jahren. Dies wurde von zivilgesellschaftlichen Organisationen (European Civic Forum, 2024), der Agentur der EU für Grundrechte (Agentur der Europäischen Union für Grundrechte, 2021) und dem Europäischen Parlament (Europäisches Parlament, 2022a) ausführlich dokumentiert. Zu den Gründen für diesen schrumpfenden Raum gehören neue rechtliche und administrative Hürden, die von den Mitgliedstaaten eingeführt wurden (Uitz, 2022), die mangelnde Einbeziehung in politische Entscheidungsprozesse und fehlende Finanzmittel.

Die Kommission hat dies erkannt und Maßnahmen zum Schutz des zivilgesellschaftlichen Raums in ihre Demokratiepakete aufgenommen (Europäische Kommission, 2024a). Der Europäische Aktionsplan für Demokratie erkennt an, dass »eine lebendige Zivilgesellschaft« von entscheidender Bedeutung ist, »um die Widerstandsfähigkeit unserer Demokratien zu gewährleisten« (Europäische Kommission, 2023). Als Teil des Pakets »Verteidigung der Demokratie« hat die Kommission eine Empfehlung »zur Förderung der Mitwirkung und der wirksamen Beteiligung von Bürgerinnen und Bürgern und Organisationen der Zivilgesellschaft an politischen Entscheidungsprozessen« herausgegeben. Die Kommission sollte diesem Handlungsschwerpunkt weiterhin Priorität einräumen. Es gibt drei Bereiche, in denen die Kommission weitere Maßnahmen in Betracht ziehen könnte: Gesetzgebung, Engagement und Finanzierung.

Die Kommission sollte nach Möglichkeiten suchen, das rechtliche Umfeld für zivilgesellschaftliche Organisationen, Menschenrechtsverteidiger und Journalisten zu schützen. Obwohl sie in diesem Bereich nur über begrenzte gesetzgeberische Befugnisse verfügt, ist die Richtlinie gegen strategische Klagen gegen öffentliche Beteiligung (»strategic lawsuits against public participation« oder SLAPPs) ein Beispiel dafür, dass die Kommission während ihres vorherigen Mandats erfolgreich rechtliche Maßnahmen vorgeschlagen hat. Das Gesetz zielt darauf ab, Menschen vor missbräuchlichen Klagen zu schützen, die sie zum Schweigen bringen sollen. Die Richtlinie legt zwar nur neue Regeln für grenzüberschreitende Fälle fest, hat aber auch einige Mitgliedstaaten dazu veranlasst, sie als Mindeststandard zu betrachten und in ihre eigenen nationalen Vorschriften zu übernehmen. Die Richtlinie trat im Mai 2024 in Kraft und scheint eine vielversprechende Richtschnur für die Mitgliedsstaaten zu sein. Irland, Malta und Polen bereiten beispielsweise Änderungen an ihren nationalen Rechtsvorschriften vor, um sie an die Richtlinie anzupassen.

Eine weitere Möglichkeit für die EU, das rechtliche Umfeld für die Zivilgesellschaft zu verbessern, ist die Schaffung einer Rechtsform für europäische grenzüberschreitende Vereine. Auf Veranlassung des Europäischen Parlaments, das im Februar 2022 eine Resolution zu diesem Thema annahm, veröffentlichte die Kommission im September 2023 einen Vorschlag für eine diesbezügliche Richtlinie. Seitdem ist das Gesetzgebungsverfahren ins Stocken geraten. Das Parlament hat wiederholt eine Initiative in diesem Bereich gefordert und 2017 einen Bericht über den Mehrwert der Initiative veröffentlicht (Fici, 2017). Die Initiative könnte die Arbeit von Organisationen, die über die Grenzen der Mitgliedstaaten hinweg arbeiten, erleichtern und einen Rechtsschutz bieten (The Good Lobby, 2023). Der Rat hat noch nicht mit der Prüfung des Vorschlags begonnen, auf den die Kommission und das Parlament deshalb weiterhin drängen sollten.

Zivilgesellschaftliche Organisationen kritisieren häufig, dass die EU-Entscheidungsträger nicht strukturiert mit ihnen zusammenarbeiten (Calabrese et al., 2023). Auch das Europäische Parlament hat die anderen EU-Institutionen und insbesondere die Kommission aufgefordert, ihre Bedingungen für die Zusammenarbeit mit der Zivilgesellschaft zu überprüfen (Europäisches Parlament, 2022b). Zivilgesellschaftliche Organisationen können als Experten, Vermittler zu den Bürgern und als Interessenvertreter dienen, die dazu beitragen, dass öffentliche und private Interessen ausgewogen vertreten werden. Ursula von der Leyens Missionsschreiben an Michael McGrath scheint dies in ihrem Vorschlag zur Schaffung einer Plattform der Zivilgesellschaft für einen »systematischeren zivilen Dialog« aufzugreifen. Das wäre ein Schritt nach vorn und könnte auf der ähnlichen Grundrechteplattform der Agentur der EU für Grundrechte aufbauen, die ein Instrument für politische Entscheidungsträger ist, um mit Vertretern der Zivilgesellschaft zusammenzuarbeiten. Die Plattform ermöglicht den Austausch von Informationen, Beiträgen von Einrichtungen der Zivilgesellschaft und bietet den Organisationen Vernetzungsmöglichkeiten und Instrumente für die Teilhabe an der politischen Entscheidungsfindung.

Eine langfristige, konsistente und flexible Finanzierung ist für die EU ein wertvolles Mittel, um die Arbeit zivilgesellschaftlicher Organisationen bei der Wahrung der Grundrechte zu unterstützen und die EU-Bürger in die Lage zu versetzen, an demokratischen Prozessen teilzunehmen. Im Jahr 2021 startete die Kommission das Programm Bürger, Gleichstellung, Rechte und Werte (CERV), das bis 2027 laufen wird. Das Budget von 1,55 Mrd. Euro ist in vier Programmbereiche aufgeteilt: 1) Verteidigung der Werte der Union, 2) Förderung der Gleichheit, der Rechte und der Gleichstellung der Geschlechter, 3) Förderung des Engagements der Bürgerinnen und Bürger und ihrer Beteiligung an der demokratischen Arbeit der Union, 4) Bekämpfung der geschlechtsspezifischen Gewalt und der Gewalt gegen Kinder (Daphne-Initiative). Im Jahr 2023 verfügt der Bereich »Werte der Union« über ein Budget von rund 108 Mio. Euro und im Jahr 2024 über rund 88 Mio. Euro (▶ Dar. 3.7-2).

Obwohl es im Vergleich zum vorherigen Programm für Rechte, Gleichstellung und Unionsbürgerschaft (REC) einen größeren Schwerpunkt auf Werte legt, besteht ein Problem des CERV-Programms darin, dass es nicht unbedingt die zivilgesellschaftlichen Organisationen erreicht, die in Mitgliedstaaten tätig sind, in denen die Demokratie am stärksten unter Druck steht. Mittel scheinen vermehrt an zivilgesellschaftliche Organisationen aus Westeuropa zu gehen, was daran liegen könnte, dass ihre

Vertreter mehr Erfahrung mit der Beantragung von EU-Mitteln haben (Visegrad Insight, 2024). Ein ähnliches Muster zeigte sich beim REC-Programm, bei dem eine kleine Anzahl von Ländern – insbesondere Italien, Belgien, Griechenland und Spanien – am meisten profitierten (Europäische Kommission, 2022). Darüber hinaus sind einige Vertreter zivilgesellschaftlicher Organisationen der Ansicht, dass die derzeitigen Finanzierungsprogramme für kleinere Organisationen leichter zugänglich, inhaltlich flexibler und mit weniger Verwaltungsaufwand verbunden sein sollten (RARE, 2022). Im Hinblick auf Aktivitäten, die zur Förderung der in Artikel 2 EUV verankerten Werte finanziert werden, sollte sich daher das CERV-Programm nicht zu sehr auf Themen im digitalen Bereich, wie z. B. Hassrede und Desinformation, konzentrieren.

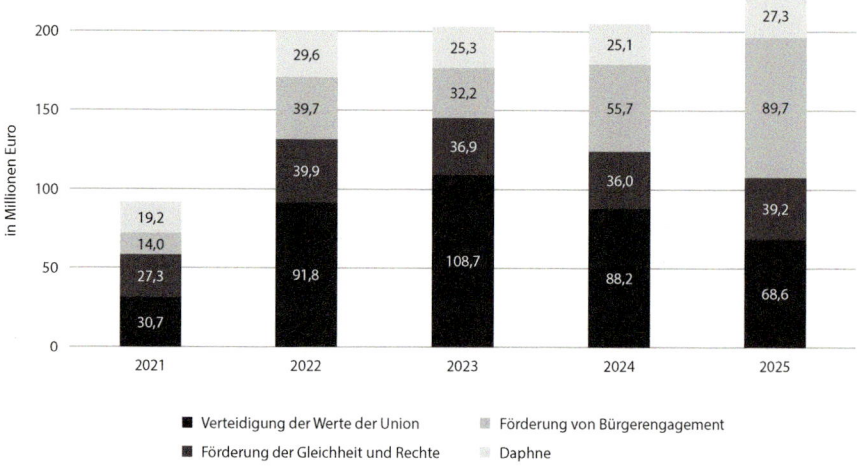

Dar. 3.7-2: Mitteleinsatz im Programm Bürger, Gleichstellung, Rechte und Werte (CERV) (Quellen: Europäische Kommission, für 2021 und 2022: C (2021) 2583 final; für 2023 und 2024: C (2022) 8588 final; für 2025: C (2024) 4922 final)

Der gemeinnützige Sektor in den mittel- und osteuropäischen Ländern, die besonders vom demokratischen Rückschritt bedroht sind, ist deutlich unterfinanziert (Social Impact Alliance for Central & Eastern Europe, 2023). Hinzu kommt, dass sich zwei historisch wichtige ausländische Geber, USAID und die Open Society Foundation, aus der Region zurückziehen. Daher ist es besonders wichtig, dass die Mittel für die Förderung der Werte der Union im nächsten langfristigen Haushalt der Union nicht gekürzt werden. In einem Bericht für das Jahr 2023 forderte das Parlament sogar eine Aufstockung auf 2,6 Mrd. Euro im nächsten mehrjährigen Finanzrahmen. Angemessene Mittel für verwandte Initiativen, wie die wirksame Umsetzung des Europäischen Gesetzes über die Medienfreiheit, sollten ebenfalls zur Verfügung gestellt werden.

Schutz des EU-Haushalts bei Verstößen gegen Demokratiestandards

Eine weitere Möglichkeit, die die Kommission zum Schutz der Demokratiestandards nutzen kann, ist die Einbehaltung von EU-Mitteln gegenüber Mitgliedstaaten, in denen die Werte der Union oder Grundrechte verletzt werden. Es gibt zwei Gründe, warum die Europäische Kommission so oft wie möglich auf finanzielle Instrumente zurückgreifen sollte, um gegen Verstöße gegen die Werte der Union, einschließlich Demokratie und Grundrechte, vorzugehen: Erstens hat sich das Einfrieren von EU-Mitteln als relativ wirksam erwiesen, um Mitgliedstaaten dazu zu bewegen, von ihren Positionen abzurücken und diese zu ändern, wenn sie die demokratischen Werte oder die Rechtsstaatlichkeit untergraben, da ihnen sonst die Einbehaltung von EU-Mitteln droht. Zweitens sollten EU-Mittel nicht dazu verwendet werden, demokratische Rückschritte zu fördern. Es gibt zahlreiche Untersuchungen, die zeigen, wie EU-Gelder in der Vergangenheit dazu beigetragen haben, Viktor Orbáns illiberale Regierung in Ungarn zu unterstützen und die Taschen seiner engsten Unterstützer zu füllen (Kelemen, 2020).

Die derzeitigen Vorschriften zum Schutz des EU-Haushalts vor Missbrauch konzentrieren sich auf Verstöße gegen die Rechtsstaatlichkeit: Die sogenannte »Konditionalitätsverordnung« definiert die Rechtsstaatlichkeit zwar mittels demokratischen und pluralistischen Gesetzgebungsverfahren, Gewaltenteilung und Nichtdiskriminierung. Ihre Anwendung ist aber begrenzt, da Verstöße eine ausreichend enge Verbindung zum EU-Haushalt oder den finanziellen Interessen der Union aufweisen müssen. Aus diesem Grund ist es unwahrscheinlich, dass sie auf ein breites Spektrum von Verstößen gegen die demokratischen Grundsätze angewendet werden kann.

Es gibt jedoch auch die »Dachverordnung«, eine Verordnung mit gemeinsamen Bestimmungen für die EU-Kohäsionsfonds. Diese legt die allgemeinen Bedingungen für die Auszahlung der EU-Kohäsionsfonds fest, die einen großen Teil des EU-Haushalts ausmachen (392 Mrd. Euro zwischen 2021 und 2027). Eine Bedingung der Dachverordnung ist, dass die Mitgliedstaaten bei der Verwendung der EU-Mittel die Grundrechtecharta der EU einhalten müssen. Die Kommission hat sich bereits in einer Reihe von Fällen auf diese Bestimmung berufen (Scheppele/Morijn, 2024). In den meisten Fällen scheint es um die Unabhängigkeit der Justiz zu gehen, aber auch andere Rechte, wie das Recht auf akademische Freiheit, wurden bereits angeführt. Es ist daher denkbar, dass auch andere Grundrechte wie das Recht auf freie Meinungsäußerung und Medienpluralismus, die für eine widerstandsfähige Demokratie von entscheidender Bedeutung sind, geltend gemacht werden könnten. Ein Vorteil der Berufung auf die Grundrechtecharta ist auch, dass die Kommission selbst entscheiden kann, ob die Voraussetzungen für die Gewährung von Mitteln erfüllt sind. Dieses Instrument sollte daher in den nächsten fünf Jahren konsequent genutzt werden.

Im Hinblick auf den Schutz demokratischer Werte im nächsten EU-Haushalt kündigte Ursula von der Leyen in ihren politischen Leitlinien an, dass es eine engere Verknüpfung zwischen den Empfehlungen in den Rechtsstaatlichkeitsberichten der Kommission und einer finanziellen Unterstützung geben soll. Auch wenn noch nicht klar ist, wie diese Verknüpfung aussehen könnte, sollten sich solche Empfehlungen nicht nur auf das Justizwesen beschränken – ein Bereich, der bereits größtenteils von der Rechtsstaatlichkeits-Konditionalität abgedeckt wird –, sondern auch auf die Bereiche Korruptionsbekämpfung, Medienpluralismus und -freiheit sowie institutionelle Kontrolle und Gewaltenteilung des Berichts. Die Kommission sollte die verfügbaren Instrumente so weit wie rechtlich möglich nutzen, um EU-Gelder zu schützen, wenn gegen Demokratiestandards verstoßen wird. In den laufenden Haushaltsverhandlungen sollten die Schutzstandards auf keinen Fall gesenkt werden. Die Kommission sollte vielmehr darauf drängen, Schutzmaßnahmen für demokratische Werte aufzunehmen.

Schutz der Demokratie durch Vertragsverletzungsverfahren

Liegt eine Verletzung der Rechtsstaatlichkeit durch einen Mitgliedstaat vor, kann die Europäische Kommission mit einer Vertragsverletzungsklage reagieren, bei der sie sich auf Artikel 19 EUV beruft, der den in Artikel 2 genannten Wert der Rechtsstaatlichkeit konkretisiert. Dies hat der Gerichtshof in einer Reihe von Urteilen festgestellt, und auf dieser Grundlage konnte die Kommission mehrere Vertragsverletzungsverfahren gegen Polen einleiten.

Der Gerichtshof könnte einen ähnlichen Ansatz im Hinblick auf den Wert der Demokratie verfolgen und Mindeststandards für die Demokratie in den EU-Mitgliedstaaten festlegen. Es wird jedoch noch darüber diskutiert, inwieweit die in Artikel 2 EUV genannten Werte (mit Ausnahme der Rechtsstaatlichkeit) justiziabel sind. Einige Wissenschaftler haben vorgeschlagen, dass ein ähnliches rechtliches Argument auf die Demokratie, einen in Artikel 10 EUV verankerten Wert, angewendet werden könnte wie auf die Rechtsstaatlichkeit (Verellen, 2018). Dieser besagt, dass die Funktionsweise der Union auf der repräsentativen Demokratie beruht und dass die Vertreter der Mitgliedstaaten demokratisch rechenschaftspflichtig sein müssen. Im Jahr 2023 leitete die Kommission auf der Grundlage der Artikel 2 und 10 EUV ein solches Vertragsverletzungsverfahren gegen ein polnisches Gesetz zur Untersuchung des russischen Einflusses ein, Lex Tusk genannt. Das Gesetz stellt nach Ansicht der Kommission einen unzulässigen Eingriff in demokratische Prozesse dar. Der Gerichtshof scheint offen dafür zu sein, Verstöße gegen den Grundsatz der Demokratie in möglichen künftigen Vertragsverletzungsverfahren zu prüfen (Schuler, 2024). Dazu könnten Bereiche wie die Unabhängigkeit der Medien und des Journalismus, die akademische Freiheit sowie freie und faire Wahlen gehören.

Die Entwicklung und der Schutz demokratischer Mindeststandards oder »grundlegender demokratischer Anforderungen« durch Maßnahmen zur Bekämpfung möglicher Verstöße würde mehreren Zwecken dienen (Muir et al., 2023): Es würde den politischen Vertretern der Mitgliedstaaten signalisieren, was diese demokratischen Mindeststandards sind, und jede Verletzung dieser Standards würde von der Kommission als Verstoß gegen das EU-Recht betrachtet. Verstöße könnten auch finanzielle Sanktionen nach sich ziehen. Die Mitgliedstaaten und die Kommission können die Entwicklung der Rechtsprechung in diesem Bereich unterstützen, indem sie in entsprechenden Fällen vor dem Europäischen Gerichtshof intervenieren, wie sie es kürzlich in einem Verfahren gegen Ungarn wegen seiner Gesetze zur Stigmatisierung von LGBTQ+-Personen getan haben.

3.7.5 Fazit

In den letzten fünf Jahren hat die Europäische Kommission Fortschritte bei der Bewältigung der wachsenden Bedrohungen für die Demokratie in Europa gemacht. Sie hat sich nicht mehr nur auf demokratische Prozesse auf EU-Ebene konzentriert, sondern auch die Probleme auf der Ebene der Mitgliedstaaten selbst erkannt. Der Europäische Aktionsplan für Demokratie und nachfolgende Initiativen haben eine solide Grundlage geschaffen und Maßnahmen zur Bekämpfung der Einmischung von außen, zur Unterstützung der Medienfreiheit und zur Förderung des gesellschaftlichen Engagements eingeführt. Allerdings konzentriert sich die EU-Demokratieagenda nach wie vor zu sehr auf externe und Online-Bedrohungen, während interne Risiken, die oft von innenpolitischen Akteuren ausgehen, übersehen zu werden drohen.

Um die Demokratie in der gesamten Union zu schützen und zu stärken, sollte die Kommission einen ganzheitlicheren Ansatz wählen. Sie sollte ihre Demokratie-Agenda neu bewerten und prüfen, ob die Verbindung von Sicherheits- und Demokratiefragen die beste Vorgehensweise ist. Was die Maßnahmen zur Förderung der Demokratie betrifft, so sollte sie die gegenseitige Abhängigkeit von Demokratie, Rechtsstaatlichkeit und Grundrechten anerkennen und die demokratische Resilienz in alle relevanten Politikbereiche einbeziehen. Die Unterstützung der Zivilgesellschaft, von Journalisten und Menschenrechtsverteidigern ist eine wesentliche Voraussetzung für die Förderung der gesellschaftlichen Widerstandsfähigkeit angesichts eines drohenden demokratischen Rückschritts. Darüber hinaus sollten die Finanzinstrumente strikt angewandt werden, um die Einhaltung der EU-Werte zu gewährleisten. Die Kommission sollte sich auch für die Entwicklung durchsetzbarer rechtlicher Mindeststandards für die Demokratie einsetzen.

Um den neuen Bedrohungen der europäischen Sicherheit entgegenzutreten, muss Europa seine demokratische Werte verteidigen. Das gilt für die militärische Verteidigung der Sicherheit Europas. Aber Bedrohungen dieser demokratischen Werte nur als von Außen stammend zu bezeichnen, verkennt die Gefahr, die nationale antidemokratische Akteure darstellen. Wie schnell eine liberale Demokratie sich von diesen Idealen abkehren kann, hat sich seit Donald Trumps Amtseintritt deutlich gezeigt. Europas Werte stehen von allen Seiten unter Druck. Es ist jetzt erst recht an der Zeit, sie zu verteidigen.

3.7.6 Literatur

Barroso, José Manuel, 2009: Political Guidelines for the Next Commission, online unter: https://www.astrid-online.it/static/upload/protected/Barr/Barroso-Guidelines_EN.pdf (Abgerufen am 10.6.2025).

Bartels, Larry M., 2023: Democracy Erodes from the Top: Leaders, Citizens, and the Challenge of Populism in Europe, Princeton University Press, online unter: https://press.princeton.edu/books/hardcover/9780691244501/democracy-erodes-from-the-top (Abgerufen am 10.6.2025).

Bermeo, Nancy, 2003: Ordinary People in Extraordinary Times: The Citizenry and the Breakdown of Democracy, Princeton University Press, online unter: https://www.jstor.org/stable/j.ctv10h9d4p (Abgerufen am 10.6.2025).

Calabrese, Sofia / Smith, Lucie / Antoniou, Eva / Johnson, Carolin, 2023: Reviewing progress on the European Democracy Action Plan, European Partnership for Democracy, Dezember 2023, online unter: https://epd.eu/content/uploads/2023/12/EDAP-progress-paper-v2.pdf (Abgerufen am 10.6.2025).

Europäische Kommission, 2020: Europäischer Aktionsplan für Demokratie, online unter: https://eur-lex.europa.eu/legal-content/DE/TXT/?uri=COM%3A2020%3A790%3AFIN (Abgerufen am 10.6.2025).

Europäische Kommission, 2022: Bericht zur Bewertung der Umsetzung des Programms »Rechte, Gleichstellung und Unionsbürgerschaft« 2014–2020, COM(2022) 118 final, online unter: https://commission.europa.eu/document/download/a3ec1a3f-75c8-4750-ae88-344562f5b7bd_en (Abgerufen am 10.6.2025).

Europäische Kommission, 2023: Mitteilung über die Verteidigung der Demokratie, COM(2023) 630 final, online unter: https://eur-lex.europa.eu/legal-content/DE/TXT/?uri=CELEX%3A52023DC0630 (Abgerufen am 10.6.2025).

Europäische Kommission, 2024a: A thriving civic space for upholding fundamental rights in the EU: looking forward. Follow-up to the 2022 Report on the Application of the EU Charter of Fundamental Rights, März 2024, online unter: https://commission.europa.eu/document/download/90e15f95-0c5d-466d-95e0-d324d6c55f57_en (Abgerufen am 10.6.2025).

Europäische Kommission, 2024b: Politische Leitlinien 2024–2029. Europe's Choice, online unter: https://commission.europa.eu/document/download/e6cd4328-673c-4e7a-8683-f63ffb2cf648_en (Abgerufen am 10.6.2025).

European Civic Forum, 2024: Civic Space Report 2024, online unter: https://civic-forum.eu/civic-space-report-2024 (Abgerufen am 10.6.2025).

European Commission. High Representative of the Union for Foreign Affairs and Security Policy, 2025: JOINT WHITE PAPER for European Defence Readiness 2030, JOIN (2025) 120 final, Brussels, online unter: https://eda.europa.eu/news-and-events/news/2025/03/19/joint-white-paper-for-european-defence-readiness-2030 (Abgerufen am 10.6.2025).

Euractiv, 2024: Von der Leyen promises 'European Democracy Shield' to combat foreign interference at EU level, online unter: https://www.euractiv.com/section/politics/news/von-der-leyen-promises-european-defence-shield-to-combat-foreign-interference-at-eu-level/ (Abgerufen am 10.6.2025).

Schuler, Miriam, 2024: Paving the way for an enforcement of democracy under Article 10 TEU?, in: European Law Blog, 20. November 2024, online unter: https://www.europeanlawblog.eu/pub/fsca541k/release/2 (Abgerufen am 10.6.2025).

Europäisches Parlament, 2020: The impact of breaches of the rule of law on the EU budget, online unter: https://www.europarl.europa.eu/RegData/etudes/STUD/2020/654186/EPRS_STU(2020)654186_EN.pdf (Abgerufen am 10.6.2025).

Europäisches Parlament, 2022a: Bericht über den schrumpfenden Raum für die Zivilgesellschaft in Europa, online unter: https://www.europarl.europa.eu/doceo/document/A-9-2022-0032_EN.html (Abgerufen am 10.6.2025).

Europäisches Parlament, 2022b: Entschließung des Europäischen Parlaments zum schrumpfenden Raum für die Zivilgesellschaft in Europa, online unter: https://www.europarl.europa.eu/doceo/document/TA-9-2022-0056_EN.html (Abgerufen am 10.6.2025).

Fici, Antonio, 2017: A European Statute for Social and Solidarity-Based Enterprise, Studie für das Europäische Parlament, online unter: https://www.europarl.europa.eu/RegData/etudes/STUD/2017/611030/EPRS_STU(2017)611030_EN.pdf (Abgerufen am 10.6.2025).

Juncker, Jean-Claude, 2014: A New Start for Europe: My Agenda for Jobs, Growth, Fairness and Democratic Change. Political Guidelines for the next European Commission, online unter: https://commission.europa.eu/system/files/2019-09/juncker-political-guidelines-speech_en.pdf (Abgerufen am 10.6.2025).

Kelemen, R. Daniel, 2020: The European Union's authoritarian equilibrium, in: Journal of European Public Policy, Band 27, Nr. 3, S. 481–499, online unter: https://www.tandfonline.com/doi/full/10.1080/13501763.2020.1712455 (Abgerufen am 10.6.2025).

Lindberg, Staffan I., 2018: The Nature of Democratic Backsliding in Europe, in: Carnegie Europe, 24. Juli 2018, online unter: https://carnegieendowment.org/research/2018/07/the-nature-of-democratic-backsliding-in-europe (Abgerufen am 10.6.2025).

Lorenz-Spreen, Philipp / Oswald, Lisa / Lewandowsky, Stephan / Hertwig, Ralph, 2022: A systematic review of worldwide causal and correlational evidence on digital media and democracy, in: Nature Human Behaviour, Band 7, S. 74–101, online unter: https://www.nature.com/articles/s41562-022-01460-1 (Abgerufen am 10.6.2025).

Muir, Elise / Van Nuffel, Piet / De Baere, Geert, 2023: The EU as a Guardian of the Rule of Law within its Member States, in: Columbia Journal of European Law, Band 29, Nr. 2, S. 1–24, online unter: https://cjel.law.columbia.edu/files/2023/04/6.-Muir-Van-Nuffel-de-Baere-Introductiory-Article-PROOF-revised.pdf (Abgerufen am 10.6.2025).

RARE, 2022: An EU Strategy for Civil Society: Recognition, Inclusion and Protection, Advocacy Brief, online unter: https://www.stiftung-mercator.de/content/uploads/2022/05/RARE_An_EU_Strategy_for_Civil_Society_advocacy_brief_March2022__1_.pdf (Abgerufen am 10.6.2025).

Scheppele, Kim Lane / Morijn, John, 2024: Money for nothing? EU institutions' uneven record of freezing EU funds to enforce EU values, in: Journal of European Public Policy, Band 32, Nr. 2, S. 474–497, online unter: https://www.tandfonline.com/doi/full/10.1080/13501763.2024.2406275 (Abgerufen am 10.6.2025).

Social Impact Alliance for Central & Eastern Europe, 2023: Unlocking Private Capital for Social Good in Central & Eastern Europe, online unter: https://ceeimpact.org/unlocking-private-capital-for-social-good-in-central-eastern-europe-2023/ (Abgerufen am 10.6.2025).

The Good Lobby, 2023: A Milestone for Civil Society: The EU Cross-Border-Associations Directive, online unter: https://www.thegoodlobby.eu/a-milestone-for-civil-society-the-eu-cross-border-associations-law/ (Abgerufen am 10.6.2025).

Uitz, Renáta, 2022: From Shrinking to Closing Civil Society Space in Hungary, in: Verfassungsblog, 8. April 2022, online unter: https://verfassungsblog.de/from-shrinking-to-closing-civil-society-space-in-hungary/ (Abgerufen am 10.6.2025).

Verellen, Thomas, 2018: Hungary's Lesson for Europe, in: Verfassungsblog, 10. April 2018, online unter: https://verfassungsblog.de/hungarys-lesson-for-europe/ (Abgerufen am 10.6.2025).

V-Dem Institute, 2023: Democracy Report 2023: Defiance in the Face of Autocratization, University of Gothenburg, online unter: https://www.v-dem.net/documents/29/V-Dem_Annual_Democracy_Report_2023.pdf (Abgerufen am 10.6.2025).

V-Dem Institute, 2024: Democracy Report 2024. Democracy Winning and Losing at the Ballot, University of Gothenburg, online unter: https://v-dem.net/documents/43/v-dem_dr2024_lowres.pdf (Abgerufen am 10.6.2025).

Visegrad Insight, 2024: 2024 – Shielding European Democracy, 26. November 2024, online unter: https://visegradinsight.eu/eu-values-foresight/2024-shielding-european-democracy/ (Abgerufen am 10.6.2025).

von der Leyen, Ursula, 2019: A Union that strives for more. My agenda for Europe – Political Guidelines for the Next European Commission 2019–2024, online unter: https://commission.europa.eu/document/download/063d44e9-04ed-4033-acf9-639ecb187e87_en (Abgerufen am 10.6.2025).

von der Leyen, Ursula, 2022: Rede zur Lage der Union 2022, online unter: https://ec.europa.eu/commission/presscorner/detail/de/SPEECH_22_5493 (Abgerufen am 10.6.2025).

von der Leyen, Ursula, 2024: Statement im Plenum des Europäischen Parlaments als Kandidatin für eine zweite Amtszeit 2024–2029, online unter: https://enlargement.ec.europa.eu/news/statement-european-parliament-plenary-president-ursula-von-der-leyen-candidate-second-mandate-2024-2024-07-18_en (Abgerufen am 10.6.2025).

3.8 Betriebliche Resilienz, Führung und Organisationsentwicklung – eine institutionenökonomische Annäherung

Rahild Neuburger

3.8.1 Einführung

Institutionen prägen seit jeher das unternehmerische Agieren. Zu differenzieren sind einerseits direkt beeinflussbare, wie insbesondere Organisationsstrukturen, Führungsmodelle, organisatorische Regelungen oder auch Kultur und Kommunikationsstrukturen, andererseits unternehmerisch eher weniger beeinflussbare, wie rechtliche Rahmenbedingungen oder gesetzliche Markt- und Wettbewerbsstrukturen. In ihrer Gesamtheit ergeben sie einen institutionellen Rahmen, der die unternehmerischen Tätigkeiten direkt und indirekt beeinflusst. Steigt der Transformationsdruck auf Unternehmen durch exogene Faktoren wie z. B. politische Krisen oder technologische Entwicklungen, ist betriebliche Resilienz vonnöten, um die damit verbundenen Herausforderungen zu beherrschen und letztlich als Unternehmen zu überleben. Gleichzeitig und im Zuge dessen steigt der Druck, die existierenden Organisationsstrukturen und Führungsmodelle weiterzuentwickeln. Aus der Historie wissen wir, dass sich in Folge von Krisen und/oder technologischen Neuerungen Strukturen der Zusammenarbeit und der Arbeitsteilung verändern, disruptive, innovative Ideen entstehen, neue Dienstleistungen, berufliche Anforderungen, Berufsbilder und menschliche Gewohnheiten aufkommen oder sich weiterentwickeln. Damit einher geht die Anpassung von Organisations- und Führungskonzepten sowie weiteren institutionellen Rahmenbedingungen. So lässt sich beispielsweise gegenwärtig beobachten, dass für industrielle Formen der Arbeitsteilung etablierte Organisations- und Führungsstrukturen im Zuge neuer Technologien oder auch der Pandemie in Frage gestellt wurden und sich mittlerweile evolutorisch weiterentwickelt haben. Dieses Zusammenspiel aus betrieblicher Resilienz als Auslöser für eine kontinuierliche Evolution der Organisationsstrukturen und Führungsmodelle wird im folgenden Beitrag aus institutionenökonomischer Sicht näher beleuchtet.

3.8.2 Ausgangspunkt

Unternehmerische Wertschöpfung basiert auf dem jeweils zugrunde liegenden Geschäftsmodell. Dieses beschreibt grob, worin die Problemlösung und der Mehrwert für die Kunden- und Zielgruppe liegt, wie sich das Preis- und Erlösmodell darstellt und wie bzw. mit welchen Lieferanten und Kooperationspartnern die angebotenen Produkte und Dienstleistungen erstellt werden (vgl. Stähler 2001). Die konkrete Ausgestaltung ist nicht unabhängig von den zur Verfügung stehenden Technologien, die sich wiederum durch ihre dynamischen Entwicklungen kontinuierlich weiterentwickeln. Sie stellen eine wesentliche Basis dafür dar, welche Produkte und Dienstleistungen auf welche Weise erstellt werden können.

Historisch hat jede Weiterentwicklung der zugrunde liegenden Technologien zu neuartigen Kundenbedürfnissen, weiter entwickelten Problemlösungen, neuen Produkten und Services sowie einer veränderten Art und Weise der Erstellung dieser Produkte und Services geführt (vgl. Neuburger, 2019). So entsteht beispielsweise durch digitale Technologien oder künstliche Intelligenz das Potenzial neuer Services mit einem höheren Mehrwert für die Kunden (vgl. Noll et al., 2016). Zudem erlauben sie neuartige Preismodelle, wie z. B. das kostenlose Angebot von Services gegen die Eingabe von zumeist verhaltensbezogenen Daten, wie wir es mittlerweile von vielen Applikationen kennen. Schließlich ermöglichen neue Technologien effizientere Formen der inner- und zwischenbetrieblichen Wertschöpfung, da sich die inner- und zwischenbetriebliche Zusammenarbeit effizienter und mit geringeren Transaktionskosten realisieren lässt (vgl. Picot et al., 2020).

Gleichzeitig beeinflussen die jeweils vorherrschenden institutionellen Rahmenbedingungen sowohl die Ausgestaltung des Geschäftsmodells sowie Art und Einsatz der Technologien. Der Begriff der Institutionen ist dabei weit auslegbar (vgl. Dietl, 1993). Er umfasst unterschiedliche Phänomene wie Markt, organisatorische Regelungen, soziale Normen, Geld, Staat, Ehe etc. Allen gemeinsam ist, dass sie das menschliche und damit auch unternehmerische Verhalten lenken, indem sie Orientierung geben und Regeln für das Zusammenagieren definieren.

Aus unternehmerischer Perspektive lassen sich beeinflussbare und nicht beeinflussbare Institutionen unterscheiden. Beide sind nicht unabhängig voneinander. Beeinflussbar sind beispielsweise Führungs- und Organisationsstrukturen. Diese geben den Rahmen für die Gestaltung der inner- und zwischenbetrieblichen Zusammenarbeit vor. Nicht direkt beeinflussbar sind z. B. rechtliche Rahmenbedingungen, das Bildungssystem, gesetzliche Anforderungen oder auch jeweils zugrunde liegende Markt- und Wettbewerbsstrukturen. Diese tangieren z. B. direkt oder indirekt die Frage, wie Mehrwert für die Kunden generiert werden kann bzw. welche Preismodelle rechtlich möglich sind. Aktuelles Beispiel ist der im Jahr 2024 beschlossene AI-Act, der durch die Klassifizierung der Risikoklassen einen verbindlichen Rahmen für die Entwicklung von KI-Anwendungen vorgibt und damit die Entwicklung neuer KI-gestützter Services tangiert (vgl. EU AI Act, 2023). Beeinflussbare und nicht beeinflussbare Institutionen sind jedoch nicht unabhängig voneinander. So geben die jeweils geltenden gesetzlichen und arbeitsrechtlichen Regelungen den Rahmen für in der Praxis realisierbare Organisations- oder Führungsstrukturen vor.

Insgesamt lässt sich somit ein Dreiklang aus technologischer Basis, unternehmerischen Gestaltungsoptionen und flankierendem institutionellen Rahmen erkennen (▶ Dar. 3.8-1). Die unternehmerische Wertschöpfung basiert v. a. auf verfügbaren digitalen und analogen Werkzeugen und richtet sich nach den Kundenbedürfnissen.

Der institutionelle Rahmen beeinflusst sowohl die unternehmerische Wertschöpfung als auch die Entwicklung und den Einsatz digitaler und analoger Werkzeuge und die Bedürfnisse der Kunden.

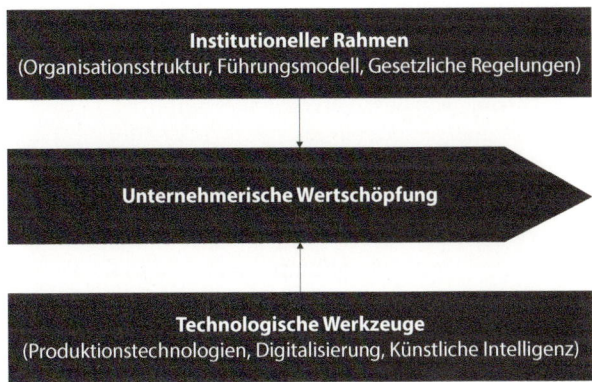

Dar. 3.8-1: Dreiklang aus Institutionen, Wertschöpfung und Technologien

Während der industriellen Epoche basierte die unternehmerische Wertschöpfung primär auf der standardisierten und möglichst effizienten Produktion von Massenprodukten für einen großen Käufermarkt. Realisierbar war dies auf der Basis klassischer Produktionstechnologien wie z. B. Fließbänder (technologische Ebene) sowie hierarchischer Organisationsstrukturen und passender tätigkeitsorientierter Führungsmodelle (institutioneller Rahmen). Es liegt nahe, dass dies bei stabilen Markt- und Wettbewerbsbedingungen in sich weitgehend stimmig war, langfristig jedoch nicht stabil sein kann. Im Gegenteil. Aus institutionenökonomischer Sicht entsteht Veränderungsdruck, wenn durch exogene Faktoren negative externe Effekte und/oder erhöhte Transaktionskosten auftreten, die auf die Notwendigkeit der Weiterentwicklung der institutionellen Rahmenbedingungen hinweisen (vgl. Picot et al., 2020).

3.8.3 Veränderungsdruck und betriebliche Resilienz

Für diesen Veränderungsdruck lassen sich gegenwärtig verschiedene Ursachen erkennen:

- *Politische Krisen oder Kriege*, die zu Lieferengpässen führen oder den Zugang zu Märkten versperren. Aktuelles Beispiel ist der Ukraine-Krieg, der Unternehmen dazu zwang, den Einkauf von Zulieferteilen anzupassen und ihre Geschäfte in Russland zu beenden.
- *Steigende globale Konkurrenz* insbesondere in Bezug auf Kompetenzen und Wettbewerbsfähigkeit. Aktuelles Beispiel sind die Entwicklungen bei digitalen Technolo-

gien oder in der Automobilindustrie, die einem zunehmenden Wettbewerbsdruck aus China ausgesetzt sind.
- *Künstliche Intelligenz und technologische Entwicklungen* wie das Metaverse, die immer schneller z. T. disruptive Implikationen auslösen.
- Der *Klimawandel* und die damit einhergehenden Forderungen nach CO_2-Neutralität und nachhaltigem Wirtschaften. Beispiel sind Diskussionen um grünen Stahl oder Strom oder auch die Energiekrise, die zu veränderten Kundenbedürfnissen und dadurch zur Anpassung von Geschäftsmodellen führen.

In Summe führen all diese Einflussfaktoren einzeln wie auch in ihrer Gesamtheit zu einem enormen Grad an Komplexität, der Unternehmen vor bisher kaum gekannte Herausforderungen stellt und zu einem ständigen Transformations- und Anpassungsdruck führt (▶ Dar. 3.8-2). Dies gilt umso mehr aufgrund der zugrunde liegenden Dynamik.

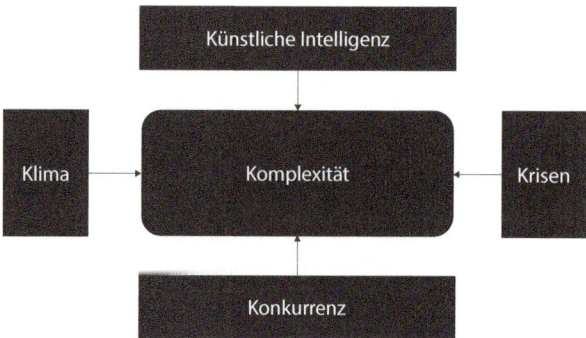

Dar. 3.8-2: Dimensionen der Komplexität

Dass dieser Anpassungsdruck gegenwärtig hoch ist, zeigt sich bei den vielfältigen Diskussionen rund um das Thema Transformation. Insbesondere die wiederholten Forderungen nach einer »Twin Transformation« – also die parallele Gestaltung einer digitalen und nachhaltigen Transformation – oder »Triple Transformation« unter Einbezug neuer Arbeitskonzepte verdeutlichen dies (vgl. z. B. The Nunatak Group, 2025; Wintermann/Daheim, 2024). Aber auch unabhängig davon erfordert die Handhabung dieser Komplexität vielfältige Anpassungs- und Veränderungsmaßnahmen. Für deren Umsetzung sind entsprechende Fähigkeiten sowohl auf Unternehmensebene als auch bei den Mitarbeitenden notwendig. Diese Fähigkeiten werden unter dem Stichwort Resilienz diskutiert (vgl. Reichart/Pusch, 2023).

Resilienz steht für die Fähigkeit, auf Probleme, Krisen und Veränderungen mit anpassenden Maßnahmen zu reagieren und dadurch die Widerstandsfähigkeit zu stärken. Diese Maßnahmen können sich auf das individuelle bzw. organisatorische Verhalten oder auf die Umweltbedingungen beziehen. Zur Anpassungsfähigkeit zählt neben der reaktiven Erholung nach einer Krise auch das proaktive Erlernen, außergewöhnliche Situationen zu meistern und daran zu wachsen. Konkret betrifft dies z. B. die Veränderung von Gewohnheiten und Verhaltensweisen oder auch die Anpassung struktureller Gegebenheiten. Resilienz kann sich dabei auf Staaten, biologische Ökosysteme, technologische Infrastrukturen, Lebewesen, Unternehmen, Teams oder auch Individuen beziehen. Im vorliegenden Kontext interessieren insbesondere die betriebliche Resilienz sowie die individuelle, persönliche Resilienz der Mitarbeitenden und Führungskräfte (vgl. zur Unterscheidung verschiedener Formen der Resilienz im Arbeitsleben z. B. Soucek et al., 2016). Beide Formen sind bei der Bewältigung der oben angesprochenen Komplexität bzw. einzelner Krisen als Auslöser für den Transformationsdruck notwendig. Beide Formen sind auch nicht unabhängig voneinander. So definiert z. B. Hoffmann organisationale Resilienz als »Kernressource moderner Organisationen« (Hoffmann, 2017).

Widerstandsfähigkeit auf betrieblicher Ebene erfordert einerseits die individuelle Anpassungsfähigkeit der Mitarbeitenden und Führungskräfte individuell und auf Teamebene; andererseits die Bereitschaft zur Festlegung organisationaler Standards und Routinen, durch die ein Unternehmen flexibel agieren kann. Je höher die betriebliche Resilienz ist, desto widerstandsfähiger ist das Unternehmen und desto eher sind Mitarbeitende, Teams und Führungskräfte in der Lage, ihre Verhaltensweisen situativ und problemorientiert anzupassen.

Dabei kann es beim Auftreten von Krisen, nicht geplanten Ereignissen oder wenn die erhöhte Komplexität dies erfordert, notwendig sein, von gegebenen organisationalen Prozessen abzuweichen und flexibel zu agieren. Dies zeigte sich beispielsweise in der Pandemie, als Wissensarbeit unabhängig von vorgegebenen organisatorischen Vorgaben und Kommunikationswegen flexibel auf Homeoffice und andere Kommunikationsprozesse umgestellt werden musste. Unternehmen und Mitarbeitende, die hier schnell und flexibel agieren konnten, zeigten eine größere Widerstandsfähigkeit als Unternehmen, die sich hier eher schwertaten.

Insofern lässt sich betriebliche Resilienz als Anpassungsfähigkeit eines Unternehmens verstehen, durch die unter Umständen gegebene Strukturen in Frage gestellt werden müssen.

3.8.4 Betriebliche Resilienz als Aufgabe der Führung

Voraussetzung ist, dass Mitarbeitende und Führungskräfte anpassungsfähig sein *können*, da sie die hierfür erforderlichen Fähigkeiten besitzen, sowie auch anpassungsfähig sein *dürfen*, d. h. die gegebenen Bedingungen im Unternehmen dies erlauben. Beides zu ermöglichen, stellt eine wichtige Führungsaufgabe dar. Grob lassen sich vier Stellschrauben erkennen: Kompetenzen, Resilienzkultur, Führungsmodell und Organisationsstruktur (▶ Dar. 3.8-3).

Dar. 3.8-3: Stellschrauben der betrieblichen Resilienz

Kompetenzen

Die Frage, welche Fähigkeiten resilientes Verhalten fördern, wird in verschiedenen Kontexten diskutiert. Weit verbreitet ist in individueller Hinsicht das Modell der sieben Resilienzsäulen, das die Forschung der Entwicklungs- und Sozialpsychologie in verschiedenen Studien als Schlüsselfaktoren für die Stärkung der eigenen Widerstandskraft zusammenfasst (vgl. Reivich/Schatté, 2003): Optimismus, Akzeptanz, Verlassen der Opferrolle, Lösungs- und Zielorientierung, Übernahme von Verantwortung, Zukunftsorientierung und Netzwerkorientierung. Bezogen auf den Arbeitsplatz gelten zudem Selbstwirksamkeit, Toleranz, Fokussierung und emotionale Selbstregulierung als wichtige Resilienzfaktoren (vgl. Kuhn, 2019 und o. V., 2020). All diese Kompetenzen helfen sicherlich, mit unvorhergesehenen Situationen in Unternehmen umzugehen, widerstandsfähig zu bleiben und fokussiert die Ziele zu verfolgen.

Bezogen auf den Unternehmenskontext sind zudem diejenigen Kompetenzen relevant, die es Mitarbeitenden ermöglichen, Herausforderungen produktiv und lösungsorientiert anzugehen und flexibel auf sie zu reagieren. Zu ihnen zählen vor allem:

- Anpassungsfähigkeit, d. h. agiles Handeln, Lernbereitschaft und Veränderungskompetenzen. Fehlen diese oder sind nur rudimentär vorhanden, besteht das Risiko einer Fixierung auf erlernte Verhaltensmuster, die bei abweichenden Situationsanforderungen nicht mehr zielführend sind. Hier entgegenzuwirken und die Bewältigung nicht planbarer Situationen zu trainieren, kann hilfreich sein (vgl. Ritz, 2015).
- Soziale Kompetenzen wie insbesondere Team- und Kommunikationsfähigkeiten helfen, gemeinsame Lösungen zu entwickeln und eine übergreifende Veränderungskultur im Unternehmen zu etablieren. Je höher die Komplexität wird, desto wichtiger werden Teamarbeit und Wissensaustausch.
- Kognitive Kompetenzen wie insbesondere Problemlösungsfähigkeiten oder auch kritisches Denken und flexibles Agieren unterstützen dabei, komplexe Situationen einzuschätzen und innovative Lösungen zu erarbeiten.

- Selbstkompetenzen wie Selbstwirksamkeit, Selbstreflexion und Selbstmotivation fördern schließlich eigenverantwortliches Agieren.

Bei all diesen Kompetenzen handelt es sich eher um Soft Skills als um Hard Skills. Infolgedessen ist deren Weiterentwicklung in Unternehmen schwieriger, als wenn es beispielsweise darum geht, konkrete Fachkenntnisse oder Sprachen zu erlernen. Insofern sind Führungskräfte gefordert, passende Methoden zu finden. Zu ihnen zählen z. B. gezielte, auch individuelle Workshops und Schulungen, Coachings, die Etablierung von Austauschformaten und Netzwerken sowie das Lernen anhand praktischer Erfahrungen. Auch Führungskräfte selbst sind zu schulen, z. B. in Krisenmanagement und Empowerment der Mitarbeitenden zur Förderung von Autonomie und Eigenverantwortung.

Der Aufbau individueller und organisatorischer Resilienzkompetenzen befähigt die Akteure in Unternehmen, bei Komplexität und Krisen flexibel zu agieren. Dies ist eine wesentliche Voraussetzung für betriebliche Resilienz. Die Entwicklung derartiger Kompetenzen und des resilienten Agierens an sich ist jedoch nicht unabhängig von der Gestaltung eines Umfeldes, das beides zulässt.

Kultur der Resilienz

Hierzu zählt die Etablierung einer Kultur der Resilienz (vgl. Haas et al., 2022; Ritz et al., 2016). Eine wichtige Säule ist die Verankerung einer Lernkultur, die kontinuierliches Lernen fördert und in der – wenn möglich – Fehler als Chance zum Lernen gesehen werden. Diesbezüglich wird häufig von Fehlerkultur gesprochen. Positiver konnotiert ist »Irrtumskultur«, um der häufig tief verwurzelten Angst vor Fehlern entgegenzuwirken. Eine weitere Säule ist Veränderungsbereitschaft, verstanden als Etablierung eines positiven Umgangs mit Veränderungen und Unsicherheiten. Denn betriebliche Resilienz erfordert die Bereitschaft, das eigene Verhalten und die individuellen Gewohnheiten zu verändern und anzupassen. Dies sollte auf Führungsebene vorgelebt und in der Unternehmenskultur verankert werden. Hierzu gehört auch die Gestaltung eines Arbeitsumfeldes, in dem Mitarbeitende ohne Angst vor negativen Konsequenzen ihre Meinungen äußern dürfen und sich flexibel verhalten können. In der Literatur wird in diesem Zusammenhang auch von psychologischer Sicherheit (vgl. Edmondson/Kauschke, 2020) oder organisationalem Vertrauen (vgl. Ritz et al., 2016) gesprochen. Beides ist gleichermaßen relevant. Den Mitarbeitenden zum einen die Sicherheit zu signalisieren, dass sie in einem bestimmten Rahmen keine Angst vor negativen Konsequenzen haben müssen, wenn sie ihre Ziele verfolgen, flexibel agieren oder auch ihre Meinung äußern. Zum anderen aber auch das Vertrauen der Mitarbeitenden in die Aktivitäten des Unternehmens zu fördern.

Führung

Für Führungskräfte kann dies in mehrfacher Hinsicht herausfordernd sein. Zum einen ist ein dezentrales, ergebnisorientiertes Führungsmodell hier zielführender als ein klassisches kontroll- und tätigkeitsorientiertes. Zum anderen sind die genannten Faktoren wie Anpassungsfähigkeit und Flexibilität auf strategischer Ebene sowie auf operativer Ebene zu verankern. Dies betrifft z. B. die Anpassung von Prozessen an veränderte Bedingungen oder den problemorientierten Einsatz von technischen, finanziellen oder personellen Ressourcen.

Organisation

Notwendig sind zudem organisatorische Strukturen, die genau diese Kultur der Resilienz und Flexibilität ermöglichen. Hierzu zählen insbesondere flache hierarchische Strukturen, flankiert durch offene und transparente Kommunikationswege, dezentrale Entscheidungsprozesse sowie agile Methoden. Klassische hierarchische Organisationsstrukturen stoßen hier an ihre Grenzen, indem sie resilientes Agieren nicht oder nur mit erhöhten Reibungsverlusten zulassen. Je wichtiger betriebliche Resilienz zur Handhabung der oben skizzierten Komplexität wird, desto wichtiger wird somit die Anpassung der Organisationsstruktur.

3.8.5 Betriebliche Resilienz und Organisationsentwicklung

Denn die Gestaltung resilienzfördernder Rahmenbedingungen wie auch resilientes Agieren erfolgen innerhalb einer gegebenen Organisationsstruktur. Diese Organisationsstruktur lässt sich, wie anfangs erläutert, als beeinflussbare innerbetriebliche Institution verstehen. Ihr Ziel ist, die inner- und zwischenbetriebliche Zusammenarbeit im Unternehmen möglichst effizient zu gestalten und zu steuern. Dabei gibt es nicht die ideale Organisationsstruktur, die für sämtliche Konstellationen der Zusammenarbeit und auf sämtliche Umwelt- und Marktbedingungen anwendbar ist (vgl. Picot et al., 2020a; Picot et al., 2020). Vielmehr geht es darum, eine Struktur zu wählen, die bei den gegebenen Rahmenbedingungen die inner- und zwischenbetriebliche Zusammenarbeit möglichst effizient gestalten lässt. Effizienzkriterium ist hier aus institutionenökonomischer Sicht die jeweilige Höhe der Koordinations- und Motivationskosten. Koordinationskosten sind dabei die für die Abstimmung und die Steuerung der arbeitsteiligen Prozesse entstehenden Transaktionskosten, zu denen innerbetrieblich v. a. auch zeitlicher Aufwand, zusätzliche Abstimmungserfordernisse, Rückfragen etc. zählen. Zu Motivationskosten gehören v. a. die Kosten, die für materielle oder immaterielle Anreize für Mitarbeitende aufgewendet werden. Als effizient gilt eine bestimmte Organisationsstruktur, wenn sie bei den gegebenen Rahmenbedingungen zu vergleichsweise geringen Koordinations- und Motivationskosten führt. Das Spektrum denkbarer Alternativen für Organisationsstrukturen ist

3.8 Betriebliche Resilienz, Führung und Organisationsentwicklung

groß (▶ Dar. 3.8-4). Es reicht von funktionalen, hierarchischen Strukturen über Matrix- und Projektorganisationen bis hin zu modularen, agilen, virtuellen oder Netzwerkorganisationsstrukturen bzw. Ökosystemen (vgl. Picot et al., 2020a; Picot et al., 2020; Moore, 1997; Sydow, 1992).

Dar. 3.8-4: Typische, beispielhafte Organisationsstrukturen im Überblick

Organisationsstruktur	Strukturierungsmerkmal
Funktionsorientierte Organisation	Betriebliche Funktionen
Spartenorganisation	Geschäftsbereiche
Matrixorganisation	Doppelunterstellung (fachlich und disziplinarisch)
Projektorganisation	Projekte bzw. Projektbereiche
Prozessorganisation	Wertschöpfungsprozesse
Agile Organisation	Verlagerung der Wertschöpfung in die Teams
Strategische Netzwerke	Zusammenarbeit mehrerer Unternehmen
Virtuelle Unternehmen	Aufgabenbezogene Konfiguration der Partner
Ökosystem	Netzwerk von Unternehmen, die miteinander agieren, um gemeinsam einen Mehrwert zu realisieren
Holokratie	Selbstorganisierte Struktur mit klarer Rollenverteilung
Hybride Organisation	Existenz mehrerer Strukturen nebeneinander

Die verschiedenen Organisationsstrukturen unterscheiden sich zum einen in ihrem Strukturierungsmerkmal, zum anderen in ihren situativen Einsatzpotenzialen. So gelten beispielsweise funktionale Strukturen als effizient, wenn die Marktbedingungen stabil sind und Spezialisierungsvorteile wettbewerbsentscheidend sind. Dagegen gelten agile Strukturen v. a. dann als effizient, wenn schnelle Reaktionen auf veränderte Marktbedingungen notwendig werden und dadurch Flexibilitätsvorteile erzielt werden können. Virtuelle und Netzwerkstrukturen bieten sich v. a. bei zwischenbetrieblichen Kooperationen zur Durchführung gemeinsamer Projekte an. Die in jüngster Zeit diskutierten Ökosysteme kommen dann zum Zuge, wenn Unternehmen mit komplementären Leistungen zusammenarbeiten, um in ihrer Gesamtheit den Wert für den Kunden zu erhöhen.

Resilientes Agieren zur Handhabung einer Krise kann nun zu höheren Koordinations- und Motivationskosten und unter Umständen zu negativen externen Effekten führen, wenn dies mit der gegebenen Organisationsstruktur nicht kompatibel ist. Deutlich wird dann der Bedarf nach einer Anpassung der zugrunde liegenden Organisationsstruktur. So sind beispielsweise hierarchische Organisationsstrukturen auf industrielle Produktions- und Verwaltungsprozesse abgestimmt, indem sie funktionelle Spezialisierung sowie eine effiziente Prozesssteuerung mit geringen Transaktionskosten ermöglichen. Beide gelten als wesentliche Erfolgsfaktoren industrieller Unternehmen. Insofern ist dies die effizienteste Lösung. Ändern sich nun externe Rahmenbedingungen und ist resilientes Verhalten erforderlich, stoßen diese hierarchischen Strukturen an ihre Grenzen und führen zu erhöhten Koordinations- und Motivationskosten. So stiegen beispielsweise bei der Einführung vernetzter Informations- und Kommunikationssysteme die Transaktionskosten durch zusätzliche Abstimmungserfordernisse aufgrund hierarchischer Organisationsstrukturen. Organisatorische Anpassungen zur Reduktion dieser Kosten führten zur Herausbildung der Prozessorganisation. Als die Pandemie und Homeoffice aufkamen, passten sich Unternehmen und Mitarbeitende unabhängig von existierenden Strukturen schnell den neuen Gegebenheiten an. Dies führte zu Unsicherheiten und vermehrten Abstimmungs- und Steuerungsprozessen mit steigenden Transaktionskosten. In Folge wurden organisatorische Regeln angepasst und virtuelle Strukturen der Zusammenarbeit entstanden. Durch die Pandemie notwendiges resilientes Verhalten führte somit zu einer organisationsstrukturellen Anpassung, die häufig nach der Pandemie beibehalten wurde.

Diesen Prozess der Organisationsentwicklung zielorientiert zu steuern, ist wiederum Aufgabe der Führung. Mittlerweile steht ein breites Spektrum an Methoden und Konzepten zur Verfügung, das auch unter dem Konzept des Change Managements subsumiert wird. Die Ansätze beziehen sich auf die Durchführung der Organisationsentwicklungsprozesse (vgl. Lewin, 1951; Kottor, 1996; Krüger, 2009) oder sehen in der Gestaltung struktureller Gegebenheiten wie z. B. Investitionen oder Fähigkeiten den entscheidenden Erfolgsfaktor (vgl. Picot et al., 1999). Grob läuft der Prozess in vier Phasen ab:

- *Initialisierungsphase*, in der die Notwendigkeit für organisatorische Anpassungen erkennbar wird. In dem hier diskutierten Kontext ist dies dann der Fall, wenn durch betriebliche Resilienz Reibungsverluste und erhöhte Abstimmungskosten entstehen oder die Strategie zur Entwicklung betrieblicher Resilienz die Anpassung der Organisationsstruktur erforderlich macht.
- *Konzipierungsphase* mit dem Ziel, konkrete Maßnahmen zu entwickeln, durch die sich die gegebene Organisationsstruktur in die gewünschte Richtung weiterentwickelt. Dies umfasst z. B. die Entwicklung eines strukturellen Zielbildes sowie die Auswahl geeigneter Methoden. Entscheidend dabei ist der frühzeitige Einbezug der Mitarbeitenden. Zum einen verfügen sie über das für die Organisationsentwicklung relevante Wissen, da sie die zugrunde liegenden Prozesse und Tätigkeiten am besten kennen. Zum anderen lassen sich so Barrieren frühzeitig handhaben, so dass sich Transaktions- und Reorganisationskosten hierdurch vermeiden lassen.
- *Umsetzungsphase*, in der für die anfallenden Projektaufgaben ein professionelles Projektmanagement mit klaren Verantwortungen zu implementieren ist. Auch

hierfür steht ein breites Spektrum an Methoden zur Verfügung. Wichtig ist dabei, die betroffenen Mitarbeitenden von Anfang an einzubeziehen, um Barrieren rechtzeitig zu erkennen. Denn auch, wenn die Notwendigkeit organisatorischer Veränderungen erkannt wird, führen Prozesse der Veränderung unweigerlich zu Ängsten. Dies umso mehr in Zeiten, in denen die Komplexität immer größer wird. Je professioneller Barrieren gehandhabt werden, desto effizienter ist der Reorganisationsprozess.

- *Kontroll- und Steuerungsphase*, in der mit der Organisationsentwicklung bedingte weitere Anpassungen wie z. B. Anreizsysteme, Zielvereinbarungs- und Budgetierungsprozesse, interne Kennzahlensysteme oder weitere operative Instrumente anzupassen und auf die veränderten organisatorischen Strukturen abzustimmen sind. Eine wichtige Rolle spielt hier wiederum die Anpassung der Organisationskultur z. B. in Richtung der oben angesprochenen Resilienzkultur. Ansonsten besteht wiederum das Risiko erhöhter Transaktionskosten oder negativer externer Effekte. Eine auf betriebliche Resilienz und kontinuierlichen organisatorischen Wandel angelegte und verinnerlichte Organisationskultur wird dazu beitragen, dass Unternehmen langfristig überleben können.

Zusammenfassend lässt sich festhalten: Organisationsstrukturen sind nicht statisch, sondern situativ an sich ändernde Verhältnisse anzupassen. Aus institutionenökonomischer Sicht ausschlaggebend ist dabei v. a. das Kriterium der Effizienz, d. h. die Höhe der mit dieser Struktur jeweils verbundenen Koordinations- und Motivationskosten. Im Zuge von betrieblicher Resilienz verschiebt sich die Effizienz. Existierende Organisationsstrukturen verlieren an Relevanz; neue Strukturen entstehen und setzen sich durch. Erkennbar ist hier ein evolutorischer Prozess. Beispielhaft zeigen lässt sich diese Entwicklung anhand einiger typischer Einflussfaktoren (▶ Dar. 3.8-5).

Dieser evolutorische Prozess wird sich auch in Zukunft fortsetzen. Eine wichtige Rolle hierbei spielt künstliche Intelligenz, deren verschiedene Ausprägungen ein neues Element im System der Arbeit darstellen (vgl. Neuburger/Fiedler, 2020). Dies gilt insbesondere für generative Künstliche Intelligenz und KI-Agenten. Beide Formen haben das Potenzial, den Menschen nicht mehr nur als Werkzeug zu unterstützen, sondern auch als selbstständige Akteure im Unternehmen zu fungieren. Für die zukünftige Weiterentwicklung von Organisationsstrukturen stellt dies ein neues Paradigma dar. Bisherige Organisationskonzepte setzen an Stellen oder Rollen an, die von Menschen besetzt sind. Zukünftig werden diese Stellen oder Rollen möglicherweise auch durch künstliche Intelligenz in Form von Agenten besetzt, die miteinander agieren und in einem gewissen Rahmen selbstständig Entscheidungen treffen können. Zu erwarten ist hier eine neue Stufe der Evolution von Organisationsstrukturen, die auch Maschinen als Akteure zu berücksichtigen hat.

3 Institutionelle Gestaltung wirtschaftlicher Entwicklung

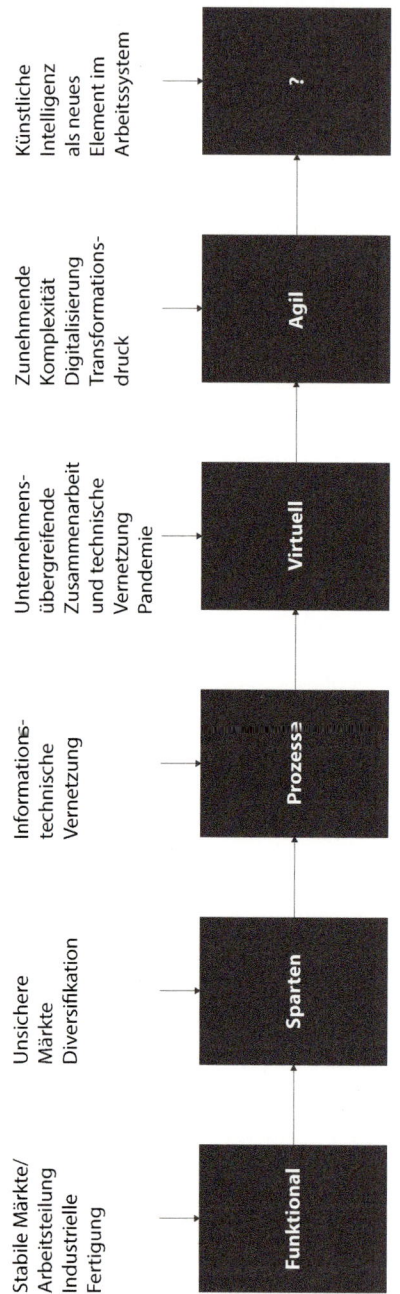

Dar. 3.8-5: Evolution der Organisationsstrukturen

3.8.6 Transformation der Führungsmodelle

Etablieren sich neuartige Organisationsstrukturen, müssen sich auch die Führungskonzepte anpassen. Ansonsten besteht wiederum das Risiko erhöhter Transaktionskosten. Galten autoritäre Führungskonzepte mit klaren Anweisungs- und Kontrollstrukturen sowie Dienst- und Entscheidungswegen bei hierarchisch-funktionalen Organisationsstrukturen als stimmig, so stoßen sie bei flexiblen, vernetzten Organisationsstrukturen an ihre Grenzen. Mit der Evolution von Organisationsstrukturen eng verbunden ist somit die Evolution von Führungsmodellen. Folgende übergreifende Tendenzen sind hier gegenwärtig erkennbar (vgl. hierzu auch Picot et al., 2020; Lang/Rybnikova, 2021):

- Etablierung dezentraler, partizipativer Führungsmodelle, die Mitarbeitende als Wissensträger in Entscheidungsprozesse einbeziehen und in denen es Freiräume für selbstständiges Verhalten gibt. Führungskräfte agieren zunehmend als Coaches, die selbstorganisierte Mitarbeitende bzw. Teams unterstützen, empowern und motivieren. In diesem Zusammenhang wird häufig auch von Leadership im Unterschied zu Management gesprochen. Es liegt nahe, dass hierdurch resilientes Verhalten unterstützt wird.
- Tendenz von präsenzorientierter Führung hin zu virtueller Führung, die auf Vertrauen und Selbstorganisation setzt. Sie bietet sich v. a. bei vernetzten, virtuellen Organisationsstrukturen oder auch bei standortverteilten, mobilen Formen der Zusammenarbeit an. Starre ergebnis- und kontrollorientierte Strukturen sind hier nicht effizient.
- Trend vom allumfassenden Führungsanspruch hin zu verteilten Führungskonzepten, bei denen Führung auf mehrere Mitarbeitende verteilt wird, um Eigenverantwortung, Selbstorganisation und Innovation zu fördern. Derartige Führungsmodelle helfen beim Umgang mit der steigenden Komplexität. Je komplexer die Herausforderung, desto wichtiger wird die Delegation von Verantwortung auf mehrere Individuen.
- Wandel von der transaktionalen Führung, die auf der Vorgabe von Zielen, Ergebnissen und Anreizen basiert, zur transformationalen bzw. adaptiven Führung (vgl. z. B. Pelz, 2016). Ziel sind Inspiration und Motivation der Mitarbeitenden zur gemeinsamen Zielerreichung insbesondere in Veränderungsprozessen. Führungskräfte fungieren als Vorbild, sorgen für Kompetenzentwicklung und ermutigen zur Eigeninitiative und Entwicklung eigener Ideen. Für den Ausbau betrieblicher Resilienz und die Durchführung von Organisationsentwicklungsprozessen sind sie sicherlich geeignet.

Mit der Etablierung neuartiger Organisationsstrukturen bilden sich somit passende Führungsmodelle heraus (▶ Dar. 3.8-6).

3 Institutionelle Gestaltung wirtschaftlicher Entwicklung

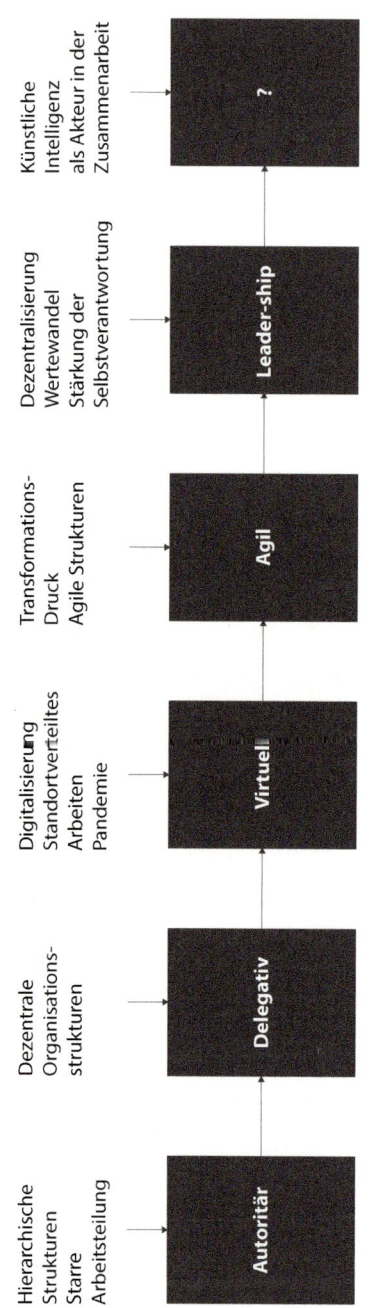

Dar. 3.8-6: Evolution der Führungsmodelle

Institutionenökonomisch macht dies Sinn. So sind dezentrale, vernetzte oder virtuelle Organisationsstrukturen nicht mit hierarchisch-autoritären Führungsmodellen kompatibel. Zudem erschweren sie die Entwicklung betrieblicher Resilienz sowie die Durchführung von Organisationsentwicklungsprozessen, es sei denn, die dann entstehenden erhöhten Transaktions- und Abstimmungskosten oder entstehenden negativen externen Effekte werden in Kauf genommen. Diese entstehen beispielsweise dann, wenn derartige Führungsmodelle keinen Freiraum für Kreativität gewähren und dadurch innovative Lösungen verloren gehen. An Relevanz gewinnen dagegen transformatorische oder adaptive Konzepte, da sie resilientes Verhalten und organisatorische Transformationsprozesse unterstützen. Ziel ist, Organisation und Führung so aufeinander abzustimmen, dass zum einen betriebliche Resilienz möglich wird, zum anderen Veränderungen realisiert werden können, so dass Unternehmen die mit der steigenden Komplexität verbundenen Herausforderungen managen können.

Analog zur Evolution von Organisationsstrukturen wird künstliche Intelligenz zukünftige Führungsmodelle beeinflussen. Führungskräfte werden auf der Basis der KI-Tools Entscheidungen treffen, einzelne Führungsaufgaben an KI-Agenten übertragen und KI-Agenten als Akteure in die Abwicklung unternehmerischer Prozesse integrieren. Die nächste Stufe im Evolutionsprozess ist auch hier die Integration von Maschinen als ein aktives neues Element im Führungsmodell.

3.8.7 Zusammenfassung

Institutionen prägen unternehmerische Prozesse und sind auf diese abgestimmt. Ändern sich externe Bedingungen, wird die Anpassung unternehmerischer Prozesse durch resilientes, situationsabhängiges Verhalten auf organisationaler und individueller Ebene erforderlich. Dies führt zu Reibungen und erhöhten Transaktionskosten, wenn gegebene institutionelle Rahmenbedingungen wie Organisationsstrukturen und Führungsmodelle dies nicht zulassen. Reduzieren lassen sich diese Reibungen und Transaktionskosten wiederum durch eine Anpassung dieser aus Unternehmenssicht beeinflussbaren Institutionen, so dass das System aus Institution, wirtschaftlichen Prozessen und Technologien wieder stimmig ist. Mit erhöhtem Aufkommen von Krisen und steigender Komplexität sind Unternehmen einem ständigen Wandel ausgesetzt, der letztlich zur Etablierung neuer Organisationsstrukturen und Führungsmodellen führt.

Dieser unternehmensintern zu beobachtende evolutorische Prozess ist nicht unabhängig von überbetrieblichen, nicht vom Unternehmen beeinflussbaren institutionellen Rahmenbedingungen. So führt Digitalisierung zu flexiblen Arbeitsstrukturen, die mit arbeitsrechtlichen Regelungen mitunter schwierig vereinbar sind. Die dadurch entstehenden Transaktionskosten und möglicherweise auch negativen externen Effekte erhöhen den Anpassungsdruck, auch derartige übergreifende institutionelle Regelungen an die realen Gegebenheiten anzupassen. Ähnliches gilt sicherlich für das Bildungssystem und weitere Institutionen, die im Zuge der wirtschaftlichen

Prozesse im Industriezeitalter entwickelt wurden und hier stimmig waren, deren Relevanz jetzt und zukünftig jedoch in Frage zu stellen ist.

3.8.8 Literatur

Dietl, Helmut, 1993: Institutionen und Zeit, Tübingen.

Edmondson, Amy C. / Kauschke, Mike, 2020: Die angstfreie Organisation: Wie Sie psychologische Sicherheit am Arbeitsplatz für mehr Entwicklung, Lernen und Innovation schaffen, München.

EU AI Act, 2023, https://www.europarl.europa.eu/topics/en/article/20230601STO93804/eu-ai-act-first-regulation-on-artificial-intelligence, zuletzt aufgerufen am 30.01.2025.

Haas, Oliver / Huemer, Brigitte / Preisseger, Ingrid, 2022: Resilienz in Organisationen: Erfolgskriterien erkennen und Transformationsprozesse gestalten, Stuttgart.

Hoffmann, Gregor Paul, 2017: Organisationale Resilienz, Kernressource moderner Organisationen, Berlin.

Kotter, John, 1996: Leading Change, Boston.

Krüger, Wilfried (Hrsg.), 2009: Excellence in Change, 4. Auflage, Wiesbaden.

Kuhn, Detlef (Hrsg.), 2019: Resilienz am Arbeitsplatz, 2. Auflage, Frankfurt.

Lang, Rainhart / Rybnikova, Irma, 2021: Aktuelle Führungstheorien und -konzepte, 2. Auflage, Wiesbaden.

Lewin, Kurt, 1951: Field Theory in Social Science, New York.

Moore, James F., 1997: The death of competition: Leadership and strategy in the age of business ecosystems, New York.

Neuburger, Rahild, 2019: Der Wandel in der Arbeitswelt in einer Industrie 4.0, in: Obermaier, Robert, (Hrsg.), Handbuch Industrie 4.0 und Digitale Transformation, Wiesbaden 2019, S. 598–608. https://doi.org/10.1007/978-3-658-24576-4_24.

Neuburger, Rahild / Fiedler, Marina, 2020: Zukunft der Arbeit – Implikationen und Herausforderungen durch autonome Informationssysteme, in: Schmalenbachs Zeitschrift für betriebswirtschaftliche Forschung, Vol. 72, S. 343–369, https://doi.org/10.1007/s41471-020-00097-y.

Noll, Elisabeth / Zisler, Katharina / Neuburger, Rahild / Eberspächer, Jörg / Dowling, Michael, 2016: Neue Produkte in der digitalen Welt, München.

o. V., 2020: Resilienz am Arbeitsplatz – Die 7 wichtigsten Faktoren, PINKTUM, https://www.pinktum.com/de/blog/resilienz/ (zuletzt abgerufen am 30.01.2025).

Pelz, Waldemar, 2016: Transformationale Führung – Forschungsstand und Umsetzung in der Praxis, in: von Au, C., (Hrsg.), Wirksame und nachhaltige Führungsansätze. Leadership und Angewandte Psychologie. Wiesbaden, https://doi.org/10.1007/978-3-658-11956-0_5.

Picot, Arnold / Freudenberg, Heino / Gaßner, Winfried, 1999: Maßgeschneidertes Management von Reorganisationen, Wiesbaden.

Picot, Arnold / Reichwald, Ralf / Wigand, Rolf T. / Möslein, Kathrin M. / Neuburger, Rahild / Neyer, Anne-Katrin, 2020: Die grenzenlose Unternehmung: Information, Organisation und Führung, Berlin.

Picot, Arnold / Dietl, Helmut / Franck, Egon / Fiedler, Marina / Royer, Susanne, 2020a: Organisation: Theorie und Praxis aus ökonomischer Sicht, Stuttgart.

Reichhart, Tatjana / Pusch, Claudia, 2013: Resilienz – die Grundlagen, in: Reichhart, Tatjana / Pusch, Claudia (Hrsg.), Resilienz-Coaching, S. 9–28. Wiesbaden, https://doi.org/10.1007/978-3-658-37432-7_2.

Reivich, Karen / Schatté, Andrew, 2003: The Resilience Factor: 7 Keys to Finding Your Inner Strength and Overcoming Life's Hurdles, New York.

Ritz, Frank, 2015: Organisationale Resilienz – Paradigmenwechsel, Konzeptentwicklung, Anwendung, in: Bargstedt, Uwe / Horn, Günter / van Vegten, Amanda (Hrsg.), Resilienz in Organisationen stärken - Vorbeugung und Bewältigung von kritischen Situationen, S. 3–24 Frankfurt, http://hdl.handle.net/11654/11570.

Ritz, Frank / Kleindienst, Cornelia / Koch, Julia / Brüngger, Jonas, 2016: Entwicklung einer auf Resilienz ausgerichteten Organisationskultur, in: Gruppe. Interaktion. Organisation. Zeitschrift für Angewandte Organisationspsychologie (GIO), Vol. 47, S. 151-158, https://doi.org/10.1007/s11612-016-0318-6.

Soucek, Roman / Ziegler, Michael / Schlett, Christian / Pauls, Nina, 2016: Resilienz im Arbeitsleben – Eine inhaltliche Differenzierung von Resilienz auf den Ebenen von Individuen, Teams und Organisationen. Gruppe. Interaktion. Organisation. Zeitschrift für Angewandte Organisationspsychologie (GIO), Vol. 47, S. 131–137.

Stähler, Patrick, 2001: Geschäftsmodelle in der digitalen Ökonomie: Merkmale, Strategien und Auswirkungen, Köln-Lohmar.

Sydow, Jörg, 1992: Strategische Netzwerke: Evolution und Organisation, Wiesbaden.

The Nunatak Group GmbH, 2025: Twin Transformation: Wie sich Digitalisierung, KI und Nachhaltigkeit gegenseitig unterstützen, Hamburg.

Wintermann, Ole / Daheim, Cornelia (Hrsg.), 2024: Triple Transformation: New Work, Digitalisierung und Nachhaltigkeit: Konzepte – Erfahrungen – Zukunftsperspektiven, Köln.

4 Ausblick

4.1 Evolutorische Prinzipien als Grundlage menschlicher Entwicklung

Dominik Enste / Lothar Funk / Hans-Peter Klös

4.1.1 Warum Wirtschaft verstehen heißt, Evolution zu begreifen

In einer Welt, die sich immer schneller wandelt, ringen Gesellschaften, Staaten und Institutionen um Stabilität, Innovation und Wohlstand. Doch wie entstehen funktionierende Institutionen? Warum scheitern manche Systeme, während andere florieren? Und was hat all das mit Evolution zu tun? Die erkenntnisreiche und zugleich herausfordernde Antwort der Beiträge dieses Bandes lautet: Um Wirtschaft wirklich zu verstehen, müssen wir sie als evolutorischen Prozess begreifen – und ihre Regeln als Resultat von Anpassung, Wettbewerb und kultureller Entwicklung. Wirtschaft braucht Evolution, Wirtschaft ist Entwicklung, aber die Veränderungsprozesse sind dabei stets verlaufs- und ergebnisoffen (vgl. Lehmann-Waffenschmidt/Peneder, 2022). Aber auf ein Faktum ist bei diesem steten evolutiven Veränderungsprozess Verlass: »Gruppenzugehörigkeit macht uns Menschen stark. Unter den Säugetieren sind wir weder besonders kräftig noch besonders schnell. Aber wir können zusammenhalten, das ist unser evolutionäres Erfolgsgeheimnis« (Gigerenzer, 2025).

Am Ende dieser interdisziplinären Reise von der Evolutionspsychologie über die Soziologie bis hin zur institutionenökonomischen Systemanalyse entfaltet sich ein Panorama, das ökonomisches Verhalten und gesellschaftliche Ordnungen aus verschiedenen Blickwinkeln beleuchtet. Es zeigt sich, wie tief verwurzelt unsere wirtschaftlichen Entscheidungen in der menschlichen Natur, der evolutionären Vergangenheit und der kulturellen Prägung sind. Reziprozität, Alltagsheuristiken, kreative Zerstörung und inklusive Institutionen sind Werkzeuge der Anpassung und Überlebenssicherung in einem komplexen Zusammenspiel von menschengemachten und naturgesetzlichen Entwicklungen. Die Beiträge dieses Bandes bieten aber nicht in erster Linie eine theoretische Abhandlung im Elfenbeinturm. In einer Zeit globaler Machtverschiebungen und einer wachsender Systemkonkurrenz zwischen liberalen Demokratien und autoritären Regimen zeigen sie, welche institutionellen Voraussetzungen gerade unter diesen herausfordernden Bedingungen wirtschaftliche Entwicklung und nachhaltigen Wohlstand ermöglichen können.

Die Zukunft einer demokratiebasierten Sozialen Marktwirtschaft wird ebenso skizziert wie der Wandel internationaler Ordnungen, die Rolle von Unternehmertum und die Bedeutung von Vertrauen, kulturellem Kapital und sozialen Normen. Dafür sind nicht nur ökonomische, sondern auch politische und soziale Aspekte zu integrieren – theoretisch fundiert, empirisch gestützt und mit einer nach vorne gerichteten Perspektive. Aber ein vertieftes ökonomisches Wissen mit einem Verständnis für gesellschaftliche Dynamiken und menschliches Verhalten ist sehr hilfreich dafür, um gute Institutionen zu gestalten, die Fortschritt, Resilienz und Generationengerechtigkeit ermöglichen. Wer verstehen will, warum Nationen aufsteigen oder untergehen, warum Institutionen funktionieren oder versagen und wie Märkte, Regeln und Werte zusammenwirken, kann hier einige Denkansätze finden, wie tiefgreifend evolutionäre Prinzipien unser ökonomisches und gesellschaftliches Leben formen.

Die Beiträge aus unterschiedlichen Disziplinen, mit verschiedenen Schwerpunkten und teilweise divergierenden Definitionen von »Evolution« bieten ein Kaleidoskop an evolutionären Erklärungen, die zugleich Gestaltungsperspektiven für die Zukunft von Gesellschaften und Ordnungen eröffnen. Zum Abschluss werden diese Erkenntnisse mit Blick vor allem auf die Gestaltung von ordnungspolitischen Institutionen gewürdigt und mit dem Ziel diskutiert, wie evolutive Fehlentwicklungen verhindert werden können, um so eine langfristige und nachhaltige Ausgestaltung von Gesellschaft und Wirtschaft zu ermöglichen. Dabei werden zunächst auf einer ordnungsökonomischen Basis die Risiken für etablierte Institutionen beleuchtet. Vor allem am Beispiel aktueller handelspolitischer Entwicklungen wird gezeigt, wie die derzeitige Erosion der internationalen Handelsordnung die evolutionäre Fitness der Weltgemeinschaft vermindert. Danach wird in einer zusammenfassenden Würdigung der Beiträge dieses Bandes dargelegt, welche konkreten Chancen durch die Weiterentwicklung entwicklungsförderlicher Institutionen und die Betonung von Nachhaltigkeit als »evolutionärer Superkompetenz« für die Resilienz und Zukunftsfähigkeit komplexer Gesellschaften bestehen. Absolut essenziell dafür sind die Stärkung unserer motivationalen Disposition und der motivationsförderlichen Institutionen. Ein Ausblick auf ein dafür förderliches breiteres Verständnis verschiedener Dimensionen von Kapital (»Varieties of Capital«) rundet den Band ab.

4.1.2 Erklärungsbeiträge der evolutorischen Ökonomik: eine ordnungsökonomische Perspektive

Eine wesentliche Aufgabe der evolutorischen Wirtschaftswissenschaft ist es, »die Anpassung der gesellschaftlichen Ordnung an sich verändernde Umstände zu analysieren und zu erklären« (Pierenkemper, 2012, 211). Solche als »schumpeterianische Ökonomik« (Hanusch, 1993, 114) bezeichneten Ansätze sind vorrangig aus der Einsicht entstanden, »das Wirtschaftsgeschehen wieder als einen Prozess zu begreifen, in welchem nicht Gleichgewicht und Harmonie, sondern Wandel und Dynamik die ausschlaggebenden Elemente sind« (ebd.). Aber trotz dieser berechtigten Kritik an der Neoklassik kann das neoklassische Instrumentarium als Analyseinstrument weiterhin hilfreich sein (vgl. Külp/Berthold, 1992, 259ff.), und die Verwendung von ökonomischen Modellen kann hierbei zu erheblichen Erkenntnisgewinnen beitragen (vgl. Apolte, 2013). Dies gilt gerade auch für den in diesem Band als zentral erachteten Ansatz extraktiver und inklusiver Institutionen. In diesem Konzept stehen deshalb wie in der evolutorischen Ökonomik »jene Faktoren, die die Entwicklung einer Volkswirtschaft langfristig vorantreiben« (Hanusch, 1993, 114), sowie die Evolution historischer Prozesse besonders im Mittelpunkt.

Offensichtlich ist aber auch: »Für die angemessene Erfassung einer Wirtschaftsordnung reicht es [...] nicht aus, ihre formalen und effizient gestalteten Institutionen in den Blick zu nehmen. Es müssen darüber hinaus jene Erscheinungsformen von Kultur betrachtet werden, in die die Wirtschaftsordnung eines Landes eingebettet ist bzw. durch diese mit erzeugt worden sind« (Kaminski/Koch, 2005, 107). Denn Transformationsprozesse stellen nicht nur eine Veränderung der ökonomischen Rahmenbedingungen dar, sondern auch die in einem evolutorischen Prozess entstandenen kulturellen Normen und Werte sind einer nachhaltigen Veränderung unterworfen. Erforderlich ist daher eine interdisziplinäre Analyse, »um möglichst alle relevanten Kosten- und Nutzenaspekte, die oft auf subjektiven Wahrnehmungen, Werten und Ideologien beruhen, zu erfassen« (Leschke, 2021, 17). Dennoch betonen führende Vertreter der Institutionenökonomik: »Hierbei sollte der Kern der ökonomischen Analyse (Fokussierung auf relevante Kosten, Nutzen und Anreize) beibehalten werden« (ebd.). Eine gemeinsame Hauptschlussfolgerung aus dem Werk von Acemoğlu et al. und der in der Evolutionsökonomik im Vordergrund stehenden längerfristigen Perspektive ist es daher, »dass man sich davor hüten soll, bestimmten Regionen, Kulturen oder Ethnien prinzipiell abzusprechen, demokratisch zu sein oder wirtschaftlich prosperieren zu können« (Pies, 2024, 36).

Unterstellt man, wie in der evolutorischen Ökonomik üblich, eingeschränkt rationales Verhalten von Individuen, so ist in Hocheinkommensländern unabhängig vom politischen System, aber auch in liberalen Demokratien zunächst eine Präferenz von (wirtschafts)politisch Verantwortlichen »für diskretionäres Handeln bzw. für einen möglichst großen Ermessensspielraum« (Freytag/Renaud, 2008, 93) zu erwarten. Das aber verursacht vielfach Folgeprobleme, weil ein Mangel an bindenden Regeln üblicherweise suboptimal ist (Freytag/Renaud, 2008, 94). Eine Reihe ökonomischer Ansätze, welche auch empirisch gut belegt sind, z. B. Modelle politischer Konjunkturzyklen und das Problem der Zeitkonsistenz, sprechen daher »für eine Einschränkung diskretionären Spielraums und für die verstärkt regelorientierte Politik« (Freytag/Renaud, 2008, 88). Besonders relevant ist in diesem Zusammenhang auch ein »Schleier der Unwissenheit« bezüglich der eigenen Betroffenheit durch zukünftige Politik bei der Entscheidung über Regeln, weil ansonsten »jegliche Auswirkung öffentlicher (politischer) und privater Handlungen von Mitgliedern der Gesellschaft, die sich benachteiligt fühlen, in Frage gestellt werden« (Freytag/Renaud, 2008, 88).

Offen war allerdings lange Zeit die Frage, wie es zu gesellschaftlichen Regeländerungen kommt und welchen Beitrag dazu die Evolutionsökonomik leisten kann. »Evolution beginnt mit einer Art ›Mutation‹ des Verhaltens, Wissens usw. als neue

Antwort auf ein Problem« (Freytag/Renaud, 2008, 91).[52] Daraus kann als zentrale Schlussfolgerung abgeleitet werden, »dass jegliche politische Reform das Ergebnis eines evolutorischen Prozesses mit aktivem und pathologischem Lernen ist. Für die Politik ist dieser Prozess insofern schmerzhaft, als Regelbindung einem Verlust an Einfluss gleichkommt, wie es beispielsweise in der Geldpolitik geschehen ist« (Freytag/Renaud, 2008, 106). Deshalb lässt sich folgender zentraler Befund der institutionellen und informellen Umfeldabhängigkeit von Ideen und Reformen in Bezug auf Grad und Geschwindigkeit der Umsetzung ableiten: »Je besser ein Land in die Weltwirtschaft eingebunden ist, je besser das System gegenseitiger Kontrolle, je höher individuelle und kollektive Lernkapazitäten, desto besser kann sich die Wirtschaftspolitik an globale Strukturveränderungen anpassen« (Freytag/Renaud, 2008, 107).

Zusammenfassend kann festgehalten werden, dass die Evolutionsökonomik und die institutionenbasierten Ansätze von Acemoğlu et al. und Baumol et al. (2012) als gemeinsamen Nenner haben, dass bei ihnen der Innovationswettbewerb von entscheidender Bedeutung ist (vgl. dazu auch Phelps, 2023, 169ff.), um den Produkt- und Verfahrensfortschritt zu fördern. Dadurch kann eine gute Balance von kleineren und mittleren Unternehmen einerseits und von Großunternehmen andererseits häufig besonders gute wirtschaftliche Ergebnisse mit sich bringen. Solche Ergebnisse lassen sich durch Zentralverwaltungswirtschaften, einen staatsgelenkten Kapitalismus und oligarchisch gesteuerte Marktwirtschaften in der Regel nicht erzielen, weil sie Gefahr laufen, »dass eine Allianz der Wirtschafts- und Staatseliten sich selbst auf Kosten aller bereichert« (Leschke, 2022). Hingegen charakterisieren ein schneller Strukturwandel durch »schöpferische Zerstörung« (Schumpeter), ein vergleichsweise hohes Produktivitätswachstum und wachstumsbeschleunigende Innovationen den »unternehmerisch innovativen Kapitalismus« (Weede, 2011, 58).

Angesichts der von Acemoğlu et al. herausgearbeiteten Tendenz, dass inklusive wirtschaftliche Institutionen auch langfristig mit inklusiven politischen Institutionen einhergehen, wäre eigentlich eine Tendenz zum Gleichlauf von Demokratie und dynamischem Wachstum zu erwarten. Dies gilt dezidiert auch aus einer verteilungsorientierten Perspektive: »Wer Armut wirksam bekämpfen will, sollte die Bildung inklusiver Institutionen fördern« (Pies, 2024, 36). Aber schon im ersten Abschnitt des Bandes wurde betont, dass es keine Linearität in der Kopplung von demokratischen Strukturen und wirtschaftlicher Prosperität gibt. Vielmehr zeigen die aktuellen Tendenzen in der Weltordnung, dass es einen starken Trend weg von integrativen Lösungen und hin zu geopolitischen Konflikten und geoökonomischen Rivalitäten

---

52 »Die Evolution effizienter formeller oder informeller Institutionen geschieht jedoch nicht automatisch. Sklerosen könnten durch Lock-in-Situationen verursacht werden, aus denen ein Entkommen und damit der Siegeszug neuer informeller Institutionen möglich ist, wenn diese eine kritische Masse annehmen. Jedoch müssen für den Wechsel zunächst Pioniergewinne existieren [...] Der Prozess kann dann in der Schaffung formeller Institutionen resultieren. Folglich sind evolutorische Entwicklungen weder deterministisch noch völlig offen: Sie sind pfadabhängig. [...] Ineffiziente Institutionen können bestehen bleiben, zumindest solange ihre Nachteile nicht zu offensichtlich werden« (Freytag/Renaud, 2008, 92).

gibt. Neuere Spannungen und ökonomische Herausforderungen aufgrund aktueller tendenziell problemverschärfender Entwicklungen (z. B. Technologiewandel weg von Verbrennungsmotoren, Demographie, Migration, Klimawandel, die Rückkehr eines größeren Krieges in Europa, die strategische Neuausrichtung der USA zu illiberalen Elementen etc.) erfordern eine Fokussierung auf wirtschaftliche Stärke und mehr Resilienz als Voraussetzung für mehr Sicherheit. Angesichts von externen Herausforderungen durch revisionistische und expansionistische Politiken etwa Russlands und potenziell auch Chinas und der USA und internen Herausforderungen angesichts der Fragmentierung von Parteiensystemen mit populistischen Tendenzen steht daher auch die neue Regierung in Deutschland aus Union und Sozialdemokraten vor der Schwierigkeit, eine kohärentere Wirtschaftspolitik zu betreiben, mit der die hartnäckige Wachstumskrise überwunden werden kann.

4.1.3 Verminderte »evolutionäre Fitness«: Erosionstendenzen in der internationalen Handelspolitik

Zur Erinnerung: Ein möglichst ungehinderter internationaler Handel schafft per Saldo wirtschaftliche Vorteile und führt wegen des beiderseitigen Nutzens von Geschäftsbeziehungen zu sogenannten Positivsummenspielen. Wie sich gerade in den USA zeigt, werden diese Zusammenhänge allerdings nicht von allen Politikern, auch außerhalb der USA, verstanden (vgl. Schlothmann, 2018, 195ff.; Funk, 2018, 452f.), oder sie werden bewusst ignoriert, weil Handel als zwischenstaatliches Kräftemessen wahrgenommen wird, bei dem es vermeintlich nur Gewinner und Verlierer geben könne. Technisch ausgedrückt: Im Gegensatz zu Handel beruhen Konflikte auf Nullsummenspielen – der Gewinn des einen ist der Verlust des anderen. Deren Eskalation zu Kriegen führen in der Regel sogar zu Negativsummenspielen: Beide Seiten erleiden Wohlfahrtsverluste. Darüber hinaus werden oft auch direkt unbeteiligte Dritte negativ berührt, was insbesondere auch auf den Handelskonflikt zwischen den USA und China zutrifft. In den Worten eines einflussreichen US-Ökonomen: »Governments start viewing trade as a conflict between nations, rather than a beneficial process to manage« (Posen, 2018). Die Schöpfung von Gewinnen aus liberalem Handel setzt allerdings voraus, dass damit verbundene Gefahrenpotenziale glaubhaft beseitigt werden, welche zu Ausbeutungsgefahren führen (vgl. Blum, 2017, 203).

Vor allem in Staaten mit großer Marktmacht ist aber offenbar die Versuchung oft groß, kurzfristige Handlungsinteressen über das konstitutionelle Interesse zu stellen. »Partikulare und (im Falle großer Länder) auch gesamtwirtschaftliche Interessen können Anlass für die Durchbrechung eines Regelsystems sein, an dessen Etablierung und Erhaltung jedes Land ein konstitutionelles Interesse besitzt (so wie der Dieb bekanntlich ein Interesse an der Existenz einer Eigentumsordnung hat)« (Sautter, 2004, 244). Spieltheoretisch betrachtet besteht hier die Situation eines Gefangenendilemmas, also einer Lage, in der die Beteiligten große Anreize haben, nicht zu kooperieren, da der erwartete Gewinn aus nicht erfolgender Kooperation höher ist als der Gewinn aus der Kooperation (vgl. Mankiw/Taylor 2017, 308ff.). Dieses Dilemma basiert in seiner Grundform jedoch auf strengen Annahmen, die bereits darauf verweisen, wie damit verbundene Probleme überwunden werden können: »Die beteiligten ›Spieler' interagieren nur einmal, sie kommunizieren nicht miteinander (können keine Absprachen treffen), die Kosten des eigenen Beitrags zur Bereitstellung eines öffentlichen Gutes sind höher als der daraus entstehende Nutzen etc.« (Sautter, 2004, 244).

Es ist also sehr wohl denkbar, dass sich dieses Problem institutionell überwinden lässt, indem es etwa zu Absprachen kommt, deren Nicht-Einhaltung bestraft werden kann. Historisch zeigte sich nach dem Zweiten Weltkrieg tatsächlich, dass sich souveräne Staaten zur Ermöglichung eines weltweiten Leistungswettbewerbs international vereinbarten Regeln unterworfen haben, indem sie Selbstbindungen eingegangen sind. Dies wurde ermöglicht durch die Existenz eines Regelsystems, welches über vereinbarte verbindliche Wettbewerbsregeln statische und dynamische Außenhandelsgewinne und somit eine allgemeine Wohlstandsmehrung der beteiligten Staaten erlaubt (vgl. Sautter, 2004, 238f.). Griffig formuliert lässt sich zur Rolle der 1994 als Dachorganisation für eine liberale Welthandelsorganisation gegründeten WTO sagen: »Das System der WTO wurde gerade deshalb geschaffen, um Länder daran zu hindern, sich in den eigenen Fuß zu schießen. Im Handelssystem geht es zwar um den Abbau von Hürden. Der wichtigste Beitrag aber ist die Akzeptanz von Regeln für den Welthandel, die auch Streitschlichtung und die Verhängung von WTO-konformen Strafzöllen umfassen« (vgl. zu Einzelheiten Brunetti/Großer, 2016, 140ff.).

Ermöglicht wird die mit dem Multilateralismus verbundene und evolutiv in der Vergangenheit so erfolgreiche Zähmung großer Länder durch eine »Zusammenarbeit der Volkswirtschaften auf Augenhöhe, also unabhängig von Größe und Leistungsfähigkeit der einzelnen Staaten« (Straubhaar, 2018). Jeder Staat, ob groß wie die USA oder klein wie die Schweiz oder viele Länder in der EU, hat »in den multilateralen Organisationen jeweils nur eine Stimme« (ebd.). Das zunächst im Rahmen des GATT (General Agreement for Tariffs and Trade) im Völkerrecht verankerte und seit 1948 geltende Provisorium für den Güterhandel und dessen Liberalisierung in multilateralen Handelsrunden regelte und überwachte die auf dem Club-Prinzip der Meistbegünstigung fußende globale Handelsordnung. »Diese Ordnung stellte das Diskriminierungsverbot vor das Liberalisierungsgebot« (Langhammer, 2018). Insgesamt führte dieses System zu erheblichen Liberalisierungserfolgen. In den letzten 25 Jahren allerdings stagnierte dieses System wegen mangelnder weiterer Verhandlungserfolge und wegen des Fehlens eines kleinsten gemeinsamen Nenners bei den beteiligten rund 165 Staaten. Der bereits eingetretene Bedeutungsverlust des GATT setzt sich derzeit beschleunigt fort.

Ein zentrales Merkmal des bisherigen Systems der vor allem von den USA dominierten liberalen Welthandelsordnung war, dass es als asymmetrische Beziehung angelegt war, also »zwischen den einzelnen Staaten eine Hegemonialmacht die Führungsrolle bei der Institutionenbildung übernimmt« (Sautter, 2004, 245). Die der Hegemoniethese zugrunde liegende Idee ist es, dass ›große Staaten‹ wie bei der liberalen Welthandelsordnung die USA – und auf regionaler Ebene die EU – stark bzw. einflussreich genug und zudem bereit sind, globale Regelwerke mit eigenen Kompensationsangeboten für andere Staaten attraktiv zu machen beziehungsweise Verstöße dieser Staaten zu sanktionieren. Ohne die Kompensationsbereitschaft der USA hätte der Wildwuchs von regionalen und bilateralen Freihandelsabkommen das globale Regelwerk GATT schon früher verkümmern lassen. So drängten die USA Mexiko in den achtziger Jahren mit Kompensationsangeboten zum GATT-Beitritt, bevor sie grünes Licht für die für Mexiko so wichtigen Verhandlungen über die Nordamerikanische Freihandelszone gaben.

Diese Kompensationsbereitschaft ist nun vor allem den USA abhandengekommen, wie bereits die erste Trump-Regierung gezeigt hat, was jedoch ungleich stärker in der jetzigen zweiten Amtsperiode relevant geworden ist. Aber diese Tendenz hatte sich bereits vor der Regierung Trump abgezeichnet. Anstelle einer Sequenz, der zufolge der Beitritt zu bilateralen oder regionalen Abkommen mit den USA zunächst den Beitritt zu globalen Abkommen voraussetzte, scheint für die USA seit der Stagnation des Multilateralismus eine substitutive Beziehung Vorrang zu haben: Globale Abkommen werden durch bilaterale und regionale Abkommen ersetzt. Diese Abkommen haben zudem für den früheren Hegemon klare Vorteile, was die US-Geringschätzung der Welthandelsorganisation teilweise erklären kann: mehr Durchgriffsmöglichkeiten gegenüber wenigen, zumeist schwächeren Partnern und damit niedrigere Durchsetzungskosten, größere Eigeninteressen, weniger Eigeneinsatz (Langhammer, 2011). Die Erosionstendenzen der internationalen Handelsordnung gibt es folglich nicht erst seit der Wahl Donald Trumps zum US-Präsidenten, sondern schon sehr deutlich seit Beginn der vorherigen Dekade, bei der sich bereits eine »neue Geoökonomik« (Felbermayr, 2024, 5) abzeichnete.

Folglich existiert seitdem auch ein Vakuum in der internationalen Handelspolitik, das sich folgendermaßen zusammenfassen lässt: »Die alte Freihandelsordnung, die kleine und schwache Länder schützen soll, löst sich auf. Die Amerikaner ziehen sich aus ihrer Führungsrolle zurück, die Europäer können diese nicht übernehmen. In das Vakuum stößt China mit Geld und Geschick« (Langhammer, 2018). Darstellung 4.1-1 symbolisiert dieses Dilemma, das am Ende zu einem endgültigen Verfall der multilateralen Handelsordnung führen kann (vgl. Straubhaar, 2018). Die USA wären zwar wohl grundsätzlich fähig, die liberale Welthandelsordnung als Hegemon noch genügend zu stützen, damit sie die aktuellen Herausforderungen überstehen könnten. Zumindest bei der jetzigen Regierung sprechen aber sowohl die Rhetorik, eine Vielzahl von Drohungen als auch die tatsächlichen Maßnahmen dafür, dass der Wille dazu fehlt und aktiv die Erosion des Systems betrieben wird. Die zweitwichtigste Volkswirtschaft der Welt, China, versäumt indessen mit Verweis u. a. auf die erfolgreiche Industrialisierung des äußerst bevölkerungsreichen Landes und auf Milliardeninvestitionen im Ausland »keine Gelegenheit, in das entstehende Vakuum zu drängen und sich als Garant einer neuen multilateralen Ordnung vorzustellen« (Dams/Kaiser, 2018). Aber aus Sicht vieler Länder neben den USA agiert China auch wirtschaftlich keineswegs vorbildlich: »Auch die Europäische Union und Japan klagen über unfreiwilligen Technologietransfer in die Volksrepublik, verschlossene Märkte und ungleiche Behandlung« (Hua, 2018). Folglich strebt China zwar die Rolle des Hegemonen in der Handelspolitik an, aber nur, um dort dann die eigenen Regeln zu verbreiten.

Dar. 4.1-1: Hegemoniales Dilemma der regelbasierten multilateralen Handelsordnung (Quelle: in Anlehnung an Funk, 2018, S. 452f.)

		Fähigkeit zur multilateralen Hegemonie bei genügend Akzeptanz durch die Betroffenen?	
		Nein	Ja
Prinzipielle Bereitschaft zur multilateralen Hegemonie?	Ja	China	Hinreichende Bedingung für Erhalt multilateraler Handelsordnung
	Nein	Verfall der multilateralen Handelsordnung	USA

Da diese Regeln (vgl. Langhammer, 2018) jedoch vielfach vor allem chinesischen Interessen dienen, mangelt es an Akzeptanz dafür, vor allem in weiten Teilen der westlichen Welt. Die EU selbst hingegen ist derzeit weder fähig noch willig, allein die Rolle eines Hegemonen zugunsten der bisherigen liberalen Weltwirtschaftsordnung zu spielen (vgl. Münchau, 2017; Rogoff, 2018). Folglich ist derzeit nicht genau absehbar, ob und wie das derzeitige Vakuum gefüllt werden kann, so dass der Zerfall des Multilateralismus (vgl. Haas, 2018) sehr wahrscheinlich weiter voranschreiten wird, wenn nicht der »Zollterror« (Skalar, 2025) von Präsident Trump aufgrund der dadurch entstandenen »Lose-Lose«-Schäden zu einer Umkehr bzw. Gegenreaktion der davon negativ betroffenen Staaten führt. Man wird daher nicht umhinkommen, in dieser gefährlichen Gemengelage aus sicherheitspolitischen und ökonomischen Herausforderungen für Frieden und Wohlstand in der Weltgemeinschaft einen deutlichen Verlust an »evolutorischer Fitness« zu sehen. Mit der Abkehr von einer regelbasierten Ordnung drohen aggregierte Wohlstandsverluste mit negativen Folgen insbesondere für vulnerable Gruppen der Weltbevölkerung. Dies stellte einen gravierenden evolutorischen Rückschritt dar.

4.1.4 Evolutionäre Weiterentwicklung entwicklungsförderlicher Institutionen: die Beiträge dieses Bandes

Die Beiträge dieses Bandes zeigen aus unterschiedlichen Perspektiven, welche Ansatzpunkte es für eine Weiterentwicklung bestehender Institutionen gibt, mit denen die evolutive Fitness von Gesellschaften und ihrer Wirtschaft gesteigert werden kann. Dabei wird sowohl eine personale als auch eine funktional-institutionelle Perspektive eingenommen. Erforderlich für eine höhere gesellschaftliche Resilienz ist erstens eine Stärkung der personalen motivationalen Disposition. Dies setzt zweitens die Schaffung von anreiz- und motivationsförderlichen Institutionen voraus, wie etwa eine funktionierende Wettbewerbsordnung und aktivierende Sozialstaatspolitik. Drittens sind evolutive Fehlentwicklungen, wie etwa die Umweltübernutzung und die Klimaerwärmung, zu vermeiden. Aber auch den Herausforderungen für eine demokratische, regelbasierte Ordnung ist durch eine freiheitliche »Rule of Law« zu begegnen. Gelingt dies, so kann sich viertens eine wohlverstandene Nachhaltigkeit als eine neue evolutive Superkompetenz entwickelter Demokratien herausbilden, wie die folgenden Ausführungen zeigen.

Stärkung motivationaler Disposition

Der Beitrag von Ulrich Witt hebt vor allem die Bedeutung motivationaler Disposition und generischer Motivation für eine gedeihliche wirtschaftliche Entwicklung und Wohlfahrt hervor. Dies ist auch der Gegenstand wichtiger entwicklungspsychologischer Arbeiten, die für die theoretische Begründung einer Leistungsgesellschaft bedeutsam sind. Bereits im ersten Kapitel wurde mit Bezug auf Arbeiten von David McClelland dargelegt, warum eine hohe individuelle Leistungsmotivation nach kurzer Zeit ein hohes wirtschaftliches Wachstum in einer Gesellschaft nach sich zieht. Eine besondere Bedeutung schrieb McClelland dabei auch der frühkindlichen Erziehung zur Selbstständigkeit als Basis zur Entwicklung der Leistungsmotivation zu. Für ihn gibt es einen positiven Zusammenhang zwischen dem »need for achievement« (n-Achievement) und einem »entrepreneurial behavior« (1961, 205ff.). Zudem öffnet ihm die psychologische Perspektive einen besonderen Zugang zur Bedeutung weiterer Faktoren für die Herausbildung von n-Achievement, etwa die Erziehungsleistung von Müttern bei ihren Söhnen (1961, 46f.). Die Mütter der erfolgsmotivierten Kinder bestünden in deren frühen Jahren auf mehr Selbstständigkeit und auf einer früheren Selbstverantwortlichkeit ihrer Kinder. Das Bedürfnis, selbstständig etwas zu tun, sei demnach ein Vorläufer der Leistungsmotivation.

Der Zusammenhang zwischen einer Selbstständigkeitserziehung und einem leistungsbezogenen Erziehungsverhalten ist auch bildungspolitisch höchst bedeutsam: »Pay attention to the effects that your plans will have on the values, motives and attitudes of people because in the long run it is these factors that will determine whether the plans are successful in speeding economic development« (McClelland, 1961, 393, H. d. V.). Die Bedeutung der Bildungspolitik tritt aus dieser Perspektive noch einmal sehr deutlich hervor und deckt sich mit den Erkenntnissen aus der Humankapitaltheorie. Bildung ist – verkürzt formuliert – der ›Rohstoff‹ der Wissensgesellschaft: Die Verfügbarkeit von Qualifikationen und spezifischem Humankapital bestimmt in der neueren Wachstumstheorie nicht nur das Niveau des Pro-Kopf-Einkommens, sondern auch die wirtschaftliche Dynamik. Über den Hebel der Bildungsanstrengungen und Bildungsinvestitionen verzahnt sich damit die entwicklungspsychologisch fundierte verhaltensökonomische Daumenregel – »values, motives, attitudes« – mit der ökonomisch so bedeutsamen wirtschaftlichen Entwicklung eines Landes. Stellt man dem noch eine weitere Erkenntnis McClellands zur Seite – das n-Achievement »refers specifically to the desire to do something better, faster, more efficiently, with less effort« (1976, A) –, so lässt sich daraus eine klare Priorisierung für Bildungsinvestitionen gegenüber anderen Staatsausgabeformen begründen.

4 Ausblick

Evolutiv bedeutsam ist auch das entwicklungspsychologisch begründete Bedürfnis nach Status und sozialer Anerkennung, das ähnlich wie andere Bedürfnisse und Triebe – in je unterschiedlicher Weise – auch als eine angeborene motivationale Disposition und als Triebkraft menschlichen Verhaltens eingestuft werden muss (*Ulrich Witt, in diesem Band*). Gleichzeitig sind aber auch wohlhabende Gesellschaften von Statusängsten oder gar »Statuspanik« geprägt. Damit wird zum einen die Sorge bezeichnet, selbst aus einer einmal erreichten Einkommensschicht abzusteigen, zum anderen die Sorge vor einem intergenerationalen relativen Abstieg, dass es also Kinder einmal nicht mehr besser haben werden als ihre Eltern. Diese Debatte hatte in Deutschland ihren ersten Höhepunkt etwa um die 2010er Jahre, lebt aber derzeit angesichts der strukturellen wirtschaftlichen Schwäche wieder auf und entfaltet ein hohes Polarisierungspotenzial. Blickt man noch etwas genauer auf das soziologische Konstrukt der Statusangst, so stößt man zudem auf ambivalente Bezüge zwischen Statusangst und Statuswettläufen mit Phänomenen des Aufholens und des Distanzierens, vor allem um die Sicherung der eigenen Stellung im Positionswettbewerb. Die Sorge, nicht mit anderen mithalten zu können, löst dabei vielfach auch innere Widerstände aus, Dinge unter dem Einfluss von äußeren und inneren Entwicklungen neu zu priorisieren und sich entsprechend auch zu verändern.

Die theoretischen Hintergründe zu Statusangst und -wettläufen liefert die Evolutionspsychologie. Sie bietet eine – im Vergleich zur Theorie der rationalen Wahl – alternative Erklärung für wirtschaftliches Verhalten, indem sie den Einfluss unserer evolutionären Vergangenheit auf heutige Entscheidungen untersucht. *Detlef Fetchenhauer* und *Anne-Sophie Lang* verdeutlichen in ihrem Beitrag, inwieweit Darwins Theorie der natürlichen Selektion auch auf das menschliche Verhalten übertragen werden kann. Demnach überleben Individuen mit vorteilhaften Eigenschaften eher und reproduzieren sich häufiger. Dies gilt nicht nur für körperliche Merkmale, sondern auch für Denkweisen und Verhaltensweisen. Der Mensch ist an seine evolutionäre Vergangenheit als Jäger und Sammler angepasst, was sich auch heute noch auf seine Entscheidungen auswirkt. Viele unserer Verhaltensweisen, etwa die Vorliebe für kalorienreiche Nahrung, waren früher überlebensnotwendig, können aber in der modernen Welt problematisch sein.

Im Vergleich zur traditionellen Ökonomie sieht die Evolutionspsychologie den Menschen nicht als reinen Nutzenmaximierer, sondern als Wesen mit kognitiven Einschränkungen, das mit Heuristiken arbeitet. Diese vereinfachten Entscheidungsregeln sind vielfach oft effizient, führen aber manchmal – aufgrund veränderter Rahmen- und Umweltbedingungen – zu irrationalen Entscheidungen. Zudem ist der Mensch stark von sozialen Strukturen geprägt: Wettbewerb und Statusdenken spielen eine große Rolle, da sie früher mit höheren Überlebenschancen und größerem Fortpflanzungserfolg einhergingen. Allerdings wird auch deutlich, dass es sich beim Statusstreben nicht um Positivsummenspiele handelt. Denn hier gibt es immer Verlierer, die aufgrund der ausgeprägten Verlustaversion mehr Ressourcen aufwenden werden, um den Statusabstieg zu vermeiden. Problematisch ist dabei, dass die Verluste doppelt so stark negativ wirken wie gleich hohe Gewinne. Eine durchlässige Gesellschaft wird am Ende als weniger positiv wahrgenommen werden und die Lebenszufriedenheit geringer, da die Verlustgefühle die Glücksgefühle der Gewinner immer übertreffen werden, wie Kahnemann (2011) mit seinen Forschungen zu »Loss Aversion«, »Status quo Bias« und der »Prospect Theorie« eindrücklich gezeigt hat.

Die evolutionäre Soziologie untersucht, wie sich Statusstreben und weitere, langfristige evolutionäre Entwicklungen durch kurzfristige Anpassungsprozesse des Verhaltens (wie die Sicherung der Nahrungsversorgung, das Aufsuchen einer Nische und die erfolgreiche Fortpflanzung) verbinden lassen, um soziale und wirtschaftliche Prozesse besser zu verstehen. Grundidee ist, dass soziale Strukturen und Verhaltensmuster das Resultat langfristiger Selektionsprozesse sind. Anders als in der Psychologie fristet die evolutionäre Soziologie aber immer noch ein Nischendasein neben anderen Mainstream-Soziologien, wie *Nicole Holzhauser* in ihrem Beitrag ausführt. Biologisch informierte Strömungen in der Soziologie orientieren sich an Prinzipien der natürlichen Selektion (z. B. inklusive Fitness, Verwandtenselektion) und sehen soziale Ordnungen als Produkt evolutionärer Prozesse. Kulturell-evolutionäre Ansätze wiederum betonen die Weitergabe von Normen, Ideen oder »Meme« durch soziale Lernprozesse, Imitation und Institutionalisierung. Beide Strömungen verstehen soziale Entwicklung als durch Variation, Selektion und Reproduktion gesteuert und passen somit gut zur evolutionären Ökonomik.

Ein bedeutender theoretischer Beitrag innerhalb der evolutionären Soziologie ist das Konzept des »Evolved Actors«. Es integriert biologische Prädispositionen mit sozialen Handlungskontexten und erklärt Verhalten als Ergebnis sowohl biologischer als auch sozialer Einflüsse. Eine Herausforderung dieser Perspektive bleibt jedoch die Erklärung kurzfristiger Verhaltensvariationen und deren Verbindung mit kollektiven Strukturen. Hieran knüpft die behaviorale Soziologie (oder Verhaltenswissenschaft) an und erklärt kurzfristige Lern- und Anpassungsprozesse, die durch Umweltfeedback und soziale Verstärkung entstehen. Historisch lassen sich diese in der Tradition behavioristischer und austauschtheoretischer Ansätze (z. B. Skinner, Blau, Homans) verorten, die Verhalten als durch Belohnungen und Sanktionen geformt verstehen. Neben dieser klassischen Variante, die externe Verstärkung betont, passt die kognitiv erweiterte Variante, die auch Informationsverarbeitung (Dual Process Models) berücksichtigt, besser zu verhaltensökonomischen Erklärungen, wie von Kahneman gezeigt (2011). *Nicole Holzhauser* präferiert daher die Behavioral Selection Theory (BST), die eine Brücke zwischen beiden Perspektiven schlägt und Selektion als universelles Prinzip betrachtet, das auf drei Ebenen wirkt: genetisch-biologisch, kulturell und operant (individuelles Lernen).

Dieses verhaltenswissenschaftliche »Multilevel-Modell« der Selektion integriert langfristige biologische und kulturelle Entwicklungen mit kurzfristigem Lernen und erlaubt eine formalisierte Modellierung sozialen Verhaltens. Zentrale Konzepte wie Kontingenzstrukturen (Verhalten in Abhängigkeit von Kontext und Konsequenz) ermöglichen es, sowohl individuelle Entscheidungen als auch kollektive Muster systematisch zu analysieren. Damit ist die verhaltenswissenschaftliche Selektionstheorie besonders anschlussfähig an andere Sozial- und Wirtschaftswissenschaften, da sie zeigt, wie Verhalten nicht nur durch Präferenzen oder Normen gesteuert wird, sondern durch soziale Rückmeldestrukturen selektiert wird. Dadurch lässt sich z. B. das

Zustandekommen nachhaltigen Konsumverhaltens oder die Etablierung von Institutionen differenziert analysieren und gezielt beeinflussen.

Allerdings ist diese Theorie deutlich weniger verbreitet als die Evolutionspsychologie, welche die tiefenpsychologische Erklärung von Freud verdrängt hat und heutiges, irrational erscheinendes Verhalten mit der langsamen Anpassung an Veränderungen erklären kann. Dazu zählen Selbstkontrollprobleme, wie *Fetchenhauer* und *Lang* schreiben, die weit verbreitet sind: Menschen konsumieren übermäßig, sparen zu wenig oder verhalten sich gesundheitsschädlich. Die traditionelle Standardökonomie betrachtet dies oft als »irrational« (vgl. Phelps, 2023, 71), während die Evolutionspsychologie es als Anpassung an eine frühere Umgebung erklärt, in der kurzfristige Vorteile oft überlebenswichtiger waren als langfristige Planungen (vgl. Kay/King, 2020, 154ff.). Während ökonomische Theorien Menschen häufig, aber keineswegs immer – früher stand bereits der »Haushalt« und nicht das Individuum im Mittelpunkt der Analyse – als Eigennutzmaximierer modellieren, zeigt die Evolutionspsychologie, dass Kooperation und Altruismus wichtige Überlebensstrategien waren: Menschen helfen anderen, um indirekt eigene Vorteile zu sichern, etwa durch Reziprozität oder Gruppenloyalität.

Allerdings ist Altruismus selektiv: Er tritt vor allem innerhalb der eigenen sozialen Gruppe auf. Dies kann zu Parochialismus oder Anti-Foreign Biases führen, also der Bevorzugung der eigenen Gruppe oder Nation. Dies könnte zumindest teilweise die große Unterstützung der US-Bevölkerung für die »America first«-Politik erklären. Die Abgrenzung gegenüber anderen stärkt den eigenen Zusammenhalt (Bonding Sozialkapital). Allerdings ist zur Vermeidung möglicher Missverständnisse zu betonen, dass »the association of evolution with far right causes including racism and extreme market fundamentalism, and with the aggressive selfishness which tramples others underfoot to make way for ourselves and our offspring, could hardly be further from the mark. Human evolution gave us the capacity – exceptional among species – to communicate with each other, learn from each other, persuade each other« (Kay/King, 2020, 161). Innerhalb der Gruppe wiederum orientieren sich Menschen als Herdenwesen stark am Gruppenverhalten. Sie streben nach sozialem Status, da dieser evolutionär mit Ressourcen und Fortpflanzungserfolg verknüpft war.

Dies erklärt beispielsweise, warum Menschen Luxusgüter kaufen oder sich stark an Vergleichen mit anderen orientieren. Dieser Wunsch nach Distinktion gegenüber anderen Menschen oder Gruppen wird in der soziologischen Literatur unter anderem mit den Begriffen des Status- oder Geltungskonsums (»conspicuous consumption«) assoziiert (Veblen, 1899). John Kenneth Galbraith (1958) wiederum kritisierte eine Gesellschaft im Überfluss (»affluent society«). Reckwitz entwickelte den Begriff der »Singularität« als »Streben nach Einzigartigkeit«, die in besonderem Maß »Singularitätsprestige« und »Singularitätskapital« verheißt (Reckwitz, 2019, 169ff.). Es gebe danach eine verbreitete Bewegung vom Lebensstandard zur Lebensqualität, ein das Alltagsleben der Mittelklasse bestimmendes Streben nach Selbstentfaltung und Selbstverwirklichung. Alle diese Befunde haben aber auch mit der mit zunehmendem Wohlstand verbundenen Ausdifferenzierung von Bedürfnissen zu tun. Wenn in der Maslowschen Pyramide der Bedürfnishierarchie die unteren drei Stufen (physiologische Bedürfnisse, Sicherheitsbedürfnisse, soziale Bedürfnisse) befriedigt sind, konzentrieren sich individuellen Anstrengungen mehr und mehr auf Individualbedürfnisse (Anerkennung und Wertschätzung) und auf Selbstverwirklichung.

Wie wir aber gerade erleben, sind Neu-Priorisierungen in dieser individuellen Bedürfnispyramide erforderlich, etwa wenn es zum Beispiel um eine bessere nationale oder europäische Verteidigungsfähigkeit gegenüber externen wie internen Gefährdungen geht (vgl. dazu den Beitrag von *Luise Quaritsch*). Die alte Debatte »Butter vs. Guns« ist wieder neu zu führen (Institut für Weltwirtschaft/Munich Security Conference, 2024). Die nationalen und europäischen Verteilungskämpfe nehmen auch deshalb zu, weil mit der neuen US-amerikanischen Administration völlig neue Herausforderungen auf die europäischen Sozialstaaten zukommen. Sich diesen Veränderungen nicht stellen zu wollen, zeugt von einem fehlenden Verständnis für die Hierarchie von Bedürfnissen.

Offenbar waren und sind die europäischen Gesellschaften noch zu weit oben auf der Maslowschen Pyramide angesiedelt, um zu akzeptieren, dass die zweite Bedürfnisstufe der Sicherheit höchst voraussetzungsvoll ist. Somit wird auch Sicherheitspolitik zunehmend wieder Teil des Gesellschaftsvertrages und konkurriert mit den liebgewonnenen sozialstaatlichen Präferenzen der europäischen Bürger: »Welfare has an impact on people's priorities and their values. When food, shelter and physical security are scarce, people give top priority to satisfy their immediate material needs. However, in times of economic security, as is the case in affluent welfare states, people no longer focus on survival, but shift priorities to issues such as belonging, esteem, freedom of choice and self-development. These priorities come with different values: not materialistic, but postmaterialistic ones« (Halman et al., 2022, 50).

Motivationsförderliche Gestaltung von Institutionen

Die Ausprägung von Leistungsmotivation und auch der Wille zum Aufstieg werden in Elternhaus und Schule grundgelegt. Im weiteren Lebensverlauf von Menschen hat aber auch die institutionelle Ausgestaltung der Sozialpolitik Einfluss auf die Anreize, aus eigener Kraft Einkommen und Status zu erarbeiten. Der Beitrag von *Hans-Peter Klös* und *Judith Niehues* verdeutlicht am Beispiel des sogenannten »growth accounting«, wie sich sozialstaatliche Institutionen auf das Arbeitsangebot und die Arbeitsnachfrage auswirken können. In einer »Wachstumsbuchhaltung« bestimmt das in einer Volkswirtschaft realisierte Arbeitsvolumen neben dem Kapitaleinsatz und dem technischen Fortschritt die Höhe des Sozialprodukts und damit das realisierbare Wohlstandsniveau.

Am Beispiel der Mindestlohnfindung, der Gestaltung der Grundsicherung sowie des Steuer- und Transfersystems lässt sich zeigen, dass eine ganze Reihe von gewachsenen sozialstaatlichen Regeln negative Anreize zur Ausdehnung des Arbeitsangebots ausüben können. Dazu zählen etwa eine unsystematische Verzahnung verschiedener Einkommensbestandteile in der Grundsicherung (z. B. Bürgergeldregelsatz, Wohngeld, Kinderzuschlag, Kindergeld, Unterhaltsvorschuss), die beitragsfreie Mitversicherung von Ehegatten und auch die Minijobregelungen. Zudem folgen aus der unterschiedlichen Höhe des festgesetzten sächlichen Existenzminimums in der Grundsicherung und der am Medianeinkommen der gesamten Bevölkerung geankerten Definition der sogenannten Armutsgefährdungsschwelle stets verteilungspolitische Konflikte. Nach einer Analyse des Koalitionsvertrages von Union und SPD ist noch nicht erkennbar, dass das aus demografischen Gründen rückläufige Arbeitsangebot im Zentrum von Reformbemühungen zur Stabilisierung der Sozialversicherungen steht.

In den verschiedenen Zweigen des Steuer- und Sozialrechts wird zudem mit verschiedenen Einkommensbegriffen gearbeitet. Am Beispiel der bisher nicht gelungenen und auch im neuen Koalitionsvertrag nicht vorgesehenen Einführung eines Klimageldes zur Abfederung möglicher überproportionaler Belastungen von einkommensschwachen Haushalten durch höhere Energiepreise und Umweltkosten wurde aber deutlich, dass die Zusammenführung verschiedener Steuer- und Sozialversicherungsdaten bisher auch deshalb nicht gelungen ist, weil eine umfassende Angleichung verschiedener Einkommensbegriffe auch wegen ihrer unterschiedlichen (verfassungs-)rechtlichen Prinzipien bisher kaum möglich ist (Nationaler Normenkontrollrat, 2023, 87). Gleichzeitig ist ein modularer Einkommensbegriff aber für ein digitaltaugliches Recht notwendiger denn je, denn in den öffentlichen Verwaltungen Deutschlands gibt es derzeit mehrere hundert Register und mehrere zehntausend IT-gestützte Verwaltungsverfahren, die zweckgebunden und bislang weitestgehend unabhängig voneinander agieren (ebd., 10). Hier zeigt sich, dass gerade die Funktionsfähigkeit von Verwaltungsstrukturen eine mikroökonomische Grundlage für die anreizfördernde Gestaltung von sozialpolitischen Institutionen darstellen. Eine »digitalpolitische Institutionenblindheit« kann daher die Entwicklung von Wirtschaft und Gesellschaft behindern.

Der Hinweis auf den Zusammenhang zwischen einer entwicklungspsychologisch fundierten Leistungsmotivation und einer anreizförderlichen Gestaltung sozialpolitischer Institutionen erscheint auch deshalb geboten, weil sich daran weitere nicht primär ökonomiebasierte Theoriestränge andocken lassen, die für das Oberthema dieses Bandes – Wirtschaft und Evolution – bedeutsam sind. Dies bezieht sich auch auf die Existenz von sogenannten »animal spirits«, wonach rationale ökonomische Motive auch von Instinkten beeinflusst sind (vgl. Akerlof/Shiller, 2009, 10): »Wenn wir also die Wirtschaft verstehen wollen, müssen wir herausfinden, auf welche Weise sie von den ›animal spirits‹ beeinflusst wird. Während Adam Smiths unsichtbare Hand den Kerngedanken der klassischen Wirtschaftstheorie bildet, sind Keynes' ›animal spirits‹ der Kerngedanke eines Modells von Wirtschaft, das die fundamentale Instabilität kapitalistischer Wirtschaftssysteme zu erklären vermag« (ebd., 10). Diese »animal spirits« sind einerseits potenzielle mikroökonomische Auslöser von makroökonomischen Krisen, wie etwa die Weltfinanzkrise 2008/2009 zeigte, als die Weltwirtschaft in eine tiefe Rezession gestürzt wurde. Hier gab es ein klares Herdenverhalten, ausgelöst durch die sogenannte »Subprime-Krise« auf dem US-amerikanischen Wohnungsmarkt.

Anderseits scheint es ohne »animal spirits« keine oder nur eine langsamere wirtschaftliche Entwicklung zu geben, wie etwa das Innovationsgeschehen zeigt: Wenn nicht Forscher, Entdecker, Erfinder und Unternehmer eine Gesellschaft antreiben, sie aus dem Gleichgewicht stoßen, disruptieren und verändern, verläuft der Wachstumspfad flacher (Gil, 2013). Zudem treten innovationsfördernde »animal spirits« auch oft noch regional konzentriert auf, wie der Beitrag von *Ted Baker* und *Friederike Welter* am Beispiel des Silicon Valley zeigen kann: Im Such- und Matchingprozess, der zu Innovationen führt, treffen Unternehmer, die nach Mitteln suchen, auf Kapitalgeber, die nach neuen Ideen suchen, die sie finanzieren können. Dies führt dann zu einem hohen Konzentrationsgrad von Innovationen in Raum und Zeit, wie dies für das Silicon Valley typisch ist. In einem Schumpeterschen Verständnis der schöpferischen Zerstörung wiederum kann das zu einem rationalen Herdenverhalten von Unternehmen führen, das Zeichen von »animal spirits« tragen kann.

In einer solchen »Schumpeter-Ökonomie« ist gerade eine Ko-Evolution mehrerer Teilpopulationen innerhalb eines sozioökonomischen Systems innovationsfördernd (Almudi et al., 2024). Wenn es dann in einer mehr denn je wissensbasierten Ökonomie – namentlich in Agglomerationsräumen – auch noch positive lokale Externalitäten (sogenannte Agglomerationsexternalitäten) gibt, die zu einem endogenen Wachstum in einer Region führen können, werden diese Effekte noch einmal verstärkt und gehebelt (Moretti, 2012). Das evolutorische Phänomen der »animal spirits« lässt sich auch innnovationspolitisch durch das Denken in Ökosystemen und Clustern mit Skaleneffekten und Wissensexternalitäten fruchtbar machen, wie *Baker* und *Welter* zeigen. Insbesondere die Existenz von Wissensexternalitäten stellt in der ökonomischen Theorie eine tragfähige Begründung für staatliche industriepolitische Aktivitäten dar, etwa im Bereich künstlicher Intelligenz und nun zunehmend auch im sicherheits- und verteidigungspolitischen Bereich. Diesbezüglich weist auch der Koalitionsvertrag von Union und SPD zahlreiche Ansatzpunkte auf, die auch die Raumfahrt, die Fusionsforschung und weitere Schlüsseltechnologien umfassen. Klar ist dabei, dass zwar die Grenzen zwischen Innovations- und Industriepolitik fließend sind, dass aber beide Politikfelder für die strukturelle Entwicklung des Landes sehr relevant sind.

Wechselt man dazu von der gesamtwirtschaftlichen Ebene auf die Unternehmensebene und die personale Ebene, so wird auch die Bedeutung organisationalen und personalen Handelns für die Bewältigung struktureller Veränderungen deutlich. Der Beitrag von *Rahild Neuburger* hebt die Fähigkeit von Unternehmen hervor, durch eine erhöhte organisationale Resilienz als »Kernressource moderner Organisationen« auf den multiplen Transformationsdruck zu reagieren. Dieses Unternehmenshandeln wiederum setzt auch die individuelle Mitwirkung von Beschäftigten voraus. In der Entwicklungs- und Sozialpsychologie werden verschiedene »Säulen der Resilienz« unterschieden, die Einfluss auf die personale Widerstandskraft haben, z. B. Optimismus, Akzeptanz, das Verlassen der Opferrolle, Lösungs- und Zielorientierung, die Übernahme von Verantwortung, Zukunftsorientierung, Selbstwirksamkeit, Toleranz, Fokussierung und emotionale Selbstregulierung. Diese »personal traits« sind in einer evolutiven Perspektive hochbedeutsam, weil sie für die Unternehmensentwicklung ein zentraler Erfolgsfaktor sind. Es ist deshalb für *Neuburger* auch und gerade eine

Aufgabe von Unternehmen, Organisationsstrukturen zu entwickeln, mit denen die personale Widerstandskraft entwickelt und gestärkt werden kann, um in turbulenten, von »animal spirits« getriebenen Umwelten resilient bleiben zu können.

Eine offene Frage ist derzeit, inwiefern betriebliche Organisationsstrukturen einerseits und die personale Resilienz andererseits von der zunehmenden Verbreitung von KI-Techniken betroffen sein werden. Die Literatur dazu wächst derzeit ebenso rasant wie der politische Gestaltungsbedarf, der sich zwischen der Unterstützung einer raschen Expansion einerseits und einer einhegenden Regulatorik andererseits bewegt (Kerry et al., 2025). Europa schlägt mit dem im Jahr 2024 beschlossenen AI-Act mit seiner Klassifizierung von fünf Risikoklassen für die Entwicklung von KI-Anwendungen und neuer KI-gestützter Services eher einen regulierenden Weg ein, während die neue US-Regierung etwa das Memorandum des Pariser KI-Gipfels am 11. Februar 2025 für eine »inklusive und nachhaltige KI« nicht unterzeichnete. Dahinter stehen vollständig unterschiedliche Leitbilder bezüglich der Chancen und Risiken technischer Entwicklung: Hier konkurriert das eher amerikanische Leitbild eines ausgeprägten »Techno-Optimismus« und eines »effective accelerationism« mit eher europäischen Konzepten des »longtermism« und eines »effective altruism«. Während die beiden letzteren Konzepte das langfristige Überleben der Menschheit bzw. die Verbesserung altruistischen Verhaltens zum Gegenstand haben, wird dem ersten Konzept eine Tendenz bescheinigt, sich für einen maximal unbeschränkten und sich weiter beschleunigenden technischen Fortschritt einzusetzen.

Der beschriebene Unterschied in der unterschiedlichen Einschätzung von Chancen und Risiken der technischen Entwicklung ist evolutiv naturgemäß von größter Bedeutung. Die dramatischen Fortschritte in der künstlichen Intelligenz zwingen uns heute, unser Verständnis davon zu überdenken, was Intelligenz wirklich ist: »Das vielleicht größte kopernikanische Trauma des KI-Zeitalters besteht einfach darin, sich damit abzufinden, wie alltäglich allgemeine und nichtmenschliche Intelligenz sein kann« (Agüera y Arcas/Manyika, 2025, 4, Ü. d. V). Dass eine solche kopernikanische technologische Wende für die weitere Entwicklung von Gesellschaften und Ökonomien von herausgehobener Bedeutung ist, scheint inzwischen ausgemacht zu sein. Der Beitrag von *Justus Haucap* in diesem Band macht deutlich, wie wichtig gerade deshalb die Wettbewerbs- und Eigentumsordnung für die weitere wirtschaftliche Entwicklung ist. Wettbewerb ist in der üblichen Alltagsbetrachtung[53] seiner Natur nicht kooperativ, er bringt Verlierer und damit auch Enttäuschungen mit sich. Europa droht im Technologiewettbewerb mit den USA und mit China derzeit eher Verlierer als Gewinner zu sein. Dies gilt nicht nur für die Entwicklung der KI, sondern gene-

---

53 »Angesichts einer solchen Wahrnehmung, die sich wie von selbst aufdrängt, bedarf es einer Konzeptualisierung, die den phänomenologischen Eindruck theoretisch korrigiert. [...] Das, was wie ein Nullsummenspiel aussieht, ist in Wirklichkeit – zumindest potenziell – ein Positivsummenspiel, in dem es gemeinsame Interessen aller Bürger gibt. Von diesem Punkt aus muss Gesellschaft gedacht werden. Sie erscheint dann im Kern ein als ein kooperatives Unternehmen, ein Projekt der wechselseitigen Zusammenarbeit. In diese Zusammenarbeit eingelassen sind Sphären der Konkurrenz [...].« (Pies, 2016, 24; vgl. auch Lütge, 2014, 52f.).

rell für den gesamten Plattformmarkt, bei denen US-amerikanische Plattformen eine überragende Marktmacht aufweisen und dadurch ein Plattformkapitalismus und Datenkapitalismus ganz eigener Prägung entstanden ist.

Insbesondere der Zugriff auf Daten ist zentral für zahlreiche wirtschaftliche Aktivitäten der digitalen Ökonomie. Charakteristisch für Plattformen sind sogenannte Netzwerkeffekte, wobei zwischen direkten und indirekten Netzeffekte unterschieden wird: Direkte Netzeffekte entstehen direkt dadurch, dass sich mehr andere Nutzer derselben Art einem Netz anschließen. Indirekte Netzeffekte wirken sich dagegen erst indirekt für andere Nachfrager aus, wenn der Nutzen der potenziellen Käufer steigt, je mehr Anbieter es gibt. Durch direkte und indirekte Netzeffekte können starke Konzentrationstendenzen ausgelöst werden. Das stellt auch die Wettbewerbspolitik vor neue Aufgaben. Digitale Märkte auch gegen Widerstände zu öffnen und offen zu halten, ist daher eine wichtige Aufgabe der Wettbewerbspolitik. Leitbild der Wettbewerbspolitik ist das Konzept des wirksamen Wettbewerbs, auch und gerade auf den Plattformmärkten. Um den Wettbewerb auf Märkten zu schützen, stützt sich das Kartellrecht weltweit auf drei Säulen: (1) das Kartellverbot, (2) die Kontrolle des Verhaltens von mächtigen Marktteilnehmern sowie (3) die Fusionskontrolle. Aber wie der Beitrag von *Justus Haucap* zeigt, stellen sich diesbezüglich durch die Digitalisierung und die rasante Geschwindigkeit bei der Verbreitung und Nutzung künstlicher Intelligenz auch für die Eigentumsordnung neue Herausforderungen.

Die Wettbewerbs- und Eigentumsordnung wiederum ist integraler Bestandteil einer regelbasierten Sozialen Marktwirtschaft. *Jochen Andritzky* und *Nils Hesse* zeigen in ihrem Beitrag, dass und wie durch einen dezentralistisch aufgebauten und langfristig ausgerichteten Politikansatz die Gesellschaft nicht von oben transformiert werden muss, sondern dass der erforderliche organische Wandel innerhalb einer Wettbewerbs- und Gesellschaftsordnung eher durch ein prinzipiengeleitetes langfristiges politisches Denken und Handeln gelingen kann: »In einer prinzipiengeleiteten Sozialen Marktwirtschaft geht es nicht um mehr oder weniger Europa, nicht um mehr oder weniger Migration, nicht um mehr oder weniger Klimaschutz, nicht um mehr oder weniger soziale Absicherung und nicht um mehr oder weniger Digitalisierung, sondern um eine vertiefte und dennoch subsidiäre EU, um eine rechtsstaatliche Migrationspolitik, um eine globale marktwirtschaftliche Klimaschutzpolitik, um eine nachhaltige Sozialpolitik, die moderne Lebensrealitäten berücksichtig, und um eine visionsgeleitete Technologiepolitik.« Hinzuzufügen ist, dass es dafür einer äußeren und einer inneren Freiheit bedarf: Dabei bedingen sich die äußere Freiheit zum Wettbewerb im Rahmen einer Wettbewerbsordnung (= Staat) und die innere Freiheit zur wirtschaftlichen Teilhabe und Anstrengung (= Bürger) gegenseitig und sie bedürfen einander. Eine erhebliche Einschränkung dieses fundamentalen funktionalen Zusammenhangs würde aus einer evolutiven Perspektive Hand an die Wurzel des Wohlstandes legen, wie *Andritzky* und *Hesse* zeigen.

Vermeidung evolutionärer Fehlentwicklungen

Es fällt nicht schwer, auch hinter der oben beschriebenen wirtschaftlichen Polbildung bei der Nutzung von Technik die Prävalenz von »animal spirits« zu vermuten. Offenbar werden hier auch Triebkräfte menschlichen Verhaltens sichtbar, die sich einer engen ökonomischen Betrachtung entziehen. Ein Band über den Zusammenhang zwischen Wirtschaft und Evolution kann deshalb auch nicht aussparen, in welcher Weise es zu evolutionären Fehlentwicklungen kommen kann. Ein augenöffnendes Beispiel für eine solche Fehlentwicklung ist, in welch disruptiver Weise etwa der Ausgang von einzelnen Wahlen zu »paradigm shifts« führen kann, welche die etablierten Grundsätze einer regelbasierten Ordnung binnen kürzester Zeit auszuhebeln in der Lage sind (zu einer ersten Einschätzung für die USA Puglierin et al., 2025; vgl. bereits früher Beckley, 2020, und Cooley/Nexon, 2021). Tatsächlich profitierte insbesondere die Bundesrepublik von dieser regelbasierten multilateralen Ordnung der Welt, wie der Beitrag von *Rainer Hillebrand* sehr differenziert zeigt. Zugleich verdeutlicht der Aufsatz jedoch, dass sich Deutschland nun nach nicht wenigen »Weckrufen« und insbesondere der erneuten Wahl von Präsident Trump den neuen Realitäten einer »neorealistischen« (Ulrich Leuchtmann) Ausrichtung der USA stellen muss.

Um künftig resilienter zu sein und um solche »unpleasant surprises« wie die jetzige Situation einer sehr wahrscheinlich kollektiv schädlichen (Wirtschafts-)Politik eines besonders einflussreichen Staates zu vermeiden und dauerhafte Wohlfahrtssteigerungen aller beteiligten Länder zu ermöglichen, sollten daher, wie *Rainer Hillebrand* zeigt, die oben beschriebenen Gefangenendilemma-Situationen im Bereich der internationalen Handelsordnung durch verbindliche Wettbewerbs- und Handelsregeln vermieden werden. Allerdings hat sich das derzeitige »Dilemma internationaler Ordnungspolitik« durch den Exit der früher wohlwollend agierenden Hegemonialmacht USA deutlich akzentuiert. »In diesem Zusammenhang gibt es im Grunde nur zwei sinnvolle außenwirtschaftspolitische Strategien. Einerseits geht es um Ex-ante-Maßnahmen, die die Materialisierung von Risiken minimieren, und andererseits um Ex-post-Strategien, die die Schäden bei Eintritt der Risiken möglichst klein halten« (Felbermayr, 2024, 9).

Die Abkehr der Hegemonialmacht USA von einer regelbasierten Ordnung wurzelt aber noch deutlich tiefer und weist auch eine verhaltenspsychologische Dimension auf. Inzwischen wird verstärkt über die Bedeutung von persönlichem Narzissmus als einer Triebkraft menschlichen Verhaltens für das Streben nach Macht diskutiert. Die Forschung unterscheidet dabei einen gesunden, positiven Narzissmus einerseits, der genügend Selbstvertrauen ermöglicht, aber auch einen »pathologischen Narzissmus« andererseits, der aber unter anderem auch die Risikobereitschaft und das Gewinnstreben fördert (Hirogoyen, 2020, 10ff.). Narzissmus gilt dabei als eine »vollkommene Selbstsetzung jedes Einzelnen«, bei der das ›Ich‹ alle vorgegebenen Kategorien zurückweist und zu einer absoluten Selbstbezüglichkeit »mittels Negation der Sozialität« führt (Charim, 2022). Damit tritt die Ambivalenz narzisstischer Persönlichkeitsmerkmale für die Entwicklung von Wirtschaft und Gesellschaft deutlich hervor. Dies stellt eine weitere Querverbindung zwischen der evolutorischen Grundausstattung von Menschen und der Gestaltung ihres Zusammenlebens her.

Zudem scheint es auch einen Zusammenhang zwischen einem individuellen Narzissmus und einem gesellschaftlichen Autoritarismus zu geben (Bierhoff, 2011). In einer Typologie von Sozialer Dominanzorientierung (SDO) gibt es beträchtliche Schnittmengen zwischen beiden Verhaltensmerkmalen: So stellen der Aufbau, die Aufrechterhaltung und Verteidigung der eigenen Dominanzstellung, eine defensive Verteidigung hoher Ansprüche und das Durchsetzen des eigenen Aufstiegs Merkmale des Narzissmus dar, während die Akzeptanz und die Aufrechterhaltung gesellschaftlicher/sozialer Hierarchien, Vorurteile, die Abwertung gesellschaftlicher Minderheiten, ethnozentrische und nationalistische Tendenzen sowie eine hohe Identifizierung mit der Eigengruppe Merkmale des Autoritarismus darstellen. Ferner gibt es auch Ähnlichkeiten zwischen autoritären Staatsformen und wirtschaftlichen Monopolstrukturen: »Beide Kollektive, also autoritäre Staaten wie internationale Monopole im Bereich der Sozialen Medien, sind natürlich Feinde einer auf Überlegung und Abwägung beruhenden Demokratie« (Hübl, 2019, 329). Ähnliche Besorgnisse werden mit Blick auf die Verquickung politischer und wirtschaftlicher Macht in der neuen US-Administration geäußert: Die USA stünden derzeit bereits an der Schwelle zum »kompetitiven Autoritarismus« (Levitsky/Way, 2025).

Dass Autoritarismus eine Herausforderung für liberale Demokratien sein kann, wird nicht erst seit den Ergebnissen der letzten Bundestagswahl auch für Deutschland verstärkt diskutiert, aber es lässt sich auch gut an den Entwicklungen in der EU ablesen, wie *Luise Quaritsch* in diesem Band zeigt. Zum einen hat die Union mit einer veränderten außenpolitischen Bedrohungslage zu tun, die bei den Mitgliedstaaten verstärkte Anstrengungen bei der Umsetzung aktueller und künftiger gemeinsamer EU-Initiativen zur Stärkung der europäischen Verteidigungsfähigkeiten und der industriellen und technologischen Basis der europäischen Verteidigung auslöst. Zum anderen geht es nicht nur um territoriale Integrität, sondern auch um den Erhalt der liberalen Demokratie nach innen. Die EU will die Institutionen der liberalen Demokratie effektiv schützen, denn die demokratischen Standards in Europa seien in den letzten zehn Jahren kontinuierlich gesunken: Seit 2013 wurden acht Mitgliedsstaaten auf dem unabhängigen Demokratieindex des V-Dem Instituts von liberalen Demokratien zu Wahldemokratien herabgestuft. Insbesondere Meinungsfreiheit und Pressefreiheit stehen dabei unter Druck. Deshalb ist die wechselseitige Garantie von Demokratie, Rechtsstaatlichkeit und Grundrechten eine angemessene europäische Antwort auf weltweit zunehmende Autoritarismus-Tendenzen.

Aber auch schon vor den gegenwärtigen weltpolitischen Tendenzen gab es keine naturgesetzliche Entwicklung hin zu demokratischen Systemen, und eine »Demokratiedämmerung« ist auch in Deutschland nicht auszuschließen (Selk, 2023). Autoritarismus stellt eine potenzielle Bedrohung von Freiheit dar. Nach dem Diktum des Staatsrechtlers Böckenförde aus dem Jahr 1964 lebt der freiheitliche, säkularisierte Staat »von Voraussetzungen, die er selbst nicht garantieren kann«. Das könne aber nur dann gelingen, wenn sich die Freiheit aus der moralischen Substanz des Einzelnen heraus legitimieren könne. Das ist gleich in doppelter Hinsicht bedeutsam: Zum einen drängt sich die noch nicht abschließend beantwortete Frage auf, ob und inwieweit ein bestimmtes Verhalten evolutionsbiologisch vorgeprägt ist oder ob es durch bestimmte Faktoren entwickelt werden kann. Nach einer neuen Replikationsstudie ist zum Beispiel das Moralempfinden bei Menschen nicht angeboren: Kinder unter zehn Monaten sind noch nicht in der Lage, eine gute von einer schlechten Tat zu unterscheiden (Lucca et al., 2025). Zum anderen verbindet sich damit die Frage, wie die Spielregeln menschlichen Verhaltens gestaltet werden können, denn gute Regeln helfen beim Sparen von Moral. Solche guten Regeln sind für die wirtschaftliche Entwicklung von herausragender Bedeutung, denn diese ist ohne einen Wettbewerb, der Anreize zu materiellem und immateriellem Verdienst gleichzeitig (»merit und achievement«) bietet, nicht funktionsfähig.

Die Bedeutung der für die gesellschaftliche und wirtschaftliche Evolution so wichtigen Existenz eines freien Willens des Menschen für die Befähigung zur Freiheit wird indessen vielfach hinterfragt: »Der Mensch kann tun, was er will, aber er kann nicht wollen, was er will« (Arthur Schopenhauer). Ob der Mensch einen freien Willen hat, ist bis heute zwischen Philosophie und Neurowissenschaft nicht endgültig beantwortet worden. Zwar besitze jedes Lebewesen einen Willen, das zu tun, was seinem Fortbestehen dient. Der Wille sei aber nicht frei in dem Sinne, dass er absolut unbeschränkt ist. Die Vorstellung eines freien Willens sei möglicherweise eine Illusion, die das Gehirn erzeugt. Ob aber diese Illusion nur eine Begleiterscheinung eines hochkomplexen Nervenzellnetzwerks oder ein Produkt der Evolution ist, welches das Überleben fördert, ist umstritten (Rösch, 2025). Während die Theorie des Behaviorismus menschliches Bewusstsein und freien Willen für eine Illusion hält und menschliches Verhalten als ausschließliche Reaktion auf Reize aus der Umwelt postuliert, argumentiert etwa der Neurogenetiker Kevin Mitchell, dass ein freier Wille allen physikalischen Gesetzmäßigkeiten zum Trotz existiert, ja sogar gerade ein Produkt der Evolution ist. Alle Lebewesen sind danach »autonome Entitäten, die mit einem Zweck ausgestattet und in der Lage sind, eigenständig zu agieren« (2023, 19).

Alles in allem sind mithin unsere menschlichen Handlungen also nicht von vornherein festgelegt, weil wir Menschen handelnde Akteure und keine Automaten sind. Für den Zusammenhang zwischen Wirtschaft und Evolution ist diese Fähigkeit zum eigenständigen Agieren gerade deswegen bedeutsam, weil stets eine Gefahr besteht, dass es zu evolutionären Fehlentwicklungen kommt. Die Korrektur von Fehlentwicklungen durch Anpassung ist deshalb eine grundlegende evolutive Fähigkeit. Während in der Darwinschen Trias zunächst die Mechanismen Variation, Selektion und Replikation als universaler Algorithmus fungieren, stellt die Anpassungsfähigkeit von Menschen gleichsam eine Art »Superkompetenz« dar (Naughton, 2022, 13). Dieser Anpassungsprozess wird auch vom Einfluss unterschiedlicher Eigenschaftsvarianten auf den transgenerationalen Reproduktionserfolg bestimmt. Auch die Mikroökonomik modelliert Anpassungen von Menschen als Reaktion auf Datenänderungen und externe Schocks. Aber die evolutorische Ökonomik geht darüber hinaus und betont, dass sich neben vielen individuellen Gründen für die Entscheidungen auch die weiter oben betonten generischen und kulturellen Verhaltensdispositionen identifizieren lassen, aus denen dann ein intergenerational wirksamer Anpassungsprozess resultiert.

Nachhaltigkeit als »evolutive Superkompetenz«

Ein anderes markantes Beispiel für eine deutliche evolutive Fehlentwicklung stellt die Tendenz zur Übernutzung von natürlichen Umweltressourcen dar (*Ulrich Witt*, in diesem Band). Deshalb kann in diesem Themenfeld auch ein besonders dringlicher Bedarf an einer evolutionären Superkompetenz gesehen werden. Zwar lassen sich in entwickelten Ökonomien Indizien für eine beginnende Entwicklung hin zu einer gewichtslosen Ökonomie (»weightless economy«) und einer »Entstofflichung« eines zunehmenden Teils der Wertschöpfung finden. Doch nach dem IPAT-Modell von Ehrlich und Holdren – Umweltbelastungen (*Impact*) sind das Produkt aus den Faktoren Bevölkerung (*Population*), Wohlstand (*Affluence*) und Technologie (*Technology*) – ist weiterhin davon auszugehen, dass die Zunahme der Weltbevölkerung und des Wohlstands die effizienzsteigernden und umweltentlastenden Effekte eines ressourcensparenden technischen Fortschritts einstweilen noch überkompensieren und zu einem »Rebound-Effekt« führen werden, da die Kosten für die Nutzung der Ressourcen zurückgehen (Pearce, 2018). Kritiker der herrschenden Wirtschaftsordnung, wie etwa die verbreiteten Theorien von »Degrowth« und einer Postwachstumsökonomie, halten deshalb zur erforderlichen Erreichung der klimapolitischen Ziele eine schrumpfende Wirtschaft für erforderlich. Verkürzt stehen sich für eine gedeihliche zukünftige Entwicklung von Gesellschaften eine »More from less«-Philosophie (z. B. Andrew McAfee) und eine »All you need is less«-Perspektive (z. B. Nico Paech) gegenüber (Klös, 2024, 165ff.).

Der Wirtschaftsnobelpreisträger des Jahres 2018, William Nordhaus, bezeichnete in seiner Nobelpreisrede den Klimawandel als »the ultimate challenge for economics«, hätte aber auch »for evolution« schreiben können. Die wichtigste Maßnahme gegen eine Verschärfung der Klimakrise ist für ihn die Vermeidung und Verminderung von Treibhausgasemissionen. Bei den Vermeidungsstrategien sind stets – auch hier gilt das ökonomische Prinzip – jene zu bevorzugen, bei denen mit einem gegebenen Mitteleinsatz ein größtmöglicher klimapolitischer Ertrag erzielt werden kann. Dazu ist stark auf ökonomische Anreizelemente zurückzugreifen, weil die Vermeidung und Verminderung von Emissionen mit außerordentlich großen finanziellen Anstrengungen verbunden sind: »So that leaves [...] abatement as the only realistic option to deal with climate change. Unfortunately, this approach is an expensive option« (2018, 447). Umso wichtiger ist die Wahl von anreizkompatiblen Instrumenten, die – nach dem Motto »Belohnen statt Bestrafen« – nicht nur für eine nationale Ebene, sondern auch international die Einsparung von klimaschädlichen Emissionen belohnen und deren Produktion negativ bepreisen.

Der Entwicklung des Nachhaltigkeitsgedankens und dessen Konkretisierung sowie Institutionalisierung widmet sich *Theresa Eyerund* in ihrem Beitrag. Der zentrale Aspekt der evolutionären Ökonomik, die Persistenz und Trägheit institutioneller Strukturen, machen bestehende Institutionen oft widerstandsfähig gegenüber Wandel, da sie den etablierten Akteuren Vorteile bieten. Die nachhaltigkeitsbezogenen Entwicklungen der letzten Jahre könnten vor diesem Hintergrund als ein seltenes »window of opportunity« verstanden werden, das insbesondere durch das Pariser Klimaabkommen und gesellschaftliche Bewegungen wie »Fridays for Future« geöffnet wurde. Allerdings stellt sich *Theresa Eyerund* die skeptische Frage, ob dieses Fenster groß genug und lange genug offen war, um langfristige institutionelle Transformationen zu verankern, oder ob die abnehmende öffentliche Aufmerksamkeit darauf hindeutet, dass ein Rückschlag droht, z. B. durch den Austritt der USA aus dem Klimaabkommen, der inzwischen bereits angekündigt worden ist. Zudem haben militärische Entwicklungen den Klimaschutz derzeit generell etwas in den Hintergrund der öffentlichen Aufmerksamkeit gedrängt.

Ein weiteres zentrales Konzept der evolutionären Ökonomik ist die Pfadabhängigkeit. Einmal etablierte Normen und Institutionen beeinflussen künftige Entwicklungen und erschweren abrupte Kurswechsel. In diesem Kontext ist die formale Institutionalisierung von Nachhaltigkeitsregulierungen ein bedeutender Schritt, da sie informelle Normen verstetigt und Verhaltensweisen verändert. Dabei droht jedoch das Phänomen des »Crowding-out«, bei dem moralische Überzeugungen und Motivationen durch formale Regeln verdrängt werden, sowie die Gefahr einer zu starken Bürokratisierung, die die Akzeptanz der Regulierung mindert (»Reaktanz«). Zugleich trägt die Formulierung einer moralischen Überlegenheit einer bestimmten Gruppe, die sich für besonders nachhaltig hält, andere Positionen und Meinungen als unmoralisch abtut und den Diskurs verweigert, zur Entwicklung von Gegenbewegungen bei. Eine ausschließlich deontologisch fundierte Argumentation, aber auch die Tugendethik helfen bei der Verwirklichung einer Nachhaltigkeitssuperkompetenz nicht weiter. Denn es bedarf immer auch einer Kosten-Nutzen-Analyse, da ein »Whatever it takes« (»Koste es, was es wolle«) am Ende sehr teuer werden kann und dadurch womöglich das Gegenteil des Angestrebten erreicht wird. Hübl (2024) nennt dies dann »Moralspektakel«, bei dem das eigentliche Ziel auf der Strecke bleibt, wenn nur die Haltung zählt.

Die evolutionäre Ökonomik betont deshalb die Notwendigkeit von Effizienzüberlegungen einerseits und die Rolle von Wettbewerb und Anpassungsmechanismen andererseits. Marktmechanismen allein können Nachhaltigkeitsziele aber oft nicht erreichen, da Umwelt- und Sozialkosten häufig externalisiert werden. Daher sind Korrekturmechanismen erforderlich, etwa durch die Internalisierung externer Effekte mittels einer CO_2-Bepreisung oder Transparenzverpflichtungen im Finanzsektor. Solche Mechanismen stehen jedoch vor politischen Akzeptanzproblemen, da sie oft als ungerecht oder wettbewerbsverzerrend wahrgenommen werden – und als »von oben« verordnet. Da Lernprozesse und iterative Anpassungen jedoch notwendig sind, sind ordnungsökonomische und ordnungsrechtliche Eingriffe teilweise unumgänglich. Aber institutioneller Wandel ist selten linear und erfordert eine kontinuierliche Reflexion und Verbesserungen. Die gegenwärtige politische und gesellschaftliche Frustration über die Wirksamkeit von Klimapolitik kann als Teil eines größeren evolutionären Prozesses verstanden werden, in dem erfolgreiche Strategien beibehalten und ineffiziente Mechanismen verworfen werden.

Dabei ist institutionenökonomisch interessant, wie die konkrete Ausgestaltung anreizkompatibler Instrumente aussehen könnte (vgl. dazu Felbermayr/Braml, 2024, 230f.). Die wichtigste Säule einer marktbasierten Klimapolitik sollte deshalb eine Bepreisung des Umweltverbrauchs durch eine CO_2-Steuer sein. Das Problem dabei: Weil es sich bei klimaschädlichen Emissionen um eine globale Externalität handelt, kann eine Senkung der CO_2- und Methanemissionen auch nur mit einer globalen Politik erreicht werden, denn sonst drohen bei einer klimaschützenden Transformation der nationalen oder europäischen Industrie der Verlust international konkurrenzfähiger Produktionsstandorte und eine Verlagerung der Produktion wie auch der Emissionen an außereuropäische Standorte mit niedrigeren Energiekosten (Carbon Leakage). Deshalb schlägt William Nordhaus zur Herstellung eines »Level Playing Field« für Produktionen mit unterschiedlichen Maßstäben sogenannte »Klimaclubs« vor: »So, what is the idea of a climate club? The notion is that nations can overcome the syndrome of free-riding in international climate agreements if they adopt the club model rather than voluntary arrangements« (Nordhaus, 2018, 462). Mit einer solchen Kopplung von steigenden CO_2-Preisen und der Etablierung von Klimaclubs könnte ein im Grundsatz marktwirtschaftliches Instrument für einen weltweit regelbasierten Klimaschutz aufgebaut werden.

Für eine konkrete Ausgestaltung des Klimaclubs sollten zwei Prinzipien handlungsleitend sein: Wenn Mitglieder des Clubs ihre Emissionsziele nicht einhalten, werden sie dafür sanktioniert. Das wichtigste Lenkungsinstrument müssen daher erstens Zielpreise für CO_2 sein, nicht bestimmte Reduktionen von Emissionsmengen, wie sie etwa im Pariser Abkommen und im Kyoto-Protokoll vereinbart worden sind. Vor allem die Festlegung eines einzigen globalen CO_2-Preises statt verschiedener Preise und Emissionsmengen ist zentral: »In voting on a price, countries can simply negotiate for one that is near their top choice. [...] With quantities, the voting is much more complicated. There is not only a global total, but also a set of national caps« (Nordhaus, 2018, 462). Zum anderen bedarf ein Klimaclub auch eines Kohlenstoff-Grenzausgleichs für die Mitglieder des Clubs gegenüber Nicht-Clubmitgliedern, die mit höheren spezifischen Emissionsniveaus produzieren und sich dadurch einen Preisvorteil verschaffen. Ein solcher Grenzausgleich durch Klimazölle wäre zusammen mit weltweiten Klimaclubs die beste Absicherung dafür, dass ein globaler CO_2-Handel mit einem globalen CO_2-Preis entstehen kann, mit dem der Umweltverbrauch verursachergerecht bepreist werden kann.

Die Umsetzung eines effizienten klimapolitischen Leitbildes mit einer konsequenten Verteuerung fossiler Energien statt der bisherigen Heruntersubventionierung erneuerbarer Energien ist allerdings politisch nicht wohlfeil: Die Bepreisung des Umweltverbrauchs und die Verteuerung von Emissionen durch einen CO_2-Preis muss und wird zu Belastungen von Bürgern und Wirtschaft führen, damit es zu gewünschten und erforderlichen Verhaltensänderungen kommt. Eine verursachergerechte Klimapolitik kann sich davor nicht drücken. Gleichzeitig muss sie dabei aber sorgfältig kalibriert werden, um von der Bevölkerung akzeptiert und von der Wirtschaft getragen werden zu können. In gewisser Weise muss damit im klassischen Dreieck der Energieversorgung aus Versorgungssicherheit, Nachhaltigkeit und Bezahlbarkeit die Nachhaltigkeit gegenüber der Bezahlbarkeit gestärkt werden. Verbindet man dann auch noch den Grundsatz der Verursachergerechtigkeit mit jenem der Generationengerechtigkeit, die in einer evolutiven Perspektive noch einmal deutlich an Bedeutung gewinnt, so wird klar, dass jede Generation die Kosten der von ihr verursachten Klimafolgen selbst tragen muss und sie nicht auf zukünftige Generationen verschieben darf. Dies wäre jedenfalls ein Beleg für die Fähigkeit der Weltgemeinschaft und der menschlichen Spezies zu einer neuen »evolutiven Superkompetenz«.

4.1.5 »Varieties of Capital« als Befähigung zur Evolution

Der Hinweis auf die Adaptionsfähigkeit des Menschen, also seine Fähigkeit zur Anpassung an veränderte Umfeldbedingungen als dessen gleichsam evolutive Superkompetenz, soll auch den Ausblick des Bandes einleiten. Völlig jenseits der etwas marketingträchtigen und coachingnahen Betonung, dass der Anpassungsquotient (AQ), also die Fähigkeit des Menschen zum Umgang mit Unsicherheit, wichtiger sei als dessen Intelligenzquotient (IQ), wird die Fähigkeit zur Anpassung von Menschen als eine zentrale Lektion der Evolutionsgeschichte durch solche Konstrukte noch einmal stärker ins allgemeine Bewusstsein gehoben. Es ist gerade in Krisenzeiten keine schlechte Daumenregel, dass wir mit Blick auf die Geschichte der menschlichen Zivilisation doch Anlass zur Vermutung haben dürfen, dass die »Journey of Humanity« während unserer Zeitgenossenschaft und auch noch danach weitergehen wird. Oder anders formuliert: »Wir sind somit zum einen nicht in jeder möglichen Hinsicht evolutionär geprägt, zum anderen lassen die vorhandenen Prägungen auch einen hinreichend großen Spielraum. Wir können deshalb durchaus noch neue Stufen erklimmen« (Lütge, 2014, 139).

Dass solche neuen Stufen der Evolution erklommen werden können, ist jedoch höchst voraussetzungsvoll und in keiner Hinsicht garantiert. Doch es gibt für eine weiter gelingende Entwicklung der Menschheit förderliche Bedingungen, die sich sehr gut an einem breiten Verständnis von unterschiedlichen Formen von Kapital festmachen lassen. Diese gehen dabei über das ökonomische Verständnis von Kapital deutlich hinaus und machen sich dabei auch andere Facetten und Kapitalarten zunutze, die bei einer evolutionären Betrachtung von Wirtschaft, Staat und Gesellschaft relevant sind und die dabei auch aus anderen Disziplinen stammen. Eine solche weiterführende Systematik, die sich etwa auf Bourdieu (1987) und Hübl (2024) stützen kann, erhebt dabei keinen Anspruch auf Vollständigkeit, bietet aber folgende unterschiedliche Verständnisse von Kapital an, die als evolutions- und entwicklungsförderlich gelten können.

Wie Wachstum und Weiterentwicklung durch die effiziente Nutzung des (1) *Sach- und Finanzkapitals* gefördert werden können, ist in der ökonomischen Theorie umfassend beschrieben worden. Dazu zählen auch die Herausforderungen bei öffentlichen Gütern oder Allmendegütern, denen durch die Zuschreibung von Eigentumsrechten (wo möglich) und Bepreisung begegnet werden kann, um Nachhaltigkeit sicherzustellen. Wichtig ist ferner die Erkenntnis, dass (2) auch *Naturkapital* einen vielfältigen Beitrag zum Wohlergehen nicht nur der Menschen leistet, sondern selbst auch einen nicht vermehrbaren Produktionsfaktor darstellt, der als ökologische Ressource schützenswert ist. (3) *Humankapital* (oder auch Humanvermögen) wird in der Bildungsökonomik auch ökonomisch als wertvoll und als für Wachstum entscheidend angesehen, weil sich daraus letztlich neue Erkenntnisse, aber auch Wohlstand und Wohlbefinden speisen.

Aus evolutionspsychologischer Sicht spielt zudem die physische Attraktivität oder das (4) *Attraktivitätskapital* bei der Suche nach einem Partner oder einer Partnerin bzw. zum Aufbau längerfristiger Paarbeziehungen und letztlich auch des individuellen Status (»Singularitätskapital«, Reckwitz, 2019) in einer Gesellschaft eine bedeutende Rolle – auch für die Überlebensfähigkeit von Gesellschaften. Der Boom der Fitnessbranche sei hier als anekdotische Evidenz genannt, aber zahlreiche weitere wissenschaftliche Belege dafür finden sich bei Beck (2008). In der Soziologie wird ferner das (5) *Sozialkapital* und das damit einhergehende Vertrauen in Mitmenschen untersucht und dessen Bedeutung für Zusammenhalt und prosperierenden Gesellschaften betont. Dieser Punkt wurde weiter oben schon vertieft. Außerdem wird das (6) *kulturelle Kapital*, welches sich z. B. durch Musik, Museen, Sprache, Literatur, aber auch Religion auszeichnet, als weiteres wichtiges Fundament für gelingende Gesellschaften genannt.

Die Weiterentwicklung, Pflege und Würdigung dieser verschiedenen Kapitalarten, die praxisnah u. a. von Bourdieu beschrieben wurden, hilft, die Evolution breiter zu verstehen und zu analysieren, da sich alle diese Kapitalarten in der einen oder anderen Ausprägung als adaptiv oder auch maladaptiv herausgestellt haben. Zu einer besonderen Bedeutung ist in den letzten Jahren zudem das (7) *Moralkapital* gelangt, zum Beispiel in Form von Reputation von Unternehmen oder auch persönlicher Haltung. Das Streben nach der Superkompetenz Nachhaltigkeit und eine verbreitete moralische Überhöhung des Klimaschutzes, der fast zur Ersatzreligion geworden ist, veranschaulichen dessen steilen Bedeutungszuwachs. Aber eine gute Reputation, ein guter Ruf als »ehrbarer Kaufmann«, war auch früher schon ein wichtiges Asset für wirtschaftlichen Erfolg. Eine zu starke Betonung läuft dann aber Gefahr, zu einem »Moralspektakel« (Hübl, 2024) zu werden.

Als diese verschiedenen disziplinären Verständnisse zum Teil verbindendes Element kann schließlich noch (8) *spirituelles Kapital* genannt werden. Damit sind nicht Religionen oder bestimmte Gottesvorstellungen gemeint, sondern das den Religionsgründern (z. B. Buddha, Jesus, Mohammed) gemeinsame Erfahren einer Verbundenheit mit etwas Größerem, das ihnen eine Ahnung davon gab, dass es etwas gibt, das über uns hinausweist. Wenngleich es für einen wissenschaftlichen Band ungewöhnlich sein mag, diese Dimension anzusprechen, gibt es viele Beispiele dafür, wie bekannte Forscherinnen und Forscher diesen Aspekt in ihre wissenschaftlichen Arbeiten eingebaut oder zumindest erwähnt haben. So hat sich etwa der Begründer der modernen Psychologie, William James (1902–2009), mit empirischen Studien der Spiritualität genähert (Yaden/Newberg, 2022). Die Sterbeforscherin Elisabeth Kübler-

Ross (1969/1997), aber auch Neurologen wie Eben Alexander (2013) suchen in ihren Studien nach Antworten, die über die genannten sieben Kapitalformen hinausweisen. Dabei geht es nicht um einen Gottesbeweis, sondern etwa darum, persönliche Erlebnisse wie Nahtoderfahrungen in die wissenschaftlichen Analysen einzubeziehen, um nicht ein wichtiges Feld von Lebenswirklichkeit systematisch auszuschließen. Auch Astronomen und Kosmologen wie Frank/Gleiser/Thompson (2024) diagnostizieren nicht mit der Quantenmechanik zusammenpassende Erkenntnisse der Gravitations- und Relativitätstheorie. Sie stellen sich damit in eine Reihe von angesehenen Naturwissenschaftlern – wie Kopernikus, Kepler, Galilei, Newton und Einstein –, die eine höhere Instanz für wahrscheinlich hielten.

Für die evolutionäre Ökonomik und andere Wissenschaften böten sich also durchaus noch weitere Forschungsfelder, die auch manche Ängste, Konflikte und Sorgen mildern und in einen größeren Kontext stellen könnten. Schließlich ist der persönliche Glaube an diese Verbundenheit vielen Kulturen und Gesellschaften gemeinsam und hat schon manche Säkularisierungsversuche überstanden. Zudem ist er eine mächtige Triebkraft für individuelles und kollektives Handeln, wie fast täglich in den Medien verfolgt werden kann. Frank/Gleiser/Thompson (2024) sehen daher in der nur schwachen Berücksichtigung der vielfältigen subjektiven Erfahrungen rund um das spirituelle und religiöse Kapital von Menschen sogar einen blinden Fleck in der wissenschaftlichen Forschung. Dessen Überwindung mag evolutionär einen weiteren Schritt zur Erkenntnis bieten, dass womöglich die Pfadabhängigkeit der (natur-)wissenschaftlichen Forschung Denkblockaden schafft, die in früheren Gesellschaften nicht vorhanden waren. Gleichwohl ist dies ein schmaler Grat in Zeiten von Fake News und Halbwahrheiten sowie der Betonung der Bedeutung subjektiver Gefühle und Wahrnehmungen. Aber gerade deshalb sollten sich empirische Wissenschaftler mit spirituellem Kapital beschäftigen, um dieses Feld nicht der Esoterik zu überlassen.

Immerhin scheint das menschliche Gefühl der Verbundenheit evolutionäre Vorteile zu bieten, die das Überleben der Menschheit auch in Zukunft sichern können. Einer der evolutionsbiologischen Vorteile des Glaubens, lehrt die Religionspsychologie, ist das »Coping« (Alltagsbewältigung). Das Gefühl, eine transzendente Heimat zu haben, hilft dabei, mit den Zumutungen und Bedrohungen des Alltags besser fertig zu werden. Im Glauben hat der oft beziehungslose Einzelne die Möglichkeit, sich selbst zu relativieren, weil Glaube immer eine Beziehung vermittelt. Ethnologisch betrachtet ist es in der Tat verblüffend, wie stark die Bereitschaft, eine überindividuelle Bezugsgröße zu verehren, bis zum heutigen Tag in allen Kulturen zu finden ist (Dothat, 2024).

Der Glaube an eine höhere Wirklichkeit scheint also auch das denkfähige Subjekt zu erheben – womöglich aus einfachen neurologischen Gründen. Die Neurotheologie sucht deshalb nach den biologischen Grundlagen des Glaubens. Letztlich muss auch der Atheist auf etwas vertrauen, entweder auf seine Sinne oder auf das Messbare. Aber was heute sichtbar gemacht wird, z. B. die Weite und Tiefe des Universums mit dem neuen Weltraumteleskop Euclid, zeigt eher, wie wenig wir wissen und verstehen, wenn wir nur auf unsere Sinne vertrauen, bzw. wie sehr wir der Technik und den

Kosmologen vertrauen müssen, dass sie die Erkenntnisse korrekt ermitteln. Es bleibt deshalb durchaus Raum für spirituelles Kapital und dessen positive Wirkung für die Weiterentwicklung von Gesellschaften. Gerade empirische Wissenschaften können und sollten aber dabei helfen, diesbezüglich die manipulative Spreu vom Weizen zu trennen und der evolutiven Vernunft zu ihrem Recht zu verhelfen.

4.1.6   Literatur

Agüera y Arcas, Blaise / Manyika, James, 2025: AI is Evolving — And Changing our Understanding of Intelligence, in: NOEMA-Magazine, April, New York, online unter: https://www.noemamag.com/ai-is-evolving-and-changing-our-understanding-of-intelligence/ (Abgerufen am 13.6.2025).

Akerlof, George / Shiller, Robert, 2009: Animal Spirits. Wie Wirtschaft wirklich funktioniert, Frankfurt/New York.

Alexander, Eben, 2013: Blick in die Ewigkeit: Die faszinierende Nahtoderfahrung eines Neurochirurgen, München.

Almudi, Isabel / Fatas-Villafranca, Francisco / Foster, John / Potts, Jason, 2024: Coevolution and dynamic processes: an introduction to this issue and avenues for future research, in: Review of Evolutionary Political Economy, No. 5, 399–423.

Apolte, Thomas, 2013: Gibt es einen vorgezeichneten Weg in die offene Gesellschaft?, in: Pies, Ingo (Hrsg.): Das weite Feld der Ökonomik, Stuttgart, 3–18.

Baumol, William J. / Litan, Robert E. / Schramm, Carl J., 2012: The four types of capitalism, innovation, and economic growth, in: Mueller, Dennis C. (ed.), The Oxford handbook of capitalism, Oxford, 115–128.

Beck, Hanno: Der Liebesökonom. Nutzen und Kosten einer Himmelsmacht, München.

Beckley, Michael, 2020: Rogue Superpower. Why This Could Be an Illiberal American Century, in: Foreign Affairs, November/December, online unter: https://www.foreignaffairs.com/articles/united-states/2020-10-06/illiberal-american-century-rogue-superpower (Abgerufen am 13.6.2025).

Bierhoff, Hans-Werner, 2011: Die problematische Persönlichkeit – Autoritarismus, Narzissmus und Soziale Dominanzorientierung, in: Bierhoff, Hans-Werner / Frey, Dieter, 2011, Sozialpsychologie – Individuum und soziale Welt, Göttingen u. a., 39–59.

Blum, Ulrich, 2017: Grundlagen der Volkswirtschaftslehre, Berlin/Boston.

Bourdieu, Pierre, 1987: Die feinen Unterschiede: Kritik der gesellschaftlichen Urteilskraft, Frankfurt.

Brunetti, Aymo / Großer, Thilo, 2014: Volkswirtschaftslehre. Eine Einführung für Deutschland, Bern.

Charim, Isolde, 2022: Die Qualen des Narzissmus. Eine freiwillige Unterwerfung, München.

Cooley, Alexander / Nexon, Daniel, 2021: The Illiberal Tide. Why the International Order Is Tilting Toward Autocracy, in: Foreign Affairs, March 2021, online unter: https://www.foreignaffairs.com/united-states/illiberal-tide (Abgerufen am 13.6.2025).

Dams, Jan / Kaiser, Tobias, 2018: Sechs Gründe für den Handelskrieg, in: Welt am Sonntag, 8. April, 37.

Douthat, Ross, 2024: Believe: Why Everyone Should Be Religious, New York.

Draghi, Mario, 2024: The future of European competitiveness, Part A. A competitiveness strategy for Europe, Brüssel.

Frank, Adam / Gleiser, Marcelo / Thompson, Evan, 2024: The Blind Spot: Why Science cannot ignore Human Experience, Boston.

Felbermayer, Gabriel, 2024: Die neue Geoökonomik und ihre Auswirkungen auf den Wirtschaftsstandort, in: Wirtschaftspolitische Blätter, 67. Jg., Heft 1, 5–10.

Felbermayer, Gabriel / Braml, Martin, 2024: Der Freihandel hat fertig. Wie die neue Welt(un)ordnung unseren Wohlstand gefährdet, Wien.

Funk, Lothar, 2018: Die Themen im Frühjahr 2018 – Wirtschaftskriege / Internationaler Handel und ordnungspolitisches Dilemma, in: Das Wirtschaftsstudium (WISU), Vol. 47(4), 450–453.

Galbraith, John Kenneth, 1958: The Affluent Society, Boston.

Gigerenzer, Gerd, 2025: Je weniger ich weiß und verstehe, desto schneller lasse ich mich verführen, Interview, in: Spiegel-Online, 9. März.

Gil, Pedro, 2013: Animal spirits and the composition of innovation in a lab-equipment R&D model with transition, in: Journal of Economics, Vol. 108(1), 1–33.

Haass, Richard, N., 2018: Die liberale Weltordnung – sie ruhe in Frieden, in: Neue Zürcher Zeitung, 31. März, 18.

Halman, Loek / Reeskens, Tim / Sieben, Inge / van Zundert, Marga, 2022: Atlas of European Values: Change and Continuity in Turbulent Times European Values Series, Volume 1, Tilburg.

Hanusch, Horst, 1993: Zurück zur Wirklichkeit, in: Zeit-Punkte, No. 3, Zeit der Ökonomen – Eine kritische Bilanz volkswirtschaftlichen Denkens, 83–85.

Hirogoyen, Marie-France, 2020: Die toxische Macht der Narzissten und wie wir uns dagegen wehren, München.

Hua, Shah, 2018, Chinas bester Werbemann, in: Handelsblatt, 9. April, 15.

Hübl, Philipp, 2019: Die aufgeregte Gesellschaft, München.

Hübl, Philipp, 2024: Moralspektakel: Wie die richtige Haltung zum Statussymbol wurde und warum das die Welt nicht besser macht, München.

Institut für Weltwirtschaft Kiel / Munich Security Conference, 2024: Munich Security Conference Conversation: Guns vs Butter in the 21st Century, Research Note, online unter: https://www.ifw-kiel.de/fileadmin/Dateiverwaltung/Events/_texte_other_events/Guns-vs-Butter_Kiel_Institute_Debate_MSC.pdf (Abgerufen am 13.6.2025).

James, William, 1902/2008: The Varieties Of Religious Experience: A Study In Human Nature, Routledge.

Kaminski, Hans / Koch, Michael, 2005: Die Wirtschaftsordnung als Institutionen- und Regelsystem, Braunschweig.

Kay, John / King, Mervyn, 2020: Radical Uncertainty. Decision-making for an unknowable future, London.

Kerry, Cameron / Meltzer, Joshua / Renda, Andrea / Wyckoff, Andrew, 2025: Commentary: Network architecture for global AI policy, in: Brookings Brief, February 11, Washington.

Klös, Hans-Peter, 2024: Die betreute Marktwirtschaft. Für eine neue Balance zwischen Bürger und Staat, Stuttgart.

Kübler-Ross, Elisabeth, 1969/1997: On Death and Dying, New York.

Langhammer, Rolf, 2011: Der Fehlschlag globaler Regeln, in: Frankfurter Allgemeine Zeitung, 5. August, 12.

Langhammer, Rolf, 2018: Chinas Multilateralismus weckt Dominanzängste, in: Frankfurter Allgemeine Zeitung. 9. März, 12.

Lehmann-Waffenschmidt, Marco / Peneder, Michael (Hrsg.), 2022: Evolutorische Ökonomik. Konzepte, Wegbereiter und Anwendungsfelder, Wiesbaden.

Leschke, Martin, 2022: Wirtschaftssysteme, in: Staatslexikon online 2022, basierend auf 8. Druckauflage von 2018, online unter: https://www.staatslexikon-online.de/Lexikon/Wirtschaftssysteme (Abgerufen am 10.4.2025).

Leschke, Martin, 2021: Entwicklung und kollektives Handeln: Marktwirtschaft, Demokratie, Governance, in: Leschke, Martin / Otter, Nils (Hrsg.): Wachstum, Entwicklung, Stabilität. Governanceprobleme und Lösungen, Berlin/Boston, 1–19.

Levitsky, Steven / Way, Lucan, 2025: The Path to American Authoritarianism. What Comes After Democratic Breakdown, in: Foreign Affairs, February 11, online unter: https://www.foreignaffairs.com/united-states/path-american-authoritarianism-trump (Abgerufen am 13.6.2025).

Lucca, Kelsey et al., 2025: Infants' Social Evaluation of Helpers and Hinderers: A Large-Scale, Multi-Lab, Coordinated Replication Study, in: Developmental Science, Vol. 28, Issue 1, January 2025, online unter: https://onlinelibrary.wiley.com/doi/10.1111/desc.13581 (Abgerufen am 13.6.2025).

Lütge, Christoph, 2014: Ethik des Wettbewerbs. Über Konkurrenz und Moral, München.

Mankiw, N. Gregory / Taylor, Mark-P., 2017: Economics, 4. Aufl., Andover.

McClelland, David, 1961: The Achieving Society, New York.

Mitchell, Kevin, 2023: Free Agents – How Evolution Gave Us Free Will, Princeton.

Moretti, Enrico, 2012: The new geography of jobs, New York.

Münchau, Wolfgang, 2017: Trade disputes reveal the EU's strategic weakness, in: Financial Times, 9. April, 9.

Nationaler Normenkontrollrat, 2023: Digitale Verwaltung braucht digitaltaugliches Recht. Der modulare Einkommensbegriff, Berlin.

Naughton, Carl, 2022: Warum Anpassungsfähigkeit die wichtigste Zukunftskompetenz ist, Offenbach.

Nordhaus, William, 2018: Climate change: The Ultimate Challenge for Economics, Nobel Prize Lecture, December 8, Stockholm, 439–466.

Pearce, Fred, 2018: Are We Approaching Peak Stuff?, in: Anthropocene; online unter: https://www.anthropocenemagazine.org/2018/09/are-we-approaching-peak-stuff/ (Abgerufen am 13.6.2025).

Phelps, Edmund, 2023: My Journeys in Economic Theory, New York.

Pierenkemper, Toni, 2012: Geschichte des modernen ökonomischen Denkens. Große Ökonomen und ihre Ideen, Göttingen.

Pies, Ingo, 2016: Moderne Klassiker der Gesellschaftstheorie, Tübingen.

Pies, Ingo, 2024: Die ökonomischen Nobelpreisträger 2024: Daron Acemoğlu, Simon Johnson und James A. Robinson, in: Wirtschaftswissenschaftliches Studium (WiSt), Vol. 53(12), 31–36.

Posen, Adam, 2018: Trump's economic Afghanistan. In: Prospect, Heft 4, April, 6.

Puglierin, Jana / Varvelli, Arturo / Zerka, Pavel, 2025: Transatlantic twilight: European public opinion and the long shadow of Trump, European Council on foreign relations, Policy Brief, 12. February, online unter: https://ecfr.eu/publication/transatlantic-twilight-european-public-opinion-and-the-long-shadow-of-trump/ (Abgerufen am 13.6.2025).

Reckwitz, Andreas, 2019: Die Gesellschaft der Singularitäten, Berlin.

Rogoff, Kenneth, 2018: Wird China die USA wirklich als wirtschaftlicher Hegemon ablösen? in: Finanz und Wirtschaft, 7. April, 2.

Rösch, Harald, 2024: Ist das freiwillig?, in: Max Planck Forschung, Im Fokus, Heft 4, München, 25-29, online unter: https://www.mpg.de/23933966/F001_Fokus_025-029.pdf (Abgerufen am 13.6.2025).

Sautter, Hermann, 2004: Herausforderungen des Globalisierungsprozesses an die internationale Handelspolitik, in: Ohr, Renate (Hrsg.), Globalisierung – Herausforderungen an die Wirtschaftspolitik, Berlin, 237–258

Schlothmann, Daniel, 2018: Trumponomics. Was Präsident Trumps Vorhaben für die US- und Weltwirtschaft bedeuten, Wiesbaden.

Selk, Veith, 2023: Demokratiedämmerung. Eine Kritik der Demokratietheorie, Frankfurt.

Skalar, Siegmund, 2025: Zollterror und Trade-Deals lösen die Probleme Amerikas nicht, in: Finanz und Wirtschaft, 3. April, 3.

Straubhaar, Thomas, 2018: Die zweite europäische Renaissance, in: Finanz und Wirtschaft, 7. April, 3.

Veblen, Thorstein, 1899: The Theory of the Leisure Class. An Economic Study in the Evolution of Institutions, New York/London.

Weede, Erich, 2011: Wachstum und Verteilung in einer globalisierten Welt, in: Mayer, Tilmann / Meyer, Robert / Miliopoulos, Lazaros / Ohly, H. Peter / Weede, Erich (Hrsg.): Globalisierung im Fokus von Politik, Wirtschaft und Gesellschaft, Wiesbaden, 51–76.

Yaden, David Bryce / Newberg, Andrew B., 2022: The Varieties of Spiritual Experience: 21st Century Research and Perspectives, Oxford.

Autorinnen und Autoren des Bandes

Dr. **Jochen Andritzky** ist Mitinitiator der Zukunft-Fabrik.2050, einer Initiative für langfristiges Denken und Handeln, und Lehrbeauftragter an der Universität St. Gallen. Zuvor war er Generalsekretär des Sachverständigenrates Wirtschaft sowie Ökonom beim Internationalen Währungsfonds mit Schwerpunkten Schuldenkrisen und Strukturreformen.

Prof. Dr. **Ted Baker** ist Inhaber des George F. Farris-Lehrstuhls an der Rutgers University und beschäftigt sich mit Unternehmertum, vor allem unter Bedingungen von Ressourcenknappheit und Widrigkeiten. Seine Forschungsschwerpunkte liegen in den Bereichen der unternehmerischen Bricolage, Gründeridentität und neuartige Ansätze zur Kontextualisierung der Entrepreneurship-Forschung.

Prof. Dr. **Dominik Enste** ist Professor an der Technischen Hochschule Köln für Wirtschaftsethik und Institutionenökonomik und Geschäftsführer der Akademie für Integres Wirtschaften im Institut der deutschen Wirtschaft Köln.

Theresa Eyerund ist seit 2022 als Research Analystin für ESG (Environment-Social-Governance) im Investment Management der Flossbach von Storch SE tätig. Das Kölner Unternehmen gehört zu den größten unabhängigen Vermögensverwaltern in Deutschland und bietet aktive Anlagestrategien für Privatkunden und institutionelle Anleger an.

Professor Dr. **Detlef Fetchenhauer** hat einen Lehrstuhl für Wirtschafts- und Sozialpsychologie an der Universität zu Köln inne. In seiner Forschung beschäftigt er sich mit den Themen Vertrauen, Evolutionspsychologie und der Frage, wie Laien komplexe (ökonomische) Zusammenhänge (miss)verstehen.

Prof. Dr. **Lothar Funk** lehrt Volkswirtschaftslehre, insbesondere Internationale Wirtschaftsbeziehungen, an der Hochschule Düsseldorf.

Prof. Dr. **Justus Haucap** ist Direktor des Düsseldorfer Instituts für Wettbewerbsökonomie (DICE) an der Heinrich-Heine-Universität Düsseldorf.

Dr. **Nils Hesse** ist wirtschaftspolitischer Berater der Denkfabrik R21, des CDU-Politikers Carsten Linnemann und der Unternehmerin Natalie Mekelburger. Er arbeitet am Walter-Eucken-Institut an seiner Habilitationsschrift zum Verhältnis von Ordoliberalismus und Populismus.

Prof. Dr. **Rainer Hillebrand** ist Professor für Volkswirtschaftslehre, insbesondere internationale Wirtschaftsbeziehungen, am Fachbereich Wirtschaft der Hochschule Fulda.

Dr. **Nicole Holzhauser** ist Research Associate am Institut für Soziologie der Technischen Universität Braunschweig.

Dr. **Hans-Peter Klös** ist wissenschaftlicher Autor und Herausgeber der Zeitschrift »WEITERDENKEN«. Zuvor war er wissenschaftlicher Geschäftsführer eines Wirtschaftsforschungsinstituts.

Anne Sophie Lang hat Volkswirtschaftslehre, Politikwissenschaft und Psychologie studiert. Zudem ist sie Absolventin der Kölner Journalistenschule. Sie ist sowohl wissenschaftlich als auch journalistisch tätig und untersucht kognitive Grundlagen von Vertrauen in andere Menschen sowie in Institutionen (z.B. Medien).

Dr. **Rahild Neuburger** leitet operativ die Forschungsstelle für Information, Organisation und Management an der LMU Munich School of Management. Zudem ist sie Geschäftsführerin des MÜNCHNER KREIS e.V. und Mitglied der AG »Arbeit/Qualifikation, Mensch-Maschine-Interaktion« der Plattform Lernende Systeme.

Dr. **Judith Niehues** ist Leiterin der Forschungsgruppe Mikrodaten im Institut der deutschen Wirtschaft Köln.

Luise Quaritsch ist Policy Fellow für EU-Demokratie am Jacques Delors Centre, einem europapolitischen Think Tank in Berlin. Sie beschäftigt sich mit der Demokratie-Agenda der EU und dem demokratischen Diskurs im digitalen Raum.

Prof. Dr. **Friederike Welter** ist Präsidentin des Instituts für Mittelstandsforschung Bonn und Professorin für KMU-Management und Entrepreneurship an der Universität Siegen. In ihrer Forschung beschäftigt sie sich mit Unternehmenspolitik, der Diversität unternehmerischen Handelns und der Kontextualisierung von Unternehmertum.

Prof. Dr. **Ulrich Witt** ist emeritierter Direktor und wissenschaftliches Mitglied am vormaligen Max-Planck-Institut für Ökonomik in Jena und Universitätsprofessor a.D. für Volkswirtschaftslehre.